Ulrike May
Der Abschied vom Primat des Sexuellen

Das Anliegen der Buchreihe BIBLIOTHEK DER PSYCHOANALYSE besteht darin, ein Forum der Auseinandersetzung zu schaffen, das der Psychoanalyse als Grundlagenwissenschaft, als Human- und Kulturwissenschaft sowie als klinische Theorie und Praxis neue Impulse verleiht. Die verschiedenen Strömungen innerhalb der Psychoanalyse sollen zu Wort kommen, und der kritische Dialog mit den Nachbarwissenschaften soll intensiviert werden. Bislang haben sich folgende Themenschwerpunkte herauskristallisiert: Die Wiederentdeckung lange vergriffener Klassiker der Psychoanalyse – wie beispielsweise der Werke von Otto Fenichel, Karl Abraham, Siegfried Bernfeld, W. R. D. Fairbairn, Sándor Ferenczi und Otto Rank – soll die gemeinsamen Wurzeln der von Zersplitterung bedrohten psychoanalytischen Bewegung stärken. Einen weiteren Baustein psychoanalytischer Identität bildet die Beschäftigung mit dem Werk und der Person Sigmund Freuds und den Diskussionen und Konflikten in der Frühgeschichte der psychoanalytischen Bewegung.

Im Zuge ihrer Etablierung als medizinisch-psychologisches Heilverfahren hat die Psychoanalyse ihre geisteswissenschaftlichen, kulturanalytischen und politischen Bezüge vernachlässigt. Indem der Dialog mit den Nachbarwissenschaften wiederaufgenommen wird, soll das kultur- und gesellschaftskritische Erbe der Psychoanalyse wiederbelebt und weiterentwickelt werden.

Die Psychoanalyse steht in Konkurrenz zu benachbarten Psychotherapieverfahren und der biologisch-naturwissenschaftlichen Psychiatrie. Als das ambitionierteste unter den psychotherapeutischen Verfahren sollte sich die Psychoanalyse der Überprüfung ihrer Verfahrensweisen und ihrer Therapie-Erfolge durch die empirischen Wissenschaften stellen, aber auch eigene Kriterien und Verfahren zur Erfolgskontrolle entwickeln. In diesen Zusammenhang gehört auch die Wiederaufnahme der Diskussion über den besonderen wissenschaftstheoretischen Status der Psychoanalyse.

Hundert Jahre nach ihrer Schöpfung durch Sigmund Freud sieht sich die Psychoanalyse vor neue Herausforderungen gestellt, die sie nur bewältigen kann, wenn sie sich auf ihr kritisches Potenzial besinnt.

BIBLIOTHEK DER PSYCHOANALYSE
HERAUSGEGEBEN VON HANS-JÜRGEN WIRTH

Ulrike May

Der Abschied vom Primat des Sexuellen

Zum Wandel der Psychoanalyse in Berlin und London zwischen 1920 und 1925

Psychosozial-Verlag

Bibliografische Information der Deutschen Nationalbibliothek
Die Deutsche Nationalbibliothek verzeichnet diese Publikation
in der Deutschen Nationalbibliografie; detaillierte bibliografische Daten
sind im Internet über http://dnb.d-nb.de abrufbar.

Originalausgabe
© 2023 Psychosozial-Verlag GmbH & Co. KG, Gießen
info@psychosozial-verlag.de
www.psychosozial-verlag.de
Alle Rechte vorbehalten. Kein Teil des Werkes darf in irgendeiner Form
(durch Fotografie, Mikrofilm oder andere Verfahren)
ohne schriftliche Genehmigung des Verlages reproduziert
oder unter Verwendung elektronischer Systeme
verarbeitet, vervielfältigt oder verbreitet werden.
Umschlaggestaltung und Innenlayout nach Entwürfen von Hanspeter Ludwig, Wetzlar
Satz: SatzHerstellung Verlagsdienstleistungen Heike Amthor, Fernwald
ISBN 978-3-8379-3206-5 (Print)
ISBN 978-3-8379-7941-1 (E-Book-PDF)

Inhalt

Einleitung	9
Zur Stellung der Aggression in Freuds Schriften bis 1920	15
Das Jahr 1920	27
Berlin: Gründung der Poliklinik	27
London: Jones und die Orientierung nach dem Westen	32
Das Komitee: Aufbruch im Herbst 1920	35
Jones als Vertreter von Freuds Psychoanalyse in London	36
Der erste Band des *International Journal of Psychoanalysis*	40
Aggressivierung der Oral- und Analerotik in Arbeiten aus Amsterdam, Berlin und London	41
Frühe Arbeiten über die Behandlung narzisstischer Störungen	51
Freuds Beiträge aus dem Jahr 1920	56
Das Jahr 1921	65
Berlin: Beginn der Ausbildung zum Psychoanalytiker	65
Berlin als Ausbildungsstätte der *British Psychoanalytical Society*	67
Zur *Brunswick Square Clinic* und ihrer Abwicklung durch James Glover und Jones	68
Die Tic-Diskussion: Abraham versus Ferenczi	75
Die Aggressivität der Frau	81
Abraham: »Eine tiefer gehende Analyse erscheint mir notwendig«	83
Freuds Beiträge aus dem Jahr 1921	89
Klein: Eine starke neue Stimme	96

Das Jahr 1922 — 103

Jones' und Ferenczis Beziehung zu Freud — 104

Alexander (Berlin):
Frühe Kastrationswünsche und -ängste — 108

James Glover (London):
Andeutung der Möglichkeit oral-aggressiver Regungen — 114

Ferenczi und Rank (Budapest/Wien):
Verteidigung des Ödipuskomplexes und des Primats des Sexuellen — 117

Abrahams Frage nach dem Verhältnis
zwischen Analerotik und Sadismus — 123

Der internationale psychoanalytische Kongress in Berlin
im September 1922 — 125

Freuds Beiträge von 1922: Fundamentale Revision der Theorie — 130

Das Jahr 1923 — 141

Freuds erster und zweiter Einspruch
gegen die Annahme präödipaler Kastrationsängste und -wünsche — 141

Reaktionen der Komitee-Mitglieder auf *Das Ich und das Es*
und auf Freuds Krebserkrankung — 151

Abrahams Gründungsschrift der »neuen« Psychoanalyse:
Versuch einer Entwicklungsgeschichte der Libido — 155

Die Meister-Schüler: Wir blicken tiefer als Freud — 178

Kleins theoretischer Ansatz vor der Annäherung an Abraham — 184

Abraham und Jones:
Bündnispartner und Freunde — 189

Das Berliner Institut:
Zunehmende Institutionalisierung der Ausbildung — 192

1923 als Jahr des Generationswechsels:
Die Schüler werden Meister — 195

Das Jahr 1924 — 199

Freuds Beiträge von 1924 mit dem dritten Einspruch
gegen präödipale Kastrationsängste — 199

Empörung über Ferenczi und Rank in Berlin und London — 205

Auflösung des Komitees — 209

Die »neue« klinische Theorie und Technik
auf dem internationalen psychoanalytischen Kongress
in Salzburg   211
Edward Glovers neues Bild vom Baby   226
Abraham und die Sehnsucht nach der nährenden Brust   229
Die Achse Berlin–London   232
Das »deutsche« Treffen in Würzburg   235
Edward Glover und das Konzept der oralen Aggression   241
Fenichel in Berlin:
Die Enkel-Generation in der Nachfolge Abrahams   244
Ophuijsen in Amsterdam   246
Klein auf dem Weg zu Abraham:
Der frühe Ödipuskomplex und Sadismus »all along the line«   246
Die Londoner Diskussion über den Ödipuskomplex
und die Kinderanalyse   251
Sachs als Vertreter von Freuds Technik in Berlin   255
Zusammenfassung:
1924 als Jahr der Wende und des Transfers
der »neuen« Psychoanalyse von Berlin nach London   257
Stärkung der psychoanalytischen Vereinigungen
in Berlin und London   262

Das Jahr 1925   269
Freud, die ehemaligen Schüler und das Komitee   269
Klein 1925: Von Berlin nach London   276
Der Wunsch nach »Fakten«
und die Ablehnung der Wiener »Sentimentalität«   301
Freud im Sommer 1925:
Vierter und fünfter Einspruch
gegen Thesen der »neuen« Psychoanalyse   306
Abraham statt Freud:
Zum Verschwinden der Freud'schen Terminologie   313
Etablierung der »neuen« Psychoanalyse in Berlin und London   325

Ausblick   331

Anhänge 339

Anhang A: Zu den »Collective Reviews« (1920–1921)
im *International Journal of Psychoanalysis* 339
Anhang B: »Das Medusenhaupt« 342

Anhang C: Zum Klein-Archiv 343
Anhang D: Kleins unveröffentlichte Mitteilungen (1920–1926) 345
Anhang E: Zur Unterdrückung von Kleins Publikationen (1920–1925) 347

Bibliografie 351

Abkürzungen 373

Personenregister 375

Einleitung

Eigentlich wollte ich nur zusammentragen, was ich über Freuds Handhabung der Aggression in der Theorie und der Praxis der Psychoanalyse herausgefunden hatte. Daraus ist nun ein Buch geworden, in dem ich einen fundamentalen Wandel der psychoanalytischen Theorie darstelle, der zwischen 1920 und 1925 stattgefunden hat. Dieser Wandel bezog sich auf nichts anderes als auf die Stellung der Aggression. Die Aggression verdrängte in diesen Jahren die Sexualität aus ihrer Vorrangstellung – sowohl in der Theorie als auch in der Praxis.

Während der Jahrzehnte meiner Beschäftigung mit der Geschichte der psychoanalytischen Theorie und Praxis war ich wiederholt darauf gestoßen, dass Freud die Aggression sozusagen beiseiteschob. Er sah sie in den Mitteilungen seiner Analysanden und doch sprach er ihr den Charakter einer primären Triebregung ab. Das war nicht immer nachvollziehbar, aber insofern einleuchtend, als er von Anfang an die Sexualität für jene Kraft hielt, die »hinter« allem stand, hinter der normalen psychischen Entwicklung und hinter der Entstehung der psychischen Störungen. Einige Schüler[1] sahen es bald anders, worauf Freud, vor allem im Falle von Alfred Adler, sehr heftig reagierte und dessen Ausschluss aus der *Wiener Psychoanalytischen Vereinigung* betrieb (1911). Kurz darauf formulierten Karl Abraham in Berlin und Ernest Jones in London Thesen zur Entstehung der Zwangsneurose und der Depression, in denen ebenfalls die Bedeutung aggressiver Regungen betont wurde. Nach dem Ersten Weltkrieg waren es dann holländische Kollegen, August Stärcke und Jan van Ophuijsen, die eine ähnliche Richtung einschlugen in einer Zeit (1919/20), in der Melanie Klein eben erst

---

1 Aus Gründen der besseren Lesbarkeit wird auf die gleichzeitige Verwendung der Sprachformen männlich, weiblich und divers verzichtet. Sämtliche Personenbezeichnungen gelten gleichermaßen für alle Geschlechter.

in Berlin angekommen war und noch am Anfang ihrer psychoanalytischen und publizistischen Tätigkeit stand. Trotz dieser Stimmen hielt Freud am Primat des Sexuellen fest, und nach dem Ersten Weltkrieg auch am Primat des Ödipuskomplexes, eines vielschichtigen Konflikts, der seiner Auffassung nach letzten Endes durch libidinöse Regungen ausgelöst wurde.

Mir war natürlich bekannt, dass es Mitte der 1930er Jahre innerhalb der *Internationalen Psychoanalytischen Vereinigung* zu einer Kontroverse zwischen der britischen und der Wiener Schule gekommen war, in der die Frage nach der Stellung der Aggression eine wichtige Rolle spielte, ebenso wie in den *Controversial Discussions* innerhalb der britischen Gruppe (1941–1945). Auch in der vorangegangenen Auseinandersetzung zwischen Anna Freud und Melanie Klein (ab 1927) ging es unter anderem um die Frage, welche psychischen Regungen in der »Tiefe« anzunehmen sind, aggressive oder libidinöse. Aber all das ergab für mich zunächst noch kein Bild.

Ein weiterer Impuls für das vorliegende Buch kam aus der Auseinandersetzung mit dem Werk von Karl Abraham. Ich hatte in vorangegangenen Untersuchungen den Eindruck gewonnen, dass er nach dem Ersten Weltkrieg der erste Schüler Freuds war, der eine neue, umfassende und differenzierte Theorie entwickelt hatte (Abraham, 1924). Sie unterschied sich beträchtlich von der Theorie Freuds. Die wichtigste Differenz bestand darin, dass er Freuds »Libido« als eine aggressive Kraft verstand; die Libido hatte einen dominant aggressiven Charakter. Außerdem schien mir, dass Abrahams Position auf eine Weise, die mir zunächst unbekannt war, nach London gelangte und dort zum Hintergrund der späteren, eben erwähnten Kontroversen gehörte. Ich hatte schon lange (May[-Tolzmann], 1997) eine Affinität zwischen seiner Theorie und der Theorie Kleins wahrgenommen und deshalb vermutet, dass sein Ansatz durch Klein und ihren Umzug nach London (1926) in die *British Psychoanalytical Society* eingeführt wurde. Irgendwie schien daran auch Edward Glover beteiligt gewesen zu sein, der wie Klein bei Abraham in Analyse gewesen war, sowie andere britische Analysandinnen, die sich in Berlin einer Analyse unterzogen hatten, wie uns Ken Robinson (2008) gezeigt hatte.

So ergab sich die Vermutung, dass es eine Entwicklungslinie in der Geschichte der Psychoanalyse geben könnte, die nach dem Ersten Weltkrieg von Berlin nach London führte und mit einer Aggressivierung der Libido, des Hauptbegriffs der psychoanalytischen Theorie, sowie einer Betonung der Bedeutung der Aggression in der Praxis verbunden war. Um diese Vermutung zu überprüfen, unterzog ich die Vereinszeitschriften der Psychoanalyse, die *Internationale Zeitschrift für Psychoanalyse* und das *International Journal of Psychoanalysis* aus den Jahren zwischen 1919/20 und 1925, einer gründlichen Lektüre. Ich suchte nach Spuren des Wandels und des Transfers der Veränderung. Je mehr ich im Studium vorankam, desto mehr wurde eine Vermutung bestätigt.

Als Höhepunkt der Veränderung erwies sich das Jahr 1924. Ich fand eine Reihe von Vorträgen und Publikationen von Berliner und Londoner Analytikern, die vom Geist einer »neuen« Psychoanalyse, wie ich sie in diesem Buch nenne, geprägt waren. Als »neue« Psychoanalyse bezeichne ich Theorien und Praktiken der Psychoanalyse, in denen der Aggression eine mindestens ebenso große, wenn nicht größere Bedeutung zugeschrieben wird wie der Sexualität. Als erste Boten der neuen Richtung wurden Edward Glover und sein Bruder James, beide Analysanden Abrahams, erkennbar; sie brachten eine in der Theorie und in der Praxis an Abraham orientierte Psychoanalyse von Berlin nach London.

Es hatte sich, nebenbei bemerkt, als außerordentlich hilfreich erwiesen, dass ich mich nicht, wie es üblich ist, an den Publikationsjahren von Beiträgen orientierte, sondern ausschließlich an dem Zeitraum, in dem sie geschrieben oder vorgetragen worden waren. Der methodische Kunstgriff erschloss Zusammenhänge, die sonst verborgen geblieben wären.

Ich hatte zunächst nicht angenommen, dass Melanie Klein, auch sie damals eine »Berliner« Analytikerin, eine Rolle in diesem Theoriewandel spielen würde, da ich davon ausgegangen war, dass ihre grundlegenden Arbeiten erst nach 1925 entstanden waren. Das traf aber nicht zu. Bereits ihre vor 1925 entstandenen Beiträge erwiesen sich als hochrelevant für das Verständnis der Geschichte der psychoanalytischen Theorie und Praxis. Außerdem wurde sichtbar, wann und wie Klein ihre Position entwickelte. Zuerst orientierte sie sich, wenn auch bereits mit einer eigenen Note, an Freud und Ferenczi; 1924 vollzog sie die Wende zu Abraham. Noch größer erschien mir ihre Bedeutung, als mir klar wurde, dass die Art und Weise, wie sie ihre Analysen beschrieb, genauer: die Art und Weise, wie sie die Analysen erlebte, von einer besonderen Sensibilität für aggressive Regungen gekennzeichnet war. Ähnliches hatte ich früher in Abrahams Falldarstellungen gefunden. Die Frage nach der Stellung der Aggression bezog sich also, wie nun deutlich wurde, nicht nur auf die Theorie, sondern auch auf die Grundwahrnehmung der analytischen Situation durch den Analytiker. Nun fügte sich auch Hanns Sachs ins Bild, der zweite Berliner Lehranalytiker neben Abraham, über dessen Tätigkeit in diesen Jahren wir bisher kaum etwas gewusst hatten. Er wurde als Autor erkennbar, der in dieser Zeit eine die Technik betreffende Position vertrat, die sich nicht mit jener von Abraham deckte und eher Freud nahestand.

Als ich nach dem Studium der Zeitschriften begann, mich mit Freuds Arbeiten aus diesen Jahren auseinanderzusetzen, erlebte ich weitere Überraschungen. In Darstellungen der Geschichte der Psychoanalyse wird meistens betont, dass sich Freuds Schüler nach 1920 der präödipalen Zeit zuwandten. Das ist, wie ich nun meine, nicht das Entscheidende. Denn auch Freuds Arbeiten aus den Jahren vor und nach dem Ersten Weltkrieg bezogen sich ganz explizit auf die Präödipalität. Entscheidend ist vielmehr, dass Freud die präödipale Entwicklung anders verstand als seine Schüler. Er geriet mit seiner Sicht zunehmend in eine Gegenposition zu ihnen und grenzte sich seinerseits explizit von ihnen ab. Das ganze Ausmaß, in dem er sich in den Jahren zwischen 1920 und 1925 auf die Schüler bezog, war bisher nicht bekannt und eröffnet ein neues Verständnis seiner Schriften. Was die Methode der Rekonstruktion angeht, bewährte sich, was ich von früh an vertreten habe, nämlich dass viele Publikationen Freuds, manche mehr, manche weniger, definitiv an Schüler und Anhänger adressiert sind, ohne dass Freud das immer explizit zu erkennen gibt.

Die Entdeckung von Freuds Distanzierung von den Schülern halte ich für den wichtigsten Fund meiner Untersuchung. Es hatte natürlich schon immer Kontroversen zwischen Freud und den Schülern gegeben. Sie waren ihm, wie oben erwähnt, nicht immer gefolgt. Das betraf nicht nur die Stellung der Aggression, sondern auch das Konzept des Narzissmus, das nur von wenigen übernommen wurde, desgleichen das Konzept des Todestriebs aus *Jenseits des Lustprinzips* oder die neuen Einsichten in das Wesen der präödipalen Identifizierung. Während Differenzen vor dem Ersten Weltkrieg jedoch zu Austritten oder Ausschlüssen aus der *Internationalen Psychoanalytischen Vereinigung* geführt hatten, blieben in der Zeit nach dem Krieg die meisten Schüler, die eine »neue« Psychoanalyse vertraten, Mitglieder der Vereinigung (mit Ausnahme von Otto Rank). Ein Grund für diese Veränderung war, wie mir zunehmend schien, dass Freuds Autorität innerhalb der internationalen Vereinigung nach 1920 schwächer geworden war. Außerhalb der Vereinigung war er eine Weltberühmtheit geworden, innerhalb der Vereinigung verlor er an Einfluss. Er konnte die Streitigkeiten im Komitee, dem inoffiziellen erweiterten Leitungsgremium der Vereinigung, nicht mehr beruhigen. Seine Stimme und Stellungnahme wurden nicht mehr gebraucht. Die Autorität war auf die Ausbildungsinstitute übergegangen, die nach dem Krieg zuerst in Berlin, dann in London und Wien gegründet worden waren. Die Institute nahmen die Psychoanalyse selbst in die Hand und vermittelten sie so, wie die zur Verfügung stehenden Dozenten es eben vermochten. Hinzu kam Freuds Krebserkrankung, die sich genau in dem Jahr manifestierte (1923), in dem die aktivsten und produktivsten Schüler, Abraham, Ferenczi und Rank, ihre ersten großen Schriften verfassten, die Anfang 1924 erschienen.

Die Bedeutung der Institute wurde mir während der vorliegenden Untersuchung klarer als je zuvor. In den Quellen aus den Jahren zwischen 1920 und 1925 war zu sehen, dass und wie innerhalb der lokalen Vereinigungen mit der Ernennung von Lehranalytikern und Dozenten sowie der Aufnahme und Bewertung von Ausbildungsteilnehmern Politik betrieben wurde. Desgleichen nahmen die Präsidenten der internationalen Vereinigung Einfluss auf die Gestaltung der Kongresse, luden Kollegen ein, die ihnen genehm waren und platzierten weniger genehme an den Rand. Die Redaktionen der Zeitschriften waren ein weiterer unübersehbarer Faktor. Die Redakteure, zuerst Rank in Wien, dann Radó in Berlin und in London stets Jones, griffen aktiv in die Konflikte ein, förderten oder unterdrückten Manuskripte.

Die »neue« Psychoanalyse hatte den Vorteil, dass Abraham, ihr Mit-Begründer, ständiger Vorsitzender der Berliner Gruppe war und Jones, ebenfalls ein Förderer der neuen Richtung, Vorsitzender der Londoner Gruppe. Außerdem waren Abraham und Jones während des gesamten hier untersuchten Zeitraums Präsidenten der *Internationalen Psychoanalytischen Vereinigung*: Jones von Oktober 1919 bis April 1924, Abraham von April 1924 bis Dezember 1925. An den Versuchen der wissenschaftspolitischen Einflussnahme waren nicht nur sie, sondern alle »Akteure« des Komitees, des Leitungsgremiums der *Internationalen Psychoanalytischen Vereinigung*, beteiligt, also neben ihnen auch Ferenczi und Rank. Eitingon und Sachs, auch sie Mitglieder des Komitees, scheinen im Vergleich dazu weniger in den Gang der Ereignisse eingegriffen zu haben. Die aktivsten Komitee-Mitglieder, Abraham, Jones, Ferenczi und Rank, standen einander in der Schärfe und der Energie nicht nach, mit der sie ihre Positionen vertraten. Die Bündnisse verliefen, wie die vorliegende Untersuchung zeigt, exakt im Sinne der hier vertretenen These: Abraham und Jones, die Agenten der »neuen« Berlin-Londoner Psychoanalyse, bildeten ein Paar, dem Ferenczi und Rank in Budapest und Wien gegenüberstanden.

Ohne die Berücksichtigung der vereinspolitischen Faktoren ist die Geschichte der psychoanalytischen Theorie und Praxis in diesen Jahren nicht nachvollziehbar. Vielleicht ist Politik unumgänglich, sie hat jedoch zwischen 1920 und 1925 vernunftgeleitete Diskussionen innerhalb der *Internationalen Psychoanalytischen Vereinigung* nicht gefördert, sondern sie erschwert, wenn nicht verhindert, und zwar für lange Zeit.

Im Laufe der Untersuchung drängte sich mir der Eindruck auf, dass Freuds Primat des Sexuellen in den Jahren zwischen 1920 und 1925 in den Hintergrund geriet, und dass darüber hinaus das Jahr 1925 das Ende einer Ära markiert. 1925 starb Abraham, Rank stand kurz vor seinem Austritt aus der internationalen Vereinigung. Ferenczi war noch in Freuds Nähe, während Jones, den Freud nicht besonders schätzte, seine eigene Politik in London betrieb. Freud selbst zog sich aus dem Vereinsleben zurück. Nach der Auflösung des Komitees (1924) nahm er an keinem Kongress mehr teil und hielt sich von den Ausbildungsaktivitäten der Vereinigung fern. Die Schüler hatten ihre Meisterschriften veröffentlicht, die Psychoanalyse hatte sich von Freud gelöst und existierte unabhängig von ihm.

Ich habe in diesem Buch einen Ausschnitt aus der Geschichte der freudianischen Psychoanalyse rekonstruiert und nur Tendenzen in den Blick bekommen und genommen, die sich in Berlin und London in dem kurzen Zeitraum zwischen 1920 und 1925 entwickelten. Sie wollten Fortsetzungen von Freuds Lehre sein, wurden von Freud selbst aber abgelehnt. Beide Positionen, die von Freud und jene der Berlin-Londoner Psychoanalyse, haben sich in den hundert Jahren, die seitdem vergangen sind, erhalten. Ins Gespräch miteinander gekommen sind sie bis heute nicht. Ob mein Buch etwas zur Verständigung beitragen kann, wird sich zeigen. Ich würde es ihm und mir wünschen.

Die Arbeit an der vorliegenden Untersuchung begann 2019 und wurde durch die Einladung zu einer Karl-Abraham-Vorlesung des Berliner Psychoanalytischen Instituts auf dem Kongress »Hundert Jahre psychoanalytische Ausbildung« (2020) vorangetrieben. Ich danke den Organisatoren der Veranstaltung für die Einladung, ebenso der Zeitschrift *Psyche* und dem *International Journal of Psychoanalysis* für die Publikation des Vortrags. Zwei Jahre weiterer Arbeit und Diskussionen mit Kollegen schlossen sich an. Ihnen allen danke ich, ebenso Henning Lampe, der das Manuskript in der Endphase sorgfältig, geduldig und mit beeindruckendem Scharfsinn durchgesehen hat. Magdalena Frank und Michael Schröter warfen dankenswerterweise einen letzten Blick auf den Text, für dessen Endfassung ich leider ganz allein verantwortlich bin.

Zur Stellung der Aggression in Freuds Schriften bis 1920

Die frühe klinische Theorie, die Freud in den 1890er Jahren erarbeitet hatte, wurde von der Annahme getragen, dass die Sexualität die Quelle und Hauptursache neurotischer und psychotischer Krankheitserscheinungen bildet (May[-Tolzmann], 1996). Davon war Freud überzeugt, noch bevor er mit der gezielten Erforschung der Ätiologie der Neurosen und Psychosen und der Anwendung der eigentlichen psychoanalytischen Methode begonnen hatte. In Publikationen hielt er seine Überzeugung lange zurück, während er in Briefen an seinen Freund Wilhelm Fließ keinerlei Zweifel erkennen ließ. Nach der Lektüre eines Manuskripts des Freundes riet er ihm im April 1893:

> »Ich denke mir, umgehen kannst Du die Erwähnung der sexuellen Ätiologie der Neurosen nicht, ohne aus dem Kranz das schönste Blatt zu reißen. So tu es gleich in der den Verhältnissen entsprechenden Weise. Kündige die bevorstehenden Untersuchungen an, gib das antizipierte Resultat für das aus, was es eigentlich ist, für etwas Neues, zeige den Leuten den Schlüssel, der alles erschließt, die ätiologische Formel« (Freud, 1986, S. 35).

Das war das »antizipierte Resultat«, die Annahme oder »Hypothese«, wie man sie sachlich und nüchtern nennen kann, oder die »Vision«, wie sie hier bezeichnet werden soll, um auch ihren irrationalen, affektiven Charakter zu erfassen. Die Vision von der sexuellen Ätiologie schwebte Freud von Anfang an vor. Er machte hier und da Abstriche und führte Differenzierungen ein, hielt aber letzten Endes an ihr fest.

Die Aggression hingegen war für ihn sozusagen kein Thema. Sie drängte sich ihm zwar immer wieder als Motivkraft auf, aber er verschob die Antwort auf die Frage, welchen Platz sie in der Theorie erhalten sollte, von einer Publikation zur nächsten. Sicher war er sich bis 1919 nur, dass sie einen »abgeleiteten« oder »sekundären« Charakter hatte.

In der vorliegenden Arbeit wird dargestellt, wie Freud in den Arbeiten aus den Jahren zwischen 1920 und 1925 die Motivkraft der Aggression theoretisierte. In diesem Zeitraum kam es, wie erwähnt, innerhalb der *Internationalen Psychoanalytischen Vereinigung* zu einem fundamentalen Wandel der Theorie, nämlich zum Abschied vom Primat des Sexuellen. Freuds Schüler sahen sich dazu veranlasst, und auch Freud selbst bewegte sich ein Stück in diese Richtung, bestand aber letztlich auf seiner Vision vom Primat des Sexuellen.

Das Buch soll zeigen, dass in Freuds Überlegungen zur Stellung der Aggression der *Wunsch* einfloss, das Primat des Sexuellen nicht korrigieren zu müssen. Freuds Argumentationen haben deshalb manchmal einen irrationalen, jedenfalls keinen pur rationalen Charakter. Sie sind dann nicht mehr überzeugend, werden jedoch verständlich, wenn man die Möglichkeit zulässt, dass Freud seine Vision aufrechterhalten *wollte*. Ein solcher Wunsch wird hier nicht nur für legitim, sondern für notwendig gehalten, notwendig für den Autor einer Theorie. Überzeugungen sind legitime Antriebskräfte für Theoriebildungen, falls sie vom Bemühen begleitet werden, sie zu begründen und nach ihrer Verankerung in der Realität zu suchen – und das trifft auf Freud zu, und zwar in einer einzigartigen Weise. Man wird kaum einen psychoanalytischen Autor finden, der seine Überzeugungen so unerbittlich an den Erfahrungen der analytischen Praxis und an der Selbstanalyse überprüfte wie Freud.

Schon in den ersten Ansätzen zur Konstruktion einer Theorie in den 1890er Jahren stieß Freud auf die Aggression. Er brachte sie zunächst vor allem im Konzept der »Aktivität« unter. Das heißt: Wo Freud von Aggression hätte sprechen können, zog er vor, von Aktivität zu sprechen. Ein Beispiel ist seine Theorie der Ätiologie von Hysterie und Zwangsneurose. Die »aktive« sexuelle Verführung sollte ein wichtiger Faktor in der Ätiologie der Zwangsneurose sein, das passive Verführtwerden in der Ätiologie der Hysterie (1896b). Mit der aktiven sexuellen Verführung war etwas gemeint, was einer sexuellen »Aggression« nahestand. Freud entschied sich jedoch dafür, sie als Aktivität zu bezeichnen. Der Begriff der Aktivität ließ sich gut unter das von ihm breit angelegte Konzept von Sexualität subsumieren. Man konnte sagen, dass zur Sexualität eben auch die aktiven Aspekte sexueller Handlungen und Fantasien gehören.

Ähnlich ging Freud in seinen frühen Schriften mit Motivkräften wie Egoismus, Neid, Eifersucht oder Ehrgeiz um, auf die er in den Analysen stieß. Auch sie hätte er »aggressiv« nennen können, nahm aber davon Abstand. Am aufschlussreichsten ist vielleicht, wie er die »Träume vom Tod teurer Personen« verstand. So ist jenes Kapitel der *Traumdeutung* (1900a) überschrieben, in dem er sich zum ersten Mal im Druck auf den Mythos von Ödipus bezog (ebd., S. 253, 265). Für ihn waren solche Träume zwar auf Todeswünsche zurückzuführen: Wir wünschen denen den Tod, die uns den Besitz eines Elternteils streitig machen; denen, die uns die Befriedigung unserer sexuellen Bedürfnisse verwehren; und jenen, die uns nicht so lieben, wie wir es uns wünschen würden. Die Todeswünsche sind aber, so Freud, nur die Oberfläche. Hinter oder unter ihnen stecken libidinöse, auf andere Personen oder das eigene Ich und den eigenen Körper bezogene Wünsche. Freud hatte also Mordwünsche, Rachsucht oder Egoismus von Anfang an fest im Blick und schrieb ihnen eine große Bedeutung zu, sah sie aber stets als Folge der Vereitelung und Enttäuschung libidinöser Wünsche, und insofern hatten sie einen »sekundären« Charakter. Freud hat die Aggression und ihre Bedeutung nie übersehen oder geringgeschätzt, aber ihr sozusagen den Eintritt in die oberste Etage der Theorie verwehrt.

So beispielsweise im Fall »Dora« (1905e). Die Patientin hatte seiner Auffassung nach die Analyse abgebrochen, weil er versäumt hatte, ihre auf den Mann und den Vater gerichtete und in der Übertragung an ihm agierte Rachsucht rechtzeitig anzusprechen. Diese Rachsucht war für ihn nichts anderes als eine Folge unbefriedigter libidinöser Wünsche. Also wieder: Aggression wird gesehen, auch in der Übertragung, aber auf den zweiten Platz verwiesen.

Auch in den *Drei Abhandlungen zur Sexualtheorie* (1905d) betonte Freud einerseits den ubiquitären Charakter der Aggression und meinte andererseits doch, sie »menge« sich libidinösen Prozessen nur »bei« (ebd., S. 68) oder liefere einen Beitrag zur Fülle der polymorph-perversen Regungen der infantilen Sexualität, insbesondere zum Sadismus. Also: Aggression bleibt eine »Beimengung«, Haupt-»Stoff« ist nach wie vor die Libido.

Ähnliches gilt für einzelne Krankheitsbilder. Bei der Untersuchung der Zwangsneurose, deren Analyse ihm nach den *Drei Abhandlungen* gelang, stieß er auf aggressive, zum Teil auch auf verdrängte aggressive Regungen. Solche Regungen passten nicht in die Theorie, denn »eigentlich« wurden nur sexuelle Triebkräfte verdrängt. Verdrängte libidinöse Regungen bildeten, das war und blieb Freuds Grundannahme, die Hauptursache psychischer Störungen (siehe z. B. 1907b, S. 20). Und doch stellte Freud fest, dass beispielsweise in der Religion ganz andere psychische Vorgänge zum Zuge kommen, nämlich die Unterdrückung und der Verzicht auf »eigensüchtige, sozialschädliche Triebe« (ebd., S. 21). Ihnen sei jedoch, wie Freud hinzufügte, um das Primat des Sexuellen aufrechterhalten zu können, »ein sexueller Beitrag meist nicht versagt« (ebd.). Diese »anderen« Triebe bezeichnete Freud an einer Stelle kurz als »böse« (ebd.), ließ aber offen, wie er den Widerspruch zu lösen gedachte, dass (eigensüchtige, sozialschädliche, böse) Kräfte, die *keinen* rein libidinösen Charakter haben, für die Symptombildung verantwortlich sein können.

Als das Primat der Libido in den *Drei Abhandlungen zur Sexualtheorie* und in nachfolgenden Schriften schon breit entfaltet worden war, schlug Alfred Adler, ein Mitglied der Wiener Mittwoch-Gesellschaft, die Einführung eines Aggressionstriebes (1908) vor. Darüber kam es bekanntlich zu einem jahrelangen Streit, der 1911 dazu führte, dass Adler und seine Anhänger die Gruppe um Freud verlassen mussten (vgl. Handlbauer, 1990).[1] Die Differenzen wurden von Freud für so schwerwiegend gehalten, dass die *Wiener Psychoanalytische Vereinigung* im Oktober 1911 einen Unvereinbarkeitsbeschluss verabschiedete, dem zufolge man nicht beiden Gruppen, jener um Freud und jener um Adler, angehören konnte. Denn Adler habe, wie Freud 1911 an Abraham schrieb, »die Bedeutung der Libido geleugnet« und »alles auf Aggression zurück[geführt]« (F/A, S. 235).[2] Anschaulich heißt es zur gleichen Zeit in einem Brief an Pfister:

> »Adlers Theorien giengen zu weit vom rechten Weg ab, es war Zeit, dagegen Front zu machen. Er vergißt das Wort des Apostels Paulus, dessen genauen Wortlaut Sie besser kennen als ich ›Und hättet Ihr der Liebe nicht‹. Er hat sich ein Weltsystem ohne Liebe geschaffen, und ich bin dabei, die Rache der beleidigten Göttin Libido an ihm zu vollziehen. Ich habe mir gewiß immer vorgesetzt, tolerant zu sein und keine Autorität auszuüben; in der Wirklichkeit geht es dann nicht« (F/Pf, S. 78).

Diese Zeilen zeigen die emotionale Aufladung der Frage nach der Stellung von Libido und Aggression. Freud ging es tatsächlich um eine Frage vom Rang eines »Weltsystems« und nicht nur um die Frage der empirischen Verankerung seiner Theorie.

---

1 Adler wird stellvertretend für all jene Schüler genannt, die der Aggression mehr Bedeutung zuschrieben als Freud.
2 »F/A« steht für die Korrespondenz zwischen Freud und Abraham; zu weiteren Abkürzungen der Briefwechsel siehe das Abkürzungsverzeichnis.

In der »Analyse der Phobie eines fünfjährigen Knaben« (1909b) hatte sich Freud mit Adler auseinandergesetzt und dessen Theoretisierungen eine gewisse Plausibilität und Erklärungskraft eingeräumt. Die Phobie des »Kleinen Hans« sei, wie auch er finde, durch die Verdrängung der »Aggressionsneigungen, der feindseligen gegen den Vater und der sadistischen gegen die Mutter« zu erklären (ebd., S. 117). Es sehe also so aus, als habe er eine »eklatante Bestätigung für die Anschauung Adlers erbracht« (ebd.). Er könne sich aber trotzdem »nicht entschließen, einen besonderen Aggressionstrieb neben und gleichberechtigt mit den uns vertrauten Selbsterhaltungs- und Sexualtrieben« anzunehmen (ebd.), und erkenne bei »beiden bei unserem Hans zur Verdrängung gelangenden Trieben« die »altbekannten Komponenten der sexuellen Libido« (ebd., S. 118).

An Stellen wie dieser ist mit Händen zu greifen, dass es bei der Frage nach dem Status der Aggression nicht um rationale Überlegungen ging. Freud hätte ja sagen können, dass aggressive Regungen verdrängt werden können und folglich den sexuellen gleichgestellt werden müssen. Das hätte aber das Primat des Sexuellen berührt. Deswegen blieb er dabei, dass Hans' Rivalität mit dem Vater (und den Geschwistern) sowie seine sadistischen, auf die Mutter gerichteten Gelüste an den primär libidinös getönten ödipalen Konflikt gebunden sind. Nur weil Hans die Mutter für sich haben möchte, gerät er in eine sadistisch getönte Einstellung gegenüber der Mutter und in Rivalität mit dem Vater.

Wenn man es so sieht, dann ist auch der Widerspruch zwischen Freuds Darstellung der Analyse des »Rattenmanns« (1909d) und ihrer Theoretisierung nicht mehr so irritierend. In Freuds Text und in den Originalnotizen (1955a) ist bekanntlich viel die Rede von bewussten und unbewussten Todeswünschen, von Hass, sadistischen und »verbrecherischen« Fantasien und Regungen, sowohl in den Einfällen des Patienten als auch in der Übertragung. Im 20-seitigen Kapitel über die Theorie der Zwangsneurose hebt Freud dann den »Widerstreit« und das »Nebeneinander« von Liebe und Hass sowie die Verdrängung des Hasses hervor (1909d, S. 94–96), warnt aber gleichzeitig vor dieser Theoretisierung. Man müsse der »Versuchung aus dem Wege gehen«, die einzelnen Neurosen dadurch zu unterscheiden, welche Triebregungen in ihnen verdrängt würden; in allen Neurosen würden die gleichen Triebregungen verdrängt (ebd., S. 96). Es sei hier alles noch unklar, wir wüssten noch zu wenig, insbesondere über das Verhältnis des »negativen Faktors« der Liebe – gemeint ist der Hass – zum Sadismus. Man könne allenfalls sagen, dass die Verdrängung des Hasses eine starke

Ausprägung der sadistischen Komponente zur Voraussetzung habe (ebd., S. 97).

Das ist wieder ein Beispiel für Freuds Bemühen, Aspekte der Aggressivität, in diesem Falle den Hass, aus dem Sadismus, mit seinen Worten: der »sadistischen Komponente der Liebe«, abzuleiten (ebd.). Der etwas schroff formulierte Einspruch Freuds gegen die Verwendung der Konzepte des Hasses oder des Widerstreits zwischen Hass und Liebe als Erklärungen der Ätiologie der Zwangsneurose wird verständlicher, wenn man berücksichtigt, dass solche Erklärungen der Hauptthese der sexuellen Ätiologie widersprochen hätten.[3] Mit anderen Worten: Freuds Theoretisierungen sind ohne deren affektive Besetzung, ohne seinen Wunsch, am Primat des Sexuellen festhalten zu können, nicht nachvollziehbar.

Das zeigt auch die Theoretisierung der Todeswünsche, die der Junge auf den Vater richtet: Sowohl in der Fallgeschichte des Rattenmanns als auch in jener des »Kleinen Hans« erscheint der Vater als »Störer« der libidinösen Regungen, sowohl der autoerotischen als auch der auf die Mutter gerichteten. Aus diesem Grund wird dem Vater, der gleichzeitig zärtlich geliebt wird, der Tod gewünscht. Die eigentliche »Quelle« der Todeswünsche bleiben laut Freud die libidinösen, »sinnlichen« Wünsche, die sich kontinuierlich regen (ebd., S. 54). Sie bilden, wie Freud behauptet, die Quelle der »Unzerstörbarkeit« der Feindseligkeit gegen den Vater und setzen die Symptombildung in Gang (ebd., S. 55).

Es ist eine Ironie der Geschichte, dass bald nach dem Ausschluss von Adler im Februar 1911 ein anderer Schüler, Karl Abraham, in einem Vortrag auf dem internationalen psychoanalytischen Kongress in Weimar im September desselben Jahres eine »das Liebesvermögen paralysierende Hasseinstellung«, einen verdrängten »unersättlichen Sadismus« im Zentrum der Ätiologie der depressiven Verstimmung sah (1912b, S. 151, 153). Auch in der zur gleichen Zeit entstandenen Arbeit über den Maler Segantini deutete Abraham (1911) an, dass der verdrängte Hass auf die Mutter den Kern späterer Depressionen bilde. Freud reagierte zurückhaltend. Da Abraham seine These vorsichtig formuliert hatte und sich insofern an die Theorie hielt, als er an den meisten Stellen vom »Sadismus« sprach, der als libidinöser Partialtrieb galt, gab es keinen Grund, auch ihn der Beleidi-

---

3 Natürlich bezieht sich diese Bemerkung nur auf den »Rattenmann« und auf die Schriften über die Zwangsneurose aus dieser Zeit. Später, beispielsweise in der »Disposition zur Zwangsneurose« (1913i), wird Freud ihre Ätiologie anders theoretisieren.

gung der Göttin Libido zu bezichtigen. Das Problem jedoch ließ sich, wie in Abrahams Beiträgen deutlich wurde, mit dem Ausschluss Adlers nicht beseitigen. Es kehrte in Überlegungen anderer Anhänger zurück.

Abraham fand in seinem britischen Kollegen Ernest Jones einen Gesinnungsgenossen. Jones hatte sich mit Freud brieflich und bei einem Besuch in Wien über die Ätiologie und die Dynamik der Zwangsneurose ausgetauscht und in einem Vortrag, dessen deutsche Fassung im September-Heft der *Internationalen Zeitschrift für Psychoanalyse* von 1913 unter dem Titel »Haß und Analerotik in der Zwangsneurose« erschienen war, eine neue These über den Zusammenhang zwischen libidinös-analen und aggressiven, sadistischen oder Hass-Komponenten vorgestellt (Jones, 1913a). Er definierte die Begriffe auf seine eigene Art und Weise (ebd., S. 426), sprach aber in der Überschrift von »Hass« *(hate)* und verwendete im Text vorwiegend diese Bezeichnung. Ohne dass er es ahnen konnte, hatte er ein künftiges Zentrum von Kontroversen thematisiert. Jones behauptete nämlich, dass ein »innerer Zusammenhang« zwischen Hass und Analerotik bestehe (ebd., S. 425), der durch die Reinlichkeitserziehung gestiftet werde (ebd., S. 427). Nicht der ödipale Konflikt sei »Ursprung« des Hasses, sondern die vorhergehende »Einmengung« der Mutter in die Analerotik (ebd., S. 426f.). Das gelte nicht nur für die Zwangsneurose, sondern »vielleicht überhaupt« für die psychische Entwicklung (ebd., S. 425).

Vermutlich hat Jones im Frühjahr 1913, als er seinen Vortrag schrieb, nicht erwartet, dass Freud seine These nicht billigen würde. Dass dem so war, wissen wir aus dem Protokoll einer Sitzung der *Wiener Psychoanalytischen Vereinigung* vom November 1913, auf der über Jones' Aufsatz diskutiert wurde. Rank, der Protokollant, hielt eine Bemerkung von Freud folgendermaßen fest: »Prof. FREUD weiß nichts über den von Jones angenommenen Ursprung des Hasses aus gehinderter Analerotik« (Prot. 4, S. 206).[4] Freud meinte damit nicht, dass Regungen des Hasses keine Rolle in der Entstehung der Zwangsneurose spielen; er selbst hatte das, wie eben geschildert, in Publikationen wie jener über den »Rattenmann« (1909d) dargestellt. Seine Ablehnung von Jones' These bezog sich vielmehr darauf, dass Jones behauptet hatte, eine »Urkraft« wie der Hass »entstehe« durch die Sauberkeitserziehung.

---

4 Mit »Prot.« werden die von Nunberg und Federn herausgegebenen *Protokolle der Wiener Psychoanalytischen Vereinigung* (1976–1981) abgekürzt, gefolgt von der Nummer des Bandes.

Zur gleichen Zeit, als Jones den Hass aus der mit der Reinlichkeitserziehung verbundenen Wut ableitete, gab Freud eine neue Antwort auf die Frage nach der Stellung der Aggression, als er in seinem Vortrag auf dem internationalen psychoanalytischen Kongress in München im September 1913 eine »präödipale Organisation«, die sogenannte »sadistisch-analerotische« Stufe, einführte (1913i). Der Einfall war ihm, wie man aus seiner Beschreibung schließen kann, in der Analyse von Elfriede Hirschfeld gekommen, die an einer schweren Zwangsneurose litt und seit vier Jahren bei ihm in Behandlung war. Freud war offensichtlich zu dem Schluss gekommen, dass ihre Problematik nicht auf die ödipale Konstellation zurückzuführen war, sondern auf eine andere, frühere, die durch andere psychische Regungen gekennzeichnet war, nämlich durch sadistische und analerotische. Diese Regungen waren insofern nicht mit ödipalen vergleichbar, als sie mit einer Regression einhergingen, bei der die Errungenschaften der ödipalen Stufe verloren gingen. Wann die Konstellation der sadistisch-analerotischen Stufe genau anzusetzen war, gab Freud nicht an. Er ließ solche Fragen oft unbeantwortet und ging meistens nicht den Weg einer rein formalen Ableitung, der zufolge man die neue Stufe zwischen die narzisstische und die ödipale hätte einreihen können (die orale Stufe gab es damals noch nicht). Solche Lösungen, die nur plausibel schienen und keinerlei Bezug zu Eindrücken aus der analytischen Arbeit hatten, vermied Freud meistens.

Auf der (neuen) sadistisch-analerotischen oder, verkürzt ausgedrückt, sadistisch-analen Stufe herrschte, wie Freud nun sagte, der Sadismus vor: neben analerotischen geben sadistische Regungen den Ton an. Die Vorherrschaft bedeutete jedoch *nicht*, dass die Analerotik einen sadistischen Charakter hatte. Freud sprach vielmehr von zwei voneinander getrennten Triebgruppen, die sich vermischen konnten, aber nicht mussten – eine Differenzierung und Komplizierung, die geringfügig schien, in der weiteren Geschichte aber eine überragende Rolle spielte. Die Analerotik selbst behielt bei Freud ihren libidinösen und potenziell progressiven, zur ödipalen Stufe hinführenden Charakter, wie er bald (im »Wolfsmann«) zeigte.

Die Einführung der sadistisch-analerotischen Stufe warf die Frage auf, wie man sich die psychische Entwicklung nun vorstellen sollte. Bisher hatte man eine frühe narzisstische und eine spätere ödipale Stufe angenommen. Die narzisstische hatte Freud in der Wiener Gruppe im November 1909 (Prot. 2, S. 282) erstmals postuliert und in der Arbeit über Schreber (1911c) publiziert. Sie war konzipiert worden, weil Freud fand, dass die männliche Homosexualität nicht auf den ödipalen Konflikt allein zurückgeführt werden konnte. Er formulierte deswegen die These, dass narzisstische Regungen in der Ätiologie der männlichen Homosexualität, aber auch generell in der psychischen Entwicklung zeitweise vorherrschen und eine frühere Form des Lusterlebens darstellen als ödipale.

Nach dem Münchner Kongress fasste Freud in »Zur Einführung des Narzissmus« (1914c) seine (vielfältigen und hier nicht näher geschilderten) Eindrücke über den Narzissmus zusammen. Im Rahmen unserer Fragestellung ist nur von Belang, dass das Konzept des Narzissmus die Frage nach der Stellung der Aggression berührte. Freud subsumierte nämlich unter den Narzissmus ebenjene Phänomene, die andere Autoren als Manifestationen von Aggression verstanden, nämlich Symptome und Charakterzüge, die etwas mit Selbstliebe, Selbstherrlichkeit, Selbstgenügsamkeit, Egoismus, Rücksichtslosigkeit, Größenvorstellungen, Dominanz oder Fanatismus zu tun hatten. Seiner Auffassung nach waren sie dem Narzissmus zuzuordnen, einer libidinösen Besetzung des Ichs, auch wenn sie an der Oberfläche und auf andere Menschen aggressiv wirkten. Auf diese Weise hatte er noch einmal festgehalten, dass die Aggression als Manifestation narzisstischer Regungen oder als regressive Abwehr ödipaler Konflikte verstanden werden kann. Die Aggression war also keine »tiefe« Motivkraft, sondern Folge einer Regression. Aggressive Regungen, die sich auf der Oberfläche manifestieren, verdecken in dieser Sichtweise die »eigentlichen«, tiefsitzenden libidinösen und narzisstischen Wünsche.

Bald darauf entschloss sich Freud, eine weitere Stufe der Libidoentwicklung einzuführen, nämlich die »orale, oder wenn wir wollen, kannibalische« (1905d, S. 103). Anders als bei der sadistisch-analerotischen (und der narzisstischen) Stufe blieb die klinische Basis dieser Stufe vergleichsweise im Dunklen. Nach allem, was wir bisher wissen, spielte die Analyse des Wolfmanns (1918b), deren erste vierjährige Tranche im Juli 1914 abgeschlossen war, bei der Postulierung dieser Stufe eine Rolle.[5] Aber wie vorsichtig äußerte sich Freud! Er beschränkte sich darauf, die Angst des Patienten, vom Wolf gefressen zu werden, als eine Angst zu verstehen, die sich einer oralen Sprache bedient. Die Angst repräsentierte seiner Auffassung nach keinen der oralen Stufe angehörigen Wunsch und kein orales Triebziel

---

5 Die Analyse von »Dora« (1905e) hatte die Annahme der Oralerotik als konflikthafter Quelle hysterischer Symptome bestätigt. Nun ging es aber nicht um die Bedeutung der Oralerotik für die Ätiologie psychischer Störungen, sondern um die Einführung einer Stufe der psychischen Entwicklung.

(Verschlingen oder Verschlungen/Gefressenwerden), sondern den später anzusetzenden Wunsch, vom Vater geliebt zu werden. Die in der Angstfantasie enthaltene Aggression (das Auffressen) ist in Freuds Sicht das Produkt einer abwehrbedingten Entstellung und kein primärer Wunsch. Wie wichtig Freud diese Erklärung war, die viele Schüler nicht teilten, geht auch daraus hervor, dass er sie ein paar Jahre später noch einmal ausführlich darstellte (1926d, S. 249f.).

In den metapsychologischen Abhandlungen von 1915, die Freud nach dem Abschluss von »Zur Einführung des Narzissmus« in Angriff nahm, versuchte er unter anderem eine Synthese zwischen der Libidotheorie und der Theorie des Narzissmus. Die Lösung fiel komplex und teilweise widersprüchlich aus. Was den Sadismus angeht, so betonte Freud, dass der infantile Sadismus »ursprünglich« nicht darauf bedacht sei, andere zu schädigen oder ihnen Schmerzen zuzufügen: »Das sadistische Kind zieht die Zufügung von Schmerzen nicht in Betracht und beabsichtigt sie nicht« (1915c, S. 91). Auch die orale Vernichtung des Objekts durch das »Fressen« sei zunächst eine »Vorstufe« der Liebe und keine Äußerung von Sadismus oder Aggression (ebd., S. 101). Anders ordnete Freud den Hass ein. Er sei weder eine Vorform der Liebe noch ein »echter« Trieb, da ein Trieb, wie er meinte, sein Objekt per definitionem nicht hassen könne (ebd., S. 99). Der Hass kennzeichne vielmehr die Beziehung zwischen dem Ich und dem Objekt und nicht jene zwischen Trieb und Objekt (ebd., S. 99f.). So gesehen war der Hass eine Manifestation der Selbst- oder Icherhaltung oder des Narzissmus (ebd., S. 101).

Ohne auf weitere Differenzierungen eingehen zu können, die Freud 1915 in Bezug auf die Triebe, das Ich und den Hass vorschlug, ist festzuhalten, dass er bemüht war, eine Theorie zu entwickeln, die sich nicht an der Moral, an den Zielsetzungen des Erwachsenen und der Gesellschaft, orientierte. Er wollte einen Bereich der psychischen Entwicklung für Regungen reservieren, die vom Erwachsenen als »amoralisch« oder »asozial« empfunden werden, nicht aber vom kleinen Kind, das sie zunächst auch nicht mit Schuldgefühlen verbindet. Auch in der Schrift mit dem Titel »Zeitgemäßes über Krieg und Tod« (1915b), die speziell von der Aggression handelt, sah Freud den Anfang der psychischen Entwicklung als außerhalb der Moral stehend: »Diese Triebregungen sind an sich weder gut noch böse« (ebd., S. 41). Wir würden sie nur als solche klassifizieren, »je nach ihrer Beziehung zu den Bedürfnissen und Anforderungen der menschlichen Gemeinschaft« (ebd.).

Das Sich-Sträuben gegen das Eindringen von Moral und gesellschaftlichen Normen in die Psychoanalyse ist ein durchgehendes Merkmal von Freuds Theoretisieren. Noch einmal: Auf den »Vorstufen der Liebe« ist das Verhalten des kleinen Kindes aus der Sicht des Erwachsenen egoistisch oder böse, nicht aber, wie wir heute sagen würden, vom Standpunkt der psychischen Realität des Kindes aus. Erst durch eine sich von selbst vollziehende »Zumischung« von Libido und durch die Einwirkung der Erziehung werden, wie Freud meint, Liebe und Hass zu dem, was der Erwachsene darunter versteht.

Einen anderen Ansatz zur Theoretisierung der psychischen Kräfte vertrat Abraham. Er verfügte über eine besondere Sensibilität für und ein erhöhtes Interesse an aggressiven Regungen und an Schuldgefühlen und setzte in den ersten Kriegsjahren seine oben erwähnten Überlegungen zur Ätiologie der Depression fort. Er qualifizierte nun den verdrängten »unersättlichen Sadismus« des Depressiven, den er 1911 postuliert hatte, als einen der Mundzone zuzuordnenden, oral-kannibalistischen (F/A, S. 484–489). In einer Ende 1915 abgeschlossenen Publikation formulierte er diese Vermutung auf eine sehr zurückhaltende und doch eindrückliche Art und Weise. Seiner These, dass der Depressive dem Objekt unbewusst »vorwiegend feindlich« gegenüberstehe und es durch Auffressen vernichten wolle (Abraham, 1916–17, S. 109), stimmten nach dem Krieg einige Kollegen zu, während Freud sie ignorierte, beispielsweise in seinen *Vorlesungen zur Einführung in die Psychoanalyse* (1916–17a) und an anderen Stellen, an denen er sie hätte erwähnen können.

Abrahams Theorie der Ätiologie der Depression kannte keinen Unterschied zwischen dem »amoralischen« Säugling und dem die moralischen Normen stärker empfindenden älteren Kind, berücksichtigte die Differenz jedenfalls nicht in der Theoriebildung. Diese Betrachtungsweise hatte Folgen für das Verständnis der Vorgänge in der analytischen Praxis und der Beziehung zwischen Analysand und Analytiker oder gingen umgekehrt daraus hervor. Jedenfalls nahm ein an Abraham orientierter Analytiker an, dass Regungen und Fantasien des Analysanden, die von ihm, dem Analytiker, als asozial, amoralisch, egoistisch, rücksichtslos oder böse empfunden werden, auch vom Analysanden so erlebt werden. Um es verkürzt auszudrücken: Der Raum für das im Sinne von Freud »unschuldige« Kind wurde in dieser Sichtweise wenn nicht ganz abgeschafft, so doch kleiner.

Dass Freud dazu tendierte, Prozesse der frühen psychischen Entwicklung auf den Bereich des Libidinösen zu beschränken, geht schließlich auch aus »Über Triebumsetzungen, insbesondere der Analerotik« (1916–17e) hervor. Obwohl er die sadistisch-analerotische Stufe eben (1913) erst eingeführt hatte, spielte der sadistische Aspekt in dieser Abhandlung keine Rolle. Freud bezog sich vielmehr auf die Funktion, die der *Erotik* der analen Stufe bei der Weiterentwicklung zur genitalen und erwachsenen Psychosexualität zukommt. Er hatte gefunden, dass die Kotstange in der psychischen Realität (vor allem des Mädchens) in einem ersten Entwicklungsschritt als Penis und in einem zweiten als Kind erlebt wird. Die Kotstange selbst wird, wie er angab, narzisstisch erlebt, nämlich als Teil des eigenen Körpers und nicht als Liebesobjekt oder als ängstigendes oder aggressives Objekt, wie manche Schüler bald meinten. Ebenso hob Freud in der Fallgeschichte des »Wolfsmanns« (1918b) die Analerotik des Jungen als Träger der Liebe zum Vater hervor. Sie erfüllte eine progressive, die Entwicklung zur ödipalen Stufe vorantreibende Funktion. Bezeichnend für Freuds Sichtweise ist seine Erklärung der, wie er meinte, häufig anzutreffenden Feindseligkeit der erwachsenen Frau gegenüber dem Mann, die er im »Tabu der Virginität« (1918a) untersuchte. Er führte sie auf infantil-libidinöse Regungen gegenüber dem Vater zurück, ebenso wie er die Verachtung der Frau, die mancher junge Mann zeige (1910h, 1912d), als Produkt des Schicksals infantil-sexueller, auf die Mutter gerichteter Wünsche verstand.[6]

Was die analytische Praxis angeht, so verfasste Freud eine Serie von technischen Schriften (1913–1915) und äußerte sich danach nur mehr selten über die Technik. Die Schüler bedrängten ihn, gerade in den Jahren nach dem Krieg, als sie in den Ausbildungsinstituten die psychoanalytische Behandlungsmethode unterrichten sollten oder wollten, mehr darüber zu sagen, aber er streute nur hin und wieder Bemerkungen in seine Publikationen ein. Er war in den Jahren unmittelbar nach dem Ende des Ersten Weltkriegs auf einem anderen Weg. Die Veränderungen der Theorie, die er nun in *Jenseits des Lustprinzips* (1920g), in *Massenpsychologie und Ich-Analyse* (1921c) und in *Das Ich und das Es* (1923b) durchführte, bezogen sich nicht primär auf die Technik, sondern auf die klinische und die metapsychologische Theorie. Sie berührten auch die Frage nach der Stellung der Aggression und werden in den folgenden Kapiteln dargestellt.

---

6 Zu ausführlichen Erörterungen der Geschichte von Freuds Konzeptualisierung der Oralität und der Ätiologie der Depression siehe May, 1997, 2010, 2011a, 2017a; zur Geschichte der Analität: May, 2011b, 2012; zur Geschichte des Narzissmus: May, 1990, 1991, 2016. – Eine zeitgemäße und differenzierte Darstellung der Geschichte der Freud'schen Theorie, speziell auch des Konzepts der Aggression, findet man bei Mayer, 2016.

Das Jahr 1920

Nach dem Ende des Ersten Weltkriegs erlebte Freuds Psychoanalyse sowohl in Europa als auch in den USA einen starken und überraschenden Aufschwung. Die Schüler fanden sich nach der langen Trennung wieder zusammen, das Komitee, die informelle Leitungsgruppe der *Internationalen Psychoanalytischen Vereinigung*, nahm die Arbeit wieder auf.

Berlin: Gründung der Poliklinik

Nachdem der Plan, in Budapest ein psychoanalytisches Ausbildungsinstitut mit einer Ambulanz einzurichten, am politischen Umsturz gescheitert war, ergriff Max Eitingon, ein Mitglied der Berliner Gruppe, die Initiative und stellte eine finanzielle Unterstützung für die Gründung eines solchen Instituts in Berlin in Aussicht. Im Juli 1919 konnte er Freud mitteilen, dass seine Kollegen den Plan billigten (F/E, S. 158). In einer Poliklinik sollten psychoanalytisch orientierte Behandlungen angeboten werden; später könne daraus, so Eitingon an Freud, ein »Forschungsinstitut« werden (ebd., S. 159). Dass die Poliklinik auch der Ausbildung von Analytikern dienen könnte, wird in Eitingons Brief nicht erwähnt, war aber mitgemeint, wie aus einem Brief Abrahams an Freud hervorgeht (F/A, S. 626).

Am 8. Februar 1920 wurde die Poliklinik eröffnet.[1] Sie wurde von Eitingon und Ernst Simmel geleitet. Nach der Eröffnung begann Abraham, Vorlesungen zur Einführung in die Psychoanalyse zu halten; ab Oktober

---

1 Mit der aus dem medizinischen Bereich stammenden Bezeichnung »Poliklinik« ist eine Beratungsstelle oder eine Ambulanz gemeint, die gegebenenfalls Therapien anbietet oder vermittelt.

1920 boten Karen Horney, Hans Liebermann, Ernst Simmel und Hanns Sachs Vorlesungen an.[2] Es fanden sich rasch Kollegen, die an der Poliklinik arbeiten wollten, sowie Interessenten an einer Aus- und Weiterbildung. Die schlechte ökonomische Situation in Wien und der Umsturz in Ungarn führten dazu, dass ein beträchtlicher Teil der Mitarbeiter an der Poliklinik und der Dozenten des Berliner Instituts aus Österreich und Ungarn kam.[3]

Als erster Lehranalytiker neben Abraham wurde Hanns Sachs aus Wien angeworben; er zog im Oktober 1920 nach Berlin. Sachs war langjähriges Mitglied der *Wiener Psychoanalytischen Vereinigung*, Mitherausgeber der *Imago* und gehörte dem Komitee an. Einer Analyse hatte er sich nicht unterzogen, und hatte 1920 auch nur wenig praktische Erfahrung aufzuweisen. Wegen einer Tbc hatte er sich seit 1918 in der Schweiz aufgehalten und dort eine Praxis begonnen, die er knapp zwei Jahre lang ausübte (Schröter, 2017). Auch Eitingon, der Leiter der Poliklinik, war nie in Analyse gewesen. Er hatte ein paar analytische Gespräche mit Freud gehabt und bis 1920 nur eine kleine Zahl von Analysen durchgeführt. Simmel, der Co-Leiter der Poliklinik, war zwischen Mai und November 1919 (mit Unterbrechungen) bei Abraham in Analyse gewesen und hatte, obwohl er zusammen mit Eitingon zum Leiter der Ambulanz bestimmt worden war, zum Zeitpunkt der Gründung der Poliklinik noch wenig analytische Erfahrung.[4] Mit Ausnahme von Abraham waren die Hauptverantwortlichen für die Poliklinik und für Ausbildungsanalysen – Eitingon, Simmel, Sachs –

---

2 Vgl. die letzte Seite des 4. Hefts von Band 6 der *Internationalen Zeitschrift für Psychoanalyse* (1920); siehe ferner F/A, S. 650, 652; RB 1, S. 65, 80; Deutsche Psychoanalytische Gesellschaft, 1930, S. 31. – Mit »RB« werden die von Gerhard Wittenberger und Chris Tögel herausgegebenen Rundbriefe des Komitees (1999–2006) abgekürzt, gefolgt von der Bandnummer.

3 Die Lage in Berlin war für den Broterwerb trotz der verheerenden Kriegsfolgen offensichtlicher etwas günstiger als in Wien; siehe RB 1, S. 206.

4 Nach Freuds (und Abrahams) Auffassung stand Simmel 1919 noch auf dem Standpunkt der kathartischen Theorie von 1895; siehe F/A, S. 612, 614, 616, 619. Gleichwohl hatte er 1918 zusammen mit seinem zukünftigen Analytiker (Abraham) einen Preis für ein Buch über die Behandlung von Kriegsneurosen erhalten (Freud, 1919c, S. 336). Am 5. Mai und 3. Juni 1919 berichtet Abraham, dass Simmel nun bei ihm sei (F/A, S. 618, 622). Danach wurde die Analyse unterbrochen, ihre bevorstehende Wiederaufnahme wird am 3. August erwähnt (F/A, S. 626). Am 7. Dezember 1919 heißt es noch einmal, Simmel nehme die Analyse wieder auf (F/A, S. 638). Wie lange sie dauerte, ist nicht bekannt. Ab April 1921 war Simmel als Kontrollanalytiker tätig und hielt zusammen mit Eitingon das technische Seminar; siehe RB 2, S. 130.

bei der Institutsgründung also relativ unerfahren.[5] Auch Abraham war nie in Analyse gewesen, stand jedoch seit mehr als einem Jahrzehnt in brieflichem und persönlichem Kontakt und Gedankenaustausch mit Freud. Er hatte 1908 die Berliner Gruppe gegründet und sie ohne Unterbrechung bis 1920 geleitet, war mit einer großen Zahl von Publikationen hervorgetreten, gehörte dem Komitee an und war während des Kriegs Präsident der *Internationalen Psychoanalytischen Vereinigung*. 1920 war er fraglos der bedeutendste freudianische Analytiker in Berlin, sowohl aufgrund seiner Publikationen als auch seiner Stellung innerhalb des Vereins.

Im September 1920, einige Monate nach der Gründung der Poliklinik, teilte Ferenczi, 1918 zum Präsidenten der *Internationalen Vereinigung* ernannt, den Mitgliedern auf dem Kongress in Den Haag mit, dass die Berliner Poliklinik »bereits in voller Tätigkeit« sei und sich zu einer »bedeutsamen Institution« entwickle (Korr, 1920, S. 382). Abraham, Eitingon und Simmel berichteten über die Aktivitäten der Berliner Einrichtungen (ebd., S. 386). Abraham warb Klein als Mitarbeiterin an. Sie gehörte seit 1919 der ungarischen psychoanalytischen Vereinigung an. Einige Wochen nach dem Kongress bat Abraham Ferenczi, »Frau Klein zu baldiger Übersiedelung hierher zu veranlassen, zwecks Vornahme pädagogischer Kinderanalysen« (RB 1, S. 65). Klein sagte zu und übernahm ab Anfang 1921 Fälle aus der Poliklinik, während Jenö Hárnik, ebenfalls Mitglied der ungarischen Gruppe, eine feste Anstellung an der Poliklinik erhielt.[6] Er war den Berlinern von Ferenczi empfohlen worden und trat seine Stelle im Dezember 1920 an. Klein und Hárnik kamen nicht nach Berlin, um eine Ausbildung zu erhalten oder sich weiterzubilden. Sie waren beide bereits »fertige« Analytiker und wollten in Berlin als Analytiker arbeiten.

Keine Arbeit, sondern eine Analyse zur Aus- und Weiterbildung suchten Kollegen aus Großbritannien. Auf dem Kongress in Den Haag lernte der

---

5 Es wäre zu prüfen, ob das ein spezifisches Merkmal des Berliner Instituts war.
6 Zu Kleins Anwerbung siehe RB 1, S. 122, 201; Frank, 2011. Zu Hárniks Anwerbung siehe RB 1, S. 51, 113, 122, 230. Über Klein heißt es im Dezember 1920 im Rundbrief aus Budapest: »Sie dürfte Anfangs Jänner in Berlin ankommen und an der Poliklinik arbeiten, womöglich bald auch etwas verdienen. Sie ist sehr verläßlich« (ebd., S. 201). Da nirgends von einer *festen* Anstellung Kleins die Rede ist, wird ihre Mitarbeit (zumindest bis 1922) darin bestanden haben, dass sie Fälle aus der Poliklinik übernahm. Wie Eitingon im Bericht über die Tätigkeit der Poliklinik darstellt, verpflichteten sich einige Analytiker, eine gewisse Zahl von Stunden für die Poliklinik zu arbeiten, vermutlich unentgeltlich (Eitingon, 1922, S. 508).

britische Analytiker James Glover Abraham kennen und meldete sich bei ihm zur Analyse an (Boll, 1962, S. 320).[7] Er war wegen seiner Funktion als Co-Leiter der Londoner *Brunswick Square Clinic* zum Kongress eingeladen worden. An dieser Institution vertrat man einen eklektischen psychotherapeutischen Ansatz. Sein Bruder Edward schloss sich ihm an und kam Ende 1920 mit nach Berlin.[8] Die Brüder begannen Anfang Januar 1921 gleichzeitig eine Analyse bei Abraham, die nicht zuletzt auch der Prüfung der Frage diente, ob sie für eine Mitgliedschaft in der Londoner Gruppe geeignet waren. Abraham war von beiden sehr angetan und empfahl ihre Mitgliedschaft; 1921 wurden sie zu »associate«, 1922 zu »full members« der *British Psychoanalytical Society* ernannt.[9]

Zu Abraham kam 1920 ferner Ethilda Herford, eine Ärztin aus London.[10] Auch sie hatte ihren künftigen Analytiker auf dem Kongress in Den Haag kennengelernt, und auch sie war an der *Brunswick Square Clinic* psychotherapeutisch tätig gewesen. Mitte Dezember 1920 schloss sie eine dreimonatige Analyse bei Abraham ab, ging nach London zurück und wurde 1921 »associate member« der *British Psychoanalytical Society*.

---

7   Zu James und Edward Glover sowie der *Brunswick Square Clinic* siehe das Kapitel über das Jahr 1921.
8   Zum Beginn der Analyse bei Abraham siehe RB 1, S. 123, 238; RB 2, S. 22. Abraham schrieb am 31. Dezember 1920 im Rundbrief: »Die 2 Brüder Glover sind jetzt hier. Ich berichte Näheres, sobald ich die Analyse begonnen habe« (RB 1, S. 238). Die Analyse begann also 1921.
9   Zu Abrahams Wertschätzung der Glovers siehe RB 2, S. 22f., 46, 138, 172, 177; RB 3, S. 162. Zur »associate membership« von J. Glover siehe Bull, 1921, S. 117; 1922, S. 266; zur »full membership« von beiden am 4. Oktober 1922 siehe Bull, 1923, S. 245. – Der Status des »associate member« entspricht in etwa dem des »außerordentlichen«, jener des »full member« dem des »ordentlichen Mitglieds«. Wichtigster Unterschied war, dass die Mitgliedschaft der »associate members« jedes Jahr von der Gruppe neu bestätigt werden musste. Im Folgenden wird im Text der Korrektheit halber bei britischen Kollegen die englische Bezeichnung verwendet.
10 Ethilda Meakin Herford (1872–1956) war Ärztin und vor der Analyse bei Abraham bei John C. Fluegel in Analyse gewesen. Sie hatte eine Ausbildung zur Psychotherapeutin an der *Brunswick Square Clinic* durchlaufen und danach dort gearbeitet, vermutlich seit 1917 (RB 1, S. 173). Nach der Analyse bei Abraham ging sie 1922 bis Mitte 1923 zu Ferenczi (Bull, 1922, S. 118; F/Fer III.1, S. 166; Fer/Jo, S. 89). »Full member« wurde sie erst 1934 (Bull, 1934, S. 526). Zur Beurteilung ihrer Persönlichkeit und des Verlaufs der Analyse bei Abraham siehe RB 1, S. 123, 140, 173f., 193, 216f., 238; RB 2, S. 23 usw.; ferner Payne, 1957; Valentine, 2009; www.psychoanalytikerinnen.de (Nölleke, 2007–2021).

Die meisten nicht-ärztlichen Kollegen aus Ungarn und England begaben sich zu Sachs in Analyse, unter ihnen Ende 1920 Ella Freeman Sharpe.[11] Sie hatte an der *Brunswick Square Clinic* als Therapeutin gearbeitet und sich bei Jessie Murray, eine der beiden Gründerinnen der *Clinic*, sowie bei James Glover einer Analyse unterzogen. Nach der Arbeit mit Sachs wurde sie »associate member« der britischen Gruppe.[12] Zu Sachs kam im Oktober 1920 außerdem Franz Alexander aus Ungarn und ließ sich in Berlin nieder.[13] Dieser Trend setzte sich nach 1920 fort: Kollegen aus dem Ausland kamen in der ersten Hälfte der 1920er Jahre für kurze Zeit zur Analyse nach Berlin, lernten die Analyse bei Abraham oder Sachs kennen und erwarben sich dadurch einen Anspruch, an ihrem Heimatort in die lokale Vereinigung aufgenommen zu werden.

Sowohl Freud als auch die Wiener, Budapester und Londoner Analytiker beneideten die Berliner Kollegen um den Aufschwung, den die Einrichtung der Poliklinik ausgelöst hatte. Eine derartige Konzentration von Interessenten aus dem In- und Ausland hatte es bisher noch nicht gegeben. Mit einem Mal wurde Berlin ein internationales Zentrum aktiver und produktiver Analytiker verschiedenster lokaler und nationaler Traditionen. Die Attraktivität Berlins ging mit einem Machtzuwachs einher, da die Veränderungen der Theorie und Praxis, die in diesen Jahren aufkamen, durch die auswärtigen Kollegen in ihre Heimatländer getragen wurden. Außerdem hatten die Berliner Entscheidungsträger die Möglichkeit, an die Heimatinstitute ihrer Analysanden zurückzumelden, ob sich ihre Analysanden für eine Mitgliedschaft eigneten. Diese Frage nahm im

---

11 Robinson (2008) hat die Besonderheiten der Technik von Sachs sowie den Einfluss seiner Analysen von Ella Sharpe, Silvia Payne, Barbara Low und Mary Chadwick auf die *British Psychoanalytical Society* dargestellt.

12 Ella Freeman Sharpe (1875–1947), eine Lehrerin, begann 1917 eine psychoanalytische Ausbildung an der *Brunswick Square Clinic*. 1920 war sie »secretary« von Julia Turner, der anderen Mitbegründerin der *Clinic* (RB 1, S. 142). 1921 wurde Sharpe »associate«, 1923 »full member« der britischen Gruppe (Bull, 1922, S. 118; Bull, 1924, S. 51). Zu Sharpes Analyse bei Sachs siehe vor allem Robinson, 2008; ferner: RB 1, S. 124, 142, 172; RB 2, S. 23, 80, 142. Sharpe soll nach der Analyse bei Sachs (Oktober 1920 bis April 1921) mehrmals in den Sommerferien zu Tranchen nach Berlin gekommen sein; siehe Roazen, 2000, S. 33; Payne, 1947. Zu Sharpe siehe auch Wahl, 1966b; King, 2000a, S. 25; Payne, 1947; www.psychoanalytikerinnen.de.

13 Nach einem halben Jahr Analyse wurde Franz Alexander (1892–1964) entweder im Mai oder im Oktober 1921 außerordentliches Mitglied der Berliner Gruppe; siehe Korr, 1921, S. 393; RB 2, S. 232, 255. Zu seiner Analyse bei Sachs siehe RB 1, S. 81, 112, 148.

brieflichen Austausch unter den Mitgliedern des Komitees keinen geringen Raum ein.[14]

Im Februar 1921 nahm die Anziehungskraft Berlins ein weiteres Mal zu, als man begann, Vorlesungen und Seminare und damit eine volle theoretische und praktische Ausbildung zum Analytiker anzubieten. Seitdem übte die Berliner Gruppe, um es zugespitzt auszudrücken, legislative, exekutive und judikative Macht aus: Man bestimmte, was Psychoanalyse ist und wer sich Psychoanalytiker nennen kann, bot den Raum zum Erwerb einer Qualifikation an und beurteilte selbst, an wen sie vergeben werden konnte. All das war neu gegenüber der Zeit vor dem Ersten Weltkrieg. Es bedeutete für Freud und Wien einen Verlust, für Berlin einen Gewinn an Autorität.

London: Jones und die Orientierung nach dem Westen

Ernest Jones war seit 1908 in Kontakt mit Freud und trat zuerst in Kanada und ab 1913 in England für Freud ein.[15] Er reiste häufig nach Wien und nahm an fast allen internationalen psychoanalytischen Kongressen sowie den meisten Treffen des Komitees teil. Bereits vor dem Ersten Weltkrieg hatte er eine große Zahl von psychoanalytischen Beiträgen publiziert, unter anderem einen Sammelband mit zwanzig Arbeiten, der 1913 unter dem Titel *Papers on Psycho-Analysis* (1913b) erschien. 1913 nahm Freud ihn ins Komitee auf.[16] Im gleichen Jahr begab sich Jones für zwei Monate in Analyse zu Ferenczi, nachdem sich seine damalige Lebensgefährtin Loe Kann während ihrer Analyse bei Freud (1911–1913) von ihm getrennt hatte.[17]

Jones' Arbeiten schlossen häufig eng an Freud und an die Diskussionen im kleinen Kreis an. Freud stellte ihm, wie anderen Schülern auch, eigene Gedanken zur Ausarbeitung zur Verfügung. Er und Ferenczi waren davon angetan, in Jones einen aktiven Propagandisten der Psychoanalyse im eng-

---

14 Zu den diesbezüglichen Konflikten zwischen London und Berlin siehe Schröter, 1996, S. 1162–1167.
15 Zu Jones siehe vor allem Steiner, 1993.
16 Es wurde bekanntlich gegründet, um Jung aus der *Internationalen Psychoanalytischen Vereinigung* herauszudrängen; zum Komitee siehe Grosskurth, 1991; Schröter, 1995; Wittenberger, 1995.
17 Zu Kanns Analyse siehe May, 2015, S. 310–313.

lischsprachigen Raum zu haben, schätzten ihn aber nicht besonders.[18] Man mokierte sich darüber, dass er zu viel veröffentlichte – »Jones hat schon wieder Fünflinge geworfen« (F/A, S. 221) – und zum Plagiat neigte. Er hatte beispielsweise in einer Fußnote seines Aufsatzes »Krieg und Sublimation« (1915) in der *Internationalen Rundschau* auf Freud verwiesen, wobei der ganze Text, wie Freud an Ferenczi schrieb, nichts anderes war als eine »unverhohlene Wiedergabe« von »Zeitgemäßes über Krieg und Tod« (1915b; F/Fer II.1, S. 167).[19] Ferenczi fand, dass Jones seine, Ferenczis, Überlegungen zur Suggestion aus dem Aufsatz »Introjektion und Übertragung« (Ferenczi, 1909) plagiiert hatte (F/Fer II.1, S. 168). Er gab eine interessante Beschreibung von Jones' Persönlichkeit: seine Originalität sei »gehemmt«; deswegen müsse er seinen Ehrgeiz auf dem Wege des Plagiats befriedigen; trotzdem sei er »ein guter Junge« (ebd.) – eine Toleranz für Jones, die Ferenczi nicht lange aufrechterhalten konnte.

Während des Kriegs hatte Jones mit den deutschen und ungarischen Kollegen nicht korrespondieren können; auch mit Freud hatte er nur eine Handvoll Briefe gewechselt, von denen die meisten über Mittelsmänner in neutralen Ländern wie Holland oder der Schweiz zu Freud gelangten. Die Produktion der *Internationalen Zeitschrift für Psychoanalyse* und der *Imago* war zeitweise zum Erliegen gekommen. Die Hefte erschienen mit großer Verspätung und viele konnten nicht ins Ausland geschickt werden. Persönliche Treffen waren seit dem Sommer 1914 ausgeschlossen. Als Bürger einer feindlichen Macht konnte Jones nicht am Internationalen Kongress in Budapest (1918) teilnehmen. So kam es, dass er Freud fünf Jahre lang nicht gesehen hatte, als man sich am 28. September 1919 zum ersten Mal wieder traf. Freud schrieb an ihn: »I am very glad to see you again. Five years is a terribly long time« (F/Jo, S. 355).

Die lange Unterbrechung des Kontakts – auch Abraham und Freud sahen einander vier Jahre lang nicht (1914 bis 1918) – ist ein Faktum, das für die weitere Entwicklung der Theorie von großer Bedeutung ist. Denn Freud hatte die Theorie in diesen Jahren weiterentwickelt, ohne dass Jones

---

18 Jones war von 1920 bis 1924 und von 1932 bis 1949 Präsident der *Internationalen Psychoanalytischen Vereinigung* und wurde später von den Nachkommen Freuds als Autor der Freud-Biografie (Jones, 1953–1957) eingesetzt.

19 Mitinitiatorin, Sponsorin und Mitherausgeberin der pazifistischen Monatsschrift *Internationale Rundschau* war Lucy Hoesch-Ernst, die zuerst bei Jones, dann bei Freud in Analyse gewesen war (May, 2007, S. 603f.).

und Abraham die Veränderungen hätten nachlesen, geschweige denn im direkten Kontakt erfahren oder mit ihm hätten erörtern können. Der Kontakt zu Ferenczi hingegen war nur ein Jahr lang, von September 1918 bis September 1919, unterbrochen.

Jones hielt sich in den Tagen des Wiedersehens eine Woche lang in Wien auf und nahm Ende September 1919 zusammen mit Ferenczi, Rank und Anton von Freund am ersten Treffen der Komitee-Mitglieder nach dem Krieg teil (F/E, S. 160). Wegen der unsicheren politischen Situation in Ungarn gab Ferenczi sein Amt als Präsident der *Internationalen Psychoanalytischen Vereinigung* an Jones ab, der es bis 1924 behielt. Beim Treffen im September, das ohne Abraham stattgefunden hatte, wurde der Beschluss gefasst, das *International Journal of Psychoanalysis* und die Buchreihe der *International Library of Psychoanalysis* zu gründen (ebd., S. 164; F/A, S. 629).[20] Beide Organe sollten unter der Leitung von Jones stehen. Die Übernahme dieser Funktionen bezeichnete Freud als »die von unserem Staatskanzler proklamierte Orientierung nach Westen« – eine treffende Vorhersage des Schicksals der Psychoanalyse in den kommenden Jahren (F/A, S. 629).

In Großbritannien hatte Jones 1918 die *London Psychoanalytical Society*, die er 1913 gegründet hatte, aufgelöst, um sich von den Mitgliedern trennen zu können, die Jungs Theorie nicht ablehnten. In die neue, »gereinigte« und von ihm geleitete Gruppe, die *British Psychoanalytical Society*, nahm Jones unter anderem die Kollegen aus der oben erwähnten *Brunswick Square Clinic* auf, die sich in Berlin, Wien und Budapest einer zusätzlichen Analyse bei Abraham, Sachs, Rank, Freud oder Ferenczi unterzogen hatten.[21]

Berlin und London gewannen nach dem Krieg in der Welt der Psychoanalyse gegenüber Wien und Budapest an Gewicht, Berlin durch die Einrichtung einer Poliklinik und eines Ausbildungsinstituts, London durch die Gründung der stärker freudorientierten *British Psychoanalytical Society* sowie des *International Journal of Psychoanalysis* und der *International Library of Psychoanalysis*.

---

20 Zur Gründung des *International Journal of Psychoanalysis* siehe Giefer, 2009; Bruns, 2020.
21 Die Bezeichnung »gereinigt« (purged) stammt von Robinson (2011, S. 200). Ähnlich wie in Wien und Berlin nach der Trennung von Adler blieb Jung nach dem Ausschluss seiner Anhänger in London Gegenstand der Diskussion in der britischen Gruppe. Zur Geschichte der *British Psychoanalytical Society* siehe Hinshelwood, 1998; Forrester, 2008, S. 47–52.

Das Komitee: Aufbruch im Herbst 1920

Vereint war man im Komitee, in das Eitingon 1919 aufgenommen wurde. 1920 gehörten ihm Abraham, Sachs und Eitingon aus Berlin an, Ferenczi aus Budapest, Jones aus London sowie Rank und Freud aus Wien. Auf dem Kongress in Den Haag wurde ein regelmäßiger Rundbriefverkehr beschlossen, durch den man sich über die Aufnahme von Analysanden in die lokalen Gruppen, über den Publikations-, Vorlesungs- und Vortragsbetrieb, über neue, an der Psychoanalyse interessierte Gruppen, die Abwicklung von Kongressen und spezifische Probleme vor Ort austauschen und eine möglichst einheitliche Politik betreiben konnte.

Bei der Wiederaufnahme der Aktivitäten des Komitees hatte jedes Mitglied einen eigenen »claim«: Jones die *International Psychoanalytic Press* mit dem *International Journal* und der *Library*, die Präsidentschaft der *Internationalen Vereinigung* und die Leitung der von ihm umgestalteten Londoner Gruppe; Abraham die Poliklinik und die Leitung der Berliner Gruppe; Eitingon die Poliklinik, die finanziell auf ihn angewiesen war; Rank die *Internationale Zeitschrift* und den *Internationalen Psychoanalytischen Verlag*; Ferenczi die Leitung der Budapester Gruppe. Sachs war in Berlin Lehranalytiker und längere Zeit der einzige neben Abraham.[22]

Jones wurde in den Jahren, die hier beschrieben werden, hauptsächlich auf dem Feld der Vereinspolitik aktiv, während Abraham, Ferenczi und Rank neben der Vereinsarbeit Beiträge zur psychoanalytischen Theorie und Praxis lieferten. Sachs scheint sich auf gelegentliche Äußerungen über die Technik beschränkt, Eitingon sich in allem zurückgehalten zu haben. Freud selbst befasste sich in diesen Jahren sowohl mit der Vereinspolitik als auch, selbstverständlich und in höchstem Maße, mit der Weiterentwicklung der Theorie. Zu ergänzen ist, dass manche Beiträge zur Theorie von der Vereinspolitik unterstützt und manche behindert wurden; manche wurden als Gefährdung der Stellung im Verein empfunden, andere schienen jenseits und über aller Politik zu stehen. Das Ineinander von Theoriebildung und Vereinswesen ist ständiges Thema der nun folgenden Darstellung.

---

22 Eitingon berichtete auf dem Internationalen Psychoanalytischen Kongress in Salzburg im April 1924, dass die Nachfrage nach Lehranalysen so stark angestiegen sei, dass neben Sachs »eine Reihe älterer Vereinsmitglieder sich dieser Aufgabe mitunterziehen mussten, so Simmel, Boehm, Radó, Müller, Frau Dr. Horney und der Referent« (Eitingon, 1924, S. 234).

Jones als Vertreter von Freuds Psychoanalyse in London

Nach dem Krieg stand die *psychoanalytic community* vor der Aufgabe, die Jahre der Trennung aufzuarbeiten. Man musste sich mit den Publikationen Freuds und der Kollegen aus den fünf Jahren vertraut machen, in denen kaum ein wissenschaftlicher Austausch möglich gewesen war. Zeitschriftenhefte und Publikationen waren teilweise nicht ins Ausland verschickt worden oder wegen Papiermangels erst mit großer Verspätung erschienen, sodass man sich während des Kriegs außerhalb von Wien kaum ein Bild vom Fortgang der Psychoanalyse hatte machen können, wie Rank in seinem Vorwort zum *Bericht über die Fortschritte der Psychoanalyse* (1921) darstellte. Paradebeispiel ist Heft 6 der *Internationalen Zeitschrift für Psychoanalyse*, das Freuds »Trauer und Melancholie« (1916–17g) enthielt. Der Aufsatz wurde aller Wahrscheinlichkeit nach 1915 fertiggestellt und war in Heft 6 enthalten, das den Aufdruck »1916/17« trug. Faktisch erschien das Heft erst im April 1918, was in Sekundärpublikationen über diese bedeutende Arbeit nur selten berücksichtigt wird.

Jones stellte sich in einem Aufsatz mit dem Titel »Recent advances in psycho-analysis« der Aufgabe, die britische Kollegenschaft über die Fortschritte der Psychoanalyse zu informieren. Er verfasste den Text nach dem oben erwähnten Treffen im September 1919, an dem die Umorientierung nach dem Westen beschlossen wurde. Am 21. Januar 1920 trug er ihn vor der *Medical Section* der *British Psychological Society* vor und publizierte ihn sowohl im zweiten Heft »seiner« Zeitschrift, dem *International Journal of Psychoanalysis*, das im Dezember 1920 herauskam, als auch im ersten Heft des *British Journal of Psychology*, dem Publikationsorgan der *Medical Section* der *British Psychological Society*.

Die *British Psychological Society*, der Berufsverband der britischen Psychologen, wurde nach dem Ersten Weltkrieg in drei Sektionen aufgeteilt. Der »Medical Section« gehörten hauptsächlich psychotherapeutisch interessierte Psychologen und Ärzte an.[23] Jones war seit 1915 im Vorstand der Sektion und rief zusammen mit ei-

---

23 Hinshelwood (1998) gibt eine interessante Darstellung von Jones' Bemühungen, verschiedene ärztliche und psychologische Gesellschaften und Institutionen für die Psychoanalyse zu gewinnen. Der Passus im obigen Text schließt eng an Hinshelwoods Darstellung an.

nigen Kollegen und unter der Leitung von Thomas Walker Mitchell (1869–1944), Gründungsmitglied der *British Psychoanalytical Society*, das *British Journal of Psychology* ins Leben, das ab 1923 *British Journal of Medical Psychology* hieß. Jones war vom ersten Band an Mitherausgeber.[24]

Eine Durchsicht der ersten fünf Bände (1920 bis 1924) ergibt, dass in dieser Zeitschrift Beiträge von Jones, Edward Glover, James Glover und Abraham publiziert wurden, also von Autoren, die im Folgenden der »neuen« Psychoanalyse zugeordnet werden. Das *British Journal of (Medical) Psychology* machte außerdem auf psychoanalytische Neuerscheinungen aufmerksam und ließ in der Rubrik »Notes on recent periodicals« in jedem Jahrgang alle Aufsätze referieren, die im *International Journal of Psychoanalysis* und in der *Internationalen Zeitschrift für Psychoanalyse* erschienen waren. Autorin der Übersichtsreferate war, mit Ausnahme eines Jahrgangs, Joan Riviere. Es handelt sich somit um eine Zeitschrift, die man als wichtige Quelle der Geschichte der britischen Psychoanalyse dem *International Journal of Psychoanalysis* an die Seite stellen muss. Sie befand sich außerhalb des Einflussbereichs von Freud, der selbst nicht in ihr publizierte.

Der *Medical Section* der *British Psychological Society*, vor der Jones im Januar 1920 sprach, gehörte eine sehr große Gruppe von psychotherapeutisch interessierten Ärzten und Psychologen an. Eine 1924 publizierte Mitgliederliste enthält über 300 Namen, unter ihnen viele bekannte, während die *British Psychoanalytical Society* zu diesem Zeitpunkt nur 26 »full members« und 28 »associate members« zählte (Bull, 1925, S. 103).[25] Deswegen konnte Jones an Freud schreiben, dass sein Vortrag von der *Medical Section* »the most brilliant and representative audience I have ever seen in England« angezogen habe, »practically all the well-known psychologists and psychopathologists from all over the country, Oxford, Cambridge, even Scotland; ten professors« (F/Jo, S. 365).

Jones gab in seinem Vortrag einen Abriss der Entwicklung von Freuds Theorie zwischen ca. 1912 und 1919, der für sich genommen kein beson-

---

24 Siehe dazu ausführlich Forrester (2008), der für seine äußerst informative Darstellung in Anspruch nimmt, sie sei nicht »Vienna-ocentric«, sondern »Cambridge-ocentric«.
25 Mit »Bull«, gefolgt von Jahres- und Seitenzahl, werden die Vereinsmitteilungen der *Internationalen Psychoanalytischen Vereinigung* abgekürzt, die im *International Journal of Psychoanalysis* erschienen; in den ersten Heften hießen sie »Reports«, ab Ende 1920 »Bulletin«.

deres Interesse verdienen würde. Die Veränderungen der Theorie auf so knappem Raum darzustellen musste zu Verkürzungen und Vereinfachungen führen. Andere Besonderheiten hingegen wären vermeidbar gewesen, vor allem die Verwandlung der Theorie in eine Sammlung von »Tatsachen«. Jones gab die Unterscheidung zwischen bereits erprobten Funden und vorwiegend spekulativen oder noch wenig bewährten Annahmen auf und erweckte den Eindruck, alles stünde schon fest und man befände sich auf sicherem Boden. Dabei ging verloren, welche Fragen offen waren und in welche Richtung die Forschung gehen könnte. Die Faktifizierung passte zwar zur Aufgabe der Wissensvermittlung und der Lehre, die der Psychoanalyse nun bevorstand, behinderte aber die Forschung und damit die Weiterentwicklung der Theorie. Sie wurde, wie sich noch zeigen wird, ein Kennzeichen der Psychoanalyse der Nachkriegszeit in Berlin und London.

Eine weitere Auffälligkeit von Jones' Bericht sind Fehldarstellungen. Teilweise werden sie darauf zurückzuführen sein, dass Jones zu diesem Zeitpunkt die neuen Arbeiten Freuds noch nicht kannte. So schrieb er beispielsweise die Einführung der oralen Stufe Abraham zu: »Abraham has further shewn [...] that there exists a still earlier pregenital stage of development, which, from the prominent part played in it by the buccal zone, he calls the ›oral‹ or ›cannibalistic‹ one« (1920b, S. 165). Diese Fehlinformation findet man bis heute in Darstellungen der Theoriegeschichte.

Wie an einem anderen Ort ausführlich dargelegt wurde (May, 2011a, 2017a), hatte Freud Anfang 1915 die eben erschienene dritte Auflage der *Drei Abhandlungen* (1905d), in der er die orale Stufe eingeführt hatte, an Abraham geschickt (F/A, S. 462). Abraham las diese Auflage Anfang Januar 1915 (ebd., S. 473). In seinem eigenen Aufsatz, den »Untersuchungen zur frühesten Entwicklungsstufe der Libido« (Abraham, 1916–17), an dem er während 1915 arbeitete und den er Anfang 1916 abschloss, stellte er dar, dass und warum Freud in dieser Auflage der *Drei Abhandlungen* eine orale Stufe eingeführt hatte (ebd., S. 87f.).[26] Abraham selbst

---

26 Auch im Beitrag zum *Bericht über die Fortschritte der Psychoanalyse in den Jahren 1914 bis 1919*, den Abraham und Hárnik im Frühjahr 1921 fertigstellten, heißt es: »Als die erste kenntliche Sexualorganisation ist ja von Freud die sogenannte kannibale oder orale beschrieben worden« (Abraham & Hárnik, 1921, S. 151). Dieser Satz ist bemerkenswerterweise nur in der später publizierten deutschen Fassung enthalten und nicht in der

ging also davon aus, dass Freud der Autor der oralen Phase war. Jones hat seinen Irrtum an keiner Stelle wiederholt, sich jedoch in späteren Auflagen der *Papers on Psycho-analysis*, die weiterhin den Aufsatz »Recent advances« enthielten, auch nicht davon distanziert.

Eine weitere irrige Darstellung war Jones kurz zuvor in einem Aufsatz über die Charakterologie der Analerotik (1919) in Bezug auf die Einführung der sadistisch-analerotischen Phase unterlaufen. Er hatte den Eindruck erweckt, dass sich Freud auf seine, Jones' Funde, gestützt habe und durch sie zur Einführung der Stufe veranlasst oder mitveranlasst worden sei (ebd., S. 76). Auch in »Recent advances« überschätzte er seinen Beitrag zu dieser Innovation Freuds (1920b, S. 165).

Bei allen Mängeln könnte es Jones gelungen sein, die britische ärztliche und psychologische Kollegenschaft nach dem Ende des Ersten Weltkriegs für sich und für Freud zu interessieren. Wie er an Freud schrieb, war der Vortrag nicht nur ein »great personal success«, sondern habe auch dazu beigetragen, die Zuhörerschaft von der Ernsthaftigkeit, Solidität und Komplexität der Psychoanalyse zu überzeugen (F/Jo, S. 365).

Jones nahm »Recent advances« in die dritte Auflage (1923) seiner *Papers on Psycho-Analysis* auf, eines Sammelbandes seiner Arbeiten, behielt ihn in der vierten Auflage (1938) bei und begründete im Vorwort, warum er in dieser Auflage die letzten Entwicklungen der psychoanalytischen Theorie nicht mehr berücksichtigt habe: Man habe in Wien Fortschritte im Verständnis der Abwehr des Ichs gegen die Triebregungen gemacht und in London eine neue Theorie des Über-Ichs, »stimulated by Mrs. Melanie Klein«, entwickelt (ebd., S. VII). Viele Kollegen hätten jedoch Freuds Konzept des Todestriebs, das in den neuen Theorien eine Rolle spiele, noch nicht assimilieren können, und außerdem seien manche Weiterentwicklungen der Theorie von Freud nicht gebilligt worden: »[S]ome of us have put forward conclusions which have not proved acceptable to Professor Freud himself. Such a chapter would therefore have necessitated a lengthy discussion of the matters in issue« (ebd., S. VIII). Jones gab an, welche Weiterentwicklungen Freud nicht akzeptiert habe, nämlich Jones' Überlegungen zur Triebtheorie (Jones,

---

ursprünglichen, die im *International Journal of Psychoanalysis* erschien, für die Abraham als Allein-Autor zeichnete (Abraham, 1920a, S. 280–285). Zur Erklärung der Diskrepanzen siehe Anhang A.

1936), zum Über-Ich (Jones, 1929) und zur weiblichen Sexualität (Jones, 1933, 1935).

Der erste Band des *International Journal of Psychoanalysis*

Jones konnte »Recent advances« schon in seiner Zeitschrift veröffentlichen, dem *International Journal of Psychoanalysis*. Das erste Heft, das im Juli 1920 erschien, trug den Aufdruck »Official organ of the International Psycho-analytical Association«.[27] Im Vorwort betonte Ferenczi, der damalige Präsident der IPV, die Notwendigkeit einer englischsprachigen, international orientierten Zeitschrift, nachdem das Interesse an der Psychoanalyse in Amerika und England angewachsen sei:

> »After having been able at last to communicate again and consult with my presidential colleagues, I have decided that the most satisfactory method would be to found a distinct Journal in the English language, in close contact with the *Zeitschrift*, and if possible under a similar editorship. The new Journal would rank equally with the *Zeitschrift* and *Imago* as an official organ of the ›International Psycho-Analytical Association‹« (1920a, S. 1).

Das *International Journal of Psychoanalysis* werde das Korrespondenzblatt mit den Vereinsmitteilungen enthalten, als leitender Redakteur werde Jones eingesetzt, den Rank in technischen Fragen unterstützen werde. Auf dem Kongress in Den Haag im September 1920 wurde die Gründung der Zeitschrift nachträglich gebilligt (Korr, 1920, S. 389).[28] Die ersten Bände wurden noch in Wien gesetzt, in Druck gegeben und ausgeliefert. Bald

---

27 Es gab bereits eine amerikanische Zeitschrift, die 1913 gegründete *Review of Psychoanalysis*. Sie war kein offizielles Organ der freudianischen Bewegung und wurde von Freud und seinem Kreis wenig geschätzt. Siehe F/Jo, S. 344; vgl. Bruns, 2020.

28 In der Diskussion schlug Freud vor, Jones als nur »provisorischen« Redakteur zu bezeichnen, um die amerikanischen Kollegen nicht zu brüskieren; siehe Korr, 1920, S. 389; F/Jo, S. 361. Jones' Name war auf dem Titelblatt von Band 1 mit dem Zusatz »President of the Association« versehen worden. Ab dem zweiten Band wurden Douglas Bryan und John C. Fluegel aus London sowie Abraham A. Brill, Horace W. Frink und Clarence P. Oberndorf aus New York als Mitherausgeber genannt. Dieser Aufdruck wurde bis 1924, dem letzten Jahr der Amtszeit von Jones als Präsident der *Internationalen Psychoanalytischen Vereinigung* beibehalten.

aber kam es zu Streitigkeiten über die Verantwortung für die Herstellung und den Inhalt der Zeitschrift. Es wurde deutlich, dass Jones das *Journal* als eine Art Besitz betrachtete und es unabhängig von Freud und auch von Rank, dem Redakteur der *Internationalen Zeitschrift*, gestalten wollte.

Gleich im ersten Heft des ersten Bandes waren Übersetzungen dreier Aufsätze von Freud zu lesen (Freud, 1917a, 1919e, 1920a) sowie eine große Zahl von Rezensionen, die Jones selbst verfasst hatte. Hier zeigten sich Möglichkeiten der Einflussnahme, die Jones nun zur Verfügung standen.[29] Der erste Band missfiel Freud ganz besonders, vor allem wegen der Redaktion der »Collective Reviews«, jener Sammelreferate, die zuerst im *International Journal* und danach in einem deutschsprachigen Band unter dem Titel *Bericht über die Fortschritte der Psychoanalyse, 1914 bis 1919* erscheinen sollten. Freuds Verstimmtheit ging so weit, dass er die deutsche Publikation der »Collective Reviews« ganz untersagen wollte. Die Details werden im Anhang A geschildert.

Aggressivierung der Oral- und Analerotik in Arbeiten aus Amsterdam, Berlin und London

Unmittelbar nach dem Ende des Ersten Weltkriegs veröffentlichten Jones und Abraham Beiträge, die exakt die Linie fortsetzten, die sie vor dem Krieg begonnen hatten (Abraham, 1911, 1912b, 1916–17; Jones, 1913a). Sie werden hier nur kurz erörtert, weil sie an anderen Orten bereits ausführlich dargestellt wurden.[30] Das gilt auch für die Publikationen der beiden holländischen Kollegen, August Stärcke und Jan van Ophuijsen, die trotz der intendierten Beschränkung auf Berlin und London in die vorliegende Darstellung aufgenommen wurden, weil sie vermutlich die einzigen Autoren der *Internationalen Vereinigung* sind, die 1919/20 ähnliche Wege gingen wie Abraham und Jones, ohne dass es, soweit wir wissen, reale oder briefliche Kontakte zwischen ihnen gegeben hätte.[31]

---

29 Möglicherweise ist es kein Zufall, dass die Übersetzungen der Arbeiten von Ophuijsen (1920) und Stärcke (1921a) in den ersten beiden Bänden enthalten waren. Sie gehörten zu den Co-Autoren der weiter unten beschriebenen »neuen« Psychoanalyse und passten zu Jones' theoretischer Orientierung.
30 Siehe May, 1997, 2006, 2010, 2011a, b, 2012, 2017b.
31 Zwischen Abraham und Ophuijsen gab es allerdings eine Verbindung, nämlich die Patientin Paula Haas, die irgendwann vor 1919 bei Ophuijsen in Analyse gewesen war und nach einem kurzen Kontakt mit Freud 1918 eine Analyse bei Abraham begann.

Stärcke: Die orale Urkastration

August Stärcke, seit 1911 Mitglied der Wiener Vereinigung und Gründungsmitglied der *Niederländischen Psychoanalytischen Vereinigung* (1917), hielt auf dem Internationalen Kongress im September 1920 in Den Haag zwei Vorträge (1921a, b), die von Freud mit dem Preis für die medizinische Psychoanalyse ausgezeichnet wurden (1921d, S. 711).[32] Abraham hatte Stärcke als Preisträger vorgeschlagen (RB 1, S. 84), vielleicht schon deswegen, weil seine eigenen Eindrücke, die er selbst bisher nur angedeutet hatte, Stärckes Thesen nahestanden. Auch Ferenczi war von Stärcke angetan und schlug vor, ihm in Zukunft das Sammelreferat über Psychiatrie für den *Bericht über die Fortschritte der Psychoanalyse* anzuvertrauen, was sich erübrigte, weil nach 1921 kein *Bericht* mehr zustande kam. Ferenczi hätte Stärcke auch gern als Mitglied des Komitees gesehen, während Freud zu bedenken gab, dass man »so wenig von ihm persönlich« wisse und »so wenig Gelegenheit zum Verkehr« mit ihm habe (F/Fer III.1, S. 104, 105).

Freud war seit 1912 mit August Stärcke und dessen Bruder Johan in Briefkontakt gewesen und hatte in spätere Auflagen der *Traumdeutung* (1900a) und der *Psychopathologie des Alltagslebens* (1901b) Beispiele eingetragen, die von ihnen beigesteuert worden waren (May, 2017b). Beide Stärckes hatten in psychoanalytischen Zeitschriften publiziert und Arbeiten von Freud ins Holländische übersetzt. 1914 hatte August Stärcke sogar einen Todestrieb postuliert (Stärcke, 1914), worüber es nach dem Erscheinen von *Jenseits des Lustprinzips* (1920g) zu einer interessanten Korrespondenz mit Freud kam (May, 2017b).

Stärcke war also keine Randfigur der *Internationalen Vereinigung*, sondern ein langjähriges aktives und produktives Mitglied. Sein Kongressvortrag »Der Kastrationskomplex« wurde 1921 gleichzeitig in der *Internationalen Zeitschrift* und im *International Journal* veröffentlicht, ein Beleg für die Wertschätzung, die man ihm entgegenbrachte. Heute kennt man Stärcke kaum noch, während er damals an der Grundlegung der Theorie der neuen Schüler-Generation beteiligt war. Denn Stärcke behauptete nichts mehr und nichts weniger, als dass der Kastrationskomplex schon auf der oralen Stufe erlebt wird. Etwas Vergleichbares hatte

---

32 Zu Stärcke siehe Spanjaard, 1955, 1966; Bulhof, 1983; Stroeken, 1997; Brinkgreve, 1984; Boegels, 2016; May, 2017b.

zu dieser Zeit noch niemand behauptet. Abraham hatte in den »Untersuchungen« (1916–17) nur angedeutet, dass in der Depression sadistische orale Wünsche eine Rolle spielen könnten. Von einem oralen Kastrationskomplex ist bei ihm nicht die Rede. Außerdem stellte Stärcke seine These sozusagen unerschrocken ins Zentrum seiner Abhandlung, während Abraham in den »Untersuchungen« die Möglichkeit aggressiver Wünsche auf der oralen Stufe nur vorsichtig und nebenher in wenigen Zeilen erwähnt hatte.

Nach dem Aufsehen, den sein Vortrag im Haag erregt hatte, war Stärcke ganz außer sich, wie man einem bewegenden Brief an seinen Schwiegervater entnehmen kann.[33] Freud habe, wie Stärcke berichtet, darauf gedrungen, dass der Vortrag sofort veröffentlicht werde. Außerdem schlug Freud vor, nicht über Stärckes Vortrag zu diskutieren, weil er so viele neue Gedanken enthalte (Bulhof, 1983, S. 195). Freuds Begründung ist überraschend. Fürchtete er, dass voreilige Erörterungen Stärckes Innovationen schaden könnten, war er sich selbst nicht sicher, was er von ihnen halten sollte? Er selbst bat sich ja oft lange Bedenkzeiten aus, wenn Schüler Veränderungen der Theorie erwogen.

Kurz zusammengefasst vertrat Stärcke die Auffassung, dass die Ambivalenz zwischen Liebe und Hass beim Saugen »erworben« werde. Er verglich den Säugling mit einem »Raubtier«, das »sein lebendiges Opfer zerreißt« (Stärcke, 1921a, S. 27). Wenn die Mutter Schmerzen beim Stillen habe, würden Bahnungen zwischen der »Befriedigung durch Nahrungsaufnahme« und »Schmerzäußerungen des Opfers, seiner Erniedrigung und Besitzergreifung« geschaffen und damit die Basis für einen starken Sadismus, auch für eine spätere sadistische Perversion gelegt (ebd.). Das hieß, wie Stärcke meinte, dass der Sadismus seinen Ursprung auf der oralen Stufe hatte und nicht erst auf der analen, wie Freud 1913 gemeint hatte.

Eine zweite These Stärckes lautete, dass das Zurückziehen der Brust am Ende jedes Stillvorgangs und die Entwöhnung als Ganzes als traumatische Kastration erlebt werden. Der Entzug der Brustwarze entspreche einer »Urkastration«. Die Gleichsetzung werde bereits auf der oralen Stufe vollzogen und nicht erst später (1921a, S. 23). Die Urkastration sei die »eigentliche Wurzel« des Kastrationskomplexes, der gegenüber »die übrigen angegebenen Quellen zurücktreten« (ebd.).

---

33 Siehe Bulhof, 1983, S. 195; Nachdruck in Bentinck, 2020, S. 355–358.

Des Weiteren schloss sich Stärcke Ferenczis Konzeptualisierung der Anfänge der psychischen Entwicklung an, der zufolge der Säugling die Brust und die Brustwarze als Teil des eigenen Körpers erlebt. Das Zurückziehen der Brust fördere die Trennung zwischen dem »Ur-Ich« und dem Objekt oder der Außenwelt. Die Brustwarze sei die »objekterotische« Ergänzung der autoerotischen »Mundhöhlenerotik« (ebd.). Die erste Konstituierung des Objekts erfolgt seiner Auffassung nach auf der oralen und nicht erst auf der analen Stufe, wie Freud in »Über Triebumsetzungen« angedeutet hatte (1916–17e). Bemerkenswert ist ferner Stärckes Hinweis, dass das Früheste nicht mit dem am stärksten Verdrängten gleichzusetzen sei, dass also die Analyse nicht zwingend in der Aufdeckung oraler und oralsadistische Fantasien »ihren Schluß« finde (1921a, S. 29).[34]

Stärcke ging nicht so weit, einen primären Aggressionstrieb vorzuschlagen, der mit den Sexualtrieben gleichrangig gewesen wäre, sondern beschränkte sich darauf, von »Sadismus« zu sprechen, jenem Konzept, das auch Freud verwendete, wenn er eine libidinös gefärbte Aggression meinte (die er allerdings der sadistisch-analerotischen Phase zuordnete). Gleichwohl verstand Stärcke seine Thesen als innovativ, und so wurden sie auch von der *psychoanalytic community* auf dem Kongress verstanden. Die Preisverleihung bestätigte die Bedeutung seiner Thesen. Bald zeigte sich aber, dass Freud mit ihnen nicht einverstanden war (siehe das Kapitel über das Jahr 1923). Vielleicht trug das zum Abbruch des Kontakts (1922) zwischen ihm und Stärcke bei (May, 2017b). Nach dem letzten Brief an Freud publizierte Stärcke nur noch wenig und zog sich, wie seine Biografen dargestellt haben, von der Psychoanalyse zurück.

Ob Stärckes Vorstellungen von den Geschehnissen auf der oralen Stufe von Abrahams Publikation (1916–17) beeinflusst worden waren, lässt sich nicht entscheiden. An einer Stelle erwähnt er Abrahams Arbeit, aber nur nebenbei (1921a, S. 21). An einer zweiten könnte er auf die in Abrahams »Untersuchungen« angedeuteten oral-destruktiven Wünsche der Depression angespielt haben (ebd., S. 26). Sicher ist, dass Stärcke mit seinen Thesen über die »orale Urkastration« den Weg bahnte, den viele Kollegen

---

34 Stärcke schreibt: »Wenn ich also behaupte, daß die oralerotische Deutung in ihrer Wichtigkeit nicht unterschätzt werden soll, so füge ich gleich hinzu, daß, obwohl in der Oralerotik der tiefste Sinn mehrerer Symptome zu finden sei, dieser Sinn zwar in der Ontogenese am weitesten zurückliegend, keineswegs aber am tiefsten verdrängt zu sein braucht« (1921a, S. 29).

unter Berufung auf ihn einschlugen, nicht nur Abraham (1924), sondern auch Alexander (1922), Jones (1923a, 1927b) und Klein (1921), um nur die bekanntesten Namen zu nennen.

Jones und Abraham: Anale Aggression statt Narzissmus

Wie oben ausgeführt, hatte Jones bereits in »Haß und Analerotik in der Zwangsneurose« (1913), einen engen Zusammenhang zwischen Analerotik und Aggression behauptet (vgl. May, 2012). Er wiederholte diese These in einem Aufsatz von 1918, der von Anna Freud ins Deutsche übersetzt wurde und 1919 unter dem Titel »Über analerotische Charakterzüge« in der *Internationalen Zeitschrift* erschien. Freud kam Jones' Wunsch, er möge doch etwas zu dieser Arbeit sagen, nicht nach; er äußerte sich auch nicht darüber, als Jones ihn ein zweites Mal bat. Vermutlich war Jones klar, dass Freuds Weigerung, auf seine Publikation zu reagieren, nur bedeuten konnte, dass er etwas gegen sie einzuwenden hatte, ohne dass er es ihm mitteilen wollte. Im fraglichen Aufsatz hatte Jones einmal mehr behauptet, dass Freud die von ihm, Jones, »zu Tage geförderten Ergebnisse bestätigt und erläutert« habe, nämlich, »daß die Verbindung von Analerotik und Sadismus [...] eine Phase der normalen Entwicklung des Kindes darstellt, die er als prägenitale Organisation bezeichnet« (Jones, 1919, S. 76) – eine Darstellung, die sich, wie anderswo ausführlich erläutert wurde, nicht halten lässt (May, 2012, S. 220–230).

Möglicherweise ärgerte sich Freud über Jones, wollte aber seine Prioritätsansprüche in diesem wie in anderen Fällen nicht geltend machen. Jones hatte sich in den Jahren vor dem Krieg als wichtiger Multiplikator erwiesen und viel für die Verbreitung der Psychoanalyse in Kanada, den USA und in Großbritannien getan. Das allein war ein Grund, nicht zu scharf mit ihm ins Gericht zu gehen.

Während sich Freud über Jones' Beitrag nicht äußerte, griff Abraham dessen Erörterung der Analität bald auf (Abraham, 1923a). Seine eigenen Vorstellungen über die Analerotik legte Abraham in einem Aufsatz mit dem Titel »Zur narzißtischen Bewertung der Exkretionsvorgänge in Traum und Neurose« (1920b) dar, den er im November 1919 abgeschlossen hatte. Freud meldete ihm zurück, er habe sich bei der Lektüre »sehr amüsiert« (F/A, S. 639). Die Bemerkung ist sicher als Anerkennung zu verstehen; andererseits sollte man nicht übersehen, dass sich Freud mit keinem Wort zu den Veränderungen der Theorie äußerte, die Abraham in diesem Aufsatz vorschlug.

Ähnlich wie Jones erwog Abraham nämlich, ob Analerotik und Sadismus nicht ein »Triebpaar« bilden und in einem »inneren Zusammenhang« zueinander stehen könnten (May, 2012, S. 235–238). Es gebe doch »libidinöse Antriebe aktiver Art«, und der Sadismus sei auch etwas Aktives, der Masochismus etwas Passives. Könne man daraus nicht folgern, dass die (passive) Analerotik, die etwas Aktives an sich habe, sadistisch sei oder »daß die mit der Analzone verknüpften passiven Sexualgefühle zusammen mit den aktiv-sadistischen Impulsen ein Triebpaar bilden« (1920b, S. 244)?

Diese etwas konstruiert und undurchsichtig wirkenden Erörterungen veranschaulichte Abraham am Beispiel eines Traums, der seiner Auffassung nach die infantile narzisstische Überschätzung der aggressiven Kraft und Macht der Ausscheidung und des Flatus zeigte. Eine ähnliche These hatte ein paar Jahre vorher Jones (1912–13) formuliert – er wollte einen Flatuskomplex in die Theorie einführen –, und auch andere Schüler, vor allem Federn (1913–14), versuchten, den Sadismus enger an die Analerotik zu binden. Freud schloss sich dieser Sichtweise bekanntlich nicht an. Seiner Auffassung nach herrschte der Sadismus zwar auf der analerotischen Stufe vor, er war aber nicht identisch mit der Analerotik, auch wenn beide Triebgruppen einander nahestanden und Verbindungen miteinander eingehen *konnten* (Freud, 1913i). Freud hatte, worauf man immer wieder stößt, eine andere Grundvorstellung von Erotik und Analerotik als Jones und Abraham, die er in mehreren Schriften aus den Jahren vor 1920 entfaltet hatte (1916–17e, 1918b, 1919e).

Lesen wir in Abrahams Text etwas hinein? War sich Abraham einfach noch nicht im Klaren darüber, was seine These implizierte, das heißt: was es bedeutete, wenn er den aggressiven Aspekt der Analität näher an den libidinösen rückte? Vielleicht. Drei Jahre später war er sich jedenfalls sicher, dass die Frage nach dem Verhältnis zwischen Analerotik und Sadismus eine »Aufgabe von größerer prinzipieller Bedeutung« sei, für die er eine Lösung vorschlagen werde (1923a, S. 185). In seinem Hauptwerk, dem *Versuch einer Entwicklungsgeschichte der Libido* (1924), publizierte er dann seine Lösung.

Um die Differenz zwischen Freuds und Abrahams Sicht der Analität auf den Punkt zu bringen: Freuds Verständnis der Analität war nicht auf Ausscheiden und Flatieren, Zurückhalten und Hergeben oder ähnliche Kategorien bezogen. Nach Freud haben anale Vorgänge *keine* festgelegte psychische Bedeutung, sondern erwerben sie erst. Die Bedeutung kann der Funktion des Organs folgen, das heißt: Anale Vorgänge *können* im Sinne von Zurückhalten, Hergeben usw. erlebt werden, sind aber auch für andere Bedeutungen offen. Mit anderen Worten: Anale Vorgänge dienen bei Freud, anders als bei Abraham, nicht von vornherein dazu, sadistische oder aggressive Regungen zum Ausdruck zu bringen, obwohl sie zu solchen Zwecken verwendet werden können. Das ist ein grundsätzlich anderes Verständnis der sogenannten Präödipalität.

Nach Freuds Auffassung erhalten Körperfunktionen außerdem nur deswegen und dann eine Bedeutung, weil und wenn sie sich an Körperzonen abspielen, die einen narzisstisch oder libidinös erregenden Charakter haben. Es sind zwei Welten: Hier Abrahams narzisstisch-sadistische Defäkation, dort Freuds narzisstisch-libidinöse Besetzung der Kotstange als Teil der eigenen Person, die in der weiteren Entwicklung die Bedeutung des Kindes und dann des Penis erhält, wichtiger Objekte der libidinösen Sehnsucht vor allem des Mädchens (1916–17e). Wie Freud in der Analyse des »Wolfsmanns« (1918b) fand, kann man die Analerotik darüber hinaus als Inbegriff der (homosexuell-)libidinösen Erregung des Jungen und seiner Sehnsucht nach dem Vater sehen. In »Ein Kind wird geschlagen« (1919e) schließlich verstand Freud die anale Erregung als konstitutiven Bestandteil der Fantasie des Geschlagenwerdens. Diese erregende Fantasie hat zum Inhalt, dass ein anderes Kind geschlagen wird. Nur auf der Oberfläche hat die Fantasie einen aggressiven Charakter. Im Kern ist sie laut Freud eine Variante der libidinösen Sehnsucht nach dem Vater. Der Wunsch, der der Schlagefantasie zugrunde liegt, lautet: »Der Vater liebt dieses andere Kind nicht, *er liebt nur mich*« (ebd., S. 238). Zugleich wird das Geschlagenwerden durch eine Regression auf die sadistisch-anale Stufe zum Ersatz »*für die verpönte genitale Beziehung*« und ein Beweis dafür, dass man geliebt wird (ebd., S. 240).

Ein weiteres Merkmal der Theoriebildung Freuds ist der Anspruch, eine Theorie der psychischen Entwicklung zu formulieren, die den Weg zur Wahl eines »fremden Liebesobjekts« nachvollziehbar macht. In den Arbeiten von 1913 bis 1919 konnte Freud zeigen, wie die Analerotik den Übergang von der narzisstischen zur objektrelationalen und dann zur ödipalen Stufe und die Wahl des fremden Liebesobjekts vorbereitet.[35] Abraham verfolgte

---

35 Hier wird die damals übliche Terminologie verwendet, der gemäß »objektrelational« einen Gegensatz zu »narzisstisch« bedeutet (May, 1990).

ein anderes Ziel. Er wollte die Entwicklung sozial akzeptabler Verhaltensweisen erfassen, die Zurückdämmung der objektfeindlichen, aggressiven, rücksichtslosen (narzisstischen) Tendenzen und das Erreichen der »vollen« Liebesfähigkeit darstellen, die seiner Auffassung nach durch Objektfreundlichkeit gekennzeichnet ist (1924, S. 119).[36] Freud hingegen war es ein Anliegen, die Moral aus der Theorie der psychischen Entwicklung und der Theorie der Ätiologie psychischer Störungen (und letzten Endes auch der Therapie) herauszuhalten und immer wieder zu prüfen, ob man sozusagen versehentlich einen moralischen Standpunkt eingenommen hatte.

Schließlich noch zu Freuds Bemerkung, er habe sich bei der Lektüre des Texts »amüsiert«. Darin steckt geradezu der Kern der Differenz zwischen Abraham und Freud: was Freud amüsant fand, war für Abraham sadistisch. Man kann auch sagen: Abraham identifizierte sich, ohne sich dessen bewusst zu sein, nicht mit dem Agenten der Lust, sondern mit dem »Opfer«, mit einem Objekt, das sich durch die narzisstische Selbstüberschätzung des anderen angegriffen fühlt und darauf mit moralischer Verurteilung reagiert, kurz: wie ein Erwachsener auf ein Kind, das er als ungezogen oder als sadistisch empfindet und das für ihn letzten Endes ungezogen und sadistisch »ist«. Freud hingegen identifizierte sich mit dem Kind und dessen infantil-sexueller Lust, durch die er sich nicht angegriffen fühlte, kurz: wie ein Erwachsener, der die Ungezogenheit des Kindes erlebt, ohne sich dadurch attackiert zu fühlen und das Kind moralisch zu verurteilen.

Ophuijsen und Stärcke: Die Kotstange als Verfolger

Unmittelbar auf den eben erörterten Beitrag Abrahams folgte in der *Internationalen Zeitschrift* ein Aufsatz mit dem Titel »Über die Quelle der Empfindung des Verfolgtwerdens«, dessen Autor, Jan van Ophuijsen (1920), wir noch mehrere Male in der Nähe von Abraham begegnen werden.[37] Die Publikation basierte auf einem Vortrag vor der holländischen Gruppe am 30. März 1919. Wie Abraham ging es auch Ophuijsen nicht um den Beitrag der Analität zur psychischen Entwicklung und ebenso

---

36 Daneben gibt es bei Abraham Grundzüge eines zweiten, nicht moralisch getönten Entwicklungsmodells, nämlich ein Voranschreiten von Teilobjekt- zu Ganzobjektbeziehungen, auf das hier nicht eingegangen wird.
37 Zu Ophuijsen (1882–1950) siehe Stroeken, 2009; Bentinck, 2020, S. 391–394, 535f.

wenig um das libidinöse Moment der Analerotik. Anstelle dessen vertrat er die These, dass die Kotstange vom Kind als Inbegriff eines Verfolgers empfunden werde; daher rührten paranoide Fantasien erwachsener neurotischer Patienten. Die Fantasien vom analen Verfolger verstand Ophuijsen als normales Vorkommnis der psychischen Entwicklung und nicht als pathologische Variante.

Einen ähnlichen Gedanken hatte Ophuijsens Kollege August Stärcke geäußert, und zwar ebenfalls am Abend des 30. März 1919.[38] Beim Verfolgungswahn gehe es, so Stärcke, »sehr oft« um eine »anale Verfolgung« (1919, S. 285). Sie sei der »am geheimsten gehaltene Kern« des Wahns und betreffe eine »anale libidinöse oder Gewalttat« (ebd., S. 286). Wahrscheinlich liege ihm eine unbewusste »Identifizierung des geliebten Objektes mit dem Skybalum« zugrunde, die Kotstange werde mit der Pflegeperson gleichgesetzt (ebd.). Anders als Ophuijsen hielt Stärcke die aggressive und ängstigende Fantasie eines analen Verfolgers nicht für einen Vorgang der normalen psychischen Entwicklung, sondern nahm eine »mnemische Nachwirkung«, eine nachträgliche phantasmatische und pathogene Elaboration von Erlebnissen an (ebd.).[39] Bei beiden holländischen Autoren, Stärcke und Ophuijsen, findet sich jedenfalls der Anfang eines psychoanalytischen Denkens, das die Kotstange als primäres Objekt begreift. Allerdings hatte Ferenczi schon in »Zur Ontogenie des Geldinteresses« (1914) die Beziehung des Kindes zur Kotstange als »eine Art Objektliebe« theoretisiert und von einer Introjektion der Fäzes gesprochen, vermutlich zum ersten Mal in der psychoanalytischen Literatur (ebd., S. 111). »Introjektion« verstand Ferenczi natürlich auf seine eigene Art und Weise, nämlich als Prozess des Hineinnehmens oder der psychischen Aneignung von Objekten, die von libidinösem Interesse sind (Ferenczi, 1909).

Freud hingegen (1916–17e) fasste die Kotstange als narzisstisch besetzten Teil des eigenen Körpers und als Teil des eigenen Selbst auf. Das Kind

---

38 Im Korrespondenzblatt ist festgehalten, dass Stärcke und Ophuijsen »dasselbe Thema behandeln und zu gleichen Schlußfolgerungen kommen« (Korr, 1920, S. 101). Ihre Folgerungen seien also »unabhängig von einander auf dem Boden eigener Wahrnehmungen entstanden« (ebd.). Es scheint einen Prioritätskonflikt um die These gegeben zu haben, denn Stärcke schrieb später, er habe sie bereits am 3. November 1918 in einer Diskussion der holländischen Gruppe vorgetragen (Stärcke, 1935, S. 5).
39 Stärcke und Ophuijsen kannten anscheinend Ferenczis Arbeiten über die Bedeutung der analen Erregung für die Auslösung der Paranoia (1911–12) nicht, die von Hitschmann (1913) bestätigt worden war.

der analen Stufe gehe nur den Eltern »zuliebe« auf den Topf und mache damit einen Anfang einer objektlibidinösen Besetzung der Eltern. Noch entschiedener als Stärcke und Ophuijsen wird Abraham ein paar Jahre später den Darminhalt mit dem »Objekt«, im Sinne von »Liebesobjekt«, gleichsetzen. Um unserer Darstellung vorzugreifen, sei aus Abrahams *Versuch einer Entwicklungsgeschichte* zitiert:

> »Unsere psychoanalytischen Erfahrungen zeigen nun mit einer Deutlichkeit, die jeden Zweifel ausschließt, daß auf der mittleren der drei Entwicklungsstufen der Libido die begehrte Person als Gegenstand des Besitzes aufgefaßt und dementsprechend mit der primitivsten Form des Besitzes, d. h. Körperinhalt, Kot, gleichgesetzt wird. [...] Ich nehme an, daß jeder Psychoanalytiker diese Gleichsetzung aus seiner Erfahrung wird bestätigen können« (1924, S. 120).

Zurück zu Stärcke und Ophuijsen. Ihre Beschreibungen der ängstigenden und aggressiven Aspekte der Analerotik wurden zu klassischen Referenzen. Von nun an galt: Wann immer die Rede vom »analen Verfolger« war, wurde auf die holländischen Kollegen verwiesen.[40] Unter anderem gab auch Klein an, ihre Thesen über analsadistische Fantasien in Anlehnung an Ophuijsen und Stärcke entwickelt zu haben (1931, S. 382; 1932, S. 189f.).

Freud selbst sah es anders. Er ignorierte sowohl Stärckes und Ophuijsens These vom analen Verfolger, als auch Jones' Aufsatz (1919) über den analen Charakter und darüber hinaus Abrahams Arbeit (1920b) über die aggressiv-narzisstische Bedeutung analer Vorgänge, die er doch zuerst »amüsant« gefunden hatte.[41] Wir wissen, dass Freud generell zurückhaltend war, was die Nennung von Beiträgen seiner Schüler anging. Dass er jedoch gerade die Publikationen nicht erwähnte, die den Weg zu jener »neuen« Psychoanalyse gebahnt hatten, ist immerhin bemerkenswert. Denn Gelegenheit zum Hinweis auf sie hätte er mehrere Male gehabt. Beispielsweise hätte er die Arbeiten von Stärcke und Ophuijsen in »Über

---

40 Siehe Hárnik, 1925, S. 43; Weiß, 1926, S. 473; Bibring, 1929, S. 45; Schmideberg, 1930, S. 401; Fenichel, 1931b, S. 79; A. Reich, 1936, S. 315, 322; vgl. auch Abraham, 1924, S. 172.
41 Dem Register von Freuds *Gesammelten Werken* ist zu entnehmen, dass Abrahams Aufsatz (1920b) in der *Traumdeutung* erwähnt wird (GW 18, S. 981). An der angegebenen Stelle (GW 2/3, S. 635) befindet sich jedoch lediglich eine von Rank angefertigte Liste von Arbeiten, die nach 1900 zum Thema »Traum« erschienen waren.

einige neurotische Mechanismen bei Eifersucht, Paranoia und Homosexualität« (1922b) oder in der *Neuen Folge der Vorlesungen zur Einführung in die Psychoanalyse* (1933a) an den Stellen geradezu erwähnen müssen, an deren er die Ätiologie der Paranoia diskutierte. Er beschränkte sich jedoch darauf, seinen eigenen Ansatz darzulegen. Desgleichen verwies er in einer im Frühjahr 1920 formulierten Fußnote zur Analerotik für die vierte Auflage der *Drei Abhandlungen* auf eine Publikation von Andreas-Salomé (1916), nicht aber auf die Beiträge von Jones (1913, 1918), Abraham (1920) oder Stärcke (1919), die ihm zu diesem Zeitpunkt bereits vorlagen (1905d, S. 93).

Zusammenfassend kann man festhalten, dass 1919/20 innerhalb der *psychoanalytic community* Thesen über die Oral- und Analerotik aufkamen, die dem von Freud vertretenen Primat des Sexuell-Libidinösen widersprachen oder zumindest den sadistischen Aspekt der libidinösen Triebregungen stärker betonten als den libidinösen. Die diesbezüglichen Publikationen stammen von Abraham, Jones, Stärcke und Ophuijsen. Prototypisch für die neue Sicht des Psychischen sind die Begriffe der »oralen Kastration« oder »Ur-Kastration« und des »analen Verfolgers«.

Frühe Arbeiten über die Behandlung narzisstischer Störungen

Noch während des Kriegs hatte sich Freud auf dem internationalen Kongress in Budapest über die Zukunft der Psychoanalyse als Behandlungsmethode geäußert (1919a) und dabei die Terminsetzung als legitimen Eingriff in die Analyse ins Gespräch gebracht. Als weitere »Aktivität« empfahl er, Analysanden mit phobischen Symptomen zur Durchführung der von ihnen vermiedenen Handlungen zu ermutigen. Im gleichen Heft wie sein Kongressvortrag erschien Ferenczis Aufsatz »Technische Schwierigkeiten einer Hysterieanalyse« (1919b), der Freuds Anregung aufnahm.[42] Freuds und Ferenczis Überlegungen zu einer »aktiven« Technik

---

42 Ferenczi stellte seinen ersten Versuch einer aktiven Technik in der Analyse einer Frau an, bei der er sexuell-libidinöse Regungen wahrnahm, die ihr nicht bewusst waren. Ferenczi versuchte, die Erregung durch Verbote und Gebote zu kanalisieren, um einen Zugang zu ihrer Übertragungsbedeutung zu erlangen. Dass Ferenczi die sexuelle Erregung fokussierte und nicht aggressive Aspekte des Verhaltens der Analysandin, ist, wie sich

knüpften an Erfahrungen mit Stagnationen und Abbrüchen von Analysen an. Freud war mit Ferenczis Ausführungen nach der ersten Lektüre des Manuskripts im Mai 1918 sehr einverstanden und bezeichnete die Arbeit (zusammen mit zwei anderen von Ferenczi) als »Kabinettstücke, vollendet klar und zwingend« (F/Fer II.2, S. 151). Nach der zweiten Lektüre im Februar 1919 war der Text für ihn noch immer »reines analytisches Gold« (ebd., S. 211).[43]

Der gleiche Band der *Internationalen Zeitschrift* enthielt einen zweiten Beitrag Ferenczis zur Technik (1919c), gefolgt von einem Text Abrahams mit dem Titel »Eine besondere Form des neurotischen Widerstands gegen die psychoanalytische Methodik« (Abraham, 1919). Beide Arbeiten befassten sich mit dem Missbrauch der freien Assoziation, in der Terminologie von heute: mit Überlegungen zur Behandlung narzisstischer Störungen.[44]

Abraham stellt anschaulich dar, dass manche Patienten in den Stunden zwar sprechen und viel mitteilen, aber nicht frei assoziieren. Sein Text kann als klassische Beschreibung einer Problematik gelten, die jeder Analytiker aus der Praxis kennt. Es handle sich, so Abraham, um einen Widerstand, der vor allem bei stark narzisstischen Patienten auftrete. Sie stünden der analytischen Methode und dem Arzt scheinbar bereitwillig, aber letzten Endes feindselig und ablehnend gegenüber, seien neidisch auf den Arzt, verlangten Liebesbeweise, entwickelten keine Übertragung und identifizierten sich anstelle dessen mit dem Arzt. Er habe in keinem Fall von narzisstischem Widerstand einen »vollkommenen Heilerfolg« erreicht, jedoch Besserungen (ebd., S. 260). Er habe den Eindruck,

> »dass die Überwindung solcher narzißtischer Widerstände leichter gelingt, seit ich derartige Patienten gleich am Anfang der Behandlung in das Wesen

---

im Laufe der vorliegenden Untersuchung zeigen wird, typisch für seine (und Freuds) Zugangsweise zur Technik.

43 Ernst Falzeder, der Herausgeber des Briefwechsels zwischen Freud und Ferenczi, meint, dass sich Freud hier auf die »Technischen Schwierigkeiten einer Hysterieanalyse« (Ferenczi, 1919b) bezieht. Es kommt aber auch »Zur psychoanalytischen Technik« (Ferenczi, 1919c) infrage. Dafür würde sprechen, dass Freud ein sehr gutes Gedächtnis hatte und sich vermutlich nicht zweimal über die gleiche Arbeit äußerte.

44 Beide Arbeiten gingen aus Vorträgen hervor. Ferenczi sprach am 11. Dezember 1918 vor der Budapester (Korr, 1919, S. 58), Abraham am 6. Februar 1919 vor der Berliner Gruppe (ebd., S. 230).

ihres Widerstands einführe. Ich lege das größte Gewicht auf eine erschöpfende Analyse des Narzißmus der Patienten in allen seinen Äußerungen« (ebd., S. 261).[45]

Abrahams Tochter Hilda gibt an, dass es sich bei der nichtassoziierenden Patientin um »Fräulein Haas« (so wird sie im Briefwechsel zwischen Freud und Abraham genannt) handelte, die zuvor bei Ophuijsen in Analyse gewesen war (H. Abraham, 1976, S. 159, S. 155f.; F/A, S. 594, Fn. 2). Wie man Freuds Patientenkalendern entnehmen kann, war eine Paula Haas, die mit dem »Fräulein Haas« identisch sein könnte, im September 1916 sechseinhalb Stunden bei Freud gewesen (May, 2019a, S. 35). Jedenfalls traf ein »Fräulein Haas« im Juni 1918 in Allenstein ein und begann eine Analyse bei Abraham, der dort stationiert war. Die Analyse wurde in Berlin fortgesetzt; auch ihr elfjähriger Neffe wurde von Abraham analysiert. Abraham berichtete Freud über die Analyse in einem Brief vom 11. August 1918 (F/A, S. 595).

Abraham verstand die eben geschilderte Problematik als »narzisstisch« und führte sie außer auf den Narzissmus hauptsächlich auf eine sadistisch-anale Einstellung zurück (1919, S. 258). Er erwähnt zwar an einigen Stellen die infantile Beziehung zum Vater (nicht zur Mutter), dieses Moment gewinnt jedoch bei ihm keine vorrangige Bedeutung. Das ist von größtem Interesse, weil Freud, dem Abraham das Manuskript zur Lektüre zugeschickt hatte, das Fehlen des »Vaterkomplexes« monierte. Freud hatte Abraham im April 1919 geschrieben, der Beitrag sei »besonders vortrefflich und zeitgemäß«, um fortzufahren: »Es fehlt vielleicht nur, daß die ganze Einstellung aus dem Vaterkomplex stammt« (F/A, S. 617). Eine solche Kombination aus großem Lob und massiver Kritik findet man häufig in Freuds Kommentaren zu Schüler-Arbeiten. Was aber war mit dem Vaterkomplex gemeint? Es kommt nur der Ödipuskomplex infrage. Das heißt, dass es Abraham nach Freuds Auffassung entgangen war, dass sich Feindseligkeit, Neid und Identifizierung aus der ödipalen Beziehung zum Vater verstehen lassen, während Abraham in seiner Darstellung nur die aggressiven Akzente erfasst und sie auf eine sadistisch-anale Einstellung zurückgeführt hatte.

---

45 Plenker sieht in dieser Publikation Abrahams einen ersten kleinianischen Zugang zur Analyse von chronischen Widerständen und der negativen therapeutischen Reaktion (2000, S. 634).

Freud beschränkte sich im Brief an Abraham auf diese kurze Äußerung. Sie enthält wie in einer Nussschale die ganze Differenz, die sich in den kommenden Jahren zwischen der »alten« und der »neuen« Psychoanalyse entwickeln wird. Freud sieht »hinter« den feindseligen und entwertenden Einstellungen den ödipalen Konflikt, im Falle des Mannes sowohl den Konflikt zwischen der zärtlichen und der rivalisierenden Beziehung zum Vater als auch den eigentlichen Grund für den Konflikt, nämlich die Bedrohung der Wünsche nach autoerotischer Befriedigung und nach dem libidinösen Besitz der Mutter. Abrahams Beschreibung hingegen hatte sich auf die aggressiven, ablehnenden Affekte der Analysandin beschränkt und das ganze Bündel der libidinösen Regungen nicht im Sinn gehabt, weder in seiner Rekonstruktion der infantilen Beziehungen noch in der Übertragung.

Abraham berücksichtigte Freuds Korrektur vermutlich im letzten Absatz seines Beitrags an der oben wiedergegebenen Stelle. Sie beginnt mit: »Ich lege das größte Gewicht auf eine erschöpfende Analyse des Narzißmus der Patienten in allen seinen Äußerungen«. Das war Abrahams Haupteinsicht, während die Fortsetzung dieses Satzes Freuds Korrektur enthält: »besonders in seinen Beziehungen zum Vaterkomplex« (1919, S. 261).

Eine weitere Differenz in der therapeutischen Handhabung der narzisstischen Problematik wird uns später noch beschäftigen, nämlich Abrahams oben erwähnte Mitteilung, er deute den narzisstischen Widerstand »gleich am Anfang der Behandlung« (ebd.). Diese unauffällige Bemerkung gewann in den folgenden Jahren an Bedeutung. Sie wurde von ausnahmslos allen Autoren der »neuen« Psychoanalyse geteilt und von Kollegen, die sich der »alten« Psychoanalyse zuordnen lassen, kritisiert (siehe die Kapitel über die Jahre 1924 und 1925).

Wie sich zeigen wird, ist es kein Zufall, dass sich Jones von Abrahams Aufsatz angesprochen fühlte. Jones schrieb Abraham: »I have been re-reading your most interesting paper ›Über eine besondere Form des Widerstandes‹, the truth and importance of which we can all confirm from bitter experience« (A/Jo, S. 58).[46] Jones beschreibt dann den Fall einer

---

[46] Jones' Brief trägt das Datum »Feb. 22«; die Jahreszahl fehlt. Die Herausgeber meinen, der Brief stamme von »frühestens 1919« (F/Jo, S. 58, Fn. 99). Dazu ist anzumerken, dass Abraham den Vortrag über den narzisstischen Widerstand am 6. Februar 1919 hielt und die Niederschrift des Manuskripts höchstwahrscheinlich im April 1919 abschloss. Er sandte das Manuskript am 13. April an Freud (F/A, S. 617). Es gibt keinen Hinweis darauf, dass er es auch an Jones schickte. Jones wird also den Aufsatz vermutlich im dritten Heft der *Internationalen Zeitschrift* gelesen haben. Das Heft wurde im Sommer 1919 ausgeliefert.

hysterischen Patientin, die sich mit ihm identifiziert habe, alles, was ihr unbewusst gewesen sei, auf ihn projiziert und ihn entwertet habe, weil er nicht ihrem Ideal entsprach (ebd.).[47] Abraham und Jones stellen die Analysen als schwierige, »bittere« Erfahrungen dar; beide fühlten sich von den Analysanden, vielleicht nicht zufällig: Analysandinnen, angegriffen.

Auch Ferenczi stellte in seinem Beitrag (1919c) die Wege dar, die Analysanden einschlagen, die nicht frei assoziieren können oder wollen. Man hat den Eindruck, dass er exakt die gleiche Problematik wie Abraham beschrieb. Im Unterschied zu ihm hielt Ferenczi in solchen Fällen die Arbeit an der Gegenübertragung für das Wichtigste. Ihrer »Bewältigung« widmete er ein eigenes Kapitel (ebd., S. 49–54). Es reiche nicht, dass der Analytiker analysiert sei. Er müsse in der Analyse »doppelte Arbeit« leisten, nämlich dem Patienten zuhören und dessen Unbewusstes rekonstruieren; darüber hinaus habe er die Aufgabe, »seine eigene Einstellung dem Kranken gegenüber unausgesetzt zu kontrollieren, wenn nötig, richtigzustellen, das heißt die *Gegenübertragung (Freud)* zu bewältigen« (ebd., S. 50). Als charakteristische Gegenübertragungsaffekte erwähnte Ferenczi unter anderem den Ärger auf den Patienten und das Nachlassen der Konzentration. Er stellte ausführlich dar, wie der Analytiker der Identifizierung mit dem Patienten erliegen kann und nur das Beste für den Patienten will, sich als »Gönner oder Ritter« des Analysanden benimmt, ohne sich dessen bewusst zu sein (ebd., S. 52). Er wecke dann irreale Hoffnungen im Analysanden: »Frauen verlangen vom Arzt geheiratet, Männer von ihm erhalten zu werden« (ebd., S. 51), was manchmal nicht mehr bearbeitet werden könne. Die Analysanden würden »das Unbewußte des Arztes« entlarven, der nicht merke, welche Zeichen unbewusster Bindung er selbst gegeben habe (ebd., S. 52). Zugleich müsse der Analytiker darauf achten, nicht der gegenteiligen Gefahr, dem Widerstand gegen die Gegenübertragung, zu erliegen und sich dem Analysanden gegenüber »allzu schroff und ablehnend« zu verhalten (ebd., S. 53).

Ferenczis analytisches Verständnis geht in diesem Beitrag weiter als das Abrahams. Er hatte den Vorteil, selbst in Analyse gewesen zu sein, noch dazu bei Freud. Wie in den Kapiteln über das Jahr 1923 und 1924 geschil-

---

Da Jones von einer »re-lecture« spricht, könnte er den Aufsatz in der Tat bereits 1919 gelesen haben.

47 Vielleicht bezog sich Jones auf seine Behandlung von Joan Riviere, mit der er ebenfalls »bittere Erfahrungen« machte; siehe dazu das Kapitel über das Jahr 1922.

dert wird, trat Ferenczi nach dem Krieg zunehmend als Experte für die analytische Technik auf. Er formulierte eine Reihe technischer »Vorschriften« und stellte Abrahams technisches Können infrage. Den Arbeiten von 1919 kann man schon entnehmen, dass sein Standpunkt in Fragen der Technik in diesen Jahren eng mit dem Primat der Libido verknüpft war. Denn in seiner Beschreibung schwieriger analytischer Situationen geht es hauptsächlich um die Problematik der »positiven« Übertragung, während Abrahams Fokus auf der Aggression lag, und zwar fast ausschließlich auf der Aggression, die er am Analysanden wahrnahm; Ferenczi hingegen hatte auch die Wut des Analytikers im Blick.

Freuds Beiträge aus dem Jahr 1920

Freud hatte die Psychoanalyse vor 1900 als Theorie und therapeutisches Verfahren entwickelt, im ersten Jahrzehnt nach der Jahrhundertwende Anhänger und Schüler gefunden und war nach dem Ende des Ersten Weltkriegs zu einer Weltberühmtheit geworden. Seine Anhänger waren in einer schwierigen Situation. Wollten sie sich am Fortgang der Psychoanalyse beteiligen, mussten sie Freuds umfangreiches und hochkomplexes Werk zur Kenntnis zu nehmen und dessen Grundüberzeugungen mittragen. Erschwert wurde das dadurch, dass Freud immer wieder Veränderungen der Theorie durchführte. So behauptete er 1920 eine neue Gruppe von Trieben, die Todestriebe und Eros, und konzeptualisierte das Unbewusste auf eine neue Art und Weise. Das muss den Schülern Schwierigkeiten bereitet haben. Sie wollten ihm einerseits folgen und mussten andererseits ihr Verständnis von Theorie und Technik mehrere Male nach seiner Vorgabe ändern.

Nach dem Krieg hatte man sich im Komitee darüber verständigt, die Bewahrung und Weiterentwicklung der Psychoanalyse selbst in die Hand zu nehmen. Berlin ging voran und machte sich insofern selbstständig, als man eine Ausbildungsstätte gründete. Zu diesem Zweck musste man die Theorie, die dem neuen Beruf zugrunde lag und die man vermitteln wollte, formulieren können. So wurden die Schüler nach dem Krieg, vielleicht auch gestärkt durch die vieljährige Trennung von Freud, zu Lehrern und vertraten nolens volens in den weitab von Wien liegenden Institutionen ihre eigenen Vorstellungen von der Theorie und Praxis der Psychoanalyse. Freud seinerseits ging seinen Weg weiter, zum Teil unbeirrt inneren Notwendigkeiten und Möglichkeiten folgend, zum Teil beeinflusst von den Bewegungen der Schüler.

Aus dem Jahr 1920 stammen vier Beiträge Freuds. Im Januar wurde der Aufsatz über die weibliche Homosexualität (1920a) abgeschlossen und im Mai die Überarbeitung der *Drei Abhandlungen zur Sexualtheorie* für die vierte Auflage (1920). Im Juli beendete Freud *Jenseits des Lustprinzips* (1920g), vermutlich im August die *Ergänzungen zur Traumlehre* (1920f), die er auf dem Kongress in Den Haag im September 1920 vortrug. Außerdem begann er im Sommer 1920 mit der Arbeit an der *Massenpsychologie* (1921c), die er im März 1921 beendete (siehe dazu das Kapitel über das Jahr 1921).

»Über die Psychogenese eines Falles von weiblicher Homosexualität«

Der Aufsatz entstand im Januar 1920, unmittelbar nach am Abbruch der dreimonatigen Analyse der jungen Patientin (F/Fer III.1, S. 48).[48] Freud beendete die Behandlung als Reaktion auf die negative Übertragung der Analysandin und riet ihr, die Analyse bei einer Frau fortzusetzen (1920a, S. 273).[49] Offensichtlich konnte oder wollte er die negative Übertragung nicht selbst bearbeiten.

Freud verstand die negative Übertragung der Analysandin als Rache am Vater. Sie räche sich am Vater (und Analytiker), weil er ihre libidinösen Wünsche einschließlich des Wunschs nach einem Kind nicht erfüllt habe. Der aggressive oder sadistische Aspekt der Übertragung, der sich in diesem Fall laut Freuds Beschreibung vor allem in einer zur Schau getragenen Gleichgültigkeit gegenüber der Analyse manifestierte, wurde also wiederum auf die Enttäuschung libidinöser Wünsche zurückgeführt. Als ahne er die kommenden Entwicklungen, betonte Freud, dass das Unbewusste »übervoll« von »Todeswünschen« sei, »selbst gegen sonst geliebte Personen«, und wieder verstand er sie, ebenso wie die Lust an der Rache, als Reaktion

---

48 Zur Analysandin, Margarethe von Trautenegg, geb. Csonka, siehe Rieder & Voigt, 2000. Freuds Patientenkalender ist zu entnehmen, dass die Analyse am 29. September 1919 begann. Sie dauerte 74 Stunden und endete am 31. Dezember 1919.

49 Auch in anderen Fällen brach Freud die Analyse ab, unter anderem bei Elma Palos, Tatjana Nacht, Bruno Veneziani und Elfriede Hirschfeld; siehe May, 2015, S. 247–348.

auf nichterfüllte libidinöse Regungen (ebd., S. 272). Als wolle er die Anhänger ermahnen, fügte er hinzu, dass die libidinösen Regungen verdrängt und hinter Gleichgültigkeit oder Ablehnung verborgen würden (ebd., S. 276).

Freud sah sich in dieser Analyse zur Einführung einer neuen Kategorie von Träumen veranlasst, den »lügnerischen Gefälligkeitsträumen« (ebd., S. 274). Er erwarte, wie er schreibt, damit einen »Sturm von hilfloser Entrüstung« auszulösen (ebd.). Denn er gehe so weit zu behaupten, dass das Unbewusste »lügen« könne (ebd.). Er fuhr fort: »Der Traum ist nicht das ›Unbewußte‹, er ist die Form, in welche ein aus dem Vorbewußten oder selbst aus dem Bewußten des Wachlebens erübrigter Gedanke dank der Begünstigungen des Schlafzustandes umgegossen werden konnte« (ebd., S. 275).

Wir wissen nicht, an wen genau diese Bemerkungen gerichtet waren. Sie trafen sicher auf viele Fallbeschreibungen dieser Zeit zu, in denen Assoziationen und Einfälle ohne weitere Arbeit für »das« Unbewusste gehalten wurden. Oft wurde kein Unterschied zwischen dem manifesten Traum und den latenten Traumgedanken mehr gemacht. Autoren solcher Beschreibungen glaubten, rasch des Unbewussten habhaft werden zu können und neigten zu »direkten« Deutungen, »Blitzdeutungen«, wie Sachs sie nannte (1925a, S. 152). Freuds Rekonstruktionen des Unbewussten hingegen waren meistens sehr komplex, enthielten mehrere Deutungsebenen und Deutungsschritte und gelangten, wie Freud meinte, nur in die Nähe eines vermuteten unbewussten Wunsches. Zudem hatte Freud schon früh davor gewarnt, den Analysanden zu früh mit Deutungen zu »überrumpeln« (1910k, S. 140).

Freud schrieb den Aufsatz über die Ätiologie der weiblichen Homosexualität während der Arbeit an *Jenseits des Lustprinzips* (1920g). Er hatte die erste Fassung des *Jenseits* im Frühsommer 1919 abgeschlossen, war aber nicht zufrieden und setzte sich Ende 1919 und Anfang 1920 mit den Ergebnissen der experimentellen Biologie über die Sterblichkeit der Lebewesen auseinander (May, 2013). Dabei stieß er unter anderem auf Steinachs Untersuchungen über die Wirkung von Hormonen. Von diesen Arbeiten erhoffte er eine Bekräftigung seiner Überzeugung vom Primat des Sexuellen. Sie könnten, wie er in einem Einschub in die vierte Auflage der *Drei Abhandlungen* schrieb, vielleicht ein »partielles Licht auf die Herkunft der Sexualerregung«, das heißt: auf ihre somatische Basis, werfen (1905d, S. 119).[50]

---

50 Freud brachte seine Wertschätzung der biologischen Wissenschaften im Mai 1920 bei der Überarbeitung der *Drei Abhandlungen* für die vierte Auflage sowohl im Vorwort (1905d, S. 45) als auch in mehreren Fußnoten (siehe z. B. ebd., S. 84, Fn. 3) sowie in dem

Im Januar 1920 notierte er seine Eindrücke und Überlegungen über die Analyse der oben erwähnten jungen Frau und erörterte in den beiden letzten Absätzen die Funde von Steinach (1920a, S. 280f.). Dazu passend fügte er im Mai 1920 in die neue Auflage der *Drei Abhandlungen* eine Fußnote mit einer unmissverständlich formulierten Bemerkung über den Ödipuskomplex als Kernkomplex der Neurosen und als »Schiboleth« ein, das die »Anhänger der Psychoanalyse von ihren Gegnern scheidet« (1905d, S. 129, Fn. 2).[51] Wodurch sich Freud zu dieser Äußerung veranlasst sah, ist offen. Vielleicht wollte er die Bedeutung des Ödipuskomplexes betonen, weil es ihm in »Ein Kind wird geschlagen« (1919e) und im Aufsatz über die weibliche Homosexualität (1920a) gelungen war, zwei »Perversionen« aus dem Ödipuskomplex und der psychosexuellen Entwicklung abzuleiten, was er in mehreren Fußnoten erwähnte, die er 1920 in die *Drei Abhandlungen* einfügte (1905d, S. 64–66, 71f.).[52] Der warnenden Bemerkung über den Ödipuskomplex als Schibboleth folgten ähnliche in den kommenden Jahren, die an jene Kollegen in den eigenen Reihen adressiert waren, die die Überzeugung vom Primat des Sexuellen und damit auch der Zentralität des Ödipuskomplexes nicht mehr teilten.

Jenseits des Lustprinzips

In *Jenseits des Lustprinzips* veränderte Freud seine Theorie der Triebe und stellte ein neues Triebpaar an die Spitze: Todestrieb und Eros. Wie in einer vorangegangenen Untersuchung (May, 2013) dargestellt wurde, meinte er mit dem Todestrieb den Trieb zum Tod, zur Auflösung des Organismus, zur Beendigung des Lebens, und nicht den Trieb zum Töten, sodass sich die Frage stellt, welchen Platz innerhalb seines Systems Freud nun der Aggression einräumte.

Nach den *Drei Abhandlungen zur Sexualtheorie* versuchte Freud in *Jenseits des Lustprinzips* noch einmal, den Menschen als biologisches, der un-

---

oben erwähnten langen Einschub mit dem Titel »Chemische Theorie« zum Ausdruck (ebd., S. 119f.); siehe auch F/Jo, S. 382.

51 Zum Datum der Arbeit an den *Drei Abhandlungen* siehe F/Fer III.1, S. 67, F/Jo, S. 382.
52 Es könnte sein, dass seine Bemerkungen auf die oben dargestellten Publikationen von Abraham, Jones, Ophuijsen und Stärcke gemünzt waren, die bereits erschienen waren, als Freud die *Drei Abhandlungen* überarbeitete. Es gibt aber keine Belege für diese Vermutung.

erbittlichen Naturnotwendigkeit des Sterbens unterworfenes Wesen zu erfassen (1913f, S. 190). Wie die Sexualität war auch der Tod, so Freud, biologisch vorgegeben. Es war also nicht die Paarung von Sexualität und Aggression, die Freud im Blick hatte, sondern jene von Sexualität und Tod, nun: Eros und Todestrieb.[53] Sie sind die »Urkräfte«, deren »Gegenspiel alle Rätsel des Lebens beherrscht«, wie es 1922 im Brief an Arthur Schnitzler heißt (Freud, 1960a, S. 357).

Aus einem sehr frühen Aufsatz Freuds mit dem Titel »Zum psychischen Mechanismus der Vergesslichkeit« (1898b) erinnern wir die Mitteilung, dass »Sexualität und Tod« in seinem eigenen Seelenleben eine wichtige und konflikthafte Rolle spielten. Es gebe, so Freud, Gedankengänge, die sich bei ihm »im Zustande der Verdrängung« befänden und »trotz der Intensität des ihnen zufallenden Interesses einem Widerstande begegnen, der sie von der Verarbeitung [...] und damit vom Bewußtwerden fernhält« (ebd., S. 524). Er habe »mehrfache Beweise« aus seiner Selbsterforschung, dass es sich so mit dem Thema von »Tod und Sexualität« verhalte (ebd., S. 524). Mehr gibt Freud nicht preis.[54] Im »Motiv der Kästchenwahl« (1913f) kam er darauf zurück und ging einen Schritt weiter. Der Mensch sei ein »Stück der Natur« und als Naturwesen »dem unabänderlichen Gesetz des Todes unterworfen« (ebd., S. 190). Dagegen lehne der Mensch sich auf und ersetze im Mythos die Todesgöttin durch die Liebesgöttin, die ursprünglich mit ihr identisch gewesen sei (ebd., S. 191). Die »Wahrheit« aber sei die Anerkennung des Todes und der Verzicht auf die Liebe (ebd., S. 193). Hier wird bereits das Thema des Tods als Naturnotwendigkeit angesprochen, das in *Jenseits des Lustprinzips* im Zentrum steht.

---

53 Zur Veränderung des Konzepts des Sexuellen siehe May, 2013. Freud ignorierte im *Jenseits* die Autoerotik, das Hauptcharakteristikum der infantilen Sexualität, wie er sie in den *Drei Abhandlungen* (1905) geschildert hatte. Denn Eros wurde nun als Kraft vorgestellt, die alles »zusammenbindet« und sich dem Organismus gegenüber sozusagen fürsorglich verhält, was man vom Autoerotismus und den Partialtriebregungen sicher nicht sagen kann.

54 Freud erwähnt seinen Konflikt in Zusammenhang mit einer Szene, in der er den Namen des Malers Signorelli nicht erinnern konnte. In der *Psychopathologie des Alltaglebens* (1901b) fügte er hinzu, er habe damals die Nachricht erhalten, dass einer seiner Patienten, der wegen einer Krankheit keine sexuelle Befriedigung erleben konnte, sich suizidiert hatte (ebd., S. 8). Siehe dazu u. a. Swales, 2003; Reicheneder, 2019 (mit weiteren Literaturhinweisen).

Von »Aggression« ist in *Jenseits des Lustprinzips* kaum die Rede. Freud war sich natürlich bewusst, dass er sie irgendwie und irgendwo erwähnen und platzieren musste. So wirft er dann an *einer* Stelle die Frage auf, in welchem Verhältnis »Liebe (Zärtlichkeit) und Haß (Aggression)« zu Eros und Todestrieb stünden (1920g, S. 262). Nur hier verwendet Freud in *Jenseits des Lustprinzips* das Wort »Aggression«, noch dazu in Klammern. Seine Antwort fällt merkwürdig aus. Er beruft sich nämlich auf die »sadistische Komponente des Sexualtriebs«, von der er ja selbst behauptet hatte, sie herrsche auf der sadistisch-analerotischen Stufe vor und formuliert folgende Vermutung: »Liegt da nicht die Annahme nahe, daß dieser Sadismus eigentlich ein Todestrieb ist, der durch den Einfluß der narzißtischen Libido vom Ich abgedrängt wurde, so daß er erst am Objekt zum Vorschein kommt?« (ebd., S. 262f.).

Das war Freuds Antwort auf die Frage nach der Stellung des Sadismus, nicht aber der Aggression. Er selbst war mit der Antwort nicht zufrieden. Die Formel des Abdrängens und Nach-außen-Wendens fand er »von jeder Anschaulichkeit weit entfernt«; sie mache einen »geradezu mystischen Eindruck« (ebd., S. 263). Offenbar war die Herstellung einer Beziehung zwischen Sadismus und Todestrieb damals für Freud selbst nur eine bildliche sprachliche Wendung und nichts sonst. Ihr schien keine Erfahrung, kein überzeugender psychischer Sachverhalt zugrundezuliegen.

Freuds Antwort zeigt, dass er die Libido nach wie vor für »stärker« hielt als den Todestrieb. Die narzisstische, auf die Selbsterhaltung des Organismus bedachte Libido war ja in der Lage, den Todestrieb zu dirigieren, nach außen zu schicken und ihn gegen Objekte zu lenken. Insofern war es in *Jenseits des Lustprinzips* gelungen, das Primat der Libido aufrechtzuerhalten. Der nach außen gewendete Todestrieb, der als Sadismus erschien, war ein von der Libido modifizierter Todestrieb und keine primäre Aggression.

Freud wollte in *Jenseits des Lustprinzips* nicht nur das biologische Phänomen des Todes und des Todestriebs berücksichtigen, sondern auch eine klinische Erfahrung, die sich ihm offensichtlich aufgedrängt hatte, nämlich die Erfahrung, dass es psychische Phänomene gibt, die sich nicht auf dem bisher üblichen Weg analytisch auflösen ließen. Gemeint waren unentwegte Wiederholungen traumatischer Ereignisse in Träumen und in der Analyse. Sie ließen sich, so Freud, nicht auf einstmals befriedigende Erlebnisse zurückführen und lagen insofern »jenseits« des Lust-Unlust-Prinzips; sie gaben der ganzen Abhandlung ihren Namen (1920g, S. 230).

Jenseits des Lustprinzips schränkte nicht nur den Geltungsbereich des fundamentalen Lust-Unlust-Prinzips ein, sondern eröffnete einen neuen Deutungshorizont. Denn es war nun denkbar und deutbar, dass Symptome keine entstellten Wunscherfüllungen waren, sondern Manifestationen psychischer Prozesse, die in der Analyse zuerst einer »Bindung« zugeführt werden müssen, bevor sie weiterbearbeitet werden können. Freud betonte, dass es sich bei diesen jenseits des Lustprinzips liegenden Prozessen um solche handelt, die der Analyse den schwersten Widerstand entgegensetzen und sie zum Scheitern bringen könnten. So gesehen war *Jenseits des Lustprinzips* auch eine Darstellung der Grenzen der Psychoanalyse als Therapie.

Hierin folgten ihm viele Schüler nicht (May, 2013). Sie hielten es nicht für möglich, dass es einen Bereich »jenseits« des Lustprinzips geben könnte und dass sich infolgedessen die Deutungspraxis zu ändern habe. Sie blieben dabei, in Träumen, Symptomen oder Fehlhandlungen nach verborgenen libidinösen Wünschen zu suchen. Wie weiter unten dargestellt wird, hatten wieder andere Schüler den Eindruck, dass Freud sich insofern irrte, als er vor einer tieferliegenden Wahrheit, jener der primären Aggression, zurückschreckte.

»Ergänzungen zur Traumlehre«

Unter diesem Titel verbirgt sich der Vortrag, den Freud auf dem internationalen psychoanalytischen Kongress im September 1920 in Den Haag hielt. Der Text war unmittelbar nach der Beendigung von *Jenseits des Lustprinzips* entstanden.[55] Er sollte die Schüler und Anhänger auf die bevorstehende Veränderung der Theorie vorbereiten.

Im Vortrag griff Freud aus *Jenseits des Lustprinzips* nur einen Punkt heraus, nämlich die Strafträume. Er hatte sich seit der *Traumdeutung* (1900a) wiederholt mit der Frage beschäftigt, ob und wie die Strafträume in die Theorie der Wunscherfüllung passen, und war nun, zwanzig Jahre später, zu dem Schluss gelangt, dass sie nicht mehr als Wunscherfüllungen im gewohnten Sinn zu verstehen waren, sondern jenseits des Lustprinzips zu verorten waren.[56] Diese Träume und manche Wiederholungen in

---

55 Von Freuds Vortrag ist nur ein Autoreferat erhalten (1920f).
56 Er hatte die neue Lösung in den Vorlesungen (1916–17a, S. 222f.) und in der 5. Auflage der *Traumdeutung* von 1918 (S. 532) bereits angedeutet. Siehe dazu ausführlich May, 2014.

der Analyse befriedigten, so Freud, keine Triebregungen, sondern Bestrebungen des Ichs oder des Ich-Ideals (1920f, S. 622). Das war eine überraschende These, ein Schritt hin zum sogenannten Strukturmodell (1923b).

Es hätte auf der Hand gelegen, die Strafträume als Wendung der Aggression gegen das eigene Ich zu verstehen. Diese Formel wurde in der Tat häufig verwendet, auch Freud bediente sich ihrer gelegentlich (vgl. 1920a, S. 272). Sie stellte ihn aber nicht zufrieden. Die auf ein traumatisches Geschehen zurückzuführenden Wiederholungen schienen ihm keine »Befriedigung« eines aggressiven Triebes zu sein, sondern eine Befriedigung einer Instanz (bald darauf »Über-Ich« genannt), die ihre Befriedigung paradoxerweise darin sah, Triebwünsche *nicht* zu befriedigen.

Für die Schüler und Anhänger muss der Kongressvortrag vom September 1920 beunruhigend gewesen sein, ebenso wie die oben erwähnten Passagen im Aufsatz über die weibliche Homosexualität und in *Jenseits des Lustprinzips*. Es ging nicht nur um neue Kategorien, neue Begriffe oder neue Prinzipien, sondern darum, dass Freud die Grundfesten der eigenen Theorie mehr oder weniger einriss und die Deutungspraxis veränderte. Er hielt zwar am Primat des Sexuellen und der zentralen Stellung des Ödipuskomplexes mit aller Kraft fest, verwarf aber gleichzeitig die bislang geltende Triebtheorie ebenso wie die bislang gültige Gegenüberstellung von Selbsterhaltungs- und Sexualtrieben, von Ich und Trieb. Er setzte diese Bewegung in den Arbeiten der folgenden Jahre fort. An Eitingon, dem er *Jenseits des Lustprinzips* und einen Entwurf der nächsten großen Schrift, der *Massenpsychologie*, geschickt hatte, schrieb er im Dezember 1920: »[Es] keimt allerlei bei mir, aber es trägt den Stempel der Zeit, es ist kritisch und zerstörend gegen mein eigenes Werk« (F/E, S. 225).

Das Jahr 1921

Berlin: Beginn der Ausbildung zum Psychoanalytiker

Das herausragende Ereignis des Jahres 1921 in Berlin war der Beginn einer psychoanalytischen Ausbildung. Zwar war noch nicht von einem »Institut« die Rede, faktisch aber konnte die Berliner Psychoanalytische Vereinigung ab Februar 1921 eine reguläre theoretische *und* praktische Ausbildung anbieten. Die Einführungskurse wurden 1921 von Abraham und Sachs, die Kurse zur Theorie der Technik zunächst von Liebermann gehalten, während die praktische Ausbildung in den Händen von Eitingon und Simmel lag.[1] Der Zugang zum praktischen Unterricht wurde auf Teilnehmer beschränkt, die eine eigene Analyse und eine theoretische Vorbildung in Berlin nachweisen konnten; Supervision der eigenen Fälle blieb obligatorisch (RB 2, S. 78). Man versammelte sich jede Woche zu Vorträgen oder sogenannten »Kleinen Mitteilungen«, einmal auch zu einer eigens angesetzten wissenschaftlichen Diskussion, jener über den Tic (1921), über die weiter unten berichtet wird. In Wien und London fanden vergleichbare Sitzungen nur alle 14 Tage statt.

1921 war die Berliner Gruppe noch klein, ebenso gering war der Zuwachs an Mitgliedern. Franz Alexander beendete in diesem Jahr seine Lehranalyse bei Sachs, die ungefähr ein halbes Jahr gedauert und höchstens ein Semester theoretischen Unterricht umfasst hatte. Danach wurde er als erster oder zweiter Kollege in die Berliner Gruppe als außerordentliches Mitglied aufgenommen (Korr, 1921, S. 393).[2] Gleichzeitig mit, vielleicht

---

1 Zum Berliner Institut siehe Hermanns et al., 2007; May, 2008; Schröter, 2002, 2021.
2 Im dritten Heft der *Internationalen Zeitschrift* von 1921 wird im Korrespondenzblatt über die Aktivitäten der Berliner Gruppe im ersten Halbjahr 1921 berichtet. Dort ist ohne Datumsangabe vermerkt, dass Alexander und Happel außerordentliche Mitglieder wurden (Korr, 1921, S. 393). Im Rundbrief vom 14. August 1921 geben Abraham und Sachs an, dass Alexander

auch kurz vor ihm wurde Clara Happel (1889–1945) zum außerordentlichen Mitglied ernannt (ebd.). Weitere Abschlüsse im Jahr 1921 der damals noch sehr kurzen Ausbildung sind nicht bekannt.

An den Kursen nahmen 1921 nur wenige Kollegen teil, unter ihnen mehrere aus dem Ausland, vor allem aus Großbritannien (Robinson, 2008, 2011).[3] Exakte Daten stehen uns nicht zur Verfügung. Wir wissen nur, dass Ella Freeman Sharpe ihre Analyse bei Sachs 1921 beendete und dass Ethilda Herford und die beiden Glovers 1921 bei Abraham,[4] Mary Chadwick bei Sachs in Analyse waren.[5]

»demnächst« aufgenommen werden solle; am 21. Oktober hieß es, dass er aufgenommen wurde; siehe RB 2, S. 232, 255. Der Widerspruch der Daten dürfte darauf zurückzuführen sein, dass der Tätigkeitsbericht erst im Oktober fertig wurde, sodass der Eintrag über Alexander wohl aus der Zeit *nach* seiner Aufnahme stammt; siehe ebd., S. 208, 228.

3 Kollegen aus den USA gingen zur Aus- und Weiterbildung zunächst eher nach Wien (RB 2, S. 280, 289 etc.). – Im November 1921 nahmen an Abrahams Einführungskurs ca. 30 Personen teil, »fast nur jüngere Ärzte und Studenten« (ebd., S. 267). Den Kurs von Simmel besuchten zwischen 6 und 8, den Kurs von Sachs 12 Hörer (ebd., S. 283).

4 Zu Herford und Sharpe siehe die Fußnote weiter oben. – James Glovers Analyse dauerte von Anfang Januar bis Anfang April 1921 (RB 2, S. 22, 138). Im Oktober 1921 wurde er als »associate member« wiedergewählt (Bull, 1922, S. 117), im Oktober 1922 wurde er »full member« (RB 3, S. 208). Er soll Abraham später noch einmal aufgesucht haben (Boll, 1962, S. 321). Vielleicht sind damit die Urlaube gemeint, die beide Glovers mit Abraham verbrachten: einen mehrwöchigen im März 1921 in Meran (F/A, S. 681); einen weiteren im Sommer 1922 mit einem Aufenthalt in Seefeld/Tirol (F/Fer III.1, S. 141). Abraham lud James Glover zu einer »Kleinen Mitteilung« in Berlin ein, die er im November 1922 unter dem Titel »Ein Fall von Alkoholismus« vortrug (Korr, 1922, S. 528). Genaueres über die Analyse bei Abraham, die gelegentlich »under the olive trees of the Gardone Riviera« stattfand, kann man im Interview nachlesen, das Bluma Swerdloff mit Edward Glover, dem Bruder von James, führte (Swerdloff & Glover, 1973, image 7). »Image« wird im Folgenden abgekürzt mit »im.«. – Zu Edward Glover siehe das Kapitel über 1924. – Zu den Brüdern Glover siehe auch Bentinck, 2020, S. 389–391.

5 Mary Chadwick (1885–1943) war Krankenschwester, durchlief eine Ausbildung an der *Brunswick Square Clinic* mit einer Analyse bei Julia Turner. Sie war leitende Oberschwester (matron) einer stationären Abteilung für traumatisierte Soldaten, die in einem der drei Häuser untergebracht war, die zur *Clinic* gehörten (Hinshelwood, 1998, S. 93). Im Juni 1921 wird ihre Analyse bei Sachs erwähnt (RB 2, S. 190). Sie gilt als eine der ersten Kinderanalytikerinnen in Großbritannien. Im Januar 1923 wurde sie »associate member« der *British Psychoanalytical Society* (Bull, 4, 1923, S. 513); die volle Mitgliedschaft soll ihr verweigert worden sein (www.psychoanalytikerinnen.de). Roazen (2000, S. 34) gibt Edward Glovers Äußerungen über Chadwick folgendermaßen wieder: sie habe sich Mitte der 1920er Jahre von der Psychoanalyse abgewandt und eine Schule für junge Frauen

Ob die Analysen auf Englisch oder Deutsch stattfanden, ist ebenfalls nicht bekannt. Soweit die Kollegen genügend Deutsch konnten, werden sie an Kursen und Vereins-Versammlungen teilgenommen haben. Edward Glover hatte sicher gute Deutschkenntnisse, denn er las, wie aus dem Interview mit Bluma Swerdloff hervorgeht, die *Internationale Zeitschrift* und übersetzte für die *Collected Papers* Schriften von Freud ins Englische (Swerdloff & Glover, 1973, im. 25; siehe das Kapitel über das Jahr 1924).

Alle fünf Briten wurden nach ihrer Rückkehr zu »associate members« der britischen Gruppe gewählt. Michael und Alice Balint aus Ungarn, die sich zu Sachs in Analyse begeben hatten (RB 2, S. 221), wurden nach ihrer Rückkehr nach Budapest als Mitglieder der *Ungarländischen Psychoanalytischen Vereinigung* geführt.[6] Eine Analyse in Berlin galt, wie man aus diesen Beispielen schließen kann, als qualifizierende Weiterbildung, während London in diesen Jahren sowohl gegenüber Wien und Budapest als auch gegenüber Berlin im Verzug war. »Man« ging damals zur Analyse nach Wien, Berlin oder Budapest, aber nicht nach London. Das Gefälle zeigte sich auch in den Zeitschriften. Während das *International Journal* zwischen 1920 und 1925 häufig Beiträge aus der *Internationalen Zeitschrift* übernahm, brachte die *Internationale Zeitschrift* mit Ausnahme einiger Arbeiten von Jones kaum etwas aus dem *International Journal*. Das änderte sich erst ab der zweiten Hälfte der zwanziger Jahre (siehe Bruns, 2020).

Berlin als Ausbildungsstätte der *British Psychoanalytical Society*

Mit den Kontakten zwischen Berlin und London hat es eine besondere Bewandtnis. Wie sich zeigen wird, dienten die Analysen der britischen Kolleginnen und Kollegen in Berlin Anfang der 1920er Jahre der Konsolidierung der 1919 von Jones neu gegründeten *British Psychoanalytical Society*. In Berlin nahm man sich vor, wie Abraham mehrere Male darlegte, aus den

---

gegründet; sie sei wohlhabend und nicht auf die Psychoanalyse angewiesen gewesen. – Die Wohlhabenheit wird durch eine Mitteilung in einem Rundbrief vom November 1922 bestätigt, in der es heißt, dass Chadwick, »bisher in PsA bei Sachs« der Poliklinik 50.000 Mark gespendet habe (RB 3, S. 218).

6 Michael Balint (1896–1970) ging nach der Analyse bei Sachs zu Ferenczi (1924–1926) und hielt ab 1926 Kurse in der Budapester Gruppe. Von ihm stammt eine der gewichtigsten frühen Auseinandersetzungen mit Abrahams Theorie (Balint, 1935).

britischen Interessenten »brauchbare« Mitglieder der Londoner Gruppe zu machen (RB 1, S. 124, 173; RB 2, S. 23). Als Abraham beispielsweise im Mai 1922 Jones fragte (RB 3, S. 127), wie sich die Glovers in London entwickelt hätten, antwortete dieser, er könne Abraham nur gratulieren. Alle seine Analysen seien »a success, especially Ed. Glover. Even Mrs. Herford has behaved excellently since we admitted her to the Society« (ebd., S. 139).

Zu den bereits erwähnten fünf britischen Kolleginnen und Kollegen kamen in den nächsten Jahren weitere hinzu, mit denen Sachs arbeitete: Isolde Grant-Duff, Nina Searl, Barbara Low und Silvia Payne.[7] Leider sind die genauen Daten ihrer Aufenthalte in Berlin nicht bekannt. Gesichert ist nur, dass sie zwischen 1919/20 und 1923 in Berlin waren. Sie werden hier erwähnt, weil sie ähnlich wie Herford, Sharpe, Chadwick und James Glover aus der gleichen Londoner Institution kamen, der *Medico-Psychological Clinic*, auch *Brunswick Square Clinic* genannt.[8] In den Jahren während und nach dem Ersten Weltkrieg hatten sie dort gearbeitet und/oder eine Ausbildung erhalten. Gemeinsam ist ihnen, dass sie der *British Psychoanalytical Society* noch nicht angehörten, als sie nach Berlin kamen. Erst nach den Berliner Analysen wurden sie in die britische Gruppe aufgenommen. Wir werden ihnen in den Kapiteln über die Jahre 1924 und 1925 wiederbegegnen.

Zur *Brunswick Square Clinic* und ihrer Abwicklung durch James Glover und Jones

Raitt bezeichnete die Geschichte um die *Brunswick Square Clinic* als »one of the most significant repressed narratives in the history of psychoanalysis

---

[7] Zu Barbara Low (1877–1955) und Silvia Payne (1880–1962) siehe Robinson, 2008; King, 2000a, S. 19–21; www.psychoanalytikerinnen.de. Zu Nina Searl (1883–1955) siehe die Fußnote weiter unten. – Isolde Grant-Duff (1882–1957 war an der *Brunswick Square Clinic* ausgebildet worden, machte ihre Lehranalyse bei Edward Glover und setzte sie bei Hanns Sachs fort. 1925 wurde sie »associate member«, 1933 »full member« der *British Psychoanalytical Society* (Bull, 7, 1926, S. 289; Bull, 14, 1933, S. 518).

[8] Wenn man auch Wien berücksichtigt, wären Analysandinnen von Rank zu ergänzen: Susan Isaacs, damals Susan Brierley, »Miss Swan« und »Miss Harborn [sic!]«, die 1921 bei Rank in Analyse waren (RB 2, S. 188, 199). Herborn war vier Monate bei ihm und bewarb sich danach, vermutlich ohne Erfolg, um die Mitgliedschaft in der englischen Gruppe (ebd., S. 174, 199; RB 3, S. 77, 85); über Swan ist nichts bekannt.

in Britain« (2004, S. 82). Die Autorin machte darauf aufmerksam, dass Jones die Existenz dieser Institution in seiner Autobiografie (1959), die die Jahre bis einschließlich 1918 umfasste, verschwieg.[9]

Die *Brunswick Square Clinic* wurde 1913 gegründet, im gleichen Jahr wie die von Jones ins Leben gerufene *London Psychoanalytical Society* (Boll, 1962).[10] Gründerinnen waren zwei Frauen, Jessie Margaret Murray (1867– 1920) und Julia Turner (1863–1946); finanziert wurde die *Clinic* von der Schriftstellerin May Sinclair.[11] An der *Clinic* arbeiteten fast nur Frauen und hauptsächlich Nicht-Ärzte. Die therapeutische Orientierung wird als eklektisch, die politische als feministisch und sozialistisch bezeichnet; beide Gründerinnen waren in der Emanzipationsbewegung aktiv.[12] Ab 1915 bot die *Clinic* eine dreijährige Ausbildung zum Psychoanalytiker an. Voraussetzung war eine Lehranalyse, die praktische Ausbildung erfolgte unter Supervision, lange bevor die *Internationale Psychoanalytische Vereinigung* ähnliche Anforderungen stellte (Hinshelwood, 1998, S. 94).

Jones empfand die *Clinic* als Konkurrenzunternehmen zur »seiner« Gruppe, die er, wie oben berichtet, 1919 unter dem Namen *British Psychoanalytical Society* ins Leben gerufen hatte, um sich von Jungianern und anderen nicht an Freud orientierten Kollegen zu trennen. Die Gründerinnen der *Brunswick Square Clinic* lehnten Jungs Theorie jedoch nicht ab. Wie man den Komitee-Rundbriefen entnehmen kann, fand Jones die Arbeit der *Clinic* unprofessionell. Ein erster Versuch, die beiden Institute, die *Brunswick Square Clinic* und die *British Psychoanalytical Society* zusammenzuführen, wurde 1920 von David Forsyth, einem Mitglied der *British Society*, ohne Rückendeckung des Vorstands unternommen und stieß zunächst aufseiten der *Clinic*, vertreten durch ihren damaligen Co-Direktor James Glover, auf kein Interesse (RB 1, S. 142f.).

---

9   Zur *Brunswick Square Clinic* siehe Boll, 1962; Hinshelwood, 1995, 1998; Schröter, 1996, S. 1162–1164; Leitner, 2001; Martindale, 2004; Raitt, 2004; Valentine, 2009; Robinson, 2011. Mit Ausnahme von Schröter berücksichtigen die Autoren die Komitee-Rundbriefe nicht. Martindale (2004) verwendete sie, wusste aber nicht, dass es sich um die Komitee-Rundbriefe handelte.
10 Die meisten Informationen, die in diesem und den folgenden Absätzen erwähnt werden, wurden von Boll (1962) und anderen Darstellungen der *Brunswick Square Clinic* übernommen.
11 Siehe speziell hierzu: Valentine, 2009.
12 Siehe Hinshelwood, 1998, S. 93–95. Martindale gibt an, dass 24 der 30 Laienanalytiker Frauen waren (2004, S. 197).

Das änderte sich, als sich James Glover in Analyse bei Abraham begab. Vor der Analyse bei Abraham hatte er eine Ausbildung an der *Clinic* gemacht, war bei Turner in Analyse gewesen und wurde 1919, unmittelbar nach Beendigung der Ausbildung, zusammen mit seiner Analytikerin Leiter der *Clinic*; unter anderem übernahm er Lehranalysen. In seiner Funktion als Co-Direktor der *Clinic* war er 1920 zum internationalen psychoanalytischen Kongress in Den Haag eingeladen worden, lernte Abraham kennen, erfuhr vom geplanten Berliner Ausbildungsinstitut und vereinbarte eine Analyse mit ihm (Boll, 1962, S. 321). Sie begann Anfang Januar 1921 und dauerte bis Anfang April. Den März 1921 verbrachte Abraham mit beiden Glovers in Meran, wohin er sich (zusammen mit seiner Frau) in Urlaub begeben hatte, was Freud zu der Bemerkung veranlasste, er hoffe, dass Abraham das »Handgepäck«, gemeint waren die Glovers, nicht zu sehr störe (F/A, S. 681).

Anfang April 1921 kehrte James Glover nach London zurück und nahm Kontakt mit Ernest Jones auf, um mit ihm über die Zukunft der *Clinic* zu sprechen. Schon vorher hatten sich Abraham und Jones in den Komitee-Rundbriefen ausgiebig über die *Brunswick Square Clinic* ausgetauscht. Abraham hatte dem Londoner Kollegen im Dezember 1920 mitgeteilt, wie man in Berlin mit Kollegen umging, die nicht zur eigenen Gruppe gehörten. Man solle solche »outsiders« besser in die Gruppe aufnehmen, weil sie dann »in gewissem Grade unter unserer Kontrolle« seien (RB 1, S. 239). Dieser Politik schloss sich Jones in etwa an.[13]

Abraham bereitete Jones auf den ersten Kontakt mit James Glover vor. Im Rundbrief vom 11. April 1921 schreibt er:

> »Er [= James Glover] stimmt mit Deinem Urteil über dieses Institut vollkommen überein, möchte seine Beziehung zu demselben lösen, aber vorher mit Dir beraten, ob eine Reform desselben durch Beseitigung der bisherigen Leiter und Übernahme von Seiten der Londoner Vereinigung möglich wäre. Ich kann mich für die loyale Gesinnung G [= Glovers] verbürgen. Er hegt eine große Verehrung und Bewunderung für Dich und hat den stärksten Wunsch, Dir näher zu treten und Dir zu beweisen, daß er mit ungeteiltem Interesse bei unserer Sache ist« (RB 2, S. 138).

Die Analyse bei Abraham hatte James Glover umgestimmt. Während er zuvor den Kontakt mit der *British Psychoanalytical Society* abgelehnt hatte,

---

[13] Jones' Strategie wird ausführlich von Hinshelwood (1998) dargestellt.

war er nun, wie Boll schreibt, »a total convert to psychoanalysis« geworden (1962, S. 320).

Nach dem ersten Gespräch zwischen James Glover und Jones, das wegen einer Erkrankung von Jones erst am 21. Mai 1921 stattfand, war Jones zuversichtlich, dass die *Brunswick Square Clinic* »into our hands«, die Hände der *British Psychoanalytical Society*, gelangen werde (RB 2, S. 170). Glover sei seit seiner Rückkehr nach London nicht mehr in die *Clinic* gegangen. Er, Jones, habe ihm empfohlen, sich dort doch wieder zu zeigen, »and thus keep his influence there till it is needed for the coup« (ebd.). Jones fuhr fort: »I will get Glover elected to our society at the next meeting« (ebd.). Das gelang: James Glover wurde im Mai 1921 zum »associate member« gewählt (Jones, 1927a, S. 3).[14] Nun musste nur noch Turner, die Co-Direktorin, dazu bewegt werden, die *Clinic* der *Society* anzugliedern; sie war zu diesem Zeitpunkt »our only obstacle at the Brunswick Sq. Clinic« (RB 2, S. 182).

In London begann James Glover, die *Clinic* umzustrukturieren, deren Co-Direktor er immer noch war. Er schloss zwei Abteilungen und ordnete an, dass nur noch Psychoanalyse »on proper Freudian lines« anzuwenden sei und dass sich die Therapeuten einer Analyse bei einem von der *Internationalen Vereinigung* zugelassenen Analytiker unterziehen müssten (Jones, 1927a, S. 3).[15] Boll berichtet, dass Turner mit der »Übernahme« ihrer Studenten, ihres Besitzes und der Beschränkung auf eine freudianische Ausrichtung der von ihr und der eben (im September 1920) verstorbenen Murray gegründeten *Clinic* nicht einverstanden war (1962, S. 321). Sie bot ihren Rücktritt für den Fall an, dass jemand an ihre Stelle treten würde, mit dem sie einverstanden sei. Nach Beratungen mit Jones entschied man sich für Susan Brierley (die spätere Susan Isaacs; ebd., S. 324). Sie hatte eine Ausbildung an der *Clinic* durchlaufen und befand sich seit September 1920 bei Fluegel, einem Mitglied der *British Psychoanalytical Society*, in Analyse.[16] Da sie, so Jones, bald Mitglied der *Society* würde und die Pläne

---

14 Im *Bulletin* ist die Wahl oder Ernennung überraschenderweise nicht dokumentiert. Erst im Protokoll der jährlichen Mitgliederversammlung vom 13. Oktober 1921 heißt es, Glover sei als »associate member« wiedergewählt worden; sein Status wurde also bestätigt (Bull, 1922, S. 117). Die Aufnahme im Mai könnte somit ohne die Zustimmung der Mitgliederversammlung erfolgt sein.

15 Die zweite Vorbedingung wird nur von Hinshelwood (1998) und nicht von Boll erwähnt (1962).

16 Wir verdanken Andrea Huppke (2014) die Aufklärung, dass es sich nicht, wie in den Anmerkungen der *Rundbriefe* (RB 2, S. 182) angegeben, um Marjorie Brierley handelt, son-

zur Übernahme der *Clinic* durch die *Society* unterstütze, habe James Glover freie Hand (RB 2, S. 182). Susan Brierley begab sich im Sommer 1921 zu einer kurzen Analyse bei Rank nach Wien, der zwei weitere Mitglieder der *Brunswick Square Clinic* zur Analyse erwartete, sodass sich nun, wie er im Komitee-Brief an die Kollegen am 21. Juni 1921 schrieb, »nahezu das ganze Institut in Analyse befinden wird« (ebd., S. 199).

Nach den Sommerferien 1921 und weiteren Verhandlungen, die hier nicht im Einzelnen beschrieben werden, wurde die *Brunswick Square Clinic* geschlossen und eine Übernahme durch die *British Psychoanalytical Society* vereinbart.[17] Jones tauschte sich brieflich mit den Kollegen vom Komitee über den »coup« aus und fand insbesondere in Abraham einen interessierten Gesprächspartner. Schon zeichnete sich ab, dass beide zögerten, Nicht-Ärzten den gleichen Zugang zur Tätigkeit als Psychoanalytiker zu ermöglichen wie Ärzten; Freud und Ferenczi waren anderer Meinung. Von Abraham kam 1921 der Vorschlag, den später Jones in die Tat umsetzte: Nicht-Ärzte sollten auf dem Feld der Psychoanalyse als Wissenschaftler arbeiten, während die Ärzte Analysen durchführen und für die Ausbildung sorgen sollten (ebd., S. 209; siehe das Kapitel über das Jahr 1924). Die mangelnde Wertschätzung der nicht-ärztlichen Kolleginnen, die an der *Brunswick Square Clinic* arbeiteten, kam auch darin zum Ausdruck, dass Abraham sie als »Helferinnen« bezeichnete, auch wenn sie über akademische Berufsabschlüsse verfügten, während beispielsweise James Glover nirgends als »Helfer« bezeichnet wird.

Eine andere Schilderung des Hergangs der Einverleibung der *Brunswick Square Clinic* in die *British Psychoanalytical Society* findet man in Jones' (1927b) Nachruf auf James Glover, der 1926 im Alter von 44 Jahren ein

---

dern um Susan Brierley, die spätere Susan Isaacs (1885–1948), die zu diesem Zeitpunkt noch mit William Brierley verheiratet war. Von September 1920 bis Juli 1921 war sie bei Fluegel in Analyse gewesen. Nach der dreimonatigen Analyse bei Rank (ebd., S. 188, 199) wurde sie im Oktober 1921 zum »associate member« (ebd., S. 257) und 1923 zum »full member« gewählt (Bull, 5, 1924, S. 251). Sie heiratete 1922 Nathan Isaacs. Zu Susan Isaacs siehe Rickman, 1950; Graham, 2009; Gardner, 1969; Forrester & Cameron, 2017, S. 444f. – Marjorie Brierley, geb. Ellis, (1893–1984) war bei Fluegel in Analyse, vermutlich von 1922 bis 1924, danach bei Edward Glover (1925–1927). Sie hatte Psychologie (1916–1921) und Medizin (1921–1928) studiert. Sie soll an der *Brunswick Square Clinic* Kurse gehört haben (Huppke, 2014). 1922 heiratete sie William Brierley, den geschiedenen Mann von Susan Isaacs. Nach der Analyse bei Edward Glover wurde sie 1927 »associate«, 1930 »full member« der *British Psychoanalytic Society* (Bull, 8, 1927, S. 559; Bull, 11, 1930, S. 515). Zu Brierley siehe King, 2000a, S. 10f.; Huppke, 2014; www.psychoanalytikerinnen.de.

17 Siehe Boll, 1962, S. 321; RB 2, S. 203, 206, 209, 211, 216, 219, 224, 231, 249, 265.

halbes Jahr nach dem Tod seines Analytikers Abraham gestorben war. Im Vergleich zu der Geschichte, die sich aus den Rundbriefen rekonstruieren lässt, wirkt Jones' Darstellung beschönigend. James Glover sei, so Jones, bei den Verhandlungen über die Übernahme der Clinic »with such a miraculous display of tact« vorgegangen, »that no ill-felling was left behind«; zugleich sei er entschieden aufgetreten, mit »steel-like resolution«, aber »without causing offence to be taken by any of its members« (ebd., S. 3).

Warum diese langen Ausführungen über James Glover, Jones und die *Brunswick Square Clinic*? Zum einen sehen wir Jones in seinem englischen Umfeld große organisatorische Energien entwickeln. Er verfolgte energisch das Ziel, ihm und der Psychoanalyse Freuds eine starke, institutionell abgesicherte Position innerhalb der Medizin und der Psychologie zu verschaffen. In Jones' unmittelbarer Nähe sehen wir James Glover, der ähnlich aktiv eine Reihe von wichtigen vereinspolitischen Funktionen ausübte, nicht nur in der *British Psychoanalytical Society*, sondern auch in der *Medical Section* der *Psychological Society*. Darüber hinaus war er in der *Brunswick Square Clinic* Lehranalytiker von Ella Sharpe und Sylvia Payne.

Es ist der gleiche James Glover, der, wie wir bald sehen werden, zu den Autoren gehörte, die den theoretischen Ansatz Abrahams übernahmen und in Publikationen vertraten, damals überzeugt davon, dass Abraham voll und ganz auf dem Boden der Freud'schen Psychoanalyse stand. Abraham berief sich im *Versuch einer Entwicklungsgeschichte der Libido*, der Gründungsschrift der »neuen« Psychoanalyse, sowohl auf James als auch auf Edward Glover, und zwar an den Stellen, an denen er seine neuen Überlegungen und Konzepte bekanntgab. Von Bedeutung für die Implementierung von Abrahams Ansatz in London ist ferner, dass James Glover von Jones außerordentlich geschätzt wurde. Er sah in ihm, wie er 1924 an Freud schrieb, seinen eigenen »natural successor« (F/Jo, S. 550).

Das zeigt die Statur von James Glover, der nach seinem frühen Tod neben seinem Bruder Edward in Vergessenheit geriet. Dazu trug sicherlich auch bei, dass die Glovers in Freuds Schriften nicht vorkommen, in Freuds Briefen nur ganz am Rand.[18] James Glover hatte seinerseits Freud nie besucht und mit ihm auch, soweit bisher bekannt, keinen brieflichen Kontakt aufgenom-

---

18 Vor allem in den Komitee-Rundbriefen von Jones ist von ihnen sehr häufig die Rede. In der Freud-Biografie erwähnt Jones nur Edward Glovers Buch über Freud und Jung (1950) und stellt lediglich seine Beteiligung an der berufspolitischen Auseinandersetzung mit dem britischen Ärzteverband in der zweiten Hälfte der zwanziger Jahre dar.

men; desgleichen sein Bruder Edward.[19] Das galt für manche Analytiker der Enkel-Generation, die in den 1920er Jahren eine psychoanalytische Ausbildung durchliefen. Sie erlebten Freud nicht mehr persönlich und suchten auch keinen Kontakt mehr zu ihm.[20] Wegen der durch die Kiefer-Operationen bedingten Behinderung beim Sprechen reduzierte Freud den Kontakt mit Schülern und Kollegen. Das trug dazu bei, dass sich die Psychoanalyse zunehmend von Freuds Person löste, sich als »Lehre« und »Theorie« verselbstständigte oder auf Männer und Frauen übertragen wurde, die als seine Nachfolger angesehen wurden oder sich als solche benahmen.

Ein weiterer Gewinn aus unserer kurzen Untersuchung der Psychoanalyse in Großbritannien ist die Einsicht in die enge Verbindung zwischen der *Brunswick Square Clinic* und der *British Psychoanalytical Society*. So wird der hohe Anteil von Frauen und Nicht-Ärzten in der britischen Gruppe erklärlich, desgleichen das besonders starke Interesse an der Kinderanalyse. Der Ausflug in die Geschichte der britischen Analyse hat uns die Frauen nähergebracht, die Ende 1924 in unserer Geschichte auftreten werden wie beispielsweise Silvia Payne, Nina Searl und Susan Isaacs. Anders als Jones und James Glover hatten sie in diesen Jahren in der *Society* keine Machtpositionen, spielten jedoch in der Diskussion theoretischer Standpunkte eine wichtige Rolle. Manche schlossen sich im Lauf der Jahre der »neuen« Psychoanalyse an, andere nicht, und wieder andere wandten sich ganz von der Psychoanalyse ab, unter ihnen Nina Searl und Mary Chadwick.

Man kann sagen, dass das Berliner Institut Anfang der 1920er Jahre einen wichtigen Beitrag zum Bestand und zur Produktivität der britischen Gruppe leistete. Die meisten Mitglieder gingen nach der Analyse, die sie noch in der *Brunswick Square Clinic* erhalten hatten, nach Berlin (auch nach Wien und Budapest), um sich einer zweiten Analyse zu unterziehen und den Stand der Theorie und Technik auf dem »continent« vor Ort zu erleben und dadurch die britische Gruppe auf Augenhöhe und bald in Konfrontation

---

Überraschenderweise kommt Edward Glover auch in Hinshelwoods (1998) Darstellung der Nachkriegsgeschichte der britischen Psychoanalyse (bis 1925) nicht vor.

19 Edward Glover wurde Freud auf dem Berliner Kongress (1922) vorgestellt. Er traf Freud erst nach dessen Emigration in London wieder, jedoch stets im größeren Kreis. Wie er später Eissler erzählte, hätte er Freud gern Fragen gestellt, hatte aber das Gefühl, es sei »not somehow proper« gewesen, Freud bei den wenigen Gelegenheiten, bei denen er ihn sah, mit Fragen zu belästigen (Eissler & Glover, 1953, im. 4).

20 Außer den Glovers wäre beispielsweise Fenichel ein Repräsentant der Enkel-Generation (siehe das Kapitel über das Jahr 1924).

mit der Berliner, Wiener und Budapester Gruppe zu bringen. Sie lernten in Berlin führende Theoretiker und Praktiker im direkten Kontakt kennen und brachten offene Fragen und das Konfliktpotenzial mancher Themen nach Hause mit, nach London in die *British Psychoanalytical Society*.

Die Tic-Diskussion: Abraham versus Ferenczi

Welches Konfliktpotenzial damals in der Berliner Gruppe, im Komitee und in der *Internationalen Psychoanalytischen Vereinigung* vorhanden war, zeigt die sogenannte Tic-Diskussion, die im Juni 1921 in Berlin ausgetragen und noch im gleichen Jahr sowohl in der *Internationalen Zeitschrift* als auch im *International Journal* publiziert wurde (Tic-Diskussion, 1921). Sie fand zwischen Abraham und Ferenczi statt. Rückblickend kann man sagen, dass sie zu den Vorboten der Konflikte zwischen Abraham einerseits und Ferenczi und Rank andererseits gehörte, die Anfang 1924 zur vorübergehenden Auflösung des Komitees führten. 1921 werden die Differenzen noch in einer halbwegs geordneten Form verhandelt, allerdings in der damaligen, heute nicht mehr ohne Weiteres verständlichen Terminologie, sodass ihre große Bedeutung leicht übersehen wird (siehe dazu Dahl, 2001).

Abraham und Ferenczi hatten zur gleichen Zeit (1907) Kontakt zu Freud aufgenommen und verstrickten sich schon 1908 auf dem ersten Kongress in Salzburg in Streitereien. Sicher ging es auch darum, wer Freud näherstand oder wen Freud mehr schätzte. Bis Anfang der 1920er Jahre war es fraglos Ferenczi, der von Freud bevorzugt wurde. Mit ihm verbrachte er seinen Urlaub, nur mit ihm arbeitete er eng zusammen, und ihn nahm er in Analyse. Während des Kriegs sahen sich beide einige Male. Freuds Verhältnis zu Abraham hingegen war eher kühl. Abraham war nie in Ferien mit Freud und tauschte sich mit ihm nur über vergleichsweise wenige Themen aus. Eingekleidet in Schmeicheleien teilte Freud Abraham wiederholt mit, dass er etwas Wichtiges nicht erfasst hatte. Abraham scheint nie den Wunsch geäußert zu haben, von Freud analysiert zu werden. Ganz zuletzt, während seiner Erkrankung, wandte er sich ausgerechnet an Wilhelm Fließ, mit dem Freud, wie Abraham wusste, gebrochen hatte.[21]

Ferenczi gegenüber verhielt Freud sich offener, sowohl in der Zuneigung als auch im Ärger. Einerseits störte ihn Ferenczis Abhängigkeit, anderer-

---

21 Siehe den Briefwechsel zwischen Abraham und Fließ (2010).

seits zeigte er ihm seine Zuneigung deutlicher als irgendeinem anderen Schüler. Als Ferenczi 1927 begann, sich deutlich von Freud zu distanzieren, litt dieser sehr unter dem Verlust der Nähe zu Ferenczi. Ein frühes Zeichen der inneren Trennung von Freud war vielleicht, dass Ferenczi sich im September 1921 in Groddecks therapeutische Obhut begab, was ihm, wie er selbst meinte, eine Ablösung von Freud ermöglichte.

Ganz zu Recht nannte Eitingon (1933) in seiner Gedenkrede zu Ferenczis Tod Abraham und Ferenczi »unsere Bedeutendsten«. Abraham bezeichnete Eitingon als »Klassiker der Psychoanalyse und ihrer Literatur«, als »scharfblickenden Empiriker, unbestechlich induktiv, mit strengster Logik schließend«, während er Ferenczi als »ebenfalls subtilsten Beobachter, mit wunderbarem Sinn für verborgene Zusammenhänge« beschrieb, als »Seher in Psychologicis [...], schweifend in [...] kühnen Spekulationen«, begabt mit »schöpferischer Phantasie«, als kritisch gegenüber Institutionen der Bewegung eingestellten und primär am Heilen interessierten »Romantiker« (ebd., S. 293).[22]

In der Tic-Diskussion wird eine anders gelagerte Differenz zwischen Abraham und Ferenczi deutlich, die das Grundverständnis der Psychoanalyse als Praxis und Theorie betrifft. Sie bezieht sich auf das Konzept des Narzissmus. Im vorangegangenen Kapitel wurde schon angedeutet, was diese Differenz für den therapeutischen Umgang mit narzisstischen Störungen bedeutete: Was für Abraham eine objektbezogene, in der Übertragung auf ihn, in der Genese auf die Bezugspersonen des Kindes gerichtete »Aggression« war, konnte für Ferenczi und Freud auch etwas anderes sein, nämlich eine Manifestation des Narzissmus. Mit anderen Worten: Es konnte sich entweder um eine neurotische Aggression handeln, die einer Übertragung fähig ist, oder um eine narzisstische Problematik, bei der es nach damaliger Auffassung zu keiner Übertragung kommt.

Die Geschichte der Tic-Diskussion begann Ende Mai 1920, als Ferenczi Freud fragte, ob er beim internationalen Kongress in Den Haag im September 1920 über den Tic sprechen solle (F/Fer III.1, S. 70). Freud scheint auf die Frage nicht reagiert zu haben, was der Grund dafür sein könnte, dass Ferenczi über ein anderes Thema sprach. Gleichwohl beendete er im August 1920 einen Aufsatz über den Tic und schickte ihn Freud (ebd., S. 80; 1921a). Wieder reagierte Freud nicht. Erst nach dem Kongress äußerte er sich: »Ihre

---

22 Zu einer anderen Beschreibung und Gegenüberstellung der Persönlichkeiten von Abraham und Ferenczi siehe Falzeder, 2011.

Arbeit über den Tic eben gelesen. Sie scheint mir sehr geistreich, ganz korrekt und konsequent, auch zukunftsschwanger, entbehrt aber eines eigentlichen Clous oder Schlagers« (F/Fer III.1, S. 83). Ferenczi versuchte Freud zu erklären, was sein »Schlager« sei, worauf Freud antwortete, er wolle darauf nicht eingehen, weil er Ferenczis »Selbstständigkeit nichts in den Weg« legen wolle (ebd., S. 87) – eine Redefigur, die man von Freud kennt. Sie heißt: Ich bin anderer Meinung als Sie, will das aber im Moment nicht erläutern und in keine Diskussion eintreten. Soweit es sich rekonstruieren lässt, war Freud mit Ferenczis Zuordnung des Tics zu den narzisstischen Störungen einverstanden, aber nicht mit den von ihm vorgeschlagenen Details der Ätiologie. Ferenczi trug seine Arbeit über den Tic dann auch nicht auf dem Kongress vor, sondern erst am 10. Oktober 1920 in der Budapester Gruppe (Korr, 1921, S. 133); sie erschien 1921 im ersten Heft von Band 7 der *Internationalen Zeitschrift*.

Nachdem Abraham Ferenczis Beitrag in der *Zeitschrift* gelesen hatte, schlug er ihm vor, auf der nächsten Zusammenkunft, die für den Herbst 1921 geplant war, darüber zu diskutieren (RB 2, S. 167). Vor diesem Treffen, das als »Harzreise« in die Geschichte einging, organisierte Abraham in Berlin eine Diskussion über Ferenczis Aufsatz. Sie fand am 2. Juni 1921 statt und wurde im Korrespondenzblatt des dritten Heftes der *Internationalen Zeitschrift für Psychoanalyse* unter dem Titel »Tic-Diskussion« publiziert (Tic-Diskussion, S. 393–396). Ferenczi selbst nahm nicht daran teil, seine Position wurde von Hárnik vorgetragen (ebd., S. 393). Ein weiterer Diskutant war Ophuijsen, der sich eine Woche lang zum Zwecke einer Analyse bei Abraham in Berlin aufhielt. Er gab, ebenso wie Abraham, eine längere Stellungnahme zu Ferenczis Sicht des Tics ab (ebd., S. 395). Nach der Berliner Diskussion teilte Abraham den Kollegen am 11. Juni 1921 mit: »Die Debatte brachte in wichtigen Punkten Widerspruch gegen Deine Ansichten, l. [= lieber] Ferenczi, obwohl alle die vielen uns gewordenen Anregungen aus Deiner Arbeit anerkennen« (RB 2, S. 189). Daraufhin erbat sich Ferenczi ein (schriftliches) Schlusswort, das den letzten Abschnitt der »Tic-Diskussion« bildete (Tic-Diskussion, 1921, S. 395f.).

Ob Abraham und Ferenczi auf der Harzreise die Diskussion tatsächlich fortsetzten, ist nicht bekannt.[23] Sicher ist, dass sie ihren Gedankenaustausch auf einer größeren Veranstaltung für amerikanische Interessenten,

---

23 Ferenczi berichtete in einem Rundbrief von 1922, seine Hauptthese habe sich in einem Fall bestätigt. Auch dieser Patient litt nämlich unter einer narzisstischen Problematik (RB 2, S. 309; RB 3, S. 147; vgl. Ferenczi, 1922c).

die im Januar 1922 in Wien geplant war, vortragen wollten. Dazu kam es jedoch nicht, weil Abraham wegen eines Bahnstreiks nicht nach Wien kommen konnte. Vier Jahre später wurde die Diskussion wieder aufgenommen, und zwar von drei Analysandinnen Abrahams und Ferenczis, nämlich von Klein (1925), Helene Deutsch (1925b) und Kovács (1925). Das zeigt das Gewicht, das der Frage nach dem Verständnis einer psychischen Störung zugeschrieben wurde, über deren Ätiologie Abraham und Ferenczi konträre Ansichten vertraten (siehe dazu das Kapitel über 1925).

Der Bericht über die Tic-Diskussion gibt wieder, wie man in der Berliner Gruppe Ferenczis Einsichten aufnahm. Der Hauptpunkt, über den man sich uneinig war, ist dem Gedächtnis der Psychoanalyse weitgehend entschwunden, nämlich die Frage nach dem relativen Gewicht von libidinösen und narzisstischen Objektrelationen in der Ätiologie des Tics.[24] Im Verständnis der Zeit war damit eine wichtige Differenz gemeint: Wenn man den Akzent auf die libidinösen Objektrelationen setzte, dann verstand man das Krankheitsbild im Wesentlichen als eine Übertragungsneurose (mit entwickelten Beziehungen zu einem abgegrenzten Objekt); achtete man auf die narzisstische Objektrelation, dann verstand man den Tic als eine narzisstische Störung, eine Problematik innerhalb des Ichs mit mangelnder Übertragung.

Für eine narzisstische Störung sprach nach Ferenczis Auffassung vor allem die Hypersensibilität von Tic-Patienten. Er vermutete eine traumatische Basis, vorangegangene körperliche Traumata oder Erkrankungen und/oder einen konstitutionell starken Narzissmus. Es komme im Körper zu einem lokalen Libidostau, der abgeführt anstatt gebunden und symbolisiert werde (Ferenczi, 1921a, S. 207). Seine These lautete:

> »Die Hysterie ist eine Übertragungsneurose, bei der die libidinöse Relation zum Objekt (Person) verdrängt wurde und im Konversionssymptom gleichsam in *autoerotischer Symbolisierung am eigenen Körper* wiederkehrt. Beim Tic dagegen scheint sich hinter dem Symptom überhaupt keine Objektrelation zu verstecken; hier wirkt *die Erinnerung an das organische Trauma selbst* pathogen« (ebd., S. 210).

Der Hysteriker könne den Körper als Ausdrucksmittel für Erinnerungen an Objektbeziehungen benutzen, während sich bei Tics Erinnerungen auf-

---

24 Siehe May[-Tolzmann], 1991.

drängen und den Körper überwältigen würden (ebd., S. 61). Tic-Kranken sei eine infantile, narzisstische Persönlichkeit mit der Neigung zur Abfuhr und mangelnder Fähigkeit zur Bindung von Energie und zur Symbolisierung eigen.[25]

Ferenczis Überlegungen gehörten in das Umfeld seiner Theorie der narzisstischen Pathoneurosen, die er den Übertragungsneurosen gegenüberstellte. Er hatte erste Versuche in einem Sammelband mit dem Titel *Hysterie und Pathoneurosen* (1919a) publiziert, sicher in Analogie zu Abrahams »Die psychosexuellen Differenzen der Hysterie und der Dementia praecox« (1908). Abraham hatte damals versucht, Freuds Grundgedanken von der Differenz zwischen den Neurosen und Psychosen zu elaborieren. Ähnliches versuchte nun Ferenczi, wenn er den Unterschied zwischen den Übertragungsneurosen, deren klassisches Beispiel die Hysterie war, und den narzisstischen Pathoneurosen zu erfassen suchte. Er und Freud zählten zu den narzisstischen Störungen sowohl Psychosen als auch die Hypochondrie, die traumatische Neurose und eben auch den Tic. Die Suche nach der Herleitung dieser Krankheitsbilder und Symptome nimmt in der Korrespondenz zwischen Ferenczi und Freud einen breiten Raum ein.

Abraham hingegen verstand den Tic als übertragungsneurotische Störung. Für ihn gab es, wie schon in seinem Aufsatz über die psychoanalytische Technik (1919b) deutlich geworden war, nur Übertragungsneurosen. In therapeutischen Begriffen formuliert und etwas zugespitzt: Alle Mitteilungen des Analysanden beziehen sich auf den Analytiker (der vom Analysanden als getrennt von ihm erlebt wird). Abrahams These lautete: Der Tic stammt aus einer Störung der libidinösen Beziehungen zum Objekt und ist ein »Konversionssymptom auf der sadistisch-analen Stufe« (Tic-Diskussion, 1921, S. 394). Und weiter: »F.[erenczi] meint, beim Tic scheine sich im Symptom keine Objektrelation zu verstecken. Meine Analysen ergaben mir eine zweifache Relation zu den Objekten, nämlich eine sadistische und eine anale« (ebd.).

Ophuijsen schloss sich in einem kurzen Statement Abraham an (ebd., S. 395). In eben diesem Kontext entwickelte Abraham ein Schema, in dem einzelne Krankheitsbilder den Stufen der Entwicklung der Libido und der Objektliebe zugeordnet werden (ebd., S. 394). Dieses Schema ist ein Vorläufer des später bekannt gewordenen über die Entwicklungsgeschichte der

---

25 Am Rande knüpfte Ferenczi an Freuds Theorie der Kriegsneurosen an, in deren Zentrum ein Konflikt innerhalb des Ichs steht; siehe Ferenczi, 1921, S. 46, 53f.

Libido (Abraham, 1924, S. 179). Abrahams Bitte an die Kollegen, sich zu seinem Schema zu äußern, blieb ohne Resonanz (RB 2, S. 293).

In seinem schriftlichen Schlusswort räumte Ferenczi ein, »dass die Einschätzung der sadistischen und analerotischen Triebkomponenten [...] höher anzuschlagen« sei als es in seinem Aufsatz geschah. Abrahams »Konversion auf der sadistisch-analen Stufe« sei »geistvoll«, aber er meine doch, dass viele seiner eigenen Behauptungen aufrechterhalten werden könnten (Tic-Diskussion, 1921, S. 396). Außerdem sei nicht nur die Triebregression, sondern auch die Regression des Ichs zu berücksichtigen. In der Zwangsneurose komme es zu einer Ich-Regression auf die Allmacht der Gedanken, in der Hysterie auf die Allmacht der Gebärde, während der Tic tiefer regrediere, nämlich auf die »Stufe der reflektorischen Abwehr« (ebd.). Dieser Aspekt der Ich-Regression war von Abraham nicht berührt worden.

Das Gespräch zwischen Abraham und Ferenczi wurde nach der Diskussion in der Berliner Gruppe, bei der Ferenczi nicht präsent gewesen war, in den Komitee-Rundbriefen noch eine Weile fortgesetzt (RB 2, S. 293, 309). Freud scheint sich dazu nicht geäußert zu haben. Vermutlich war er der Ansicht, dass weder Ferenczi noch Abraham einen wirklich guten Einfall zu Genese und Dynamik dieses Krankheitsbilds gehabt hatten.

Während die schriftlich ausgetragene Diskussion zwischen Abraham und Ferenczi relativ diszipliniert verlief, waren die Komitee-Rundbriefe, die zwischen Wien, Berlin, London und Budapest seit Oktober 1920 und während 1921 gewechselt wurden, voller wechselseitiger Sticheleien. Alle waren daran beteiligt. Man warf einander vor, machtbesessen, neurotisch und unkollegial zu sein, und hatte große Mühe, sich über Termine, Kongressorte und Diskussionsthemen zu einigen. Wie sich theoretische Positionen mit persönlichen Beziehungen und analytischen Abhängigkeiten verquickten, zeigte sich in der Tic-Diskussion am Umgang mit Ophuijsen. Er hatte sich über Ferenczi geärgert, der sich, wie er fand, im Schlusswort über ihn lustig gemacht hatte. Ferenczi hatte geschrieben, dass Ophuijsen »offene Türen« einrenne, wenn er Ferenczis unscharfe Begriffsbestimmung des Tics moniere (ebd., S. 317; Tic-Diskussion, 1921, S. 396). Abraham nahm Ophuijsen in Schutz und wollte, wie er den Kollegen mitteilte, begütigend auf ihn einwirken. Er erinnerte daran, dass er »einen gewissen Einfluß« (RB 3, S. 16) auf Ophuijsen habe, womit er nur die einwöchige »Analyse« im Juni 1921 gemeint haben kann (ebd.; RB 2, S. 189). Ophuijsen blieb mit Abraham befreundet und teilte, wie schon angedeutet, in den kommenden Jahren dessen Positionen (siehe dazu die Kapitel über die Jahre 1923, 1924 und 1925).

Die Aggressivität der Frau

Abrahams Aufsatz mit dem Titel »Äußerungsformen des weiblichen Kastrationskomplexes« (1921a) wird nur kurz referiert, weil er zum Thema der weiblichen Sexualität gehört, das hier nicht im Zentrum steht. Der Text war aus einem Vortrag hervorgegangen, den Abraham in Berlin im April 1919 gehalten hatte. Ursprünglich wollte er das Manuskript Freud zum Geburtstag schenken (F/A, S. 617, 622), stellte dann aber fest, dass ihm Beiträge entgangen waren, die während des Kriegs publiziert worden waren und zu ähnlichen Schlüssen gelangt waren wie er (ebd., S. 634).[26] Eine überarbeitete Fassung trug Abraham dann auf dem Kongress in Den Haag im September 1920 vor.

Der Aufsatz war als Antwort und Weiterführung von Freuds »Das Tabu der Virginität« (1918a) gedacht (F/A, S. 617). Ihm entnahm Abraham die Hauptthese über die psychische Ätiologie der Aggressivität der (erwachsenen) Frau. Freuds Ausgangsbeobachtung bezog sich darauf, dass erwachsene Frauen häufig aggressiv gegenüber Männern eingestellt sind. Er verstand die Aggressivität als Reaktion auf die libidinöse Fixierung an den Vater. Aus seiner Sicht weigert sich die aggressive Frau, sich aus der infantilen libidinösen Fixierung an den Vater zu lösen und empfindet deshalb Männer immer als unzureichenden Ersatz für den Vater. Die Aggressivität der erwachsenen Frau ist für Freud folglich ein Symptom. Als zweiten Grund der weiblichen Aggressivität führte Freud den Penisneid an, der in seiner Sichtweise ebenfalls als Reaktion auf die Enttäuschung libidinöser Regungen zu verstehen war.

Bereits im Fall »Dora« (1905e) oder auch im oben erwähnten Fall der homosexuellen jungen Frau (1920a) hatte Freud den Widerstand beider Frauen gegen die Analyse als Rache am Vater und Analytiker verstanden, die ihrerseits seiner Auffassung letzten Endes eine Folge der Enttäuschung der auf den Vater gerichteten libidinösen Wünsche war und keine bloße Manifestation von Aggression.

---

26 Dazu gehörte vermutlich Ophuijsens Arbeit über den sogenannten »Männlichkeitskomplex« der Frau (1916–17), ein weiteres Interesse, das Abraham und Ophuijsen verband.

In »Über Triebumsetzungen« (1916–17e), publizierte Freud eine weitere Überlegung zur psychosexuellen Entwicklung des kleinen Mädchens. Er verstand nämlich den Penis als »Umsetzung« der lustbetonten Kotstange, der in einer weiteren »Umsetzung« zum Kind wird. Freud spricht hier nicht von »Symbolisierung«, sondern von »Umsetzung«. Die Umsetzung ist für ihn eine produktive Veränderung oder eine Entwicklungsleistung und keine bloße Symbolisierung (siehe dazu die Kapitel über die Jahre 1924 und 1925). Sie führt im Sinne einer psychischen Weiterentwicklung von der narzisstischen Besetzung der Kotstange zum narzisstischen Wunsch nach einem Kind.

Abraham referierte Freuds Überlegungen aus »Das Tabu der Virginität«, ohne immer deutlich zu machen, dass sie nicht von ihm selbst stammten. Sein eigener Beitrag bestand in der Systematisierung und Kategorisierung von Freuds Ausführungen. Er führte zwei Kategorien von neurotischen Entwicklungen der Frau ein: den »Rachetypus« und den »Wunscherfüllungstypus«. Frauen vom Rachetypus wollen sich unbewusst am Mann rächen, ihn kastrieren oder sich seinen Penis aneignen, ihn »rauben«; Frauen des Wunscherfüllungstypus erleben sich unbewusst als mit einem Penis ausgestattet.[27] Über den Status und die Erklärung oder Herleitung der Rache äußerte sich Abraham nicht. Anders als Freud machte Abraham keinen Unterschied zwischen Regungen der erwachsenen Frau und solchen des kleinen Mädchens. Desgleichen gibt es keinen Unterschied zwischen einem Symptom und einer unbewussten Triebregung, einem ursprünglichen infantilen Wunsch und dessen Abwehr. Trotzdem setzten sich seine Kategorien in der *psychoanalytic community* durch. Sofort nach dem Erscheinen seines Aufsatzes verfasste beispielsweise Jones einen kurzen Beitrag mit dem Titel »Bemerkungen zu Abraham«, die 1922 in der *Internationalen Zeitschrift* und im *International Journal* publiziert wurde (siehe auch Eisler, 1922).[28]

Trotz des sehr unterschiedlichen Deutungsansatzes von Freud und Abraham bleibt es merkwürdig, dass beide (ebenso wie Ophuijsen) die Ag-

---

27 Zum Motiv des »Raubens« und dem Interesse an der Kleptomanie siehe die Kapitel über 1922 und 1924. Das Räuberische taucht als Motiv bei Berliner Autoren häufig auf (siehe das Kapitel über das Jahr 1924).

28 Abrahams Analysandin Karen Horney bezog sich in ihrem ersten Aufsatz zur Kritik der psychoanalytischen Weiblichkeitstheorie (1923) ausdrücklich auf Abrahams »Äußerungsformen des Kastrationskomplexes« und grenzte sich von ihm ab.

gressivität ausgerechnet an der erwachsenen Frau wahrnahmen und analytisch untersuchten. Auch Jones hatte 1919 Probleme mit einer von ihm als schwierig und »aggressiv« erlebten Patientin (Joan Riviere), denen er sich nicht gewachsen fühlte. Er schickte sie 1922 zu Freud, der sie zunächst nicht als aggressiv empfand (F/Jo, S. 464). Er schlug Jones eine alternative Deutung ihrer Problematik vor und übte bei dieser Gelegenheit scharfe Kritik an dessen Verhalten gegenüber der Analysandin (ebd., S. 475, 483–485, 491). In den 1930er Jahren wird sich Freud noch einmal mit der psychosexuellen Entwicklung zur Weiblichkeit auseinandersetzen (1931b, 1933a) und wieder dem (präödipalen) Mädchen und der erwachsenen Frau ein besonders hohes Maß an Aggressivität zuschreiben: dem kleinen Mädchen als Reaktion auf die Entdeckung seiner Penislosigkeit, für die es die Mutter verantwortlich macht, und der erwachsenen Frau eine von der Mutter auf den Mann verschobene Aggression. In allen Fällen versäumte er jedoch nicht, wie nun schon mehrere Mal erwähnt, den eigentlichen und letzten Grund in der Enttäuschung libidinöser Wünsche zu sehen (siehe dazu das Kapitel über das Jahr 1925).

Abraham:
»Eine tiefer gehende Analyse erscheint mir notwendig«

Einige Wochen nach der Tic-Diskussion und kurz nach dem Abschluss des Aufsatzes über den weiblichen Kastrationskomplex teilte Abraham Freud mit, er arbeite nun über Rettungsfantasien und wisse nicht, ob Freud selbst schon etwas darüber veröffentlicht habe (F/A, S. 686). Freud wies ihn in seiner Antwort auf eine Stelle in der *Psychopathologie des Alltagslebens* (1901b, S. 165f.) und auf die *Traumdeutung* hin (ebd., S. 688). Zwei Wochen später schickte Abraham das Manuskript von »Vaterrettung und Vatermord in den neurotischen Phantasiegebilden« nach Wien und bat Freud um eine Reaktion, weil er nichts »als neu bringen« möchte, »was vielleicht schon gesagt ist, und zweitens weil ich gern wüßte, ob Sie dem Inhalt zustimmen« (ebd., S. 689). Da die Arbeit kurz sei, werde Freud ihm »hoffentlich nicht böse sein«, dass er sie ihm in die Sommerfrische schicke (ebd.).

Da Freud im Urlaub war, gelangte das Manuskript zuerst zu Rank, der Freud postwendend zurückmeldete, dass er sich über den Aufsatz geärgert habe:

»Abraham sandte mir seinen Aufsatz über die Vaterrettung, und bat um Bemerkungen [...]. Ich muss gestehen, dass ich mich einen Moment lang geärgert habe, dass ein Analytiker wie Abraham analytische Probleme so verkennen kann und hoffe nur, dass dieser Ärger im Briefe nicht zum Vorschein kommt« (L & K, S. 137).[29]

Rank führte nicht aus, woran er Anstoß nahm. In einer späteren Publikation, dem *Trauma der Geburt* (1924), hielt er Abraham vor, dass der »Hohlweg« als Symbol für die Vagina auf die »bekannte« Fantasie zurückgehe, dass der Penis des Vaters den intrauterinen Aufenthalt störe (ebd., S. 43, Fn. 2). Rank könnte sich also darüber geärgert haben, dass Abraham die gängigen Symbolisierungen nicht kannte und den Eindruck erweckte, er habe selbst die Deutung gefunden. Ein weiterer Grund könnte Abrahams Auslegung der ödipalen Konstellation gewesen sein, die auch Freud monierte.[30]

Freud versicherte Abraham, er habe »nichts zu reklamieren und nichts auszusetzen« und sei mit seiner »tieferen Ausdeutung der Rettungsphantasie voll einverstanden« (F/A, S. 690).[31] Er wolle Abraham nur auf einen »unbequemen Zug der Ödipussage« aufmerksam machen, der ihm selbst »bereits viel Ärger bereitet« habe, nämlich dass der Ort des Vatermords in den griechischen Texten als Kreuzweg angegeben werde, während Abraham und andere von einem Hohlweg sprächen (ebd.). In einem Hohlweg könne man einander nicht gut ausweichen, auf einem Kreuzweg schon. Abraham solle sich an einen Fachmann für das Griechische wenden, bevor

---

29 Mit »L & K« wird der von Lieberman & Kramer herausgegebene Band *Sigmund Freud und Otto Rank* abgekürzt.
30 Rank selbst hatte die Bedeutung einer Variante der Rettungsfantasie in seiner Monografie *Der Mythos von der Geburt des Helden* (1909) dargestellt. Demnach war die Rettungsfantasie ein konstitutiver Bestandteil des Narrativs von der »Geburt des Helden«. Vielen Mythen sei gemeinsam, dass der Held als einer vorgestellt wird, der zunächst gerettet werden muss (als ausgesetztes Kind usw.).
31 Die gleiche Formulierung verwendete Freud bei der Überarbeitung der 10. Auflage der *Psychopathologie des Alltagslebens* (1901b), die 1924 erschien: »Die tiefere Bedeutung der Phantasien mit solchem Inhalt und eine nahezu erschöpfende Erklärung ihrer Eigentümlichkeiten hat Abraham in einer Arbeit, ›Vaterrettung und Vatermord in den neurotischen Phantasiegebilden‹, 1922 [...] zutage gefördert« (ebd., S. 166, Fn. 1). Vermutlich verwies Freud absichtlich auf die Publikation von 1922 und nicht auf jene von 1923, in der Abraham die Differenz zwischen Hohl- und Dreiweg explizit verneinte (siehe dazu weiter unten).

er die Arbeit publiziere (ebd.). Dieser Empfehlung kam Abraham nicht nach. Er habe, wie er Freud antwortete, keinen Sachverständigen zur Hand und habe nun »diese Einzelheit« gestrichen (ebd., S. 691).

Abraham ließ den Text offensichtlich eine Weile liegen und kündigte Anfang November 1921 an, ihn der Redaktion der *Zeitschrift* zu schicken (RB 2, S. 269), wo er unter dem Titel »Vaterrettung und Vatermord in den neurotischen Phantasiegebilden« im ersten Heft der *Internationalen Zeitschrift* von 1922 erschien und sieben Seiten umfasste. Auf Freuds Bemerkung zur Differenz zwischen dem Hohl- und dem Kreuzweg ging Abraham nicht ein und blieb bei »Hohlweg«. Erst in einer späteren Publikation, die gleich dargestellt werden wird, äußerte er sich dazu.

Mit der Rettungsfantasie, in diesem Fall der Vater-Rettungsfantasie, war eine Fantasie gemeint, die Freud in der *Psychopathologie des Alltagslebens* in die Literatur eingeführt hatte: Einem mit hoher Geschwindigkeit entgegenkommenden Wagen, dem die Pferde durchgegangen sind, stellt sich ein Mann mutig in den Weg, bringt ihn zum Halten und rettet auf diese Weise dem König (oder einer hochgestellten Persönlichkeit) das Leben. In Freuds, nicht aber in Abrahams Darstellung geht die Fantasie noch ein Stück weiter: Der gerettete hohe Herr bietet dem Retter als Dank seinen Schutz an (Freud, 1901b, S. 165).[32]

Freud hatte diese Fantasie im *Alltagsleben* erörtert und seine Deutung in »Über einen besonderen Typus der Objektwahl« (1910h) wiederholt. Die Fantasie stellte seiner Ansicht nach einen Kompromiss zwischen »zärtlichen und großmannssüchtigen« Regungen dar, wobei der »trotzige Sinn« vorherrsche (ebd., S. 194). Wenn das Kind höre, dass die Mutter oder die Eltern ihm das Leben »geschenkt« hätten, könne es trotzig reagieren und in der Rettungsfantasie zum Ausdruck bringen: »Ich brauche nichts vom Vater, ich will ihm alles zurückgeben, was ich ihn gekostet habe«; der Sohn sei dann »quitt« mit dem Vater (ebd.). Freuds Darstellung legt nahe, dass es sich *nicht* um eine neurotische Fantasie handelt, obwohl Freud das nicht explizit sagt. Immerhin hatte er berichtet, dass er die Vaterrettungsfantasie aus eigenem Erleben (während des Aufenthalts in Paris) kannte.

---

32 Von der Vaterrettungsfantasie ist die auf die Frau bezogene Rettungsfantasie zu unterscheiden. Freud verstand sie als Rationalisierung von Regungen, die aus dem »Mutter-« oder »Elternkomplex«, wie der Ödipuskomplex damals noch genannt wurde, stammten. Die Fantasie verhülle den Wunsch, sich an die Stelle des Vaters zu setzen und der Mutter ein Kind zu machen (1910h, S. 193–195).

Für Abraham handelte es sich definitiv um eine neurotische Fantasie. Er kündigte an, dass er auf ihren »unbewussten Gehalt, besonders auch auf ihre Symbolik« eingehen und zeigen wolle, »daß man sich nicht begnügen darf, in einem derartigen neurotischen Produkt das schon von Freud erkannte Wirken des infantilen Trotzes wiedergefunden zu haben. Eine tiefer gehende Analyse erscheint mir notwendig« (Abraham, 1922, S. 71).

Bei dieser Bemerkung Abrahams handelt es sich um eine Art Motto oder Leitmotiv, nämlich: wir müssen »tiefer« gehen als Freud. Dass man tiefer blickt als Freud und das sieht, wovor er zurückschreckt, wird in den folgenden Jahren zur wiederkehrenden Redewendung. Vielleicht war Abraham der Erste, der sich eine solche Bemerkung erlaubte. Sie muss damals kühn gewirkt haben. Es ist unvorstellbar, dass etwa Ferenczi in einer Publikation zu verstehen gegeben hätte, tiefer als Freud zu blicken. Abraham hingegen scheute sich nicht zu sagen, dass er imstande war, Freuds Weg zu gehen und ihn fortzusetzen, dass er Freuds Schüler sein und doch über ihn hinausgehen konnte. Wenn er im Brief an Freud die Sorge formuliert, Freud könne ihm wegen der Störung des Urlaubs »böse« sein, hat das möglicherweise nicht nur die beabsichtigte manifeste Bedeutung, sondern könnte sich auf die Befürchtung beziehen, Freud werde empört darüber sein, dass er den Anspruch erhob, ein »besserer«, »tiefer« blickender Analytiker zu sein als er.

Worin die tiefere Sicht besteht, ist fast nebensächlich, obwohl Abrahams Einfälle bemerkenswert sind. Sie überkreuzen sich und sind nicht leicht herauszuschälen. Entscheidend ist, dass er den Eindruck hatte, er habe eine »hinter« den ödipalen Wunschregungen steckende Fantasie entdeckt. Der Sohn, so Abraham, stelle sich dem Vater in den Weg, wolle ihn kastrieren und töten, weil das notwendig sei, »um geboren werden zu können« (ebd., S. 75).[33] Der Weg, auf dem der Pferdewagen fahre, symbolisiere das weibliche Genitale und den Geburtskanal, in dem der Fötus auf den Wagen, d. h. den Penis des Vaters, treffe. Der Penis/Vater müsse beseitigt werden, damit der Junge geboren werden könne. Diese Fantasien würden aus »tieferen, weitgehender Entstellung unterworfenen Schichten« rühren (ebd., S. 76).

---

33 Man könnte das Motiv des Geborenwerdens als Vorwegnahme der späteren Theorie der Individuation (Mahler) verstehen, das auch in anderen Schriften von ihm erscheint. – Das Hin- und Herfahren mit dem Wagen als Symbol für den Koitus findet man auch in Kleins Würzburger Vortrag vom Oktober 1924 (siehe dazu das Kapitel über das Jahr 1924), was darauf hindeuten könnte, dass Abraham und Klein sich miteinander austauschten.

An einer anderen Stelle versteht Abraham das Aufhalten des Wagens als eine Manifestation des Wunsches, die Eltern zu trennen, und bezeichnet diesen Wunsch als »Triebäußerung« (ebd., S. 73).

Wieder eine »Kleinigkeit«, eine kleine Akzentverschiebung und doch ein Anzeichen einer großen Differenz. Von Freud aus gesehen wäre nicht der Wunsch, die Eltern zu trennen, »triebhaft«, sondern der ödipale Wunsch (des Jungen), die Mutter für sich allein zu besitzen und seine eigenen libidinös-sexuellen Wünsche zu befriedigen.

Abraham wusste vermutlich nicht, dass man in der Wiener Gruppe »Mutterleibsphantasien«, darunter die Fantasie, im Uterus dem Penis des Vaters begegnet zu sein und ihn als störend empfunden zu haben, öfter zum Verständnis von Träumen und Symptombildung herangezogen hatte.[34] Auch Freud hatte das Konzept der »Mutterleibsphantasien« verwendet, ohne sie für »tiefer« liegend zu halten als ödipale Fantasien. An den jahrelangen alle zwei Wochen stattfindenden Deutungsübungen der Wiener Gruppe um Freud, die seit 1902 bestand, ihre Aktivität bis in die Kriegsjahre aufrechterhielt und nach Kriegsende wieder aufnahm, war Abraham nicht beteiligt und hatte den langen Prozess der Herausbildung typischer Deutungsfiguren nicht miterlebt.

Davon abgesehen verstand Abraham den Kern des ödipalen Geschehens anders als Freud. Für Freud war die Vater-Rettungsfantasie eine Mischung aus zärtlichen und »großmannssüchtigen«, auch trotzigen Regungen. Der Junge, der den Vater liebte, fantasierte sich als stärker als der Vater und durchaus als einer, der den Vater töten will. Das war aber nicht die ganze Geschichte und es fehlte das zutiefst liegende Motiv. Bei Abraham hat der Junge nur *einen* Wunsch, nämlich den, den Vater zu kastrieren und zu töten. Dass dies aus libidinösen Motiven geschieht, um die Mutter für sich allein zu haben und der autoerotischen Befriedigung nachzugehen, und dass diese Wünsche in Konflikt zur zärtlichen Bindung an den Vater geraten, wird von Abraham nicht gesehen, jedenfalls an keiner Stelle erwähnt. Auf diese Weise verselbstständigte sich bei ihm der Kastrationswunsch des

---

34 Die sog. »Mutterleibsphantasien« wurden in den Jahren vor 1909 von Franz Grüner betont. Freud fügte in die 2. Auflage der *Traumdeutung* (1909) einen Abschnitt darüber ein (1900a, S. 390f.) ein und kam unter anderem im »Wolfsmann« auf sie zurück (Freud, 1908b, S. 135f.); siehe auch z. B. Prot. 2, S. 420; Prot. 3, S. 204–206.

Sohnes, während die libidinösen Bindungen an Vater und Mutter sowie die Konflikte zwischen ihnen und den aggressiven Regungen verschwanden – und damit auch das Primat des Sexuellen.

Vermutlich war sich Abraham nicht bewusst, was es bedeutete, wenn er die »Zärtlichkeit« gegenüber der Vaterfigur »vergaß« und in der »Rettung« des Vaters nur den Mordwunsch sah. Es erinnert an seine Begründung, weshalb er den Sammelband seiner eigenen Arbeiten, der *Klinischen Beiträge zur Psychoanalyse* (1921b), Freud nicht gewidmet hatte. Nachdem Freud ihn zum Erscheinen des Bandes beglückwünscht hatte, schrieb ihm Abraham:

> »Ich selbst darf sagen, daß ich bei der Niederschrift jeder einzelnen Arbeit in all den Jahren den Wunsch hatte, sie sollte den Leser meinen Dank und meine Anhänglichkeit Ihnen gegenüber spüren lassen. Und weil ich glaubte, daß diese Gefühle deutlich genug erkennbar seien, so unterließ ich es, Ihnen das Ganze noch besonders zu widmen« (F/A, S. 679).

Man kann es Abraham abnehmen, dass er glaubte, seine freundlichen Gefühle für Freud seien für die Leser so selbstverständlich, dass er sie nicht mehr zum Ausdruck bringen müsse. Er übersah jedoch den narzisstischen Charakter dieser Annahme, denn von außen betrachtet konnte man seiner Entscheidung, sich *nicht* bei Freud zu bedanken, natürlich keine Anhänglichkeit entnehmen.

Wie oben erwähnt verfasste Abraham bald darauf eine Fortsetzung von »Vatermord und Vaterrettung«, die 1923 als Beitrag zur Symbolforschung unter der Überschrift »Dreiweg« erschien. Nun kam er auf die Frage zurück, die Freud aufgeworfen hatte, nämlich ob es sich bei der Szene in den griechischen Texten der Ödipussage um einen Hohl- oder einen Dreiweg handle. Abraham meinte nun, ohne es näher zu begründen und ohne, wie Freud vorgeschlagen hatte, einen Fachmann hinzugezogen zu haben, dass »Dreiweg« die bessere Übersetzung sei, und fügte hinzu, dass der Dreiweg letzten Endes »die nämliche Bedeutung« habe wie der Hohlweg (1923c, S. 257). Hohlweg und Dreiweg würden das Genitale der Mutter symbolisieren. Darauf kam es Freud aber gar nicht an. Nicht die Symbolisierung stand zur Diskussion, sondern die Dynamik der Szene: der Dreiweg, der einen Ausweg enthielt, oder der Hohlweg mit seiner zugespitzten, ausweglosen Dramatik. Im ödipalen Geschehen gab es ja nach Freuds Auffassung einen Ausweg, eine wirkliche Weiterentwicklung oder einen »psychischen Gewinn« (Identifizierung mit dem Vater usw.). Die konflikthafte Begegnung führte nicht notwendigerweise zur Tötung des Vaters. Wenn man so will, ignorierte Abraham die Differenz zwischen der konflikthaften ödipalen Dreierbeziehung, die, wie Freud andeutete, ein Ausweichen möglich macht, und einer (symbiotischen) Zweierbeziehung im Hohlweg, die in wechselseitiger Vernichtung endet. Jedenfalls entsprach Abrahams Verständnis des Ödipuskomplexes nicht dem gängigen Narrativ. Bei Freud wird der Komplex durch libidinöse Wünsche in Gang gesetzt, diese führen sekundär zu Mordwünschen und damit notwendigerweise zu einem Konflikt. Der Wunsch, den Vater zu töten, ist bei Freud keine primäre Regung. Primär sind die libidinösen Regungen.

Freuds Beiträge aus dem Jahr 1921

In Jones' Freud-Biografie heißt es: »Im Jahre 1921 brachte Freud nicht viel Neuschöpfungen hervor; die schwierigen Verhältnisse waren dazu zu ungünstig« (Jones III, S. 105). Man kann es auch anders sehen, denn immerhin schloss Freud 1921 *Massenpsychologie und Ich-Analyse* (1921c) ab (F/E, S. 245) und machte sich auf den Weg zur großen Theorie-Revision, die er im nächsten Jahr (1922) in *Das Ich und das Es* (1923b) durchführte. Für die Fragestellung der vorliegenden Arbeit erweisen sich Freuds Publikationen von 1921 sogar als sehr ergiebig.

Massenpsychologie und Ich-Analyse

Der Entwurf von *Massenpsychologie und Ich-Analyse* (1921c) war bereits im August 1920 vollendet (F/AF, S. 274). Freud hatte ihn sofort nach dem Abschluss der Endfassung von *Jenseits des Lustprinzips* zu Papier gebracht. Anna Freud nahm den Entwurf im September 1920 nach Berlin mit und übergab ihn Eitingon und Abraham zur Lektüre (F/E, S. 217, 229). Nachdem im Januar 1921 auch Rank den Text gelesen hatte, begann Freud am 13. Februar 1921 mit der Niederschrift der Endfassung und beendete sie Ende März (ebd., S. 245). Die Fahnen sandte Freud an Ferenczi und Jones, um auch sie vorab von seinen neuen Überlegungen zu informieren. Im Juli 1921 lag die 140 Seiten umfassende Schrift gedruckt vor.[35]

---

35 Siehe F/Fer III.1, S. 92; RB 2, S. 192, 201; F/AF, S. 325. – Strachey vertrat die Auffassung, dass »kaum irgendein direkter Zusammenhang« zwischen *Massenpsychologie und Ich-Ana-*

Wie Freud im April 1921 an Groddeck schrieb, hatte er sich in *Jenseits des Lustprinzips* von der Erotik »entfernt« (F/Gr, S. 139). Die *Massenpsychologie* zeige aber, dass er »doch den Eros mit auf die Reise« genommen habe (ebd.). Das beschreibt genau die Art und Weise, wie das Sexuelle in dieser Schrift erscheint. Denn Freud hielt in der *Massenpsychologie* am Begriff des Eros fest, den er in *Jenseits des Lustprinzips* eingeführt hatte. Er sollte alles Sexuelle umfassen, obwohl das Infantil-Sexuelle fundamental verschieden von Eros war (May, 2015, S. 141f.). Insofern hatte Freud tatsächlich, wie er an Groddeck geschrieben hatte, Eros mitgenommen und weniger das Sexuelle.

Seit dem *Jenseits* war Eros in Anlehnung an Platon für Freud die Kraft, die alles am Leben erhält und »zusammenhält«, Eigenschaften, die sich mit dem autoerotischen Charakter der infantilen Sexualität eigentlich nicht vereinbaren ließen.[36] Denn die infantile Sexualität strebte, so wie Freud sie 1905 beschrieben hatte, alles andere an als ein »Zusammenhalten« und Aneinanderbinden. Den Aspekt des Zusammenhalts sah Freud, wie er nun in der *Massenpsychologie* darstellte, in der Masse oder Gruppe. Eros sei sowohl für den Zusammenhalt der Gruppenmitglieder untereinander verantwortlich als auch für die Bindung der Gruppenmitglieder an den Anführer. Der »Mechanismus«, dessen sich Eros bediene, sei die Identifizierung; sie gewährleiste die Bindungen.

Freud knüpfte hier an die bereits erwähnte Unterscheidung zwischen der libidinösen Objektbesetzung und der narzisstischen Besetzung an. Sie hatte sich mehrmals als fruchtbar erwiesen, zuletzt 1915 bei der Beschreibung der Differenz zwischen der hysterischen und der narzisstischen Identifizierung. Die narzisstische Identifizierung stellte bekanntlich Freuds zen-

---

lyse und *Jenseits des Lustprinzips* besteht (1982c, S. 63). Wir wissen inzwischen, dass sich Freud bereits während der Vorbereitung von *Jenseits des Lustprinzips* mit der Massen- und Gruppenpsychologie befasste (F/Ei, S. 175, 194). Er verwies in der *Massenpsychologie* auf *Jenseits* und verwendete in beiden Arbeiten ähnliche Bilder und Formulierungen, vor allem, wenn er die Masse mit den Mehrzellern oder höheren Organismen verglich, und den »Narzissmus« mancher Zellen mit dem Narzissmus des Anführers, der niemanden liebt und nichts von sich »abgibt« (1921c, S. 96, 82, 115). Gleichwohl empfindet man die Atmosphäre der beiden Texte als unterschiedlich. Eitingon formulierte den Gegensatz so: Das *Jenseits* sei erfüllt von einer »geradezu tragischen Spannung«, während die *Massenpsychologie* »unendlich viel Helles, Erlösendes, sofort Einleuchtendes durch die Fülle von plötzlich lösbar scheinenden Problemen« verheiße (F/E, S. 229).

36 Siehe auch Van Haute und Westerink, 2021.

trale Einsicht in die psychische Ätiologie der Melancholie dar (May, 2016, 2017a). In der *Massenpsychologie* konnte Freud einen Schritt weiter gehen. Wie er behauptet, war die Identifizierung – und nicht die libidinöse Objektbesetzung – der Beziehungsmodus, der in der Masse vorherrscht. Sie sei beim Erwachsenen mit einer Ichregression gleichzusetzen. In der kindlichen Entwicklung bildet sie eine normale Entwicklungsstufe, die der Stufe der libidinösen Objektbesetzung (des Vaters) vorausgeht.[37]

Diese neue Einsicht eröffnete das siebte Kapitel der *Massenpsychologie*, das mit »Die Identifizierung« überschrieben ist:

> »Die Identifizierung ist der Psychoanalyse als früheste Äußerung einer Gefühlsbindung an eine andere Person bekannt. Sie spielt in der Vorgeschichte des Ödipuskomplexes eine Rolle. Der kleine Knabe legt ein besonderes Interesse für seinen Vater an den Tag, er möchte so werden und so sein wie er, in allen Stücken an seine Stelle treten. Sagen wir ruhig: er nimmt den Vater zu seinem Ideal« (1921c, S. 98).

Diese Zeilen sind das Kernstück der *Massenpsychologie* und umfassen ein ganzes Bündel von neuen Erkenntnissen. Zum einen Freuds Aufklärung der besonderen Beziehungen, die in der Gruppe herrschen: das illusorische Gefühl, vom »Führer« geliebt zu werden, die Ichlähmung und die Denkhemmung des Individuums in der Gruppe, die Angst vor dem Blick des »Führers«, den »Durst« nach Unterwerfung und die Bereitschaft zur Gefühlsansteckung (ebd., S. 119). Zum anderen die eben erwähnten neuen Einsichten in die präödipale Entwicklung, die möglicherweise aus dem Januar 1921 stammen, als Freud an Eitingon schrieb: »Auch die Vorgeschichte der Ödipuskonstellation hat sich mir abgerundet« (F/E, S. 233). Gemeint sein dürfte der erneute Vorstoß in die präödipale Zeit, die sich als hochbedeutsam für die Abgrenzung von den Schülern erwies.

Freud hatte den Vorgang der narzisstischen Identifizierung, den er 1915 als pathologischen Mechanismus der Depression erkannt hatte, nun in der normalen Entwicklung wiedergefunden. Die normale Variante der narzisstischen Identifizierung geht nach seiner Auffassung dem ödipalen Geschehen voraus. Sie wird erst später, auf der ödipalen Stufe, zu einem feindse-

---

37 Die libidinöse Besetzung der Mutter beginnt nach Freuds Auffassung schon früher. Wenn sie mit der identifikatorischen Beziehung (des Jungen) zum Vater in Konflikt gerät, ist die Stufe der Ödipalität erreicht.

ligen Akt, nämlich dann, wenn der Sohn das Gefühl hat, der Vater stehe ihm bei der Inbesitznahme der Mutter im Weg. Dann wolle der Junge nicht mehr nur »sein« wie der Vater, sondern möchte an seiner Stelle sein, ihn ersetzen, ihn weghaben (1921c, S. 98).

Das war Freuds Neukonzeptualisierung der Vorgeschichte des Ödipuskomplexes und des Ödipuskomplexes selbst. Sie unterschied sich definitiv von der Sichtweise, die einige Schüler zu formulieren begannen und wurde weiter oben bei der Darstellung von Abrahams Ableitung der Rettungsfantasie angedeutet. Bei Freud ist die Aggressivität des Jungen gegenüber dem Vater eine späte Erscheinung und geradezu eine Entwicklungsleistung. Sie kommt erst dann zum Tragen, wenn die zuvor nebeneinander bestehenden Regungen von Liebe und Hass (die Ambivalenz) als Konflikt erlebt werden können. Das ist erst dann der Fall, wenn der Junge den Vater als Rivalen erlebt und dieses Erleben für ihn zu einem Konflikt wird. Der Junge löst diesen Konflikt, so Freud, mit einer erneuten Identifizierung, mit jener, die seiner Auffassung nach, wie er unter anderem bereits im »Kleinen Hans« (1909b) schon erwähnt hatte, einen Ausweg aus dem Ödipuskonflikt darstellt. Die Aggressivität des Buben ist in Freuds Vorstellung wiederum nicht der Motor der ödipalen Rivalität, sondern es sind die libidinösen Ansprüche an die Mutter (und das Festhaltenwollen an der autoerotischen Sexualität) sowie die psychische Reifung, die das Erleben eines Konflikts ermöglichen. Also eine neue Absage an eine primäre Aggressivität, an Mordwünsche, die »hinter« dem Ödipuskomplex stehen.

Aggression sah Freud an anderen Stellen. Seiner Beobachtung nach hat die identifikatorische Bindung der Gruppenmitglieder aneinander unweigerlich zur Folge, dass die Gruppe jene ablehnt, die nicht zu ihr gehören. Freud sprach in diesem Zusammenhang von einer »Haßbereitschaft«, einer »Aggressivität [...], deren Herkunft unbekannt« sei und »der man einen elementaren Charakter zusprechen möchte« (1921c, S. 96). Freud beließ es bei diesen Bemerkungen und verwies auf eine Stelle in *Jenseits des Lustprinzips*, wo er die Auffassung vertreten hatte, dass die Aggression etwas Komplizierteres, Abgeleiteteres sei als das Sexuelle. Mehr sagt er nicht.

Weiter unten im Text kam Freud bei der Erörterung der Depression auf ein weiteres aggressives Moment zu sprechen, nämlich auf das »Wüten« des Ichs gegen sich selbst. Er stellte dieses Wüten in eine Reihe mit dem Gewissen, der Zensur und der Selbstbeobachtung. Diesen Funktionen sei eine selbstkritische Funktion eigen. Mit anderen Worten, in einer anderen Theoriesprache: Die erwähnten Funktionen oder psychischen Prozesse sind dadurch gekennzeichnet, dass sich ein Teil des Ichs gegen einen anderen Teil des Ichs wendet (ebd., S. 102). Freud beließ es bei diesen Bemerkungen, die schon das sogenannte Strukturmodell andeuten, in dem sich der eine Teil des Ichs, nämlich das Über-Ich, kritisch gegenüber dem Ich verhält und zu diesem Zweck Aggression »verwendet« – eine neue Antwort Freuds auf die Frage, welche »Stellung im System« der Aggression zuerteilt werden soll.

Ferenczis Reaktion auf die *Massenpsychologie*, die er den Kollegen im Komitee nach der Lektüre der Fahnen im Juni 1921 mitteilte, war kurz und bündig: »Die erste Lesung der ›Massenpsychologie‹ habe ich beendigt. Sie ist der Schlußstein der Lehre von den Neurosen und die Basis einer realen Ich-Psychologie – nebstbei löst sie auch die Psychologie der Massen« (RB 2, S. 201). In einem Referat von Freuds Text für die *Internationale Zeitschrift* schrieb Ferenczi, dass man sich das Ich bisher nur als »kompakte Masse« habe vorstellen können, während nun »eine Stufe im Ich«, die Identifizierung und die Idealbildung, erkennbar geworden sei (1922b, S. 208). Ferenczi nahm wahr, dass Freud mit der *Massenpsychologie* und den Konzepten der Identifizierung und Idealbildung einen neuen Weg einschlug. Deshalb konnte er auch im Theoriekapitel seines gemeinsam mit Hóllos veröffentlichten Buches über die paralytischen Geistesstörungen (Ferenczi & Hóllos, 1922) die regressive und defensive Auflösung des Ich-Ideals in der Manie, die »Regression zu einem anderen Ich«, so klar darstellen.[38] Er erfasste, dass Freud sich nicht mehr darauf beschränkte, infantil-sexuelle Triebregungen und deren Schicksale zu verfolgen, sondern nun »Identifizierungen« und »Ichteile« in den Blick nahm, die gegeneinander kämpfen, sich miteinander versöhnen oder »aufgelöst« werden können. Wie schwierig es für die Schüler war, diesen Schritt nachzuvollziehen, kann man einem Gedankenaustausch im Briefwechsel zwischen Freud und Abraham über das Verständnis der Manie im Sommer 1922 entnehmen (siehe das Kapitel über das Jahr 1922).

Vorträge auf der Harzreise

Ferenczi, Abraham, Eitingon, Jones, Rank und Sachs verbrachten im September 1921 zusammen mit Freud neun Tage im Harz. Man machte Wanderungen und arbeitete miteinander. So viel Zeit wie auf dieser Reise war

---

38 Nach längerem Hin und Her hatte Ferenczi die Aufgabe übernommen, das Theoriekapitel des Buchs zu schreiben; siehe RB 2, S. 179f., 187; RB 3, S. 35.

Freud noch nie mit Schülern und Komitee-Mitgliedern zusammen gewesen, und zu einem vergleichbaren Unternehmen wird es auch nie wieder kommen.

Als der Plan einer gemeinsamen Reise im Januar 1921 erstmals auftauchte, kündigte Freud sofort an, er wolle mit der Gruppe einen Text über Telepathie diskutieren, ein Faible, das ihn schon viele Jahre mit Ferenczi verband. Sie hatten häufig darüber gesprochen und miteinander Experimente gemacht, während Jones keine Toleranz für dieses Phänomen aufbringen konnte. Er hielt Gedankenlesen und Wahrsagen für unwissenschaftlich; Abraham war ähnlich zurückhaltend eingestellt. Der Text über Telepathie, den Freud im August fertigstellte, wurde erst postum veröffentlicht (1941d).[39] Er ist für unsere Fragestellung nur insofern relevant, als wieder einmal Abraham und Jones einer Meinung waren, während Freud und Ferenczi einen entgegengesetzten Standpunkt vertraten.

Der zweite Text, den Freud mit der Gruppe im Harz diskutierte, trug den Titel »Über einige neurotische Mechanismen bei Eifersucht, Paranoia und Homosexualität« (1922b). Er wurde bereits im Kapitel über das Jahr 1920 erwähnt, weil er ein treffendes Beispiel für Freuds Distanz zu den Arbeiten der eben aufkommenden »neuen« Psychoanalyse darstellt. Während Stärcke (1919) und Ophuijsen (1920) die These entwickelt hatten, dass die Paranoia auf infantile Fantasien vom »analen Verfolger« zurückgehe oder zurückgehen könne, gingen Freuds Einfälle zur Ätiologie dieses Krankheitsbildes in eine andere Richtung. Da wir wissen, dass Freud immer alle Aufsätze in der *Internationalen Zeitschrift* und im *International Journal* las, muss man folgern, dass er von Stärckes und Ophuijsens Vorschlägen nicht überzeugt war, sie jedenfalls nicht für erwähnenswert hielt. Er hatte wiederholt betont, dass Triebregungen in jedem Krankheitsbild eine Rolle spielen und dass es nicht darauf ankomme, sie zu entdecken, sondern darauf, den Mechanismus zu erkennen, mit dem sie psychisch verarbeitet werden.

Freud hatte den Entwurf von »Einige neurotische Mechanismen« im Januar 1921 begonnen, angeregt durch die Analyse eines Patienten, der an einem Eifersuchtswahn litt.[40] In dieser Analyse hatte Freud das Gefühl, die Struktur einer Paranoia durchschaut zu haben, »down to the ›hewn rock‹«, wie er an Jones schrieb (F/Jo, S. 405). Die neuen Einsichten seien

---

39 Siehe Skues, 2019.
40 Siehe F/Fer III.1, S. 97, F/E, S. 233. Es handelte sich um Louis Biber, siehe May, 2015, S. 323f.

»viel schöner« als die Erkenntnisse, die er in der *Massenpsychologie* mitgeteilt habe (F/E, S. 240). Der Entwurf war im August 1921 abgeschlossen. Ein Jahr später wurde die Endfassung im Urlaub in Bad Gastein geschrieben. Der Text erschien im Sommer im dritten Heft der *Internationalen Zeitschrift* von 1922.[41] Er wird hier, im Kapitel über das Jahr 1921 erörtert, weil Freud an Ferenczi schrieb, die Fassung von 1922 sei »ungefähr das, was Sie im Harz gehört haben« (F/Fer III.1, S. 139), also bereits im Herbst 1921.

Freuds These zur Dynamik der Paranoia hatte nichts mit dem Schicksal von Triebregungen zu tun. Die Haupteinsicht lautete, dass der Paranoiker über ein besonderes Interesse am Unbewussten des Anderen verfügt, es erspürt und in unangebrachter Weise »vergrößert«, während er seinem eigenen Unbewussten keine Aufmerksamkeit schenkt (1922b, S. 222). Das war sehr klinisch oder erfahrungsnah formuliert und noch nicht theoretisiert.

Anders der neue Mechanismus, den Freud für die männliche Homosexualität in diesem Text bekannt gab, nämlich die Überwindung eifersüchtiger, aggressiver Regungen gegenüber den Brüdern (ebd., S. 227). Nach der Enttäuschung durch die Mutter würden sich die »gehassten Rivalen« irgendwann »in Liebesobjekte umwandeln«, sowohl aufgrund des Einflusses der Erziehung als auch aufgrund der Einsicht in die Aussichtslosigkeit der Befriedigung des Hasses. An die Stelle aggressiver Regungen und Todeswünsche trete die Identifizierung oder die Verwandlung der Rivalen in homosexuelle Liebesobjekte (ebd.). Freud bezeichnete diesen Mechanismus als »neu« (ebd.) – eine überraschende Mitteilung, weil er den Mechanismus bereits in der *Massenpsychologie* beschrieben hatte. Allerdings war der Entwurf des Aufsatzes in so enger zeitlicher Nachbarschaft zur *Massenpsychologie* entstanden, dass Freud die These dann doch als neu bezeichnen konnte. Gleichwohl ist die Betonung der aggressiven Regungen überraschend. Freud begründet das auf die schon bekannte Art und Weise: Die Aggression rührt aus dem »Mutterkomplex«, dem Kampf mit den Rivalen um die libidinös-sexuelle Beziehung zur Mutter (ebd.). So gesehen war das »letzte« Motiv nach Freuds Auffassung wieder ein libidinöses.

Diesem Argumentationstypus sind wir schon mehrere Male begegnet. Welchen Text auch immer man näher betrachtet, man wird finden, dass

---

41 Am 8. Juli 1922 war der Text »halb geschrieben«, am 17. Juli 1922 fertig; siehe L & K, S. 146; RB 3, S. 185. Freud schickte ihn von seinem Urlaubsort Bad Gastein direkt an den Verlag, weil es ihm darauf ankam, dass er so rasch wie möglich erschien, was dann auch geschah.

Freud die Aggression einerseits fest im Blick hatte, sie aber andererseits doch immer als Produkt oder Folge eines libidinösen Prozesses verstand. Mit Freud gesehen, ist die aggressive Rivalität eine Folge der libidinösen, auf die Mutter gerichteten Wünsche und aus diesem Grund etwas Abgeleitetes, Sekundäres – ganz im Sinne des Primats des Sexuellen.

Im Sommer 1921 trug Freud den Freunden außerdem die »Bemerkungen zur Theorie und Praxis der Traumdeutung« vor (Jones III, S. 104, 112, 124f.). Die zeitliche Zuordnung dieses Texts ist schwierig, weil Freud das Manuskript 1922 überarbeitete; der Aufsatz erschien Anfang 1923 (1923c). Die Passagen, die für unsere Fragestellung von Interesse sind, befinden sich am Ende des Texts. Sie bewegen sich bereits auf dem Niveau von *Das Ich und das Es*, dessen Entwurf Freud zur gleichen Zeit, nämlich im Sommer 1922, schrieb. Deshalb werden die »Bemerkungen zur Theorie und Praxis der Traumdeutung« erst im Kapitel über das Jahr 1922 vorgestellt.

Andererseits wissen wir aus dem Briefwechsel mit Groddeck, dass Freud schon im Frühjahr 1921 mit den großen Veränderungen befasst war, die 1923 in *Das Ich und das Es* publiziert wurden. Freud schrieb Groddeck im April 1921, nachdem er von ihm die ersten Manuskriptseiten seines eigenen neuen Buchs (*Das Buch vom Es*, 1923) erhalten hatte, einen Brief, in dem eine Zeichnung des Modells von Ich, Es und Über-Ich enthalten war, die bis auf Kleinigkeiten mit der später in *Das Ich und das Es* (1923b) veröffentlichten identisch war (F/Gr, S. 139). Seine neue Sichtweise, fügte er hinzu, vertrete er »längst« im kleineren Kreis (ebd., S. 138). Das war übertrieben, wenn nicht unzutreffend. Denn es gibt keine Hinweise darauf, dass Freud die Veränderung schon bekannt gegeben hatte. Lediglich mit Ferenczi könnte er darüber gesprochen haben, aber auch das lässt sich nicht belegen. Vermutlich wollte er sofort klarstellen, dass er Groddeck nichts zu verdanken hatte und sich unabhängig von Groddeck dazu entschlossen hatte, eine Veränderung seiner Theorie durchzuführen, die das Konzept des Unbewussten betraf und weit darüber hinausging. Publiziert hatte er bis dahin nur vereinzelte Andeutungen, die die Revision ankündigten (siehe May, 2014).

Klein: Eine starke neue Stimme

In Berlin gab es in diesen Jahren ebenso wie in Wien und London ein großes Interesse an der Analyse von Kindern. Die Berliner Gruppe hatte im Sommer 1920 Hermine Hug-Hellmuth aus Wien eingeladen, einen

Kurs über Kinderanalyse abzuhalten (F/A, S. 660). Hug-Hellmuth sprach auch auf dem internationalen psychoanalytischen Kongress in Den Haag (September 1920) über die Kinderanalyse und vertrat die Auffassung, man könne Kinder erst ab dem siebten oder achten Lebensjahr analysieren. Außerdem hatte sie die Unterschiede zwischen der psychischen Struktur des Erwachsenen und jener des Kindes betont (Hug-Hellmuth, 1921). Auf eben diesem Kongress hatte Abraham Klein kennengelernt, die damals bereits Mitglied in der Budapester Gruppe war. Er war offensichtlich von ihr beeindruckt und bat Ferenczi unmittelbar nach dem Kongress, Klein zu einem Umzug nach Berlin zu bewegen (RB 1, S. 65). Wie schon beschrieben, kam Klein Ende 1920 nach Berlin und übernahm Fälle aus der Ambulanz.

Bereits am 3. Februar 1921 hielt Klein ihren ersten Vortrag vor der Berliner Gruppe. Unter dem Titel »Kinderanalysen« setzte sie sich mit Hug-Hellmuths Sicht der begrenzten Möglichkeiten der Analyse von Kindern auseinander (Korr, 1921, S. 392).[42] Klein war damals 39 Jahre alt, deutlich älter als die »junge« Berliner Generation (Alexander, Fenichel, Radó) und in etwa gleich alt wie Sachs, Eitingon, Simmel und Müller-Braunschweig. Abraham schätzte sie von Anfang an und fand sowohl ihren ersten Vortrag als auch den zweiten vom Mai 1921 »sehr gut« und »recht gut«, wie er den Komitee-Mitgliedern mitteilte (RB 2, S. 64, 167).

Im Folgenden soll ein Blick auf Kleins Publikation mit dem Titel »Eine Kinderentwicklung« (1921) geworfen werden. In diese Arbeit ging sowohl der eben erwähnte Vortrag vom Februar 1921 als auch die Langfassung einer Veröffentlichung ein, deren Kurzfassung 1920 unter dem Titel »Der Familienroman in statu nascendi« erschienen war.[43]

Der erste Teil von »Eine Kinderentwicklung« (ebd., S. 15–49) handelt von der Erziehung des kleinen Kindes und der Frage, ob und wann sexuelle Aufklärung möglich und notwendig sei. Klein benutzte ausschließlich Freuds Begrifflichkeit und jene ihres Analytikers Ferenczi, wie beispielsweise das Konzept des »Wirklichkeitssinns«, Ferenczis Analogon zu Freuds »Realitätsprinzip«, oder die von Ferenczi erarbeitete Theorie über

---

42 Ein Jahr nach ihrem Vortrag wurde Klein im Februar 1922 zum außerordentlichen Mitglied, im Februar 1923 zum ordentlichen Mitglied der Berliner Vereinigung ernannt; siehe Korr, 1922, S. 108; Korr, 1923, S. 242.

43 Die Publikation von 1920 ging auf einen Vortrag zurück, den Klein 1919 in Budapest gehalten hatte; siehe Frank, 2011, S. 130f.

die stufenweise Reduktion des Glaubens an die eigene Allmacht und die Allmacht der Eltern (1913a, b).[44]

Klein schlägt in »Eine Kinderentwicklung« einen ausgesprochen kulturkritischen, antiautoritären Ton an, den man von ihr sonst nicht kennt. Sie tritt für eine Erziehung ein, die die Triebregungen nicht zu stark unterdrückt, zurückhaltend straft, das Lusterleben zulässt und dem Kind hilft, sich keiner Autorität zu unterwerfen, denn das hemme die Entfaltung seines Denkens. Insbesondere der Glaube an Gott stelle eine »schwere Gefahr für das Denken« dar (1921, S. 46). Das Kind solle in jeder Hinsicht aufgeklärt werden. Zu starke Verdrängung mache krank, Wahrheit gesund (ebd., S. 16). Die Aufklärung solle dem Kind die »Wahrheit« über Geschlechtsverkehr, Befruchtung, Schwangerschaft und Geburt mitteilen und ihm vermitteln, dass es selbst ebenso wenig omnipotent sei wie die Eltern.

Das wird am Beispiel eines 4 ¾ Jahre alten Jungen gezeigt, dessen Wirklichkeitssinn nicht adäquat entwickelt gewesen sei. Sein »Glauben an die eigene und die Allwissenheit seiner Umgebung« sei »nicht zu erschüttern« gewesen (ebd., S. 17).[45] Sie selbst und die Mutter hätten die Fragen des Jungen »stets wahrheitsgetreu, wenn erforderlich, auf wissenschaftlicher Grundlage, doch natürlich seinem Verständnis angepaßt« beantwortet (ebd., S. 18). Im Laufe der Analyse habe die geistige und psychische Entwicklung als Wirkung der Aufklärung große Fortschritte gemacht. Unter einer aufklärenden Erziehung wüchsen Forscher heran, die ohne Angst vor Autoritäten in die Tiefe eindringen und ohne Scheu Verpöntes und Verleugnetes wahrnehmen könnten (ebd., S. 41f.). Und noch mehr: Der Menschheit könne durch die Beseitigung übermäßiger Verdrängung und übergroßer Schuldgefühle geholfen werden. Die Menschen würden nachsichtiger und rücksichtsvoller (ebd., S. 49).

Die Psychoanalyse erscheint hier, ähnlich wie in frühen Schriften Ferenczis und in einigen Arbeiten Freuds aus dem ersten Jahrzehnt des 20. Jahrhunderts, als individuelle und soziale Heilslehre, ein Aspekt, der sich im Folgenden noch als wichtig erweisen wird. Klein ist allerdings noch in einem vor-analytischen Denken befangen, wenn sie die »Wahrheit« mit dem gleichsetzt, was für den an »objektiven«, wissenschaftlichen Fakten orientierten Erwachsenen wahr ist, und wenn sie die »Auflösung« der in-

---

[44] Zu einer anderen Auslegung dieses und des folgenden Aufsatzes siehe Frank, 2011, S. 139–143; Aguayo, 1997, S. 1170–1179.
[45] Es handelt sich um ihren Sohn; siehe Frank, 1999, S. 60.

fantilen Sexualfantasien und des Ödipuskomplexes für das Ziel einer Aufklärung hält. Freud hingegen vertrat bekanntlich die Auffassung, dass der Ödipuskomplex und die infantil-sexuellen Regungen nicht pathologisch sind, sondern in allen Menschen wirksam und »normal«. Zudem bezieht sich die Aufklärung, so wie Freud sie versteht, nicht auf die Mitteilung objektiver, wissenschaftlich begründeter Fakten.

Heute würde man dem Vorhaben, Kinder dazu zu bewegen, nicht an den Osterhasen, den Weihnachtsmann, den Teufel, den Storch und die Engel zu glauben, mangelnde Einfühlung vorwerfen. Es scheint außerdem, dass Klein in ihren allerersten Publikationen wie beispielsweise in »Der Familienroman in statu nascendi« (1920) unter Verdrängung nicht den Vorgang verstand, der gegen infantil-sexuelle Wunschregungen gerichtet ist, sondern gegen das Gegenteil, nämlich die Verdrängung der »Wahrheit« im Sinne des Real-Wirklichen, wissenschaftlich Begründeten und Vernünftigen.

Eindringlich beschreibt Klein in »Eine Kinderentwicklung« die Opposition des Jungen gegen die Aufklärung. Wie bedeutsam es ihr schien, dass sich der Junge gegen eine analytisch informierte Erziehung wehrte, geht aus dem Titel des zweiten Teils der Publikation hervor (1921, S. 50–88), dem der Vortrag zugrunde liegt, den Klein 1921 vor der Berliner Gruppe gehalten hatte: »II. Zur Frühanalyse. Der Widerstand der Kinder gegen die Aufklärung«. Dieser zweite Teil, der zwei Jahre später als der erste entstanden sein dürfte, enthält einen Bericht über die Fortsetzung der analytischen Gespräche mit dem nun fünfeinhalbjährigen Jungen, dessen Befinden sich in der Zwischenzeit verschlechtert hatte. Weitere sexuelle Aufklärung, insbesondere über den Geschlechtsverkehr und die Befruchtung, hätten schließlich zu einer erheblichen Besserung geführt, wenn auch gegen den »Widerstand« des Jungen. Er sei fröhlicher geworden, spiele und lerne gern.

Klein ging nun einen Schritt weiter und stellte die Frage nach den möglichen Gründen für den Widerstand des Jungen. Als Erstes führte sie aus, was Ferenczi dazu zu sagen hatte (ebd., S. 63). Sie hatte Ferenczis Sichtweise schon in der kleinen Publikation von 1920 erwähnt. Ferenczi hatte ihr, wie sie schreibt, in einem privaten supervisorischen Gespräch mitgeteilt, dass den Kindern der »phantastischere Glaube« besser gefalle als »die realistischen und nackten Tatsachen«, nämlich die unfeinen sexuellen Vorgänge (Klein, 1920, S. 8f.). In der Publikation von 1921 führt Klein eine weitere Erläuterung Ferenczis an: Die Kinder wollten keine sexuelle Aufklärung, weil sie an ihren eigenen Sexualtheorien und damit an ihrer Lust festhalten wollten; die infantilen Sexualtheorien seien gleichsam eine »Abstraktion« ihrer Lustfunktion (1921, S. 63). Bemerkenswerterweise lässt Klein im nächsten Satz Abraham zu Wort kommen. Er habe kürzlich in einem Vortrag (dem oben erwähnten über den weiblichen Kastrationskomplex) die Auffassung vertreten, dass die »Ursache der Bildung der Sexualtheorien in der Abneigung des Kindes zu suchen sei, den Anteil des andersgeschlechtlichen Elternteiles zur Kenntnis zu nehmen« (ebd.).

Wir haben hier eine frühe Spur der beiden ersten »patrons« von Klein vor uns, Ferenczi und Abraham (Aguayo, 2000).[46] Noch steht Klein zwischen Ferenczi und Abraham, allerdings Abraham bereits etwas näher als Ferenczi. Letzterer hatte die Prävalenz der Lust betont: Kinder wollen keine Aufklärung, sondern das, was ihnen entspricht und ihnen Vergnügen macht, und deswegen bleiben sie bei ihren eigenen »Theorien« oder Fantasien. Abraham hingegen hatte den Aspekt der Abwehr oder der Aggression betont: Kinder wollen keine Aufklärung, weil sie nicht wissen wollen, dass der Vater am Sexualverkehr und der Befruchtung beteiligt ist. Abrahams Erklärung stand, wie man schon hier spürt, Kleins Denken näher als Ferenczis. In einem langen Prozess werden sich Kleins Theoretisierungen in den kommenden Jahren jenen von Abraham annähern.[47]

Rückblickend überrascht es deswegen nicht, dass Klein Stärckes Den Haager Vortrag über die orale »Urkastration« und die oralen Wurzeln des Ödipuskomplexes erwähnt (Klein, 1921, S. 82). Klein schloss sich ihm an und meinte, dass die Ursprünge des Ödipuskomplexes »in einer Tiefe«

---

46 Klein selbst nennt einen weiteren »patron«, Anton von Freund. Er habe sie auf die Bedeutung des Unbewussten aufmerksam gemacht; siehe Klein, 1921, S. 85; vgl. Frank, 2011, S. 142.

47 Eine andere Auslegung von Ferenczis und Abrahams Stellungnahmen findet man bei Frank (2011). Sie beschreibt Ferenczis Sichtweise so: »die infantile Theorie [gemeint ist: Sexualtheorie] sei gewissermaßen die Abstraktion von lustbetonten Funktionen, weshalb sich ein gewisses Beharren ergebe« (ebd., S. 139). Daraus entnimmt Frank, dass Ferenczi die »Abstraktion« betont habe, während hier die Auffassung vertreten wird, Ferenczi habe gemeint, die Kinder hielten an den Sexualtheorien fest, weil sie Abstraktionen von *lustvoll Erlebtem* sind. Abrahams Standpunkt versteht Frank als ein »konkrete[s], unmittelbare[s] Aufgreifen, in diesem Fall einer Abneigung« (ebd.), während hier betont wird, dass Abraham den Abwehrcharakter des Festhaltens an der Lust oder an den eigenen Sexualtheorien sieht.

lägen, »zu der wir hinabzudringen nicht vermögen« (ebd.). In diesem Zusammenhang benutzt Klein vermutlich zum ersten Mal in einer Publikation die Bezeichnung »Frühanalyse« (ebd.). Von der Frühanalyse gehe, wie ihre Erfahrungen zeigten, keine Gefahr aus, auch wenn man die unbewussten Inzestwünsche und die unbewusste Aggression gegen den Vater bewusst mache (ebd., S. 82f.). Das war eine Gegenposition zu Hug-Hellmuths Vortrag in Den Haag. Klein stellte sich auf den Standpunkt, dass die Ursprünge des Ödipus- oder des Kastrationskomplexes tief verborgen sind; im vorliegenden Fall könnten sie auch in die präverbale Zeit zurückreichen (ebd., S. 82).

Wir wissen nicht, ob sich Klein, Stärcke oder andere hier vorgestellte Autoren zu diesem Zeitpunkt schon bewusst waren, dass solche Behauptungen den Kern von Freuds Forschungen berührten. Freud hatte den Ödipuskomplex als Schlüssel zum Verständnis der psychischen Störungen und der psychischen Entwicklung behauptet, die vielfältigen Optionen der infantilen Sexualität beschrieben und ein Krankheitsbild nach dem anderen in immer wieder neuer Weise als »Abkömmling« der Geschichte der infantil-sexuellen Regungen und des Ödipuskomplexes entlarvt. Es war jedes Mal ein Triumph für ihn, wenn es ihm gelang, Krankheitsbilder oder kulturelle Phänomene als Varianten der Schicksale der infantilen Regungen zu verstehen. Wenn nun behauptet wurde, die libidinösen Regungen, die den Ödipuskomplex konstituierten, hätten tieferliegende Wurzeln und seien nicht das »Tiefste«, dann wurde das Zentrum von Freuds Überzeugungen infrage gestellt.

Zuletzt das vielleicht Wichtigste. Klein trat nämlich von ihren ersten Publikationen an als charismatische Persönlichkeit auf, als Autorität, die gewohnt ist, dass man ihr zuhört und ihr folgt. Sie teilte ihre Beobachtungen und Gedanken angstfrei mit. Das gehörte zu ihrer Durchsetzungskraft. Vielleicht hat man sie deswegen in Berlin nicht als Dozentin arbeiten lassen. Sie war sich ihrer selbst so gewiss, dass die Kollegen möglicherweise besorgt waren, sie würde rasch eine Schar von Anhängern für sich einnehmen. Das Moment der überragenden Selbstsicherheit ist in ihren Texten jedenfalls von Anfang an vorhanden und zeichnet sie vor anderen Autoren aus. Gerade das könnte Abraham anziehend gefunden haben. Hier war jemand, der im Unterschied zu ihm selbst furchtlos schien und offen Positionen vertrat, die zwar noch nicht auf dem »Stand« waren, insbesondere was die analytische Technik anging, aber doch den Eindruck erweckten, kühn in unbekannte Regionen vorzudringen und sich weniger um den Anschluss an Freud zu kümmern, als er es von sich selbst verlangte.

Das Jahr 1922

Die Mitglieder des Komitees, Abraham, Ferenczi, Rank, Jones, Eitingon und Sachs, hatten viele Aufgaben zu erledigen: die Leitung der Ortsvereine, die Vorbereitung von Kongressen, die Aufnahme von außerordentlichen und ordentlichen Mitgliedern und die Öffentlichkeitsarbeit. Rank oblagen zusätzlich Redaktion, Druck und Auslieferung der *Internationalen Zeitschrift*, der *Imago* und der *Internationalen Bibliothek*, zunächst auch der Druck und die Auslieferung des *International Journal of Psychoanalysis*. London und Budapest mussten für die Übersetzung und Herausgabe von Freuds Schriften sorgen. Daneben waren Vorträge zu halten, Publikationen zu erarbeiten und Sammelbände eigener Arbeiten zusammenzustellen: Abrahams *Klinische Beiträge zur Psychoanalyse* wurden 1921 ausgeliefert, im gleichen Jahr erschien Anna Freuds Übersetzung von Jones' *The Treatment of Neuroses* (1920c/1921); Ferenczis *Populäre Vorträge über Psychoanalyse* kamen 1922 heraus. Komitee-Mitglieder waren in diesen Jahren sowohl die produktivsten Autoren als auch die aktivsten Vereinsfunktionäre. Sie stellten die Präsidenten und stellvertretenden Präsidenten der internationalen Vereinigung (Jones, Abraham), und die Leitung der lokalen Gruppen: der Wiener (Freud, Rank), der Berliner (Abraham, Eitingon) und der britischen psychoanalytischen Vereinigung (Jones).

Am wenigsten Aufgaben übernahmen zwischen 1920 und 1925 Sachs und Eitingon, während sich Abraham, Jones, Ferenczi und Rank in der Wissenschafts- und Vereinspolitik engagierten und als die eigentlichen »Macher« erwiesen, die in den Rundbriefen und bei den Treffen des Komitees ihre Standpunkte zu allen Fragen, seien sie groß oder klein, mit Nachdruck vertraten. Die Beziehungen der Komitee-Mitglieder untereinander waren seit der Wiederaufnahme der Arbeit im Oktober 1920 angespannt. 1922 verschlechterten sie sich derart, dass sich Freud im November ein erstes, im Dezember ein zweites Mal zum Eingreifen genötigt sah.[1] Er hielt mit Lob und Tadel nicht zurück, konnte die Spannungen aber nicht lösen. Es bildeten sich zwei Parteien: Rank und Ferenczi in Wien und Budapest auf der einen, Abraham und Jones in Berlin und London auf der anderen Seite. Das Bündnis zwischen Abraham und Jones hielt bis zu Abrahams Tod (1925), jenes zwischen Ferenczi und Rank lockerte sich im Sommer 1924, als Ferenczi und Freud sich von Rank zu distanzieren begannen. Gegenstand der Spannungen war alles, was sich dazu eignete. Es gab mehr oder weniger nichts, worüber man nicht in gereiztem Ton unterschiedlicher Meinung war. Fragen der Theorie vermischten sich mit Fragen der Vereinspolitik, mit persönlichen Unverträglichkeiten und Schwächen, mit Eifersucht, Neid und Konkurrenz um den Platz an Freuds Seite.

Jones' und Ferenczis Beziehung zu Freud

Jones' Immunität gegenüber Freuds Angriffen

Für die Geschichte der Psychoanalyse war es von überragender Bedeutung, dass Jones, der von Freud 1922, aber auch schon vorher und ebenso nachher, am heftigsten angegriffen wurde, jeden Vorwurf von sich abprallen ließ und an allen Ämtern und Positionen festhielt, die er übernommen hatte oder die ihm übertragen worden waren. Am schwersten dürfte Freuds Bemerkung in einem Rundbrief an die Komitee-Mitglieder gewogen haben, Jones solle die »kurze Analyse, die er seinerzeit bei Ferenczi gehabt« habe, »vervollständigen lassen« (RB 3, S. 232). Später entschuldigte sich Freud für diese »Übertretung«. Er habe in unzulässiger Weise die Psychoanalyse zur Polemik verwendet, damit allerdings keinerlei Erfolg gehabt, weil seine Kritik bei Jones gar nicht angekommen sei (ebd., S. 252). Unter anderem monierte Freud, Jones arbeite als Redakteur des *International Journal* nachlässig, die Hefte seien unerträglich schlecht. Außerdem bringe er die Übersetzung und Herausgabe seiner (Freuds) Schriften nicht voran. In der Analyse von Joan Riviere, die nach einer missglückten Analyse bei Jones im Februar 1922 zu Freud gekommen war und als Mitglied der britischen

---

[1] Zu den Spannungen innerhalb des Komitees, insbesondere die »Rank-Krise«, siehe Wittenberger, 1995; Liebermann, 1997; Leitner, 1998; Zienert-Eilts, 2010; Bentinck, 2020; L & K, 2014.

Gruppe engen Kontakt zu Jones hatte, erfuhr Freud viel über dessen Verhalten in der Gruppe, ebenso von anderen britischen Kollegen, die bei ihm in Analyse waren.² Seinen Eindruck von Jones' Analyse von Riviere beschrieb er im Juni 1922 folgendermaßen:

> »Now what made the case so hard for me was the fact that accuracy and plainness is not in the character of your dealings with people. Slight distortions and evasions, lapses of memory, twisted denials, a certain predilection for sidetracks prevail and whenever I had to examine a case between you and her in detail I had to find, that you were to be doubted while that implacable woman overemphasising the importance of the slightest features yet was right and could not be refuted« (F/Jo, S. 491).

Dieses Zitat soll zur Veranschaulichung von Freuds Unzufriedenheit mit Jones genügen. Freud mochte Jones nicht und schätzte ihn nicht. Ob und inwieweit seine Kritik berechtigt war, ist eine andere Frage. Für die Geschichte der Psychoanalyse erwies sich, wie hier vertreten wird, etwas anderes als folgenschwer, nämlich dass sich Jones durch Freuds Kritik anscheinend nicht beeinträchtigt fühlte. Das hat sicher etwas mit seiner Persönlichkeit zu tun, vielleicht aber auch damit, dass Freuds Autorität Anfang der 1920er Jahre nicht mehr so groß war wie früher. Jones verfolgte in London seine eigene Politik, die teilweise jener von Freud entgegengesetzt war, beispielsweise in Bezug auf die Notwendigkeit einer ärztlichen Vorbildung von Interessenten an der Psychoanalyse. Er nahm die gleiche Autorität für sich in Anspruch wie Freud. Damit war der Anfang einer strukturellen Veränderung gesetzt, denn von nun an gab es, sozusagen unter dem Schutz von Jones, *innerhalb* der *Internationalen Psychoanalytischen Vereinigung* Platz für Positionen, die nicht mit Freud übereinstimmten.

Jones war auch der einzige Freud-Schüler aus dem engeren Kreis, der scharfe Kritik an Freud äußerte, wenn auch nur in einem privaten Brief. An Abraham schrieb er beispielsweise am 1. Januar 1923: »One must recognise with regret that even Freud has his human frailties and that age is bringing with it one-sidedness of vision and diminuation of critical power« (A/Jo, S. 69). Vergleichbare Äußerungen von Abraham, Ferenczi oder Rank

---

2 1922 waren das Joan Riviere, James Strachey, Alix Strachey, Arthur Tansley und John Rickman.

sind nicht erhalten. Sie mögen in intimer Runde gefallen sein, wurden aber an keinem Ort niedergelegt, der der Nachwelt zugänglich wurde.

Ferenczis beginnende Abgrenzung von Freud

Nach der Trennung von Jung wurde Ferenczi der Schüler, der Freud am nächsten stand. Wie schon erwähnt, ging Freud mit keinem anderen für längere Zeit in den Urlaub, von keinem anderen wurde er so häufig besucht, keinen lud er so oft ein, zu ihm zu kommen, mit keinem anderen hatte er einen so engen Gedankenaustausch, keiner verstand seine Grundbegriffe so gut, und keinem anderen als Ferenczi vertraute er gelegentlich etwas Intimes an.[3]

Anfang Januar 1922 kam Ferenczi für ein paar Tage nach Wien, um Vorträge vor amerikanischen und britischen Kollegen zu halten (F/Fer III.1, S. 130). Bei dieser Gelegenheit hatte er ein Gespräch mit Freud über seine vormalige Analyse bei ihm (1914 und 1916). Ferenczi berichtete Groddeck, in dem er seit dem ersten Aufenthalt in dessen Klinik (Herbst 1921) seinen »neuen« Analytiker oder Therapeuten sah, über sein Gespräch mit Freud:

> »Pr. [= Professor] Fr. [= Freud] beschäftigte sich mit meinen Zuständen 1–2 Stunden lang; er beharrt bei seiner früheren Meinung, die Hauptsache bei mir sei der Haß gegen ihn, der (gleichwie seinerzeit der Vater) meine Ehe mit der jüngeren Braut (jetzige Stieftochter) verhindert hat. Darum also meine Mordabsichten gegen ihn, die sich in den nächtlichen Sterbeszenen (Abkühlung, Röcheln) ausdrücken« (Fer/Gr, S. 62).

Freud hat also zumindest nachträglich (1922) Ferenczi mitzuteilen versucht, wo er dessen negative Übertragung sah.[4] Ferenczi fährt im Brief an Groddeck fort, dass Freud meine, seine Symptome seien »durch Reminiszenzen an Beobachtungen des elterlichen Koitus [überdeterminiert]«

---

[3] Zu Freud und Ferenczi siehe Grubrich-Simitis, 1985; Haynal, 1989; Giefer, 2006; May, 2013, S. 154–159.

[4] Obwohl Freud hier die negative Übertragung anspricht, warf ihm Ferenczi später (1930) vor, dass er seine negative Übertragung nicht analysiert habe (F/Fer III.2, S. 228). Freud räumte ein, sich früher (1914–1916) nicht sicher gewesen zu sein, ob sich die negative Übertragung in jedem Fall manifestiere (ebd., S. 231).

(ebd.). Er müsse gestehen, es habe ihm »wohlgetan, dem so geliebten Vater gegenüber einmal von diesen Haßregungen sprechen zu können« (ebd.). Man sieht hier wieder, wie Freud das Verhältnis zwischen Aggression und Sexualität verstand. Er sah offensichtlich Ferenczis Symptomatik und negative Übertragung als Ausdruck einer ungelösten ödipalen Problematik, nämlich einer fortbestehenden Wut auf den Vater, der die sexuelle Befriedigung verbietet. Primär sind wiederum die sexuellen Wünsche, sekundär die Wut auf den »Störer der Sexualität«. Außerdem hatte Freud den Eindruck, dass in Ferenczis Symptomatik die infantile sadistische Interpretation der Beobachtung des elterlichen Geschlechtsverkehrs einfloss (siehe dazu weiter unten).

Im Mai 1922 teilte Ferenczi Freud mit, er sei nun in einem »arg verspäteten« Stadium der »Entwöhnung« angelangt (F/Fer III.1, S. 135). Früher habe er Freud »überzärtliche und überempfindliche Gefühlsregungen« entgegengebracht, die »nur dem leiblichen Vater gegenüber am Platze« seien; nun sei er freier und »abgeklärter« und zu mehr »geistiger Selbstständigkeit« gezwungen (ebd.).[5] Im gleichen Brief setzte er Freud davon in Kenntnis, dass er sich im kommenden Sommer wieder zu Groddeck begeben werde.

Freud reagierte zunächst nicht auf diese Nachricht; der Briefwechsel mit Ferenczi dünnte jedoch aus. Zwei Monate später, im Juli, konstatierte Freud, dass der »einst so lebhafte[r] Briefwechsel im Laufe der letzten Jahre eingeschlafen« sei (ebd., S. 139). Das sei auf die Komitee-Briefe zurückzuführen, die die persönlichen Briefe ersetzten. Die »praktischen Bedürfnisse« würden dadurch befriedigt, und die »gemütlichen« seien »im sicheren Hafen zur Ruhe gekommen« (ebd.). Freud fuhr fort, dass er an etwas »Spekulativem« arbeite, den Titel aber nicht verraten wolle. Er sage nur, »es hat mit Groddeck zu tun« (ebd.). Gemeint war natürlich *Das Ich und das Es*, an dessen Entwurf Freud im Sommer 1922 arbeitete. Am Ende des Briefs erinnerte er Ferenczi daran, wie dieser ihm früher, beispielsweise in Worcester, bei der Vorbereitung von Vorträgen geholfen

---

5 Das könnte der Grund sein, warum Ferenczi die Beziehung zwischen dem Urvater und seinen Söhnen in *Massenpsychologie und Ich-Analyse* besonders gut nachvollziehen konnte. Freud sprach vom »lähmenden Blick des Urvaters«, der eine »Einschränkung jeder selbstständigen Aktivität, jeder eigenen intellektuellen Regung bewirkte«, wie Ferenczi in einer Rezension dieser Schrift schrieb, die er 1922 verfasste (1922b, S. 163). Freud seinerseits könnte an Ferenczi (und andere »Söhne«) gedacht haben, als er die spezifische Dynamik zwischen Vater und Sohn darstellte.

habe (ebd., S. 140). Zwischen den Zeilen meint man ein Bedauern zu vernehmen, dass die Zeiten der engen Freundschaft vorüber waren. Im August 1922 berichtete Ferenczi, er mache bei Groddeck »ein Stück Selbstanalyse in Gegenwart Groddecks, allerdings auch mit seiner Hilfe« (ebd., S. 144). Ferenczi hatte also nach den drei Analysetranchen bei Freud in Groddeck einen neuen Analytiker gefunden, und gleichzeitig war es zwischen ihm und Freud zu einer ersten Distanzierung gekommen.

Alexander (Berlin): Frühe Kastrationswünsche und -ängste

Franz Alexander hielt in der Berliner Gruppe am 7. und am 14. Februar 1922 einen Vortrag mit dem Titel »Kastrationskomplex und Charakter. Eine Untersuchung über passagere Symptome«, der am 21. Februar diskutiert und umgehend sowohl in der *Internationalen Zeitschrift* (1922) als auch im *International Journal* (1923) publiziert wurde (Korr, 1922, S. 239).[6] Alexander, seit 1921 außerordentliches Mitglied der Berliner Gruppe, hatte eine Anstellung an der Poliklinik erhalten und war nebenbei in seiner Privatpraxis tätig.

Abraham fand Alexanders Vortrag sehr gut und schrieb an die Kollegen im Komitee: »Der Vortrag zeigte wieder seine vorzügliche Begabung [...]. Alexander ist unter den jüngeren Mitgliedern unserer Vereinigung derjenige, der durch selbständiges Arbeiten hervortritt« (RB 3, S. 45). Freud äußerte sich ebenfalls lobend über das Manuskript, das nach Wien geschickt worden war (ebd., S. 108), worauf Abraham antwortete: »Es freut uns zu hören, daß die Arbeit von Alexander Herrn Professors Beifall findet. Alexander ist ohne Zweifel der weitaus begabteste unter allen unseren jüngeren Mitgliedern und wird sicher Originelles leisten« (ebd., S. 144). An seine Tochter Anna, die eben an der Wiener Gruppe teilzunehmen begonnen hatte, schrieb Freud im April, er habe eine »vortreffliche Arbeit« von Alexander erhalten, der er wahrscheinlich einen Preis verleihen werde, was dann, wie bereits erwähnt, auf dem internationalen psychoanalytischen

---

6 Das von den Herausgebern der *Rundbriefe* genannte Vortragsdatum, der 21. Februar (RB 3, S. 45, Fn. 7; RB 3, S. 108, Fn. 3) kann nicht zutreffend sein, weil es mit den Angaben im Korrespondenzblatt nicht übereinstimmt (Korr, 1922, S. 239). Laut Korrespondenzblatt wurde am 21. über den Vortrag diskutiert; außerdem hielt Klein ein Korreferat mit dem Titel »Über latente Angst« (ebd.).

Kongress im Herbst 1922 auch geschah (F/AF, S. 377; Korr, 1922, S. 503). Bald darauf lehnte Freud jedoch einige Thesen aus Alexanders Vortrag explizit ab (siehe das Kapitel über das Jahr 1923).

In den Monaten, die dem Vortrag vorhergingen, war Freuds Sohn Oliver bei Alexander in Analyse gewesen. Ob ein Zusammenhang zwischen dieser Analyse und Alexanders Aufsatz besteht, ist offen.[7] Alexander war jedenfalls, wie Eitingon berichtet, »sehr stolz« darauf, Freuds Sohn analysieren zu dürfen (F/E, S. 270), und Freud mag Alexander zugetan gewesen sein, weil er sich seines Sohnes annahm, während Eitingon vor dieser Aufgabe zurückgeschreckt war. Aber das sind Spekulationen.

Alexanders »Kastrationskomplex und Charakter« knüpfte an Freuds Ansätze zu einer Charakterologie an, sowohl an »Charakter und Analerotik« (1908b) als auch an »Charaktertypen aus der analytischen Arbeit« (1916d). Der Untertitel »Eine Untersuchung über passagere Symptome« greift Ferenczis gleichnamiges Konzept auf, wie der Text überhaupt eine Reihe von Theoretisierungen enthält, die auf Ferenczi zurückgehen. Insofern ist Alexanders Beitrag ein Beispiel für die Theoriesynthese, die in Berlin von jüngeren Mitgliedern vollzogen wurde, die von anderswoher kamen, aus Budapest oder Wien, und die theoretischen Ansätze ihres Heimatorts mit jenen von Berlin, in erster Linie von Abraham, verschmolzen. Bekanntestes Beispiel ist Otto Fenichel, dessen spätere Theorie der Neurosen (Fenichel, 1945) ein Amalgam der Theorien Freuds und Abrahams darstellt (unter partieller Berücksichtigung von Klein und weitgehender Vernachlässigung von Ferenczi; siehe das Kapitel über das Jahr 1924).

»Kastrationskomplex und Charakter« ist mit einer ungewöhnlichen Könnerschaft geschrieben. Alexander war damals erst 31 Jahre und stand am Anfang seiner Tätigkeit als Psychoanalytiker. Er bewegte sich jedoch bereits souverän im schwierigen Gelände der Theorie, berührte viele Themen, die von Freud als zentral deklariert worden waren, und schlug Ergänzungen zur Theorie der Paranoia, der männlichen Homosexualität,

---

[7] Olivers Analyse, die von Eitingon supervidiert wurde, war im Dezember 1921 »im Gange« (F/E, S. 270). Im Januar 1922 meldete Eitingon, sie gehe »gut vonstatten« (ebd., S. 272), im Februar, sie mache »sehr gute Fortschritte« (ebd., S. 276), und im März wiederum, sie gehe »sehr gut vonstatten« (ebd., S. 280). Schröter gibt an, dass die Analyse im Oktober 1922 abgeschlossen gewesen sein könnte (Freud, 2010, S. 227). – Zur engen Beziehung zwischen Freud und Alexander siehe Eisslers Interviews mit Therese Benedek (Eissler & Benedek, 1953, im. 16; Eissler & Alexander, 1953, 1954).

der Genese des Ödipuskomplexes, der Funktion des Gewissens, der Differenz zwischen Normalität und Pathologie, der Entstehung einzelner somatischer Symptome und der besonderen Stellung des Charakters und der Charakterneurose und ihrer Beziehungen zur Neurose im engeren Sinn vor. Franz Alexander war damals fraglos ein großes Talent auf dem Feld der psychoanalytischen Theorie.

In »Kastrationskomplex und Charakter« stellt er am Beispiel eines einzigen Falles dar, wie er die Neigung zur Selbstschädigung, in diesem Fall: die Neigung, sich bestehlen zu lassen, verstand. Die Frage selbst war aktuell. *Jenseits des Lustprinzips* hatte sich auf Fälle von kontinuierlicher schicksalhafter Selbstschädigung bezogen, die Freud nicht den Neurosen zuordnete. In Übereinstimmung mit ihm verstand Alexander die Selbstschädigung zum einen als Selbstbestrafung: der Patient handle »von einem dunklen Schuldbewußtsein getrieben« (1922, S. 131), sein Handeln sei ein »stereotypes Wiedergutmachen einer dunklen, unbekannten Sünde« (ebd., S. 139). Zum anderen hatte er den Eindruck, dass der Patient die (unbewusst inszenierte) Selbstschädigung als Kastration erlebte.

Danach werden Alexanders Ausführungen unklar. Hier der Versuch einer Zusammenfassung: Der Selbstschädigung liege der Wunsch zugrunde, kastriert zu werden. Hinter diesem Wunsch stehe ein »aggressiver Trieb«, nämlich der Trieb, den Vater zu kastrieren (ebd., S. 143). Und hinter diesem stecke möglicherweise ein Aggressionstrieb. Man könne ihn »vermuten« und »theoretisch annehmen«; er bleibe vorläufig eine »notwendige Konstruktion« (ebd., S. 139).

Den aggressiven Kastrationswunsch bezeichnete Alexander an mehreren Stellen als »primär« (ebd., S. 145). So gesehen war die Kastrationsangst eine Abwehr aggressiver Wünsche und eine Abwehr der auf die Mutter bezogenen Inzestwünsche (ebd., S. 144f.). An anderen Stellen sah Alexander es anders; da ist dann der Inzestwunsch die Voraussetzung für den Wunsch oder den Trieb, den Vater zu kastrieren. Alexander schwankt also in der Theoretisierung der aggressiven Regungen. Manchmal hält er sie für »primär«, manchmal für abgeleitet. Entscheidend ist, dass ihm bewusst war, dass er eine andere Position einnahm als Freud. Laut Freud war der Konflikt mit dem Vater eine Folge des Inzestwunsches, die auf den Vater gerichteten Todeswünsche waren eine Folge des Wunsches, die Mutter für sich allein zu haben und autoerotische libidinöse Wünsche zu befriedigen. Das sei, so Alexander, »der bekanntere und der anerkanntere« Entstehungsmodus der Todeswünsche (ebd., S. 148). Alternativ dazu stellte er, wie eben erwähnt, die Behauptung auf, es könne »aktive«, »primäre« aggressive Wünsche geben, die nichts mit den auf die Mutter bezogenen Wünschen zu tun haben. Sie entstünden allenfalls, wie er meinte, als Reaktion auf den »Neid« auf den Vater.

So verschwommen die Konturen von Alexanders Position auch waren, man erkennt Ähnlichkeiten zu Abrahams Aufsatz über »Vaterrettung und Vatermord«, in dem ebenfalls vom Kastrations*wunsch* die Rede gewesen war (ebd., S. 73). Sowohl Abraham als auch Alexander fassten also die Möglichkeit ins Auge, dass der kleine Junge den Vater nicht nur töten oder beseitigen will, um die Mutter für sich zu haben, sondern dass er ihn *ohne ödipale Motivierung* töten, genauer: kastrieren will.

Eine zweite These Alexanders bezog sich auf die Ätiologie der Kleptomanie. In einer Fußnote berichtete er, dass ihm Abraham mitgeteilt habe, dass die Kleptomanie häufig durch »versagte Liebe der Eltern« oder »versagte Lust« motiviert sei (ebd., S. 136, Fn. 1). Alexander fährt fort: »Im Laufe dieses Gedankenaustausches kamen wir zu der Auffassung, daß bei all diesen Fällen in der tiefsten unbewußten Schicht das Verlangen nach der ersten Lustquelle den letzten Antrieb zu dem triebhaften Stehlen gibt: das Nicht-verzichten-wollen auf die mütterliche Brust« (ebd.). Der Entzug der Brust sei im Falle der Kleptomanie nicht »überwunden«: »Das zwanghafte Stehlen entsteht demnach immer aus aktivem Kastrationswunsch, wenn wir den Begriff des Kastrationswunsches in dem von Stärcke erweiterten Sinn auffassen« (ebd.).[8] Diese These zur Ätiologie der Kleptomanie erwähnte 1922 auch Abraham. Er schrieb an Freud, dass das Beißen und Abbeißen von Brust und Penis seiner Auffassung nach eine wichtige Rolle in der Entstehung der Kleptomanie spielten (F/A, S. 699).[9]

Die wenigen Zeilen in Alexanders Aufsatz enthalten die Keime der bevorstehenden Veränderung der Theorie, sowohl der stärkeren Betonung der aggressiven Kastrationswünsche als auch der Substitution des Penis und des Penisneids durch die Brust und den Neid auf die Brust. Die Sehnsucht nach der Brust wurde dem sexuellen Begehren der Mutter und den Wünschen, die

---

8 Vgl. Abraham, 1924, S. 169.
9 In Beiträgen von Helene Deutsch, die sich 1923 in Analyse zu Abraham begab, wird ebenfalls die Verbindung von Kastration und Beißen auffallen, so in ihrem Vortrag vor der Berliner Gruppe am 5. Juni 1923 mit dem Thema »Über Phantasien der Kastration durch Beißen«, zu dem Abraham ein Korreferat hielt (Korr, 1923, S. 547). Es könnte sein, dass Deutsch, Horney und Klein das Motiv in der Analyse bei Abraham als bedeutsam kennenlernten.

Mutter für sich haben zu wollen, gleichgestellt. Alexander bezog sich dabei auf Stärcke als Vorreiter der neuen Bewertung der Oralität. Stärcke hatte, wie im vorangegangenen Kapitel dargestellt, den Entzug der Brust erstmals als einen psychischen Vorgang beschrieben, der einer Kastration vergleichbar ist, und von einer oralen Kastration oder einem Kastrationskomplex auf der oralen Stufe gesprochen. Während er vorrangig die passive Kastration, das Kastriertwerden, im Blick hatte, fokussierte Alexander den »aktiven« Kastrationswunsch, d. h. den Wunsch, die Mutter zu kastrieren, ihr die Brust oder die Brustwarze wegzunehmen. Gleichzeitig wird die Beziehung zur Brust die »tiefste seelische Schicht« genannt.

Abraham stellte die neue These der Sehnsucht nach der Brust der Mutter etwas später dar, nämlich 1924 in einem Nachtrag zu seinem *Segantini*-Buch, als er von der Sehnsucht nach der »nährenden Brust der Mutter« sprach und sie als Sehnsucht nach der Mutter »im ursprünglichsten Sinn des Wortes« bezeichnete (1925, S. 327).[10] Er sagte von dieser These, sie sei neu gegenüber der ersten Auflage des Buchs von 1911. Aber schon damals war sie implizit präsent, bis hin zu den Reproduktionen von Segantinis Bildern, die Abraham für die Publikation auswählte. Sie zeigen die »gute« und die »böse« Mutter, beide Male eine Frau mit einem Säugling an der Brust (und eine Kuh mit Kalb). Eine Reihe von Kollegen teilten das neue Interesse an der Brust, das bei Freud eine untergeordnete Rolle spielte (siehe dazu Früh, 2003). In einem späteren Brief (1926) an Marie Bonaparte wird er jene Schüler, die die Oralität und die Brust betonen, etwas verächtlich als »ewige Säuglinge« bezeichnen (zit. n. Jones III, S. 515f.).

In einer dritten These griff Alexander Stärckes Behauptung auf, es gebe eine Analogie zwischen dem Verlust der Kotstange und dem Verlust der Brustwarze. Alexander fügte hinzu, die Geburt selbst sei die erste Kastration, weil das Kind den Körper der Mutter und die Eihäute verliere (1922, S. 132, 150); später beanspruchte er die Priorität für diese These (1925a, S. 449). 1922 führte er sie folgendermaßen ein:

> »Der heranwachsende Mensch lernt, daß jede Lust durch Unlust ausgelöst wird,[11] und zwar bei den Urkastrationen: Verlust der lustspendenden

---

10 Siehe das Kapitel über das Jahr 1924; ferner May, 1997.
11 Möglicherweise ein Druckfehler. Statt »ausgelöst« müsste es vermutlich »abgelöst« heißen.

Brustwarze nach der Lust des Säugens (*orale* Urkastration nach Stärcke) und später Verlust der lustspendenden Kotsäule nach der analen Lust des Zurückhaltens (*anale* Urkastration nach Freud) [...]. Als die allerfrüheste affektive Grundlage der Kastrationserwartung könnte man die Geburt auffassen, welche den Verlust des mütterlichen Körpers, der tatsächlich einen Teil des eigenen Körpers darstellt, ferner den Verlust der Eihäute bedeutet« (Alexander, 1922, S. 132).

Das Thema der Kastration lag in der Luft, wie auch aus einer Frage hervorgeht, die Jones den Komitee-Mitgliedern am 11. Februar 1922 stellte, nämlich »how often the familiar ›sadistische Auffassung des Koitus‹ in children is not really a castration Auffassung; it certainly is so very often, i. e. coitus (often per anum) and castration are identified« (RB 3, S. 52). Jones meint die infantile Fantasie, der Geschlechtsverkehr der Erwachsenen sei ein sadistisches Geschehen, bei dem der Penis verloren gehe, der Mann zur Frau werde. Im nächsten Rundbrief antwortet »Wien«, das heißt: Rank, im Auftrag von Freud: »Was die Frage der ›sadistischen Auffassung‹ betrifft, so ist das von einem engeren Zusammenhang mit dem Kastrationskomplex nicht bekannt. Die beiden Vorstellungen assoziieren sich nur häufig« (ebd., S. 62).

Wieder: Für Freud ist die sexuelle Erregung das Primäre. Die Angst vor der Kastration kam seiner Auffassung nach erst im Laufe der Entwicklung auf. Zwar hatte er in der Krankengeschichte des »Wolfsmanns« (1918b) dargestellt, dass der Analysand sehr früh den Analverkehr der Eltern (a tergo) als Kastration verstanden hatte. Daraus hatte Freud aber nicht den Schluss gezogen, es handle sich um eine häufig vorkommende oder gar reguläre infantile Fantasie des Inhalts, das sexuelle Geschehen sei *identisch* mit einer aggressiven, ängstigenden Kastration; sie könne, wie »Wien« antwortete, lediglich damit »assoziiert« werden.

Gegen Überlegungen wie jene von Jones begann Freud in Publikationen ab 1923 Einspruch zu erheben. Wie in den folgenden Kapiteln geschildert wird, waren es die Arbeiten von Stärcke und Alexander – Freud nennt beide beim Namen –, die ihn zur Verteidigung und Präzision seiner eigenen Position veranlassten. Nun wird verständlich, warum Freud erst so spät die Sonderstellung des Ödipuskomplexes betonte: Erst als einige Schüler daran gingen, Kastrationsängste und -wünsche schon im Vorgang der Geburt und auf der oralen und analen Stufe zu verankern, unterstrich er die Andersartigkeit und Unvergleichbarkeit der phallischen und ödipalen Stufe gegenüber den präödipalen. Von einem Kastrations- und Ödipuskomplex konnte man seiner Auffassung nach nur auf den späten Stufen sprechen.

James Glover (London):
Andeutung der Möglichkeit oral-aggressiver Regungen

James Glover hatte Anfang 1921 zusammen mit seinem Bruder Edward eine Analyse bei Abraham begonnen und beendete sie im April 1921. Am 3. Mai 1922 hielt er vor der britischen Gruppe einen Vortrag mit dem Titel »Notes on the psycho-pathology of suicide« (J. Glover, 1922, S. 507f.). Vermutlich wurden in diesem Vortrag zum ersten Mal in London oral-aggressive Regungen erwähnt, genauer »aggressive ›oral‹ impulses«. Diese Formulierung erscheint in einer kurzen Zusammenfassung von Glovers Vortrag. »Oral« wird hier noch in Anführungszeichen gesetzt, eben wegen der noch ungewohnten Terminologie.

Nach Glovers Auftritt schrieb Jones an seine Komitee-Kollegen, der Vortrag sei das Beste gewesen, was jemals in London vorgetragen wurde, und beglückwünschte Abraham zu seinem Schüler (RB 3, S. 139). Er empfahl nachdrücklich, den Vortrag zu publizieren (ebd.), womit er nur gemeint haben kann, dass er in der *Internationalen Zeitschrift* erscheinen solle. Er erschien aber weder in der *Zeitschrift* noch im *International Journal*; die Gründe sind unbekannt. Erhalten sind nur Glovers Autoreferat und die nachfolgende Diskussion in der britischen Gruppe. Im Bericht über die Diskussion heißt es:

> »Dr. Jones opened the discussion. He first of all complimented Dr. Glover on the excellence of his paper and the interesting and original views expressed in it. He then took up those parts of the paper that were based on Freud's more recent writings and explained Freud's theories relating to these parts of the paper. Other members then joined in the discussion which was extremely interesting« (Bull, 1922, S. 508).

Abweichend vom sonstigen Format des Bulletins (und auch des Korrespondenzblatts) wird an dieser Stelle ein Vortrag gelobt, während man sich gewöhnlich auf die Mitteilung von Fakten beschränkte und aller Bewertungen enthielt.

Glovers Autoreferat lässt auf den ersten Blick nicht erkennen, wovon Jones angetan war. In einem Brief an Freud erwähnte er den Vortrag und gab an, dass Glover Freuds Theorie der Depression ergänzt habe (F/Jo, S. 480f.). Einen weiteren Hinweis findet man in Abrahams *Versuch einer Entwicklungsgeschichte der Libido* (1924). Abraham bezieht sich dort speziell auf diesen Vortrag und erwähnt ihn als Beleg für seine Annahme, dass die depressive Nahrungsverweigerung aus »kannibalischen Antrieben« hervorgehe:

> »Daß die schwersten Grade der melancholischen Nahrungsverweigerung eine Selbstbestrafung für kannibalische Antriebe darstellten, habe ich schon früher (1917) gezeigt. In einer Sitzung der British Psychoanalytical Society hat kürzlich Dr. James Glover auf kannibalische Antriebe in einem Fall von periodischer Melancholie hingewiesen und besonders ihre Umwandlung in Selbstmordimpulse analysiert« (ebd., S. 139).

Aus Abrahams Sicht bestand die besondere Leistung James Glovers also darin, dass er die Vermutung über die Bedeutung oraler Vernichtungswünsche in der Ätiologie der Depression bestätigte, die er selbst mit allergrößter Vorsicht in den »Untersuchungen« (Abraham, 1916–17) publiziert hatte. Sie hatte bislang nicht Freuds Billigung gefunden und wurde von ihm auch in Zukunft nicht erwähnt, wenn er die Theorie der Depression darstellte.

Glovers Autoreferat umfasste elf Punkte. In Punkt 6 hieß es, dass der Suizid als Introjektion unlustvoller Impulse zu verstehen sei, die gegen das introjizierte Objekt gerichtet würden, das auf der frühen Stufe der Entwicklung nicht hinreichend vom Ich unterschieden werden könne. Glover fuhr fort: »(7) Relationship of this archaic response to aggressive ›oral‹ impulses« (J. Glover, 1922, S. 508). Mehr ist dem Autoreferat nicht zu entnehmen. Im deutschen Korrespondenzblatt werden die Zeilen folgendermaßen wiedergegeben: »Über die Möglichkeit einer Reaktionsweise auf Unlustreize, die älter wäre als Projektion oder Introjektion, nämlich Introjektion des unlustvollen Reizes zum Zwecke der Reaktion auf ihn. 7. Beziehungen dieser archaischen Reaktionsweise zu aggressiven oralen Triebregungen« (J. Glover, 1922, S. 530).

In vorangegangenen Publikationen wurde dargestellt, dass die »orale Aggression« sozusagen das geistige Eigentum von Abraham war (May, 2010, 2011a). Das hatte sich in Abrahams Schriften früh und verhalten angedeutet, wurde 1915 in Briefen an Freud und 1917 in den »Untersuchungen zur frühesten Entwicklungsstufe der Libido« schon ein wenig fassbar, aber nur vorsichtig angedeutet und erst im *Versuch einer Entwicklungsgeschichte* (1924) offen ausgesprochen – und eben unter Bezugnahme auf Kollegen wie James Glover. Dass Abraham hocherfreut war, dass sein Analysand eine »orale« Aggression erwähnte, wenn auch in Anführungszeichen, kann man gut nachvollziehen. Ein solches Konzept war eben nicht nur neu, sondern durchaus »gewagt«. Denn die »kannibalistischen« Regungen, von denen Freud selbst seit 1915 sprach, waren Impulse, deren genauen Charakter er offengelassen hatte. Für Freud waren es *libidinöse* Partialtriebregungen. Den Sadismus hatte er eben erst (1913) der analerotischen (und nicht der oralen) Stufe zugeordnet. Etwas ungeduldig heißt es deswegen in den *Drei Abhandlungen* bei der Einführung der oralen Stufe, wir könnten sie, »wenn wir wollen« auch »kannibalische« nennen (1905d, S. 103). In *Jenseits des Lustprinzips* hatte er erwogen, dass die sadistischen Regungen einer nach außen gewendeten Aggression entsprechen könnten, aber das war aus seiner Sicht nur eine Möglichkeit, eine mehr oder weniger »logische« Möglichkeit. Freuds große Zurückhaltung in Bezug auf diese Frage war den Schülern bekannt, sodass nun James Glovers These, er habe die Beziehung der Introjektion zu »aggressiven oralen Triebregungen« untersucht, als kühner Vorstoß empfunden wurde.

James Glover hatte in seinem Vortrag weitere Thesen formuliert, die sich wegen der gedrängten Zusammenfassung nur ahnen lassen. Er scheint die Behauptung aufgestellt zu haben, dass »hinter« der Introjektion des enttäuschenden und verloren gegangenen Objekts, die Freud in »Trauer und Melancholie« (1916–17g) als zentralen Mechanismus der Depression definiert hatte, ein noch früherer psychischer Vorgang steht, nämlich die Introjektion unlustvoller Reize (J. Glover, 1922, S. 508). Er verglich diesen Vorgang (wohl in Anlehnung an Ferenczi) mit der Autotomie, der Abstoßung eigener Körperteile als Reaktion auf unlustvolle Reize. Nicht nur lustvolle Erregungen würden also introjiziert, so wie Freud es 1915 für die Konstituierung des Lust-Ichs ausgeführt hatte, sondern auch unlustvolle, eine Grundannahme, über die es bekanntlich später zu heftigen Auseinandersetzungen kam.

Es ist anzunehmen, dass Glover von seinem Analytiker Abraham zu diesen Thesen ermutigt wurde oder sich zumindest dazu ermutigt fühlte, da sie dessen Vorstellungen entsprachen. Auch wenn das nicht der Fall gewesen sein sollte und es sich um eine zufällige Ähnlichkeit der Theoriebildung handelte, wurde James Glover zum ersten Boten, der die orale Aggression im Verbund mit differenzierten theoretischen Überlegungen nach London brachte. Die Botschaft wurde vom Vorsitzenden der Gruppe und Präsidenten der *Internationalen Vereinigung*, Ernest Jones, freudig begrüßt. Möglicherweise qualifizierte sich James Glover dadurch zur ordentlichen Mitgliedschaft, denn er wurde (wie auch sein Bruder) im Oktober 1922 zum »full member« der *British Psychoanalytical Society* gewählt (Bull, 1923, S. 245).

Das alles wäre nicht der Rede wert, wenn James Glovers Vortrag nicht von Abraham als »Beleg« für seine Theorie der Depression herangezogen worden wäre und wenn nicht James Glover, sein Bruder Edward und Abraham bald darauf im Selbstverständnis der britischen Psychoanalyse als die »Erfinder« der oralen Aggression festgeschrieben worden wären.

Ferenczi und Rank (Budapest/Wien): Verteidigung des Ödipuskomplexes und des Primats des Sexuellen

Ferenczis und Ranks *Entwicklungsziele der Psychoanalyse* (1924), eine heute kaum noch beachtete, 68 Seiten umfassende Broschüre, spielte damals, wie Jones in seiner Freud-Biografie schrieb, »a sinister role«, eine »schicksalshafte Rolle« (Jones III, S. 75).[12] Ferenczi bezeichnete die Schrift in einem Brief an Groddeck als eine »technisch-wissenschaftspolitische Arbeit« (Fer/Gr, S. 102), und so wurde sie auch wahrgenommen: als Streitschrift über die psychoanalytische Theorie und Technik, als beabsichtigte Konfrontation, die sich einerseits gegen Freud, mit größerem Nachdruck aber gegen Abraham und »Fehlentwicklungen« innerhalb der *psychoanalytic community* richtete. Das ist der Grund, warum die *Entwicklungsziele* in diese Arbeit, die sich ansonsten auf die Psychoanalyse in Berlin und London konzentriert, einbezogen wurden. Ohne das Schicksal dieser Schrift zu verfolgen, kann man die Krisen dieser Jahre nicht verstehen und

---

12 Jones gibt den Titel von Ferenczi und Ranks Schrift in der Freud-Biografie mit *Die Entfaltung der Psychoanalyse* wieder (Jones III, S. 74–76). Auch die erste Übersetzung der Schrift trägt einen unzutreffenden Titel: *The Development of Psychoanalysis* (1925), also eine Art Geschichte der Psychoanalyse. Diesem Missverständnis leistete möglicherweise die Seitenkopfzeile der deutschen Ausgabe Vorschub, denn sie lautete der ersten bis zur letzten Seite: »Entwicklungswege der Psychoanalyse«.

bekommt die Struktur der Entwicklung der psychoanalytischen Theorie, und insbesondere den Niedergang des Primats des Sexuellen nicht in den Blick.

Ein Hauptziel der von Ferenczi und Rank geübten Kritik war die Art und Weise, wie der Kastrationskomplex verstanden wurde. Man muss heute die Bedeutung dieses Angriffs erst rekonstruieren und sieht dann, dass Rank und Ferenczi unter diesem Vorzeichen das Primat des Sexuellen verteidigten.

Zur Werkgeschichte

Die Arbeit an den *Entwicklungszielen* erstreckte sich über eineinhalb Jahre, Ferenczi spricht später von einer vier- bis fünfmaligen Umarbeitung (F/Fer III.1, S. 188). Der erste Entwurf entstand im Sommer 1922, als Ferenczi und Rank zwei Wochen in Seefeld (Tirol) miteinander verbrachten (RB 3, S. 184).[13] Ihre »auch früher nie gestörte Einigkeit« sei in diesem Urlaub, wie Ferenczi Freud berichtete, »gleichsam besiegelt« worden (F/Fer III.1, S. 144). Rank schrieb dort das zweite Kapitel (»Die analytische Situation«), Ferenczi das dritte (»Historisch-kritischer Rückblick«). Rank schickte beide Kapitel am 3. September 1922 an Freud (L & K, S. 168).

Ferenczi und Rank wollten den Plan, den sie mit diesem Text verfolgten, Ende September in Berlin während des psychoanalytischen Kongresses Freud persönlich vortragen (ebd., S. 167; F/Fer III.1, S. 144). Nach der Lektüre beider Kapitel begrüßte Freud das Unternehmen. Es fand seine »volle Sympathie«, die »frische draufgängerische Initiative« sei »erfreulich« (L & K, S. 171). Der Text sei ein Beweis dafür, dass ihm nahestehende Anhänger selbstständig arbeiten könnten. Freud ermutigte die beiden, die Kapitel als Bewerbung für einen Preis einzureichen, den er am letzten Tag des Berliner Kongresses zum Thema »Verhältnis der analytischen Technik zur analytischen Theorie« auslobte (Freud, 1922d, S. 527).[14]

---

13 Ferenczi traf am 1. August in Seefeld ein, reiste am 24. August ab und hielt sich ab 25. August bei Groddeck auf; siehe RB 3, S. 184; F/Fer III.1, S. 141; L & K, S. 164.
14 Freud übertrug Abraham die Funktion des Preisrichters. Rank meinte später, dass Abraham über die *Entwicklungsziele* auch deswegen so verärgert gewesen sei, weil er als Preisrichter nicht am Wettbewerb teilnehmen konnte (L & K, S. 210).

Es könnte sein, dass Freud das Thema wählte, weil es ihn selbst gerade beschäftigte. Er hatte im Sommer 1922 einen großen, vermutlich den entscheidenden Schritt in Richtung des Modells von Ich, Es und Über-Ich getan und die Zuhörerschaft auf ebendiesem Berliner Kongress im September 1922 auf die Veränderung der Theorie vorbereitet.

Nach dem Kongress überarbeiteten Ferenczi und Rank den Text. Was Freud monierte, ist nicht bekannt. Unverkennbar ist, dass sich die drei neuen Kapitel (IV, V, VI) und die Einleitung (I) nicht mehr mit der Theorie auseinandersetzten, sondern mit der Praxis der Psychoanalyse. Kapitel IV hatte den Titel »Zur Wechselwirkung von Theorie und Praxis« und war wohl als Beitrag zum Preisausschreiben geplant. Die Einreichung wurde jedoch im Februar 1923 wegen der eskalierenden Streitigkeiten im Komitee wieder zurückgezogen (F/Fer III.1, S. 170). Ferenczi und Rank gaben an, dass ihre Arbeit »den Forderungen des Preisthemas nicht entspricht und höchstens als Vorarbeit für eine künftige Zusammenfassung gelten kann« (ebd.). Niemand sonst hatte an dem Wettbewerb teilgenommen, sodass der Preis nicht vergeben wurde.

Beim Treffen in San Cristoforo im August 1923 informierten Ferenczi und Rank die Kollegen über die gemeinsame Arbeit. Im Oktober schickten sie Freud die Fahnen und berücksichtigen seine Bemerkungen (L & K, S. 210; F/Fer III.1, S. 181). Erst dann ging das Manuskript in Druck und wurde Ende Dezember 1923 mit dem Aufdruck 1924 ausgeliefert. Nun erhielten auch die Komitee-Mitglieder die Schrift zur Lektüre. In Berlin löste sie Empörung aus und führte zusammen mit Ranks gleichzeitig erschienenem *Trauma der Geburt* zur Auflösung des Komitees im Februar 1924 (F/E, S. 340). Auch Freud hatte seine Meinung über die »Kompaniearbeit« (F/Fer III.1, S. 180) geändert und stand ihr nun skeptischer gegenüber.

Die Entstehung von Ferenczis und Ranks *Entwicklungszielen* fiel in die Zeit, in der die Spannungen innerhalb des Komitees noch einmal zugenommen hatten. Sie bezogen sich 1922 noch nicht auf Ferenczis und Ranks Schrift, deren Inhalt den Komitee-Mitgliedern ja noch nicht bekannt war. Die Konflikte wurden vielmehr, wie es im Rückblick scheint, durch Nebensächlichkeiten ausgelöst. Sie spielten sich zuerst vor allem zwischen Rank auf der einen und Abraham und Jones auf der anderen Seite ab. Wie schon erwähnt, nahmen die Streitigkeiten dermaßen zu, dass Freud im November und Dezember 1922 Briefe an die Komitee-Mitglieder schrieb und sie bat, wieder zusammenzufinden.

Da die *Entwicklungsziele* über eine so lange Zeit hinweg entstanden sind und mehrmals überarbeitet wurden, wird die Erörterung auf zwei Kapitel verteilt. Kapitel II und III entstanden 1922, befassten sich fast ausschließlich mit der Theorie und werden hier im Kapitel über 1922 erörtert. Rank selbst sprach von einem »Feldzug gegen die Überschätzung des Kastrationskomplexes« (L & K, S. 164). Die später entstandenen Kapitel über Praxis und Technik der Psychoanalyse werden im Kapitel über das Jahr 1923 dargestellt und die Reaktionen der Komitee-Kollegen im Kapitel über das Jahr 1924.

Der Ödipuskomplex als tiefliegendster Konflikt

Rank und Ferenczi verständigten sich im Sommer 1922 darauf, dass der Umgang mit dem Konzept des Kastrationskomplexes kritisch kommentiert werden müsse. Aus dem Urlaub mit Ferenczi schrieb Rank am 22. August 1922 an Freud:

> »Wir haben beschlossen, zunächst einen wissenschaftlichen Feldzug gegen die Überschätzung des Kastrationskomplexes, die immer mehr um sich greift, einzuleiten, wobei wir hoffen, als erste Abraham und Jones auf unsere Seite zu bringen, die vorläufig – nach unserem Eindruck – noch auf der anderen Seite stehen. Der Feldzug wird natürlich im Zeichen des Oedipus-Komplexes, in seiner tiefen libidotheoretischen Bedeutung, stehen« (L & K, S. 164).

Es handle sich um eine »wissenschaftliche Prinzipienfrage« (ebd.). Er und Ferenczi hätten festgestellt, »daß eigentlich wir zwei die einzigen – auch innerhalb des Komitees – sind, die mit Ihrer Psychoanalyse wirklich ernst machen, besonders auch in der Therapie und den allgemeinen Gesichtspunkten, die beide in Berlin und London manches zu wünschen übrig lassen« (ebd.).

In einem Brief an Freud erwähnte Rank ein weiteres Motiv für die *Entwicklungsziele*. An ihrem Urlaubsort habe sich ein ganzes »Rudel von Berufsgenossen« eingefunden, unter ihnen Abraham mit seinen beiden Analysanden Edward und James Glover. Rank resümierte den Kontakt mit den Kollegen: Er und Ferenczi seien »etwas kritischer in Bezug auf A. [= Abraham] als Analytiker« geworden; auch Jones scheine »technisch nicht an [sic!] der Höhe zu stehen« (ebd., S. 168). In diesen Mitteilungen an Freud scheint ein Teil des affektiven Hintergrunds der *Entwicklungsziele* auf: die geringe Meinung, die Ferenczi und Rank von den therapeutischen Fähigkeiten von Abraham und Jones hatten.[15]

Dass der Kastrationskomplex, den Freud (1907/08) eingeführt hatte, in diesen Jahren auf Interesse stieß, wurde bereits erwähnt. Die gravierendsten Veränderungen des Konzepts waren von Stärcke (1921a) und Alexander (1922) vorgenommen worden. Auch Abraham (1921a) und Ophuijsen (1920) hatten über den Kastrationskomplex (der Frau) publiziert. Im dritten Heft der *Internationalen Zeitschrift* von 1922, das in den Sommerwochen von Rank vorbereitet wurde, fanden sich zudem Kommentare von Jones (1922) und Eisler (1922) zu Abrahams Ausführungen.[16]

Ferenczi und Rank bezogen in den *Entwicklungszielen* Stellung zur wachsenden Aufmerksamkeit für den Kastrationskomplex, die Kastrationsangst und die Kastrationswünsche. Das Interesse an diesen Erscheinungen lenke davon ab, dass der Ödipuskomplex im Zentrum der Neurose und der psychischen Entwicklung stehe. Die Manifestationen des Kastrationskomplexes seien, wie Ferenczi schrieb, häufig nur ein Widerstand, eine Abwehr der »tiefer gelegenen libidinösen Regungen« und verhinderten geradezu die »Einsicht in tiefere Schichten« (Ferenczi & Rank, 1924, S. 35).

Die Differenz zwischen dem Kastrations- und dem Ödipuskomplex, die von Ferenczi und Rank hervorgehoben wird, besteht, wie man den *Entwicklungszielen* entnehmen kann, darin, dass der Ödipuskomplex (in Freuds Sinn) tiefer verdrängt ist als der Kastrationskomplex. Ferenczi spricht von der »tiefen libidotheoretischen Bedeutung« des Ödipuskomplexes, womit natürlich *nicht* gemeint war, dass der Ödipuskomplex früher erlebt wird als bisher angenommen, sondern dass er stärker verdrängt wird als der Kastrationskomplex. Das heißt: Kastrationsängste oder -wünsche liegen *nicht* tiefer als die libidinös-ödipalen Regungen und gehen ihnen nicht voraus, sondern bilden nur die psychische Oberfläche. In Anspielung auf Abrahams »Äußerungsformen des weiblichen Kastrationskomplexes« heißt es in den *Entwicklungszielen*, dass die »Äußerungsformen des Kastrationskomplexes« oft nur »eine der Widerstandsformen« darstellen, »die der Patient den tiefergelegenen libi-

---

15 Siehe auch F/Fer III.1, S. 188.
16 Für den Berliner Kongress im September 1922 hatte auch Horney einen Vortrag zum Thema der Kastration angekündigt (Horney, 1923).

dinösen Regungen vorgeschaltet hat. Im Frühstadium mancher Analysen läßt sich die Kastrationsangst als Ausdrucksmittel der auf den Analytiker übertragenen Angst zum Schutz vor der weiteren Analyse entlarven« (ebd.).

Ähnlich formulierte es Rank in seinem Kapitel: Sowohl der Kastrationskomplex des Mannes als auch derjenige der Frau könne einem »Ausweichen« vor der ödipalen Konstellation dienen. Aufgabe der Analyse sei die Wiederbelebung, vor allem aber die Auflösung des Ödipuskomplexes (ebd., S. 20f.). Die Analyse dürfe sich nicht darauf beschränken, Komplexe oder präödipale Organisationen zu »konstatieren«. Das führe in die Breite, nicht aber in die Tiefe:

> »Gilt doch von den Erotismen (z.B. Urethral-Analerotik usw.) und den Organisationsstufen (orale, sadistisch-anale und andere prägenitale Phasen) dasselbe wie von den Komplexen: es gibt keine menschliche Entwicklung ohne sie, man darf ihnen aber in der Analyse nicht *die* Bedeutung für die Krankheitsentwicklung zuschreiben, die der Widerstand unter dem Druck der analytischen Situation vortäuscht« (ebd., S. 36).

Das war gegen Abraham und Jones und gegen alle Kollegen gerichtet, die in der Analyse vor allem nach präödipalen Konstellationen suchten.

Ein paar Monate später begann Freud seinen eigenen »Feldzug« gegen die missbräuchliche Verwendung der Bezeichnung »Kastrationskomplex«. Er brachte andere Argumente vor als Ferenczi und Rank. Außerdem klammerte er die technisch-therapeutische Seite explizit aus seinen Stellungnahmen aus. Ähnlich wie Ferenczi und Rank begann jedoch auch er stärker als zuvor die Bedeutung und die Sonderstellung des Ödipuskomplexes als eines libidinös motivierten Komplexes zu betonen und sich gegen die Ausdehnung des Konzepts der Kastration zur Wehr zu setzen.

Bei der Lektüre von Ferenczis und Ranks Ausführungen kommt der Eindruck auf, dass beide mehr zur Dogmatisierung des Ödipuskomplexes beigetragen haben als Freud selbst. Jedenfalls schlugen sie einen anderen Ton an als er. Ihre Äußerungen waren nicht entschieden, sondern ausgesprochen scharf. Sachs schrieb wenig später an Freud, Ferenczis und Ranks Bücher von 1924 hätten gelegentlich den Charakter eines »absolutistischen Erlasses«.[17]

---

[17] Siehe Sachs an Freud am 20. Februar 1924 (Sachs, 1924, LoC).

Abrahams Frage nach dem Verhältnis zwischen Analerotik und Sadismus

Nach der Publikation seines Beitrags über die exkretorische Funktion (1921) hielt Abraham im Januar 1921 einen Vortrag mit dem Titel »Ergänzungen zur Lehre vom Analcharakter«. Er publizierte den Vortrag nicht sofort, sondern schloss ihn erst eineinhalb Jahre später ab, im Oktober 1922 (F/A, S. 708), zu spät für die vierte und letzte Nummer der *Internationalen Zeitschrift*, sodass der Text erst 1923 erschien; im gleichen Jahr war er im *International Journal* zu lesen.

Häufig wird für diesen Aufsatz irrtümlicherweise die Jahreszahl 1921 als Publikationsjahr angegeben, beispielsweise im Abraham-Freud-Briefwechsel (F/A, S. 875), und generell in der Sekundärliteratur, auch in der englischsprachigen.

Der lange Aufschub der Publikation dürfte darauf zurückzuführen sein, dass Abraham in diesem Text eine entscheidende theoretische Wende ankündigte. Er formulierte sie noch zurückhaltend, ähnlich wie er sich Jahre zuvor in Bezug auf die orale Aggression vorsichtig vorgetastet hatte (May, 2010). Erst in seiner Hauptschrift, dem *Versuch einer Entwicklungsgeschichte* vertrat er seine eigenen Vorstellungen vom (Oral- und) Analsadismus mit großer Sicherheit.

Auf Abrahams Ausführungen in den »Ergänzungen zur Lehre vom Analcharakter« wird hier nicht im Einzelnen eingegangen, weil sie für unsere Fragestellung nicht von Bedeutung sind. Relevant ist nur, dass er sich in erster Linie auf Jones' Aufsatz »Über analerotische Charakterzüge« (1919) bezog, jenem Text, dem gegenüber sich Freud auffallend zurückhaltend verhalten hatte (May, 2012). Abraham brachte an mehreren Stellen seine Wertschätzung von Jones in fast übertriebener Weise zum Ausdruck.

Die Schwäche des Aufsatzes von Jones (1919) hatte darin bestanden, dass er eine am Erleben des Erwachsenen orientierte Klassifizierung »analer« Charakterzüge auf das Kind der sadistisch-analerotischen Stufe übertrug. Außerdem hatte er sich über längere Strecken bei Freud ›bedient‹, ohne es kenntlich zu machen. Besonders irritierend war die bereits erwähnte Stelle, an der er behauptete, Freud habe 1913 mit der Einführung der sadistisch-analerotischen Stufe nur bestätigt, was er, Jones, gefunden habe (ebd., S. 76). Ähnlich äußerte sich nun Abraham:

>»Eine ungeahnte Bedeutung gewann die Lehre von den Umwandlungsprodukten der Analerotik, als Freud im Jahre 1913, anschließend an Jones' wichtige Untersuchung über ›Haß und Analerotik in der Zwangsneurose‹, eine frühe ›prägenitale‹ Organisation der Libido beschrieb. Er leitete die Symptome der Zwangsneurose von einer Regression der Libido zu dieser Entwicklungsstufe her, die durch ein Vorwiegen der analen und sadistischen Triebkomponenten ausgezeichnet sei« (1923a, S. 184f.).

Ebenso wie Jones übernahm Abraham in den »Ergänzungen« viel aus Freuds letztem Aufsatz zur Analerotik (1916–17e). Gerade die anschaulichen, überzeugenden, »sprechenden« Details stammen von Freud. Informierte Leser wussten natürlich, was Sache war. Weniger informierte, vor allem jene englischsprachigen Leser, die nicht Deutsch konnten, waren verloren. Freuds Einführung der sadistisch-analerotischen Stufe war zu diesem Zeitpunkt noch nicht übersetzt worden, sodass sie keine Anhaltspunkte dafür hatten, welche Theoriestücke von Abraham waren und welche von Freud.

Das Bemerkenswerteste in den »Ergänzungen« ist Abrahams Deklaration seiner Interessen. Gleich am Anfang des Texts gab er bekannt, dass er »die Lehre von den analen Charakterzügen nach gewissen Richtungen« weiterführen wolle, wobei »eine andere Aufgabe von größerer prinzipieller Bedeutung im Hintergrund dieser Untersuchung wieder und wieder erscheinen« werde (1923a, S. 185), nämlich:

>»Wir verstehen bisher nur ganz unvollkommen die besonderen psychologischen Beziehungen zwischen den beiden Triebgebieten – Sadismus und Analerotik – die wir ständig und fast schon gewohnheitsmäßig in engem Zusammenhang miteinander zu nennen pflegen. Die Lösung dieser Frage soll in einer späteren Abhandlung versucht werden« (ebd.).

Das ist die angekündigte Wende und der Schlüssel zum Verständnis von Abrahams Hauptwerk, dem *Versuch einer Entwicklungsgeschichte der Libido* (1924): Abraham wollte zeigen, dass Sadismus und Analerotik in einer anderen Beziehung zueinanderstehen als Freud meinte. Sie sind in Abrahams Augen aufs Innigste miteinander verknüpft. Das deutet er im Aufsatz über die analen Charakterzüge schon an; er spricht an mehreren Stellen vorsichtig vom »Zusammenfließen« und Zusammenwirken beider Triebgruppen (1923a, S. 190, 200). Im Jahr darauf wird er seine Zurückhaltung aufgeben und mit der Einführung der analsadistischen Stufe einen Schritt tun, der letzten Endes auf eine Gleichsetzung von Analerotik und Sadismus hinauslief und jene Analerotik unberücksichtigt ließ, deren Funktion Freud sowohl in den »Triebumsetzungen« (1916–17e) als auch in der Fallgeschichte des »Wolfsmanns« (1918b) auf seine eigene Weise als Vehikel der Transformation des Narzissmus und der Hinwendung zum Vater beschrieben hatte (May, 2012).

Der internationale psychoanalytische Kongress in Berlin im September 1922

Der Berliner Kongress von 1922 beeindruckt im Rückblick schon durch seinen schieren Umfang: 31 Vorträge innerhalb von drei Tagen bei 256 Teilnehmern, vor allem Gästen, mehr als je zuvor und mehr als auf allen zukünftigen Kongressen bis 1938.[18] Dazu eine glänzende Selbstdarstellung des Berliner Instituts (Eitingon, 1922) und überragende Beiträge von Abraham (1922), dem Vorsitzenden der Berliner Vereinigung, sowie von Freud (1922f), der einen Vorausblick auf seine letzte große Veränderung der Theorie gab, die Einführung des Strukturmodells. Außerdem war der Kongress, was man damals nicht wissen konnte, der letzte, an dem Freud teilnahm.

Von Kleins Kongressvortrag mit dem Titel »Zur Frühanalyse (Über Entwicklung und Hemmung von Begabungen)« ist nur ein Abstract erhalten (Korr, 1922, S. 493). Wie Klein angibt, arbeitete sie den Vortrag in den 1923 publizierten Aufsatz »Zur Frühanalyse« ein, der seinerseits auf zwei weiteren Vorträgen aus dem Jahr 1922 sowie einem Vortrag von 1921 beruht (Klein, 1923b, S. 103). Wann Klein die vier Vorträge zu dem 1923 erschienenen Text zusammenfasste, lässt sich nicht mit Sicherheit rekonstruieren. Da es Hinweise gibt, dass dies Anfang 1923 geschah, wird »Zur Frühanalyse« im Kapitel über das Jahr 1923 erörtert. Ein weiterer Beitrag von Klein erschien mit Sicherheit schon 1922, nämlich »Hemmungen und Schwierigkeiten im Pubertätsalter« (1922). Dabei handelt es sich um eine für ein breiteres Publikum geschriebene Fassung von Teilen des Kongressvortrags vom September 1922. Der kleine Beitrag wird ebenfalls erst später, nämlich im Kapitel über das Jahr 1925, kurz erörtert.

---

18 Zu einer Darstellung des Berliner Kongresses siehe Schröter, 2007.

Zuerst zur Berliner Lehranstalt und Poliklinik. Die Lehranstalt war ein Erfolg. Kollegen aus anderen Städten und aus dem Ausland kamen nach Berlin, um an Kursen teilzunehmen oder sich für eine – von heute aus gesehen – kurze Zeit einer Analyse zu unterziehen, unter ihnen beispielsweise 1922 Alice und Michael Balint aus Budapest sowie der Peruaner Honorio Delgado (RB 3, S. 199). Die ausländischen Kollegen kehrten nach dem Berlinaufenthalt in ihre Heimatorte zurück oder gingen nach Wien oder Budapest zu einer weiteren Analysentranche. Über diese Bewegungen haben wir bisher noch keinen genauen Überblick. Das internationale Flair des Berliner Instituts jedoch wird in den Briefwechseln zwischen Anna Freud und Lou Andreas-Salomé (2001) sowie zwischen Alix und James Strachey (1985) fassbar, ebenso in Roazens Buch über Helene Deutsch (1985), die sich 1923 und 1924 in Berlin aufhielt. Von überall her fanden sich Interessierte ein und pflegten ein geselliges Zusammensein mit Dozenten und Lehranalytikern. Auf weniger Interesse stieß das Angebot einer vollständigen Ausbildung. 1922 schloss niemand eine Ausbildung am Berliner Institut ab. Ein außerordentliches Mitglied der Wiener Gruppe, Walter Schmiedeberg, wurde von Berlin übernommen, drei außerordentliche Mitglieder der Berliner Gruppe (Josine Müller, Carl Müller-Braunschweig, Clara Happel) zu ordentlichen Mitgliedern ernannt (Korr, 1922, S. 108).[19]

Aus Eitingons Bericht (1922) über die Aktivitäten der Poliklinik, der sich auf den Zeitraum von März 1920 bis Juni 1922 bezog, ging hervor, dass sich die Poliklinik nicht selbst finanzieren konnte, sodass man auf einen Mäzen (Eitingon) angewiesen war (Schröter, 2021). Die Poliklinik wurde von der Öffentlichkeit wahr- und angenommen. Jedes Jahr suchten dort zwischen 100 und 200 Personen Hilfe, von denen etwa die Hälfte eine psychotherapeutische, in der Regel analytische Behandlung erhielten (Eitingon, 1922, S. 515). Gleichzeitig diente die Poliklinik als Stätte der praktischen Aus- und Weiterbildung und bot Kollegen die Möglichkeit einer Anstellung. 1922 arbeiteten dort außer den Leitern Eitingon und Simmel

---

19 Josine Müller (1884–1930) war zwischen 1912 und 1913 bei Abraham in einer Analyse gewesen, die möglicherweise rückwirkend als Lehranalyse anerkannt wurde; 1923–1926 machte sie eine weitere Analyse bei Sachs. Carl Müller-Braunschweig (1881–1958) war bereits 1910 bei Abraham in Analyse gewesen. Er hatte keine Ausbildung durchlaufen und war am 21. Dezember 1920 zum außerordentlichen Mitglied ernannt worden; siehe RB 1, S. 227f.

bereits fünf feste Mitarbeiter (Jenö Hárnik, Anna Smeliansky, Franz Alexander, Ada Schott und Hans Lampl).[20] Außerdem versorgte die Poliklinik die Mitglieder der Gruppe und die Teilnehmer an der Ausbildung mit Patienten (ebd., S. 508).

Ein Beleg für die Attraktivität der Berliner Gruppe ist der Zuzug von zwei jungen Mitgliedern der Wiener und der Budapester Gruppe, dem damals 25-jährigen Otto Fenichel und dem 32-jährigen Sándor Radó. Fenichel ging zu Radó in Analyse, Radó zu Abraham.[21] Beide wurden »Säulen« der Dozentenschaft des Berliner Ausbildungsinstituts; sie hielten einen Großteil der Kurse und Seminare (May, 2008). Ab dem ersten Quartal 1923 bot Radó in jedem Semester einen oder mehrere Kurse an, ab 1926 auch Fenichel. Außerdem kam Jan van Ophuijsen, den wir als Kollegen und Freund Abrahams bereits kennengelernt haben, nach Berlin (Korr, 1922, S. 534), unterzog sich von September 1922 bis April 1923 einer Analyse bei Sachs und nahm Abrahams Tochter Hilda in Analyse. In Radó, Fenichel und Alexander hatte Abraham drei jüngere theoretische Spitzenbegabungen und Multiplikatoren in seiner Nähe, die sich in ihren Arbeiten an ihn anlehnten und seinen theoretischen Ansatz verbreiteten. Insofern zeitigte der internationale psychoanalytische Kongress in Berlin Folgen für die Geschichte der psychoanalytischen Theorie.

Zur Anziehungskraft von Berlin trug sicher auch Abraham selbst bei. Er hielt auf dem Kongress am 29. September 1922 einen Vortrag mit dem Titel »Neue Untersuchungen zur Psychologie der manisch-depressiven Zustände« (ebd., S. 492). Wir wissen, dass Abraham während des Jahres 1922 an »seinem« Thema, der Depression, gearbeitet und sich mit Freud

---

20 Hans Lampl zog 1921 von Wien nach Berlin und arbeitete zunächst an der Bonhoeffer'schen Klinik (RB 2, S. 244). Er war ab April 1922 an der Poliklinik angestellt, begab sich in Analyse zu Sachs und wurde 1925 außerordentliches Mitglied der Berliner Gruppe (Korr, 1925, S. 502).

21 Fenichels Analyse dauerte von Oktober 1922 bis 19. Dezember 1924 (Mühlleitner, 2008, S. 130), Radós Analyse von Weihnachten 1922 bis Weihnachten 1924. Da Radó bereits ordentliches Mitglied in Budapest war, handelte es sich um keine Ausbildungsanalyse (Roazen & Swerdloff, 1995, S. 78). Radó wurde spätestens im Januar 1923, und noch bevor er Mitglied der Berliner Gruppe geworden war, mit der Durchführung von Lehranalysen beauftragt (RB 4, S. 30). Seine eigene Analyse wurde im Februar 1923 unterbrochen, als er nach der Erkrankung seiner Frau nach Budapest ging, um danach nach Berlin zurückzukehren. Im Oktober 1924 wurde er von der Berliner Gruppe als ordentliches Mitglied der Budapester Gruppe übernommen (Korr, 1925, S. 131).

über die Dynamik und Ätiologie der Manie ausgetauscht hatte. Vom Vortrag liegt nur ein siebenzeiliges Autoreferat vor (ebd., S. 492f.). Es enthält keinen Hinweis darauf, dass Abraham schon die Neuordnung der oralen und analen Phase erwähnt hätte. Man kann dem Autoreferat jedoch entnehmen, dass »Objektverlust« und »Introjektion« sowie die »Beziehung der manisch-depressiven Zustände zur oralen und sadistisch-analen Organisationsstufe der Libido« Themen des Vortrags gewesen waren (ebd., S. 492). Aus späteren Hinweisen lässt sich rekonstruieren, dass Abraham erstens die Gleichsetzung von Identifizierung und Introjektion, Introjektion und oral-kannibalischer Einverleibung (Essen, Zerbeißen, Kotessen) bekanntgab; zweitens die Gleichsetzung von Objektverlust und analer, sadistischer Ausstoßung (Defäkation) sowie (drittens) von Manie und Triebdurchbruch im Sinne einer oral-kannibalischen Esslust.[22] Abraham teilte also auf dem Kongress Grundgedanken seiner neuen Theorie der Depression mit, ohne dass er schon den letzten Schritt erwähnte, die Aufstellung der neuen Subphasen, die den aggressiven Aspekt der libidinösen Regungen betonten.

Abrahams Thesen stützten sich in erster Linie auf Symboldeutungen. Sie stammten aus den Analysen Erwachsener und waren zunächst wohl weniger als Beiträge zu einer Theorie der psychischen Entwicklung gedacht. Deshalb fühlte sich Abraham insbesondere von Géza Róheim, einem Anthropologen und Mitglied der ungarischen Vereinigung, verstanden. Sein Vortrag auf dem Berliner Kongress trug den Titel »Nach dem Tode des Urvaters« (1923). Róheim griff eine Stelle aus Abrahams »Untersuchungen über die früheste prägenitale Entwicklungsstufe der Libido« (1916–17) auf, an der »kannibalistische Phantasien« eines schizophrenen Analysanden berichtet worden waren: der Analysand stellte sich vor, in die Brust seines Kindermädchens zu beißen und sie zu verschlingen. Außerdem verspürte er häufig ein Verlangen nach Milch oder Fleisch, sodass, wie Róheim schreibt, eine »Verknüpfung von Fleisch und Milch unmittelbar gegeben« gewesen sei (Róheim, 1923, S. 107). Den Zusammenhang zwischen Sauglust und sadistischem Kannibalismus glaubte Róheim, wie er im Vortrag ausführte, durch ethnologische Funde belegen zu können. Abraham erhielt somit von Róheim jene Bestätigung, die er von Freud vergeblich erhofft

---

22 Die Quellen dieser Rekonstruktion sind: Róheim 1923, S. 109, Fn. 3; Abraham 1924, S. 121, 158f.; siehe auch die Überschrift des zweiten Kapitels des *Versuchs einer Entwicklungsgeschichte*, ebd., S. 127.

hatte. Zugleich fand er in Róheim einen Kollegen, der seinen theoretischen Ansatz propagierte. Es überrascht deshalb nicht, dass er Róheim zu einer Vortragsreihe in Berlin einlud. Sie fand im Anschluss an den Kongress statt, umfasste sechs Abende und brachte Abraham, wie er an Freud schrieb, »viel Anregung« (Korr, 1922, S. 528; F/A, S. 708).

Sowohl Abraham als auch Róheim bevorzugten das symbolische Verständnis von psychischen Prozessen und setzten ähnliche inhaltliche Akzente. Beide engten den Ödipuskomplex oder das »Urverbrechen« auf den Vatermord ein. Sie zerrissen die »untrennbare Einheit« von »Mutterinzest und Vatermord«, wie Sachs es in einer Rezension von Ranks *Trauma der Geburt* formulierte (1925b, S. 107). Anders als Freud verstanden sie ethnologische Funde als mehr oder weniger unverstellte Manifestationen des Unbewussten. Freud hingegen betonte immer wieder, dass Mythen, Sagen, Märchen, Riten und Bräuche als Produkte einer sekundären Bearbeitung zu verstehen sind, deren eigentlicher Sinn erst herausgefunden werden muss. Ganz in diesem Geiste hatte vor allem Rank gearbeitet und in seinen umfangreichen Schriften wie beispielsweise in der Monografie *Der Mythos von der Geburt des Helden* (1909) oder in *Das Inzest-Motiv in Dichtung und Sage* (1912), den ›eigentlichen‹ Sinn diverser Mythen und anderer ethnologischer und literarischer Quellen herausgearbeitet und unter anderem gezeigt, dass der Ödipuskomplex zu den »Tiefen-Strukturen« gehört.

Die Differenz zwischen Abrahams und Freuds Sicht der Depression blieb bestehen. Sie war von Anfang an erkennbar und trat nun deutlicher hervor (May, 2010, 2017a). Hatte Freud die narzisstische Identifizierung als einen regressiven Prozess der Ichveränderung beschrieben, der allenfalls nach dem »Vorbild« der oralen Einverleibung vollzogen wird, aber nicht mit ihm identisch ist, wird sie bei Abraham zur Introjektion im Sinne einer sozusagen buchstäblichen Einverleibung. Im Sinne von Abraham kann es keine Identifizierung geben, die bewusst oder unbewusst nicht als Einverleibung erlebt wird – was später von einem Teil seiner Schüler zurückgewiesen, von anderen übernommen wurde. Die Unterschiede kamen 1922 im Briefwechsel mit Freud zur Sprache, als sich Abraham mit der Dynamik der Manie beschäftigte. Abraham sah in ihr einen Triebdurchbruch, während Freud sie in der *Massenpsychologie* als intrapsychische Befreiung vom enttäuschenden Objekt oder als »Auflösung des Ich-Ideals« beschrieben hatte. Freud meinte, der Unterschied zwischen ihrem Theoretisieren bestehe darin, dass er, anders als Abraham, am »Mechanismus« interessiert sei (F/A, S. 699, 701, 704f.), eine Bemerkung, die darauf hinauslief, dass

Abraham nach Freuds Auffassung nur die Triebdynamik (Triebdurchbruch) sah, nicht aber die Veränderung des Ichs (Auflösung des Ich-Ideals etc.).

Neben seiner wissenschaftlichen Arbeit war Abraham weiterhin vereinspolitisch aktiv. Er behielt den Vorsitz der Berliner Gruppe und wurde auf dem Berliner Kongress von Freud als Sekretär von Jones, dem wiedergewählten Präsidenten der *Internationalen Psychoanalytischen Vereinigung*, vorgeschlagen, was den Statuten widersprach, die vorsahen, dass der Präsident und der Sekretär (aus praktischen Gründen) aus dem gleichen Ort kommen sollten (Korr, 1922, S. 505). Die Statuten wurden noch auf dem Kongress geändert, sodass Jones hinterher schreiben konnte: »It was a happy idea of Professor's to unite Abraham and myself in the official activities of the Association and I am sure we shall both enjoy working together« (RB 3, S. 196). So ergab es sich, dass Jones und Abraham, die innerhalb des Komitees eine Art Paar bildeten, nun durch ihre Funktionen in der *Internationalen Vereinigung* die Möglichkeit hatten, ihre Vorstellungen zu verwirklichen, während Wien und Budapest auf der internationalen Ebene über keine institutionalisierten Einflussmöglichkeiten mehr verfügten. In Wien gab es seit Juni 1922 immerhin eine Poliklinik, ein Ambulatorium, wie man es dort nannte. Bald, im März 1923, wird Freud an Abraham schreiben: »In Wien ist es ziemlich stille, da Berlin uns den Wind aus den Segeln genommen hat« (F/A, S. 716).

Freuds Beiträge von 1922: Fundamentale Revision der Theorie

Im Sommerurlaub 1922 entstand der erste Entwurf von *Das Ich und das Es*. Außerdem stellte Freud die Endfassungen zweier Vorträge her, die er im vorangegangenen Jahr auf der Harzreise vor den Schülern gehalten hatte, nämlich von »Über einige neurotische Mechanismen bei Eifersucht, Paranoia und Homosexualität« (1922b) und von »Bemerkungen zur Theorie und Praxis der Traumdeutung« (1923c).

Die »Neurotischen Mechanismen« wurden bereits im Kapitel über das Jahr 1921 referiert, da sich die Endfassung von 1922 vermutlich nur geringfügig von der Vortragsfassung unterschied (F/Fer III.1, S. 139). Die »Bemerkungen« werden hier erörtert. Alle anderen, zumeist sehr kurzen Texte aus dem Jahr 1922 sind für unsere Fragestellung nicht von vordringlichem Interesse, darunter die Nachschrift zum »Kleinen Hans« (1922c), die im Juli abgeschlossen wurde, sowie die beiden Stichworte »Psychoanalyse« und »Libidotheorie« (1923a) für Marcuses *Handwörterbuch der Sexualwissenschaft* vom August 1922.

»Bemerkungen zur Theorie und Praxis der Traumdeutung«

Diese Arbeit hätte eigentlich, wie Freud in den einleitenden Zeilen mitteilte, in die *Traumdeutung* gehört, deren neue Auflage er gerade vorbereitete. Da der Verlag keine Korrekturen des Texts erlaubt hatte, musste Freud die Veränderungen, die ihm notwendig schienen, in der *Internationalen Zeitschrift* publizieren. Die Endfassung des Manuskripts war am 8. Juli 1922 abgeschlossen (RB 3, S. 185, L & K, S. 148, 150). Wie Freud an Rank am 20. Juli 1922 schrieb, dachte er nicht an den »sofortigen Abdruck«, sodass der Beitrag ins erste Heft von 1923 aufgenommen wurde (L & K, S. 153). Der Grund war vermutlich, dass er seine Neuerungen nicht schon vor dem Erscheinen von *Das Ich und das Es* publik machen wollte.

Die »Bemerkungen zur Theorie und Praxis der Traumdeutung« enthalten in neun kurzen Abschnitten Ratschläge für die Traumdeutung. Die beiden letzten galten jenen Veränderungen der Theorie, die in *Das Ich und das Es* enthalten waren. Die wichtigste bezog sich auf die Strafträume. Freud hatte sich seit der *Traumdeutung* immer wieder mit ihrer Theoretisierung befasst und schlug nun vor, sie als »Wunscherfüllung der Selbstkritik« zu verstehen (1923c, S. 268; May, 2014). Im Traum sollten nun nicht nur Triebwünsche, sondern auch Wünsche der »Selbstkritik« erfüllt werden. Das widersprach dem Sinn der bisherigen Theorie, denn bisher bezogen sich Wunscherfüllungen auf Triebregungen. Die Selbstkritik hatte mit einer Triebregung eigentlich kaum etwas gemeinsam. Aber eben darin bestand die Veränderung. Es gab nun triebähnliche Kräfte, unter ihnen die Selbstkritik, die sich *gegen* die Triebbefriedigung richteten und unbewusst sein konnten. Mit anderen Worten: Dass sich Zensur, Widerstand und Abwehr gegen Triebkräfte wenden, hatte Freud natürlich von Anfang an behauptet; nun aber bezeichnete er diese Kräfte als »triebähnlich«. Das war die eine große Veränderung, die er in *Das Ich und das Es* ausführlich darlegte, als er von den unbewussten Regionen des Ichs sprach und das Konzept des Über-Ichs einführte.

»Etwas vom Unbewußten«

Einen ähnlichen Inhalt dürfte der Vortrag gehabt haben, den Freud unter dem Titel »Etwas vom Unbewußten« auf dem internationalen Kongress im September 1922 hielt. Vom Vortrag ist nur eine Zusammenfassung erhalten (Freud, 1922f). Wann sie geschrieben wurde, bereits vor oder erst nach dem Kongress, ist nicht bekannt.

In diesem Vortrag konfrontierte Freud die Zuhörer mit seinem Entschluss, die Gleichsetzungen von »verdrängt« und »unbewusst« sowie von »Ich« und »vorbewusst« oder »bewusst« aufzugeben, und zwar deswegen, weil sie sich als »nicht durchführbar« erwiesen hätten (ebd.). Das hob die bisherigen Vorstellungen vom Ich und vom Unbewussten aus den Angeln, mit denen die Schüler jahrzehntelang gearbeitet hatten. Freud gab zwei Gründe an. Zum einen die Tatsache, dass der Widerstand unbewusst ist – was allerdings keine Neuheit war. Der andere Grund war weitgehend neu, nämlich die »Tatsache« der unbewussten Schuldgefühle.[23] Für sie hatte es bisher keinen Platz im Modell des Psychischen gegeben. Nun wurde ihnen, ähnlich wie dem Widerstand, zugestanden, sie würden sich »wie das verdrängte Unbewusste« benehmen (ebd.). Auch das eine Annahme, die der bisherigen Theorie zuwiderlief, denn Schuldgefühle und moralische Motive wurden nun mit Triebkräften gleichgesetzt. Sie konnten ebenso mächtig und wirksam und im gleichen Maß an der Symptombildung beteiligt sein wie libidinöse Regungen; darüber hinaus konnten sie ebenso unbewusst und dem Ich verborgen sein, wie man es bislang von den libidinösen Triebregungen angenommen hatte.

Isidor Sadger, ein langjähriger Freud-Schüler seit den 1890er Jahren, der am Berliner Kongress teilgenommen hatte, schrieb in seiner Autobiografie, es sei Freud im Vortrag gelungen, die Veränderungen der Theorie so zu vermitteln, als hätten die Zuhörer die Neuigkeiten schon längst gewusst (Sadger, 2006, S. 18f.). Das deckt sich mit der Art und Weise, wie das Modell von Ich, Es und Über-Ich im Allgemeinen dargestellt wird, nämlich als konsequenter, gut begründeter Schritt der Theorieentwicklung, der die bisherige Theorie sozusagen »verbesserte«, ohne dass irgendwelche Abstriche gemacht oder Konzepte verändert werden mussten. Insofern hat die interne Geschichtsschreibung genauso reagiert, wie Freud gehofft hatte. Auf der Strecke blieb, dass er grundlegende Annahmen revidiert hatte, ähn-

---

[23] Zur klinischen Begründung des Strukturmodells siehe May, 2014.

lich wie bei der vormaligen Veränderung der Theorie durch die Einführung des Narzissmus oder bei der Einführung des Todestriebs. Immer verstand es Freud, Neuerungen so darzustellen, als fügten sie sich problemlos in die bisherige Theorie ein.

Der Entwurf von *Das Ich und das Es*

Die große Revision, die Freud auf dem Kongress angekündigt hatte, wurde in *Das Ich und das Es* (1923b) durchgeführt. Sie ging weit über die Andeutungen in den »Bemerkungen« und dem eben geschilderten Kongressvortrag hinaus. Jones meinte in seiner Freud-Biografie: »Auch im Jahre 1922 schrieb Freud nicht viel; aber in Gedanken beschäftigte er sich schon stark mit dem bedeutenden Buch ›Das Ich und das Es‹« (Jones III, S. 112). Das entspricht nicht ganz der Sachlage. Vielleicht wusste Jones auch nicht, dass Freud schon im Sommer 1922 in Bad Gastein einen Entwurf von *Das Ich und das Es* verfasst hatte, der bereits alle wichtigen Gedanken der Endfassung enthielt. Dieser Entwurf wurde erst vor Kurzem veröffentlicht (Freud, 2018).

Zur Werkgeschichte

Freud begann den Entwurf von *Das Ich und das Es* am 23. Juli und beendete ihn am 8. August. Diese Daten notierte er auf dem handschriftlichen Manuskript, desgleichen die Daten der nachfolgenden Reinfassung; sie wurde am 24. August begonnen und am 2. September 1922 beendet (Freud, 2018).[24] Nach dem Kongress ließ er den Text liegen und arbeitete erst im Februar 1923 noch einmal daran (F/Fer III.1, S. 150; AF/A-S, S. 151).[25] Ende Februar ging der Text in den Druck und erschien in der

---

24 Zu Details der Werkgeschichte, die spätestens im April 1921 begann, als Freud eine Skizze des neuen Modells an Groddeck schickte, siehe das Kapitel über 1921 und die editorischen Vorbemerkungen zum Erstabdruck des Entwurfs von *Das Ich und das Es* (Freud, 2018).

25 Mit »AF/A-S« wird der Briefwechsel zwischen Anna Freud und Lou Andreas-Salomé abgekürzt. – Am 15. Februar 1923 teilte Anna Freud Andreas-Salomé mit, *Das Ich und das Es* solle »in 2 bis 3 Wochen überarbeitet sein und in Druck kommen«; ihr Vater schreibe gerade daran (AF/A-S, S. 151). Dass der Text bereits im Dezember 1923 mehr oder weniger fertig war, geht aus einer Bemerkung Anna Freuds vom 16. Dezember 1922 hervor, sie habe *Das Ich und das Es* schon »vor ein paar Wochen gelesen« (ebd., S. 120).

letzten Aprilwoche 1923 als Broschüre im *Internationalen Psychoanalytischen Verlag* (RB 4, S. 80). Da die Reinschrift aus dem Sommer und Herbst 1922 nur in geringem Umfang von der Druckfassung abweicht, wird sie bereits hier, im Kapitel über das Jahr 1922, erörtert, wie immer ausschließlich im Hinblick auf unsere Fragestellung.

Da kein Schüler in der Lage war, sofort auf Freuds Schrift zu reagieren, wird ihre Rezeption im Kapitel über das Jahr 1923 behandelt, als erste Äußerungen laut wurden. Hier nur so viel, dass Eitingon den Entwurf im September 1922 von Freud erhalten hatte und ihn nach Berlin mitnahm (L & K, S. 170).[26] Sowohl er selbst als auch Abraham und Sachs könnten den Text also im Herbst 1922 gelesen haben. Es ist jedoch aus dem Herbst und Winter 1922 kein einziger Brief eines Komitee-Mitglieds bekannt, der eine Bemerkung über das Manuskript enthielt. Auch Freuds Veränderungen der Theorie, die er im Kongressvortrag angekündigt hatte, werden in den Briefwechseln mit den Mitgliedern des Komitees nicht berührt.[27]

Vermutlich brauchten die Schüler aus dem engsten Kreis Zeit, bis sie sich gefasst hatten. Vielleicht waren die Berliner Kollegen auch durch die Vorbereitung des Kongresses zu sehr in Anspruch genommen, sodass sie keine Zeit zur Lektüre fanden. Falls Freud das Manuskript, von dem es, wie damals üblich, nur ein einziges, nämlich das originale handschriftliche Exemplar gab, nach dem Kongress wieder nach Wien mitnahm, hätte es den Berlinern auch nur für kurze Zeit zur Verfügung gestanden. Das Manuskript war jedenfalls Mitte oder Ende November 1922 wieder in Wien (AF/A-S, S. 120).

Zur Stellung der Aggression

Ein wichtiger klinischer Ausgangspunkt der Veränderungen in *Das Ich und das Es* war die neue Einschätzung der Bedeutung der Schuldgefühle, die sich Freud bei der Analyse der Strafträume aufgedrängt hatte (May, 2014). Die Schuldgefühle, das »Höchste am Ich«, wurden nun wie er-

---

26 Anna Freud schrieb am 6. September 1922 an Andreas-Salomé: »Papas Arbeit ist fertig; Dr. Eitingon hat sie entführt, gerade als ich sie zu lesen bekommen sollte, aber für Berlin ist sie mir als nächster versprochen« (AF/A-S, S. 73). Die beiden wollten sie während des Kongresses in Berlin lesen, kamen aber nicht dazu (ebd., S. 75).

27 Zu den Reaktionen von Stärcke und Pfister, die beide nicht dem Komitee angehörten, siehe weiter unten.

wähnt mit dem »Tiefsten«, den verpönten Triebregungen, gleichgesetzt, und zwar insofern, als beide unbewusst sein und als unbewusste Kräfte auf psychische Prozesse einwirken und an der Symptombildung beteiligt sein konnten. Das war die eine Veränderung gewesen, deren Grundzüge Freud im September 1922 auf dem Kongress bekannt gegeben hatte. Die zweite bezog sich auf den Begriff des Unbewussten. Er wurde nun erweitert und durch das Es ersetzt. Diesem Es gehörten sowohl unbewusste Schuldgefühle und verdrängte Triebregungen an als auch das phylogenetisch erworbene Unbewusste und die Urfantasien, ferner alle Motive der Abwehr, unter ihnen die moralischen. Sie wurden dem Ich-Ideal oder dem neuen Konzept des »Über-Ichs« zugerechnet. Die psychische Kraft all dieser Faktoren hielt Freud nun für gleich stark wie jene der Triebregungen. Die Kraft des Über-Ichs, der triebregulierenden und triebverdrängenden Prozesse, leitete Freud aus der Identifizierung mit dem Vater oder den Eltern ab.

Welchen Platz die Aggression im neuen Modell erhielt, ist nicht leicht zu erkennen. Die Kraft und Macht, die Freud dem Über-Ich oder den postödipalen Identifizierungen zuschrieb, war jedenfalls nicht pur aggressiver Natur. Die Identifizierungen sollten ja den rivalisierenden, gegen den Vater oder die Eltern gerichteten Regungen ein Ende bereiten. Nicht einmal die präödipale, narzisstische Identifizierung, die Freud in »Trauer und Melancholie« (1916–17g) eingeführt hatte, war ein Akt der Aggression, sondern kam »aus Liebe« zustande (Prot. 4, S. 271). Das Problem der Depression bestand nach Freuds Auffassung gerade darin, dass das Objekt nicht gehasst und die Liebe zu ihm nicht aufgegeben werden konnte. Erst sekundär, auf einem »Umweg«, wird mit der Selbstquälerei Rache am Objekt geübt. Andererseits soll das Über-Ich (ebenso wie das Präkonzept der narzisstischen Identifizierung) in der Depression Aggression »verwenden« und gegen das Ich »mit schonungsloser Heftigkeit [wüten], als ob es sich des ganzen im Individ[uum] verfügbaren Sadismus bemächtigt hätte« (1923b, S. 319). Vielleicht lassen sich diese Thesen auf den Nenner bringen, dass die Aggression oder die Aggressionstriebe kein Agens sind, sondern einer Instanz, dem Über-Ich, unterstellt. Sie haben einerseits genug Kraft, um sich gegen sexuelle Regungen zu wenden, sind aber andererseits nur Diener oder Instrumente, die von einer anderen »Instanz« verwendet werden. Dazu kommt, dass sie nur dann zur Aggression im engeren Sinn werden, wenn sie gegen Objekte gerichtet werden, die »außerhalb« des Ichs liegen. Denn die Wendung nach außen ist ihnen nicht inhärent, sondern wird von Eros vollzogen.[28] Dieser Grundgedanke – der eigentlich den Status eines Bildes hat – war außerordentlich verblüffend und wurde nur von wenigen Schülern aufgegriffen. Freud aber war es ernst damit. Er wollte, dass die libidinösen Regungen nach wie vor im Zentrum standen. Auch wenn er nun plötzlich von Aggressionstrieben sprach, standen sie in seinen theoretischen Überlegungen unter der Herrschaft von Eros und mussten seinen Befehlen folgen.

Eine letzte Bemerkung zu den Schuldgefühlen. Freud band sie in *Das Ich und das Es* erwartungsgemäß weder an die orale noch an die anale Stufe. Er sprach lediglich davon, dass es sich bei der Identifizierung um eine »Art von Regression zum Mechanismus der oralen Phase« handeln »könnte« (ebd., S. 297). Schuldgefühle kamen seiner Auffassung nach erst im Kontext des Ödipuskomplexes auf. Solange das Kind nur den Eltern zuliebe auf Triebbefriedigungen verzichtet, ist das, wie er Jahre vorher dargestellt hatte (1916–17e), als Anfang einer libidinösen Besetzung der elterlichen Liebesobjekte zu werten, als Reduktion des eigenen Narzissmus, als Entgegenkommen oder Liebesbeweis, auch als Zeichen der Abhängigkeit, aber nicht als moralischer Akt im engeren Sinne.

In diesem Zusammenhang gab Freud eine Erklärung der sogenannten »sozialen« Regungen, die später wieder verloren ging. Wie er in der *Massenpsychologie* dargestellt und in »Über einige neurotische Mechanismen« (1922b) wiederholt hatte, stammten sie aus der Überwindung der eifersüchtigen Geschwister-Rivalität. Zuerst sei die Beziehung zu den Geschwistern vom Typus der »zärtlichen Objektwahl« (1923b, S. 304, S. 22f.). Die zärtliche Beziehung werde im Umfeld der ödipalen Konstellation von einer aggressiv-feindseligen Eifersucht abgelöst, die dann durch Identifizierung mit den einstigen Rivalen überwunden werde. Ähnlich wie die Herleitung der Identifizierungen mit den Eltern beginnt auch diese mit prä-ödipalen, libidinös-zärtlichen Impulsen.

Wie Freud im Vorwort von *Das Ich und das Es* einräumte, streifte er in dieser Schrift Theorien, »die von Nicht-Analytikern oder ehemaligen

---

28 Unter anderem erwog Freud nun die Annahme einer verschiebbaren, indifferenten, qualitätslosen Energie. Sie sei weder als libidinös noch als destruktiv vorzustellen, sondern als »desexualisierter Eros« (1923b, S. 311). Die anschließende Argumentation ist hochkomplex. Alle Überlegungen laufen jedoch wieder darauf hinaus, Eros als zentralen Akteur zu behalten: Eros leitet die Todestriebe nach außen und wendet sie gegen die Objekte; Eros vermischt sich mit den Todestrieben; Eros stellt das Reservoir an indifferenter Energie bereit.

Analytikern auf ihrem Rückzug von der Analyse aufgestellt wurden« (ebd., S. 282; 2018, S. 9). Freud nennt keine Namen, kann aber nur Adler und Jung meinen, vielleicht auch Stekel, jene Kollegen, deren Entfernung aus der Wiener Gruppe und der *Internationalen Psychoanalytischen Vereinigung* er in den Jahren vor dem Krieg (1911–1914) zusammen mit Ferenczi, Abraham, Jones, Sachs und Rank aktiv betrieben hatte. Nun kam er Adler wieder näher, weil er der Aggression mehr Raum gab. Er verstand unter Aggression aber etwas anderes, nämlich eine ursprünglich gegen das Ich und gegen die libidinösen Triebregungen gerichtete Kraft. Die Aufnahme der Urfantasien und der »archaischen Erbschaft« ins Es brachten ihn in eine größere Nähe zu Jung und dessen Konzept des kollektiven Unbewussten.

Als ihn der holländische Analytiker und Preisträger August Stärcke, dessen Arbeiten oben vorgestellt wurden, unmittelbar nach dem Berliner Kongress auf die veränderte Einstellung gegenüber Jung ansprach, schrieb ihm Freud am 14. November 1922, er würde eine Annäherung an Jung »nicht verabscheuen«.[29] Im Vorwort von *Das Ich und das Es* formulierte er es so:

> »Wenn die Psychoanalyse gewisse Dinge bisher nicht gewürdigt hat, so geschah es nie darum, weil sie deren Leistung übersehen hatte oder deren Bedeutung verleugnen wollte, sondern weil sie einen bestimmten Weg verfolgt, der noch nicht so weit geführt hatte. Und endlich, wenn sie dahin gekommen ist, erscheinen ihr die Dinge auch anders als den anderen« (1923b, S. 282).

Stärcke konnte die Veränderungen der Theorie, die er Freuds Vortrag entnommen hatte, nur mit Mühe aufnehmen und brach möglicherweise auch

---

29 Die Stelle lautet: »Was nun die Annäherung an Jung betrifft, so soll mich der trügliche Anschein einer solchen gar nicht stören, auch Sie nicht. Es ist nicht zu vermeiden, dass man auf ähnlich klingende Worte stößt, wenn man dasselbe Objekt angreift, und es geht nicht an, ständig der Moral oder dem ›männlichen Protest‹ auszuweichen, weil Jung u Adler misverständliche Dinge über beide publiziert haben. Sie liegen jetzt auf meinem Weg, wo sie früher nicht waren […]. Wenn Sie dann im ›Ich und Es‹ sogar eine Analogie zu Jung's persönlichem und generellem Ubw finden, so denken Sie, dass ich meine Erfahrungen konsequent entwickelt, weder einen Rückschritt noch eine Konzession gemacht habe, u wo sich eine Annäherung an Jung herstellt, sie weiter nicht verabscheue. Was ihn von uns endgiltig trennt, sind seine Tendenz und die Unterschätzung des Infantilen, die zur Vernachlässigung der Infantilanalyse u zur Verleugnung des Oedipus Komplexes führte« (zit. n. May, 2017b, S. 131f.).

ihretwegen den Kontakt zu Freud ab. Er war in den Jahren der Auseinandersetzung zwischen Freud und Jung in der holländischen Gruppe mit Vehemenz gegen die Anhänger Jungs aufgetreten, sodass es ihm schwerfiel, sich nun auf eine Hinwendung zu Jung einzustellen (May, 2017b). Andere Freud-Schüler waren vom Kongressvortrag Freuds sehr angetan. Pfister beispielsweise schrieb im Oktober 1922 an Freud, er habe sich »ganz besonders« gefreut, dass dieser »nun das Ubw. als moralische Größe entdeckt« habe (F/Pf, S. 168). Groddeck wiederum hatte sich sehr geärgert. Er hatte auf dem Kongress selbst über »sein« Es sprechen wollen und wurde nun damit konfrontiert, dass Freud seinen Begriff, zumindest die Bezeichnung, übernommen hatte, ohne dass er vorher davon informiert worden war (F/Gr, S. 176–185).

Zuletzt eine Erläuterung, was Freud in dieser Zeit in der Praxis unter »Aggression« verstand. Das Beispiel stammt aus der Analyse von Joan Riviere, über die Freud ausführlich mit Jones korrespondierte.[30] Riviere hatte am 25. Februar 1922 eine Analyse bei Freud begonnen, nachdem die Behandlung bei Jones wegen nicht mehr zu bearbeitender wechselseitiger Verstrickungen abgebrochen werden musste (F/Jo, S. 457). Riviere blieb bis Juli 1922 bei Freud und setzte die Analyse nach den Sommerferien von September bis Dezember 1922 fort. 1924 kehrte sie für sechs Wochen zu Freud zurück. Möglicherweise gewann Freud sein neues Verständnis der Aggression in dieser Analyse. Anton Kris (1994) hat jedenfalls gezeigt, dass einige fast wortgleiche Bemerkungen Freuds in den Briefen an Jones und in *Das Ich und das Es* darauf schließen lassen, dass die Analyse von Riviere eine entscheidende Rolle bei der Revision der Theorie spielte.[31]

Kurz zusammengefasst, war die Analyse bei Jones gescheitert, nachdem sich dieser von Riviere zu Unrecht angegriffen gefühlt und sie als sehr aggressiv erlebt hatte. Ihre Analyse war, wie er an Freud schrieb, »the worst failure I have ever had« (F/Jo, S. 453). Riviere fühlte sich ihrerseits von Jones schlecht behandelt und nicht verstanden. Wie bereits erwähnt, nahm Freud Riviere anders wahr. Sie sei, wie er nach einem Monat Analyse an Jones schrieb, »half as black as you had painted her« (ebd., S. 464). Drei Monate später, im Juni 1922, teilte er Jones mit, wie er Rivieres Problematik

---

30 Siehe F/Jo, S. 453f., 457f., 464–466, 468, 470, 475, 478f., 481–486, 488f., 491f., 494, 504.
31 Zu Kris siehe Plenker, 2000; zu Freud, Riviere und Jones siehe Hughes, 1991, 1992; Appignanesi & Forrester, 1992, S. 487–492; Gast, 1996; Bakman, 2006, 2009. Riviere befreundete sich später mit Klein und schloss sich ihrer Theorie an.

verstand und wie er sich ihr gegenüber in der Analyse verhielt. Er bemühe sich aktiv darum, ein freundliches Wohlwollen aufrechtzuerhalten, was Jones nicht gelungen sei (ebd., S. 484). Jones habe ferner versäumt zuzugeben, dass ihre Vorwürfe »berechtigt« waren. Das sei aber notwendig und erst dann könne die Analyse fortgeführt werden (ebd.). Rivieres Aggressivität verstand Freud als Ausdruck eines unbewussten Schuldgefühls und einer Wendung von unbewussten Selbstvorwürfen nach außen.[32] Riviere werfe sich vor, ihre eigenen überhöhten Ideale nicht erfüllen zu können, projiziere ihre Selbstkritik auf andere, verhalte sich sadistisch und versuche, andere unglücklich zu machen, weil sie selbst es sei (ebd.). Es handle sich um einen unbewussten unversöhnten Konflikt zwischen Ich und Ich-Ideal, um ein narzisstisches Problem, das zum neurotischen hinzukomme.

Wie immer man die Triftigkeit von Freuds Erklärung einschätzen mag, so geht aus seinen Mitteilungen an Jones noch einmal hervor, was er mit der abstrakt klingenden theoretischen Formulierung meinte, der Sadismus habe einen sekundären Charakter. Er verstand die gegen Objekte (oder gegen den Analytiker) gerichtete Aggressivität als Oberfläche, hinter der sich das Wüten des Über-Ichs gegen das Ich verbirgt. Die gegen andere gerichtete Aggression ist in diesem Fall nichts »Tiefes«; tief liegen vielmehr die selbstdestruktiven Regungen. Zugleich räumte Freud ein, sich auch jetzt, im Juni 1922, noch nicht darüber im Klaren zu sein, wie man mit einer Problematik wie der Rivieres umgehen solle (ebd., S. 484, 491). Das hieß: Er führte die Schwierigkeiten der Analyse auf Mängel seiner eigenen Theorie zurück, während Jones den Grund für das Scheitern der Analyse der Analysandin angelastet hatte.

Als Freud einige Wochen später mit der Niederschrift des Entwurfs von *Das Ich und das Es* begann, war er, wie er meinte, in Bezug auf die Schwierigkeiten der Analyse einer solchen Problematik nicht entscheidend vorangekommen und betonte seine Skepsis gegenüber den Möglichkeiten der Analyse in Fällen von starkem unbewusstem Schuldgefühl. In der berühmt gewordenen Fußnote in *Das Ich und das Es* über das »entlehnte Schuldgefühl« warf er die Frage auf, ob unbewusste Schuldgefühle auf eine Identifizierung mit einem frühen Liebesobjekt zurückgehen könnten, von der das Schuldgefühl übernommen wurde, sodass es in der Analyse darum gehe, die libidinöse Beziehung zu diesem Objekt zum Vorschein zu brin-

---

32 Freud unterscheidet in den Briefen an Jones nicht zwischen Schuldgefühlen und Selbstvorwürfen.

gen (1923b, S. 316f., Fn. 1). An diese Äußerungen knüpften bald einige Schüler an und versuchten alternative Erklärungen der Schuldgefühle und stagnierender Analysen.

Das Jahr 1923

Freud musste sich 1923 wegen seiner Krebserkrankung ersten Operationen unterziehen. Sein Enkel Heinele starb. Freud erlebte, wie er selbst sagte, zum ersten Mal eine Depression. Im gleichen Jahr grenzte er sich ausdrücklich von Positionen ab, die einige seiner Schüler in Bezug auf die präödipalen Entwicklungsstufen einnahmen, und führte seinerseits ein letztes Mal eine neue Entwicklungsstufe der Libido ein, die phallische. *Das Ich und das Es* (1923) erschien, während einige Schüler aus dem engsten Kreis an eigenen großen Schriften arbeiteten, die sie in diesem Jahr abschlossen. Es handelte sich nicht nur um Aufsätze, sondern um umfangreiche monografische Abhandlungen: Abrahams *Versuch einer Entwicklungsgeschichte der Libido* (1924); Ferenczis *Versuch einer Genitaltheorie* (1924), Ranks *Das Trauma der Geburt* (1924) sowie Ferenczi und Ranks *Entwicklungsziele der Psychoanalyse* (1924). Das hatte es bisher lange nicht mehr gegeben: dass mehrere Schüler gleichzeitig in großen Publikationen eigene Positionen vertraten.[1]

Freuds erster und zweiter Einspruch gegen die Annahme präödipaler Kastrationsängste und -wünsche

Freud hatte sich in der »Geschichte der psychoanalytischen Bewegung« (1914d) explizit von Adler und Jung distanziert. Gegenüber Adler hatte er das Primat des Sexuellen verteidigt, gegenüber Jung die infantile Sexualität und den Ödipuskomplex. Kurz nach dem Ende des Kriegs sah er sich erneut veranlasst, darauf hinzuweisen, dass manche Teile seiner Theorie,

---

1 Es erinnert an 1911/12, als Adler (1912) und Jung (1911–12) selbstständige, von Freud abweichende Positionen publizierten.

insbesondere der Ödipuskomplex, nicht zur Diskussion stünden. Das ging bereits aus einem Zusatz zur vierten Auflage der *Drei Abhandlungen* hervor, den er im Mai 1920 angebracht hatte. Wie oben erwähnt bezeichnete er in diesem Zusatz die Anerkennung des Ödipuskomplexes als das Schibboleth, das »Anhänger« und »Gegner« der Psychoanalyse voneinander trennt (1905d, S. 129, Fn. 2). Im Vorwort zu dieser Auflage hatte er ferner darauf aufmerksam gemacht, dass die »rein psychologischen Aufstellungen« der Psychoanalyse mehr Anerkennung gefunden hätten als das »an die Biologie angrenzende Stück der Lehre«, nämlich das sexuelle Moment (ebd., S. 45), das »dem Eros des göttlichen Plato« nahestehe (ebd., S. 46). Freud verwies nun, in der vierten Auflage, in mehreren Zusätzen auf Ergebnisse der sexualbiologischen Forschung, vor allem auf die Arbeiten von Lipschütz über die Wirkung von Sexualhormonen, die ihn tief beeindruckt hatten (May, 2013).[2]

Gleichzeitig hatte er in der Auflage von 1920 auf neue Einsichten in die Ätiologie psychischer Störungen aufmerksam gemacht. Er war ihm, wie ebenfalls bereits erwähnt, seit der letzten Auflage von 1915 gelungen, den Masochismus (1919e) und die weibliche Homosexualität (1920a), die den Perversionen zugeordnet waren, auf den Ödipuskomplex zurückzuführen. Damit war ihm ein unerwarteter Vorstoß in das Gebiet der Perversionen gelungen, der seine Vermutung bestätigte, dass der Ödipuskomplex nicht nur im Zentrum der Neurosen, sondern auch der Perversionen steht.

Freuds Botschaft kam bei einigen Schülern an. Ein Beispiel ist Sadgers *Lehre von den Geschlechtsverirrungen (psychopathia sexualis) auf psychoanalytischer Grundlage* (1921), ein 450 Seiten umfassendes Werk über die Perversionen, das als Gegenentwurf zu Krafft-Ebings *Psychopathia sexualis* angelegt war. In seiner Rezension hebt Felix Boehm lobend hervor, dass Sadger den Ödipus- und den Kastrationskomplex in der Ätiologie der Perversionen besonders betone (1923, S. 536). Auch Ferenczi und Rank hatten in Vorfassungen der *Entwicklungsziele der Psychoanalyse* darauf bestanden, dass der Ödipuskomplex der »Kernkomplex der Neurose« sei (Ferenczi & Rank, 1924, S. 54). Sie vertraten diese Auffassung dogmatischer als Freud selbst. Das heißt, dass erst jetzt, also zu Beginn der 1920er Jahre, die Sonderstellung des Ödipuskomplexes mit Nachdruck behauptet wurde. Und doch fuhr Freud fort, zu prüfen, ob sich die These vom Ödi-

---

2 Bekanntlich unterzog sich Freud selbst 1923 einer Steinach'schen Operation.

puskomplex als Kernkomplex der Neurosen oder gar der psychischen Entwicklung aufrechterhalten lasse.

Wenn man sich die nach dem Ersten Weltkrieg zu beobachtende Tendenz zur Dogmatisierung des Ödipuskomplexes vergegenwärtigt, verliert man leicht aus dem Blick, dass Freud es gewesen war, der die Erforschung der präödipalen Zeit begonnen hatte. Er hatte die narzisstische (1909/11), die anale (1913) und die orale (1915) Stufe sowie die Stufe der Identifizierung (1921) »entdeckt«. Es ist demnach unzutreffend, wenn man sagt, die Schüler seien es gewesen, die in den zwanziger Jahren einen Zugang zur Erforschung der präödipalen Entwicklung gefunden hätten.

»Die infantile Genitalorganisation«: Freuds erster Einspruch gegen die Vorverlegung der Kastrationsfantasie

In »Die infantile Genitalorganisation. Eine Einschaltung in die Sexualtheorie« (1923e) äußerte sich Freud gezielt über Bestrebungen seiner Schüler, die Konzepte des Ödipus- und Kastrationskomplexes auf frühere Entwicklungsstufen zu übertragen. Er schrieb den nur vier Seiten umfassenden Text im Februar 1923, publiziert wurde er im zweiten Heft der *Internationalen Zeitschrift*, das im Sommer 1923 ausgeliefert wurde.

Die Datierung der Niederschrift von »Die infantile Genitalorganisation« ist Jones' Freud-Biografie entnommen (Jones III, S. 125); ihr schloss sich Strachey in seiner editorischen Einleitung zu diesem Text an (Strachey, 1982b, S. 140). Jones gibt jedoch keine Quelle an, sodass die Datierung nicht gesichert ist.[3] Für Jones' Datierung spricht allerdings, dass Freud in diesem Text auf einen Beitrag von Ferenczi hinweist, der im ersten Heft der *Internationalen Zeitschrift* erschienen war.

»Die infantile Genitalorganisation« könnte ein Nebenprodukt von *Das Ich und das Es* gewesen sein, das Freud eben abschloss. Auch in anderen Fällen hatte er neue Einsichten aus längeren Abhandlungen ausgelagert

---

3 Das handschriftliche Manuskript des Texts in den Freud Papers der *Library of Congress* enthält kein Datum. Der Vergleich des Manuskripts mit dem Abdruck in der *Internationalen Zeitschrift* zeigt, dass der letzte Satz des Texts (»Die Vagina wird nun […]«, S. 171) in der Handschrift fehlt; er wurde also erst auf den Fahnen angebracht.

und gesondert publiziert: die »Infantilen Sexualtheorien« (1908c) aus dem »Kleinen Hans« (1909b) und die »Triebumsetzungen« (1916–17a) aus dem »Wolfsmann« (1918b). Er selbst gab im Titel an, dass der Beitrag eine Ergänzung und Korrektur der Sexualtheorie, also der *Drei Abhandlungen*, darstelle. Zugleich reagierte er, wie hier behauptet wird, in diesem Text auf das neuerliche starke Interesse seiner Schüler am Kastrationskomplex und an der Vorgeschichte des Ödipuskomplexes.

In den vorangegangenen Kapiteln wurde geschildert, dass mehrere Schüler in den Jahren nach dem Krieg Überlegungen zum Stellenwert und zur Bedeutung der Kastration entwickelten: als Erster und mit pointiert formulierten Thesen August Stärcke, der den Begriff der oralen Ur-Kastration geprägt hatte, danach Alexander mit der These, dass die Geburt als Kastration erlebt werde. Abrahams und Ophuijsens Arbeiten über den Kastrationskomplex der Frau und schließlich Ferenczis und Ranks im Sommer 1922 ausgerufene »Feldzug« gegen den Kastrationskomplex gehören ebenfalls in diese Reihe.

In »Die infantile Genitalorganisation« präzisierte Freud seine Vorstellungen von der Kastrationsangst und ihrer Lokalisierung in der psychosexuellen Entwicklung. Er führte eigens zu diesem Zweck eine neue Entwicklungsstufe ein: die phallische Phase. Sie sollte der ödipalen vorhergehen und psychische Prozesse umfassen, die sich von jenen der oralen und der analen Stufe einerseits und der ödipalen Stufe andererseits unterschieden. Anders als Ferenczi und Rank stützte sich Freud auf Eindrücke, die er in Analysen gewonnen hatte, vor allem darauf, dass es seiner Beobachtung nach für das Kind, zumindest für den Buben, nur ein einziges Genitale gibt, nämlich das männliche.[4]

Den Sachverhalt selbst hatte Freud schon früher mitgeteilt (1908b, 1909b), desgleichen die Art und Weise, wie Mädchen und Buben auf das Fehlen des Penis reagieren. Nun ordnete er ihn dem umschriebenen Zeitraum der phallischen Stufe zu. Sie beginnt, wenn sich die Neugier des Jungen auf den Penis richtet, einen sensiblen, sich verändernden und vor allem lustbereitenden Körperteil. Der Junge gehe, so Freud, davon aus, dass

---

4 Freud verweist in diesem Zusammenhang auf Ferenczis Mitteilung über die Bedeutung des Medusenhaupts (1923), das nach seiner und Ferenczis Auffassung das Erschrecken über das penislose Genitale der Mutter symbolisiert; siehe dazu Anhang B. Freud korrigierte die Behauptung bekanntlich später (1931b) und ließ sich von Schülerinnen und Analysandinnen überzeugen, dass es eine frühe Wahrnehmung der Vagina gibt.

alle Menschen und Lebewesen das gleiche Genitale haben wie er. Wenn er feststelle, dass es Lebewesen gibt, die keinen Penis haben, verleugne und beschönige er das zunächst, bis er die Erklärung finde, der Penis sei weggenommen worden, und zwar als Bestrafung für die Onanie. Erst dann bilde sich die Vorstellung einer Kastration, erst dann könne man von Kastrationsangst sprechen. Freud ließ den darauf folgenden Satz im Druck hervorheben: »Es scheint mir nur, *dass man die Bedeutung des Kastrationskomplexes erst richtig würdigen kann, wenn man seine Entstehung in der Phase des Phallusprimats mitberücksichtigt*« (1923e, S. 239).

Hier kommt klar zum Ausdruck, dass Freud den Kastrationskomplex an die phallische Phase binden wollte, an jene Zeit, in der seiner Auffassung nach Sexualneugier und Sexualinteresse einen ersten Höhepunkt, eine »dominierende Bedeutung«, erreichen (ebd., S. 238). Freud unterstreicht seine von Stärcke, Alexander und anderen Autoren abweichende Meinung durch eine Fußnote am Ende dieses Satzes:

> »Es ist mit Recht darauf hingewiesen worden, daß das Kind die Vorstellung einer narzißtischen Schädigung durch Körperverlust aus dem Verlieren der Mutterbrust nach dem Saugen, aus der täglichen Abgabe der Fäzes, ja schon aus der Trennung vom Mutterleib bei der Geburt gewinnt. Von einem Kastrationskomplex sollte man aber doch erst sprechen, wenn sich diese Vorstellung eines Verlusts mit dem männlichen Genitale verknüpft hat« (ebd., S. 239f.).

Freud nennt an dieser Stelle die Schüler nicht beim Namen, aber es ist keine Frage, dass er sich auf Stärcke (1921a), Alexander (1922) und alle Kollegen bezieht, die ihnen folgten. Er wird ihre Namen im gleichen Jahr in einer anderen Publikation erwähnen (1909b, S. 15, Fn. 2). Freuds Abgrenzung betraf auch die Schüler, die er 1921 und 1922 mit einem Preis ausgezeichnet hatte, nämlich Stärcke und Alexander. Im Nachhinein schienen ihm die von Stärcke postulierte orale Urkastration und die von Alexander angestellten Überlegungen über die Kastrationsbedeutung der Geburt so problematisch, dass er sie schlichtweg ablehnte. Insofern schloss er sich dem »Feldzug« Ferenczis und Ranks gegen den Kastrationskomplex an, wenn auch mit einer anderen Begründung. Wie er schon im Aufsatz über die »Triebumsetzungen« (1916–17a, S. 131) beschrieben hatte, *kann* die Defäkation als Verlust erlebt werden; insofern bereitet sie, wie er es ausdrückte, den Kastrationskomplex vor. Aber: Erst rückwirkend oder nachträglich werde das Abgeben der Fäzes als Kastration erlebt. Stärcke und Alexander hingegen waren davon ausgegangen, dass alle »Bedeutungen«, das heißt: alle Fantasien, Wünsche und Ängste, auch die der »Kastration«, von Anfang an vorhanden und wirksam sind. Das wies Freud nun explizit zurück. Die Unterscheidung zwischen männlich und weiblich spiele in der infantilen Sexualität noch keine Rolle. Nur die Differenz zwischen dem Vorhanden- und dem Nichtvorhandensein des Penis sei für das Kind relevant. Die Vorstellung oder Fantasie einer Kastration sei erst dann möglich, wenn der Penis ins Zentrum des libidinösen Interesses des Kindes gerückt sei.

Allerdings gab es hier ein Problem. Freud selbst hatte in der Geschichte des »Wolfsmanns« (1918b) und in *Das Ich und das Es* von phylogenetisch erworbenen unbewussten »Urphantasien« gesprochen und damit den Anschein erweckt, manche Vorstellungen oder Fantasien seien doch von Anfang an vorhanden, wenn auch nur als vage »Ahnung«. Er ließ die Positionen nebeneinander bestehen, die Annahme von Urfantasien einerseits und die von ihm beobachtete späte Realisierung des Erlebens der Kastrationsangst andererseits.

Bemerkenswerterweise erwähnt Jones in der Freud-Biografie gerade das Wesentliche an Freuds Aufsatz über die »Infantile Genitalorganisation« nicht (Jones III, S. 306f.). Jones referiert die Einführung der phallischen Phase und konstatiert, dass Freud die These, das weibliche Genitale werde vom Kind nicht entdeckt, später korrigieren musste.[5] Außerdem moniert er, dass Freud »nicht genügend in Betracht gezogen« habe, dass der Penis »eine Tendenz zum Stoßen und ein fast körperliches Suchen nach einem entsprechenden Gegenstück« besitze (ebd., S. 307). Jones ignoriert jedoch Freuds Absage an die Autoren, die das Erleben der Kastration auf die orale oder anale Stufe verlegten; sie wird von ihm mit keinem Wort erwähnt. Vielleicht weil sich Freuds Einspruch auch gegen ihn selbst, Jones, gerichtet hatte. Denn er hatte sich inzwischen Alexander angeschlossen, wie man einem 1923 erschienenen Beitrag zum dritten Heft der *Internationalen Zeitschrift* entnehmen kann, das dem 50. Geburtstag von Ferenczi gewidmet war. Dort hatte Jones die Geburt als »Quelle« des Kastrationskomplexes bezeichnet und hinzugefügt, dass das »letzte Forschungen« gezeigt hätten (Jones, 1923a, S. 265).

---

[5] Jones hat später selbst über die phallische Phase gearbeitet (1935) und eine andere Auffassung als Freud entwickelt.

Jones schreibt in diesem Aufsatz, der den Titel »Kälte, Krankheit, Geburt« (1923a) trägt, im Übrigen sich selbst die These zu, dass das Abgeben der Fäzes eine »Quelle« der Kastrationsangst bilde, und ignoriert Freuds oben erwähnte Bemerkung in den »Triebumsetzungen«.

> »Aus den letzten Forschungen haben wir gelernt, daß die Vorstellung der Kastration im Unbewußten viel weitere Zusammenhänge umfaßt, als man früher dachte [...]. Es [sind] drei andere wichtige Quellen, von denen dieser Komplex gespeist wird. Sie sind: Das Wegnehmen der mit dem Penis identifizierten Faeces (Jones), das Entwöhnen von der Brust (Staercke) und der Verlust des Körpers der Mutter bei der Geburt (Alexander)« (ebd., S. 265).

Jones trug »Kälte, Krankheit, Geburt« im Juli 1923 auf dem internationalen Kongress für Psychologie in Oxford vor, auf dem auch Abraham auftrat, während Ferenczi seine Teilnahme wegen der zunehmenden Spannungen zwischen ihm und Jones abgesagt hatte. Vielleicht hatte Jones zu diesem Zeitpunkt Freuds Aufsatz »Die infantile Genitalorganisation« aus dem zweiten Heft der *Zeitschrift* noch nicht gelesen, sodass er dessen Einwände noch nicht kannte. Aber als er die Freud-Biografie schrieb, waren sie ihm vertraut, sodass die Tatsache, dass er sie verschwieg, einer Absicht zugeschrieben werden muss.

Ein Zusatz zum »Kleinen Hans«: Freuds zweiter Einspruch gegen die Vorverlegung der Kastrationsfantasie

Freud wiederholte seine Zurückweisung der Vorverlegung der Kastrationsfantasie auf präphallische Entwicklungsstufen 1923 in der Krankengeschichte des »Kleinen Hans«, die er für die Aufnahme in die *Gesammelten Schriften* überarbeitete. Bei der Überarbeitung fügte er mehrere Zusätze ein.

Die Einfügungen müssen nach dem Abschluss der »Infantilen Genitalorganisation« und nach der Lektüre von Ranks *Trauma der Geburt*, also nach dem 5. Mai, formuliert worden sein.[6] Der späteste Zeitpunkt wäre der Dezember 1923, als der

---

6 Der »Zusatz 1923« ist von der »Nachschrift« zum »Kleinen Hans« zu unterscheiden. Letztere hatte Freud im Sommer 1922 in Bad Gastein verfasst (L & K, S. 146). – Die Zusätze von 1923, die Freud im »Kleinen Hans« anbrachte, betreffen Ranks *Trauma der Geburt*

achte Band der *Gesammelten Schriften*, in den die ergänzte Krankengeschichte aufgenommen wurde, »fast fertig« war (RB 4, S. 142); der Band erschien Anfang 1924 (Korr, 1924, S. 353).

Bereits in der ersten Auflage des »Kleinen Hans« (1909b) hatte Freud dargestellt, dass Hans im Alter von dreieinhalb Jahren den Kastrationskomplex »erworben« habe, als seine Mutter ihm drohte, den Penis abschneiden zu lassen, wenn er damit spiele (ebd., S. 15). An dieser Stelle fügte Freud 1923 folgenden Zusatz ein, der hier nach dem Wortlaut in der *Studienausgabe* (SA 8, S. 15) zitiert wird:

»(Zusatz 1923): Die Lehre vom Kastrationskomplex hat seither durch die Beiträge von Lou Andreas[-Salomé, 1916], A. Stärcke [1910], F. Alexander [1922] u. a. einen weiteren Ausbau erfahren. Man hat geltend gemacht, daß der Säugling schon das jedesmalige Zurückziehen der Mutterbrust als Kastration, d. h. als Verlust eines bedeutsamen, zu seinem Besitz gerechneten Körperteils empfinden mußte, daß er die regelmäßige Abgabe des Stuhlgangs nicht anders werten kann, ja daß der Geburtsakt als Trennung von der Mutter, mit der man bis dahin eins war, das Urbild jeder Kastration ist. Unter Anerkennung all dieser Wurzeln des Komplexes habe ich doch die Forderung aufgestellt, daß der Name Kastrationskomplex auf die Erregungen und Wirkungen zu beschränken sei, die mit dem Verlust des Penis verknüpft sind. Wer sich in den Analysen Erwachsener von der Unausbleiblichkeit des Kastrationskomplexes überzeugt hat, wird es natürlich schwierig finden, ihn auf eine zufällige und doch nicht so allgemein vorkommende Androhung zurückzuführen, und wird annehmen müssen, daß das Kind sich diese Gefahr auf die leisesten Andeutungen hin, an denen es ja niemals fehlt, konstruiert. Dies ist ja auch das Motiv, das den Anstoß gegeben hat, nach den allgemein vorfindlichen tieferen Wurzeln des Komplexes zu suchen« (1909b, S. 15f.).[7]

(1909b, S. 100), die Betonung der Differenz zwischen Adlers Aggressionstrieb und dem Todestrieb (ebd., S. 117) sowie die in *Das Ich und das Es* vorgenommene Neudefinition des Bewussten (ebd., S. 121).

7 In den *Gesammelten Schriften* wird für den Zusatz keine Jahreszahl angegeben (Band 8, S. 132). Sie wurde erst von Strachey bzw. den Herausgebern der *Standard Edition* eingesetzt (SE 10, S. 8) und dann in die *Studienausgabe* übernommen. Dabei sind Missgeschicke passiert. Erstens ist die Jahreszahl 1910 für Stärckes Beitrag unzutreffend, denn Stärcke hat seine These über den Kastrationskomplex 1921 veröffentlicht. Die biblio-

Freud brachte hier noch einmal zum Ausdruck, dass er den Autoren nicht zustimmte, die den Entzug der Brust (Stärcke), die Abgabe des Stuhls und die Geburt (Alexander) als Kastration bezeichneten.[8] Nun nannte er die Autoren beim Namen, ein seltener Schritt. Öffentliche Abgrenzungen findet man in Freuds Schriften meistens nur dann, wenn er mit einem Anhänger ganz und gar nicht einverstanden war. Dieses Mal richtete sich seine Ablehnung gegen Stärcke, mit dem ihn eine kollegiale Freundschaft verbunden hatte, gegen Alexander, einen jungen Kollegen, den er, wie man aus ihrem Briefwechsel entnehmen kann, sehr schätzte, und gegen Andreas-Salomé, zu der er eine langjährige und tiefe Beziehung unterhielt. Alle drei gehörten jedoch nicht zum allerengsten Kreis der Schülerschaft und der Funktionsträger der *Internationalen Vereinigung*, sodass sich Freud nicht vom innersten Führungskreis der eigenen Vereinigung distanzieren musste.

Der Inhalt des eben zitierten Zusatzes ist der gleiche wie jener der »Infantilen Genitalorganisation«. Wieder betont Freud, dass der Kastrationskomplex an das Sexuelle im engeren Sinn des Wortes gebunden werden soll, wie es sich auf der phallischen Stufe, im unmittelbaren Vorfeld des Ödipuskomplexes manifestiert. Auch diesen Zusatz unterschlug Jones in der Freud-Biografie, ein bedenklicher Vorgang, denn Jones gab Freuds Position nicht korrekt wieder, und zwar in Bezug auf eine These, die zum Kernbestand der Theorie gehörte.

Freuds Einführung der phallischen Phase betonte die Besonderheit der phallisch-ödipalen Stufe und war gegen jedwede These von einer ebenso großen Bedeutung der anderen präödipalen Stufen gerichtet. Mit der Hervorhebung des Ödipuskomplexes reagierte Freud unzweideutig auf Tendenzen der Schülerschaft, das Primat des Sexuellen und des ödipalen Konfliktes infrage zu stellen und andere Kräfte als die sexuellen »hinter« und »unter« den sexuellen zu sehen. Seine mahnenden Bemerkungen von 1923 blieben nicht die einzigen. In den nächsten beiden Jahren wird er sich

---

grafischen Angaben in der *Standard Edition* und der *Studienausgabe*, die sich auf Stärcke beziehen, sind ebenfalls nicht korrekt. Sein Aufsatz (dessen Titel richtig wiedergegeben wird), erschien nicht im ersten, sondern im siebten Band der *Internationalen Zeitschrift*.

8 Alexander betonte später, dass der Vorschlag, die Geburt als Vorläufer der Kastration zu sehen, von ihm stammte: »Ich kam damals [sc. in »Kastrationskomplex und Charakter« von 1922] zur Einsicht, dass der Kastrationserwartung nicht nur, wie Stärcke es annahm, die Abgewöhnung von der Mutterbrust eine affektive Unterlage schafft, sondern auch noch ein früheres unlustvolles Erlebnis: die Geburt, die Trennung von dem Mutterleib« (1925a, S. 449).

noch dreimal von den Schülern distanzieren und an der Sonderstellung des Phallisch-Ödipalen und damit am Primat des Sexuellen festhalten.

Freud hatte die »Infantile Genitalorganisation« im Februar 1923 geschrieben und in der gleichen Zeit das Manuskript von *Das Ich und das Es* zum Druck vorbereitet. Zuvor hatte er noch den Aufsatz über die Teufelsneurose (1923d) abgeschlossen, der für unsere Fragestellung nicht relevant ist.[9]

Danach beginnt Freuds Krankengeschichte mit dem ersten Eingriff am 21. April. Man entschied sich, Freud und seiner Familie die Diagnose nicht mitzuteilen.[10] Am 29. Juni starb Freuds Enkelkind Heinele. Aus dem Urlaub in Bad Gastein schrieb Freud im Juli an Ferenczi: »Ich habe noch nie eine Depression gehabt, aber das muß jetzt eine sein« (F/Fer III.1, S. 169). Er setzte seinen Urlaub in Lavarone fort, wo ihn die Komitee-Mitglieder besuchten, die in der Nähe zum ersten Mal ohne ihn tagten. Im September reiste Freud zusammen mit Anna für drei Wochen nach Rom. Nach der Rückkehr musste er sich am 4. Oktober einem großen Eingriff unterziehen, am 11. Oktober einem zweiten, gefolgt von einer Nachoperation am 12. November. Erst jetzt teilte man ihm mit, dass es sich um eine Krebserkrankung handelte. Zwischen den Operationen schrieb er den »Kurzen Abriß der Psychoanalyse« (1924f), im Dezember »Neurose und Psychose« (1924b).[11]

In beiden Texten bewegte sich Freud im vertrauten theoretischen Rahmen und gab weiterhin den sexuellen Wunschregungen den Vorrang, ohne andere Regungen unerwähnt zu lassen. So schreibt er beispielsweise, dass man die verdrängten Triebregungen »allgemein als böse« zusammenfassen könne, »vor allem aber« würden die sexuellen verdrängt (1924f,

---

9   Zum Datum der Arbeit an »Eine Teufelsneurose im siebzehnten Jahrhundert« siehe F/E, S. 319; AF/A-S, S. 138, 148; F/Fer III.1, S. 150.

10 Er könnte sie, wie Schur (1973) meinte, geahnt haben, da er im Mai an Ferenczi schrieb, er sei sich gewiss, »als Patient vom Arzt hintergangen zu werden« (F/Fer III.1, S. 163).

11 Zum Datum der Abfassung des »Kurzen Abrisses« siehe Jones III, S. 134; Strachey schloss sich Jones' Darstellung an (SE 19, S. 190). – Zum Datum von »Neurose und Psychose« siehe Jones III, S. 133. Der Text sei, so Jones, in den »letzten Monaten« von 1923 entstanden (vgl. Strachey: SE 19, S. 148). Wittenberger & Tögel datieren Freuds Arbeit an diesem Text auf den 1. November, ohne eine Quelle anzugeben (RB 4, S. 119, Anm. 2). Die zuverlässigste Angabe findet man in einem Brief Anna Freuds an Andreas-Salomé vom 20. Dezember 1923: »In den letzten Tagen hat er [Freud] einen ganz kleinen Aufsatz über die Beziehungen zwischen Neurose und Psychose geschrieben« (AF/A-S, S. 260).

S. 412). Es seien die »sexuellen Wunschregungen«, die eine »ungeheuer große Rolle [...] im Seelenleben« spielten, dem Sexualleben komme eine große »ätiologische Bedeutung« zu (ebd., S. 412, 413). Die Libido sei die zentrale Kraft, sowohl die auf Objekte gerichtete als auch die narzisstische (ebd., S. 420).

In »Neurose und Psychose« (1924b) gab Freud außerdem erste Beschreibungen der Übertragungsneurosen in den Begriffen des neuen Modells von Ich, Es und Über-Ich. Wieder sind es »Wunschversagungen«, die psychische Störungen auslösen (ebd., S. 335), womit nur libidinöse Wünsche gemeint sein können, jene »ewig unbezwungenen Kindheitswünsche, die so tief in unserer phylogenetisch bestimmten Organisation wurzeln« (ebd.).

Reaktionen der Komitee-Mitglieder auf *Das Ich und das Es* und auf Freuds Krebserkrankung

Die Schrift mit dem Titel *Das Ich und das Es* erschien in der Woche vom 23. April 1923 und wurde allen Komitee-Mitgliedern zugeschickt (RB 4, S. 80). In ebendiesen Tagen fand die erste Operation Freuds statt. Rank informierte die Kollegen im Rundbrief vom 1. Mai und erwähnte die Diagnose einer Leukoplakie (ebd.). Die Beunruhigung, die durch die Mitteilung ausgelöst wurde, dürfte erklären, dass zunächst keiner auf die Publikation von *Das Ich und das Es* reagierte. Im Vordergrund stand Freuds Gesundheit. Daneben gab es einen zweiten Grund: Abraham, Ferenczi und Rank arbeiteten exakt in dieser Zeit an ihren eigenen ersten großen Schriften.[12]

Als einziger Schüler hatte Ferenczi die Fahnen von *Das Ich und das Es* zur kritischen Lektüre erhalten (F/Fer III.1, S. 154). Er machte Freud unter anderem auf die problematische Formulierung eines »unbewussten Schuldbewusstseins« aufmerksam, die Freud daraufhin durch »unbewusstes Schuldgefühl« ersetzte (ebd., S. 154, 156, 158). Ferenczi verstand, dass

---

12 Die anderen beiden Mitglieder des Komitees, Sachs und Eitingon, hatten nie viel veröffentlicht. Ob Sachs sich über *Das Ich und das Es* äußerte, wissen wir nicht, da der Briefwechsel zwischen ihm und Freud nicht publiziert ist. Er referierte die Schrift immerhin zusammen mit Radó vor der Berliner Gruppe; siehe Korr, 1924, S. 106. Das Referat ist nicht erhalten. Zur Reaktion der Schüler auf *Das Ich und das Es* siehe auch Bentinck, 2020, S. 443–447.

Freuds Einsicht in den unbewussten Charakter der Ideale ganz neu war, und schrieb ihm: »Das wäre mir allerdings nie eingefallen, daß das ›Über-Ich‹ (infolge der unedlen Herkunft aus dem Erotischen) bewusstseinsunfähig werden kann. Sobald ich es aber las, war es mir sogleich selbstverständlich« (ebd., S. 158). Vermutlich sprach Ferenczi an Pfingsten (20./21. Mai) bei einem Besuch in Wien mit Freud über die neue Schrift. Danach teilte er ihm mit, er selbst wolle sich nun einer Schilddrüsenoperation unterziehen, was Freud mit den Worten kommentierte, er wolle nicht, dass Ferenczi »durch eine Identifizierung mit mir zu Schaden komme« (ebd., S. 165).

Zu diesem Eingriff kam es nicht. Im Oktober 1923 reagierte Ferenczi jedoch nach der großen Operation Freuds wieder mit einer kurzen Erkrankung. Gleichwohl blieben beide brieflich in Kontakt und setzten den Austausch über *Das Ich und Es* fort (ebd., S. 175f.). In den *Entwicklungszielen* kommen Ferenczi und Rank nur kurz auf diese Schrift zu sprechen (Ferenczi & Rank, 1924, S. 49). Sie weisen darauf hin, dass sie aus den Erfahrungen der Praxis erwachsen und als Versuch zu verstehen sei, die Theorie im Sinne der Praxis zu modifizieren (ebd.).[13]

Abraham reagierte auf *Das Ich und das Es* in seinem Geburtstagsbrief vom 3. Mai: »Ich bin gerade in der Lektüre Ihres Buchs begriffen […] und meine, es zeuge von einer so ungebrochenen Rüstigkeit, daß wir alle, die wir an Ihnen hängen, uns nur von Herzen freuen können« (F/A, S. 721). Über den Inhalt äußerte er sich nicht. Stattdessen unterrichtete er Freud von seinem Plan, in einem Beiheft den Kongressvortrag vom Oktober über die manisch-depressiven Erkrankungen und den Vortrag vom März 1923 über die Objektliebe zusammen zu veröffentlichen. Das war der Plan seines Hauptwerks, des *Versuchs einer Entwicklungsgeschichte der Libido*. Danach brach Abraham den Kontakt mit Freud ab. Aus der Zeit zwischen dem 3. Mai und dem 7. Oktober ist kein einziger Brief von ihm an Freud erhalten und es gibt keinen Hinweis darauf, dass ein Brief verloren gegangen wäre. Abraham reiste auch nicht nach Wien und sah Freud erst Ende August in Lavarone wieder. Nach diesem Treffen verging noch einmal ein Monat, bis er sich bei Freud meldete und ihr Briefverkehr wieder in Gang kam (ebd., S. 724).

Die ungewöhnlich lange Briefpause wird auf Freuds Erkrankung zurückzuführen sein, auf die Abraham nicht anders als mit Schweigen reagieren konnte. Dass es sich um eine Krebserkrankung handelte, erfuhr Abraham

---

13 Ferenczi und Rank hatten offensichtlich den Eindruck, dass ihre eigene Position mit der von Freud in *Das Ich und das Es* vorgetragenen übereinstimmte (F/Fer III.1, S. 176).

möglicherweise erst, als sich das Komitee Ende August in San Cristoforo traf. Bei dieser Gelegenheit besuchten die Komitee-Mitglieder Freud, der sich im nahegelegenen Lavarone aufhielt.[14] In der Zeit nach Lavarone und bis zu seinem Lebensende (Dezember 1925) äußerte sich Abraham in den Briefen an Freud nicht über *Das Ich und das Es*. Es fand nur noch ein einziges Gespräch zwischen ihnen statt, nämlich als Abraham Freud im August 1924 auf dem Semmering besuchte. Ob sie sich bei dieser Gelegenheit über *Das Ich und das Es* austauschten, ist nicht bekannt. Im *Versuch einer Entwicklungsgeschichte* rückte Abraham bei der Beschreibung des pathologischen Gewissens depressiver Patienten folgende Fußnote ein:

> »Kurz nach der Niederschrift dieses Teiles meiner Arbeit erschien *Das Ich und das Es* von Freud. In dieser Schrift findet sich eine so lichtvolle Darstellung des Vorganges, daß ich nur auf sie zu verweisen mag. Durch eine zusammenfassende Wiedergabe würde sie nur verlieren« (1924, S. 149, Fn.).

Das *Ich und das Es* blieb Abraham fremd.[15] Das ist gut nachvollziehbar, denn als er die Schrift im April 1923 zur Lektüre erhielt, war er selbst gerade dabei, seine eigene Theorie der psychischen Entwicklung und der Ätiologie psychischer Störungen zu formulieren. Es wäre unendlich aufwendig, vielleicht auch undurchführbar gewesen, sich zur gleichen Zeit mit Freuds Theorie auseinanderzusetzen, die ganz andere Zielvorstellungen verfolgte als seine eigene.

---

14 Es könnte sein, dass Abraham von Helene Deutsch informiert wurde. Sie war seit Januar 1923 bei ihm in Analyse. Ihr Ehemann Felix Deutsch war von Freud im April um eine Diagnose gebeten worden. Deutsch war sich sicher, dass es sich um eine Krebserkrankung handelte. Helene und Felix Deutsch unterhielten in der Zeit der Trennung einen Briefwechsel, der nicht publiziert ist, sodass wir nicht wissen, ob und wann sich Felix seiner Frau anvertraute. Laut Roazen, Helene Deutschs Biografen, sprach Felix Deutsch mit Helene im Sommer 1923 über Freuds Erkrankung (Roazen, 1989, S. 218). Wenn das zuträfe, könnte Helene es ihrem Analytiker Abraham mitgeteilt haben. Im Oktober schrieb Abraham an Freud: »Ich höre weiter von Deutsch über Ihr Ergehen, lieber Herr Professor« (F/A, S. 728). Wie die Herausgeber des Briefwechsels anmerken, wurde »von Deutsch« nachträglich eingefügt. Im Brief vorher hieß es in Zusammenhang mit der Frage nach Freuds Befinden: »Ich habe schon meine Quellen, aus denen ich höre, was mich interessiert« (ebd., S. 725).

15 Im Oktober 1925, kurz vor seinem Tod, begann Abraham an einem Aufsatz mit dem Titel »Psychoanalytische Bemerkungen zu Coués Verfahren der Selbstbemeisterung« (1926) zu arbeiten, in dem er versuchte, mit Freuds neuem Modell zu arbeiten.

Jones hatte *Das Ich und das Es* am 1. Mai erhalten und eine Reaktion angekündigt, musste sich jedoch im Mai selbst einer Blinddarmoperation unterziehen (F/Jo, S. 522). In einem Brief von Anfang Juli heißt es dann: »I read your *Ich und Es* with enormous interest. You take us into deep waters« (ebd., S. 524). Er müsse die Arbeit noch einmal lesen, bevor er etwas sagen könne. Das geschah nicht, obwohl Jones und Freud noch viele Briefe wechselten.[16] Jones' eigentliche Antwort kam viel später, nämlich 1926 in »Der Ursprung und Aufbau des Über-Ichs« (1926a), einem Aufsatz, in dem er eine Gegenposition zu Freud entwickelte, die in der These zum Ausdruck kam, das Über-Ich entstehe aus dem Hass und beruhe auf einer Identifizierung mit dem gehassten und nicht, wie Freud meinte, dem geliebten Elternteil.

Eitingon schließlich reiste, nachdem er von Freuds Operation erfahren hatte, sofort nach Wien und hielt sich dort von 3. bis 7. Mai auf. Er sprach mit dem operierenden Arzt (Hajek), der ihm die Krebsdiagnose mitteilte. Eitingon verschwieg sie gegenüber Freud, brach ebenso wie Abraham den Briefkontakt zu Freud ab und besuchte ihn in diesem Jahr nicht mehr. Zum Tod von Heinele schickte er nur ein Telegramm, was ihm Freud und die Familie lange übel nahmen (F/E, S. 329). Im August schrieb ihm Freud, und Eitingon antwortete kurz (ebd., S. 330). In zwei weiteren Briefen Eitingons von 1923 ist vom *Ich und Es* nicht die Rede. Ein geplanter Besuch bei Freud wurde aufgeschoben. Im Dezember erlitt Eitingon eine Fazialisparese und meinte, dass sie in einem Zusammenhang mit Freuds Befinden stehe (ebd., S. 335; RB 4, S. 145). Er nahm den Kontakt mit Freud erst im Februar 1924 wieder auf, als das Komitee vor der Auflösung stand.

Mit Rank wechselte Freud nur wenige Briefe, da sie sich ständig sahen. Die vorhandenen Briefe stammen aus den Zeiten, in denen sich beide nicht in Wien aufhielten und beziehen sich meistens auf den Verlag und die Zeitschriften. Rank besuchte Freud nach der großen Operation im November im Sanatorium. Freud erzählte ihm einen Traum, den Rank in einem Brief deutete. Er meinte, dass der Traum unter anderem davon handle, dass Freud fürchtete, die Leser würden *Das Ich und das Es* nicht verstehen. Darauf antwortete Freud mit seiner eigenen Deutung: Er selbst sei der »prahlerische Riese Goliath«, den ein junger David besiegen werde. Das könne, so Freud, heißen, »daß Sie der gefürchtete David sind, der mit

---

16 Jones erkrankte nach dem Treffen in San Cristoforo an einem schweren grippalen Infekt (F/Jo, S. 526).

einem Trauma d. [= der] Geburt die Entwertung meiner Arbeit durchsetzt« (L & K, S. 203).

Diese halb im Scherz vorgetragene Deutung deckte sich insofern mit der Wirklichkeit, als Ranks Buch *Das Trauma der Geburt* in der Tat viel Aufmerksamkeit auf sich zog, während *Das Ich und das Es* im inneren Kreis, wie eben beschrieben, zunächst kaum Reaktionen auslöste. Ferenczi, Jones und Eitingon bezogen ihre eigenen Erkrankungen auf Freuds schlechten Gesundheitszustand; Abraham und Eitingon verfielen Freud gegenüber in Schweigen; und alle, die Bescheid wussten, verheimlichten die Krebsdiagnose vor ihm. Es ergab sich die außergewöhnliche Situation, dass die engsten Schüler mit Ausnahme von Ferenczi außerstande waren, auf das neue theoretische Modell einzugehen. Im weiteren Kreis dagegen fand Freuds Schrift großes Interesse. Sie wurde in den psychoanalytischen Vereinigungen diskutiert, in Berlin von Radó und Sachs, in Zürich von Ernst Blum.[17]

Die jüngere Generation, die nach dem Ersten Weltkrieg zur Psychoanalyse gestoßen war, hatte weniger Probleme mit dem neuen Modell. Fenichel, Alexander, Radó, Jacobson, Loewenstein oder Benedek wuchsen in Berlin praktisch damit auf und empfanden es als anregend und zukunftsweisend. Sie konnten produktiv damit umgehen und führten jene Bezeichnungen für das Modell vom Ich, Es und Über-Ich ein, die sich bis heute erhalten haben, nämlich »Strukturtheorie«, »Strukturmodell« und »strukturelles Modell« (May, 2014).

Abrahams Gründungsschrift der »neuen« Psychoanalyse: *Versuch einer Entwicklungsgeschichte der Libido*

Für unsere Fragestellung ist zweifellos Abrahams *Versuch einer Entwicklungsgeschichte der Libido* die wichtigste Publikation, die 1923 entstand. Sie greift die Tendenzen zu einer »neuen« Psychoanalyse auf und berücksichtigt sie in einer umfassenden Theorie der psychischen Entwicklung und der psychischen Störungen. Wie die großen Schriften von Abrahams Kol-

---

17 Zur Veranstaltung in Berlin siehe Korr, 1924, S. 106; in Zürich siehe ebd., S. 118. In Wien hielt Nunberg 1924 »Seminaristische Übungen«, in denen er unter anderem *Das Ich und das Es* behandelte; siehe (Korr, 1925, S. 506). Die Tätigkeitsberichte der *British Psychoanalytical Society* von 1924 vermerken keine Diskussion. Rivieres Übersetzung von *Das Ich und das Es* erschien erst 1927.

legen, die ebenfalls 1923 abgeschlossen wurden – Ferenczis *Versuch einer Genitaltheorie*, Ranks *Trauma der Geburt* und Ferenczis und Ranks *Entwicklungsziele der Psychoanalyse* –, verstand sich der *Versuch einer Entwicklungsgeschichte* als Ergänzung, Erweiterung und Fortführung der Theorie Freuds. Alle bewegten sich weg vom Penis, vom Vater und vom Ödipuskomplex und hin zu Brust und Bauch der Mutter.

Es hatte natürlich immer schon Analytiker gegeben, die die Bedeutung der Mutter betont hatten. Die sogenannte »Mutterleibsphantasie«, der Wunsch, in den Leib der Mutter zurückzukehren, war in der Wiener Gruppe, wie bereits erwähnt, in den Jahren vor dem Ersten Weltkrieg als Deutungsschema verwendet worden. Nun aber schrieben die produktivsten und angesehensten Komitee-Mitglieder, Abraham, Rank und Ferenczi, dem Körper der Mutter und der Beziehung zu ihr eine mindestens ebenso große Bedeutung zu wie dem Ödipuskomplex. Trotz ihres ähnlichen Ansatzes hatten die Autoren nicht den Eindruck, dass sie sich in die gleiche Richtung bewegten, sondern man bezichtigte einander, wie noch dargestellt werden wird, der Abweichung, mangelnder therapeutischer Kompetenz und/oder eines neurotischen Charakters.

Zur Werkgeschichte

Abrahams Interesse galt von früh an der Depression und den manisch-depressiven Erkrankungen (May, 1997, 2010). Er hatte mehrere Arbeiten darüber geschrieben (1911, 1912b, 1916–17) und über die Jahre hinweg an seinem Eindruck festgehalten, dass sadistische Impulse, die er zuerst einer sadistischen Konstitution, dann der analen und danach der oralen Stufe zuordnete, eine große Rolle in der Ätiologie der Depression spielen. Freud war von diesen Überlegungen nicht angetan und hatte seinerseits die Bedeutung der regressiven narzisstischen Identifizierung und des Konflikts zwischen Teilen des Ichs hervorgehoben (1916/1917g, 1921c).

In einem Brief vom 13. März 1922 brachte Abraham seinen Ansatz zum wiederholten Mal zur Sprache. Er bezog sich auf Unterredungen, die er im Herbst 1921, vermutlich auf der Harzreise, mit Freud geführt hatte. Nun gewinne

> »einiges, worüber wir im Herbst sprachen [...], festere Gestalt. Sehr interessant erscheinen mir Parallelen zur Kleptomanie, die auch aus der oralen

Phase stammt und ein Abbeißen von Penis oder Brust darstellt. Das gleiche Ziel verfolgt auch die Regression der Melancholischen, nur in andrer Form« (F/A, S. 699).

Abraham hatte also im März 1922 erneut die orale Aggression, dieses Mal das Beißen und Abbeißen, im Blick, eine Formation, die für damalige Arbeiten von Kollegen in seinem Umfeld charakteristisch zu werden beginnt. Im Brief vom März 1922 fährt er fort: »Ganz eklatant ist das Insichaufnehmen des Liebesobjekts in meinen Fällen; ich kann für diese Ihre Auffassung sehr schönes Material beibringen, das den Hergang in allen Einzelheiten erkennen läßt« (ebd.). Auch dies ist eine für Abraham bezeichnende Art und Weise, Freuds Begriff der narzisstischen Identifizierung auszulegen, nämlich als Einverleibung, während der Aspekt der Verformung des Ichs durch die Identifizierung mit dem enttäuschenden Objekt keine Beachtung findet.

Auf dem internationalen psychoanalytischen Kongress in Berlin im Herbst 1922 hatte Abraham, wie im vorangegangenen Kapitel bereits erwähnt, seine Überlegungen zur Ätiologie der Depression in einem Vortrag mit dem Titel »Neue Untersuchungen zur Psychologie der manisch-depressiven Zustände« bekannt gegeben. Von diesem Vortrag ist eine Zusammenfassung erhalten, die den Stand der Theorie jedoch nicht genau erkennen lässt (Korr, 1922, S. 492). Nach dem Kongress arbeitete Abraham an einer Druckfassung und berichtete Freud im Januar 1923, der Text würde sich »auswachsen« und vielleicht zu einer Publikation als Beiheft der *Internationalen Zeitschrift* führen (F/A, S. 713). Bald darauf, am 27. März 1923, sprach er vor der Berliner Gruppe zum Thema »Anfänge und Entwicklung der Objektliebe« (Korr, 1923, S. 242). Der Vortrag stellte, so Abraham, eine Fortsetzung des Kongressvortrags dar und fand, wie es im Brief an Freud heißt, »in unserm Kreise außergewöhnliche Anerkennung« (F/A, S. 718). Das veranlasste ihn zu dem erwähnten Plan, beide Vorträge zu einer Broschüre zusammenzufassen (RB 4, S. 75).

Im Brief an Freud beschreibt Abraham, worum es ihm im Vortrag über die Objektliebe ging, nämlich um die »Aufklärung des Entwicklungsprozesses vom Narzißmus zur Objektliebe« (F/A, S. 718). Das zeigt, dass Abraham sich noch innerhalb von Freuds Terminologie und dessen Fragestellungen bewegte, denn das Voranschreiten vom Narzissmus zur Objektliebe war ein wiederkehrendes Thema von Freuds Arbeiten. Da Abrahams Vortrag nicht publiziert wurde, wissen wir nicht, wie weit seine eigenen Überlegungen im März schon gediehen waren. Einem Aufsatz von Balint (1935), der damals in Berlin an der Ausbildung teilnahm, können wir jedoch entnehmen, dass Abraham im März ein Schema der Libidoentwicklung formuliert hatte, das differenzierter war als das später im *Versuch* publizierte (Balint, 1935, S. 525; Abraham, 1924, S. 179). Es ist also gut möglich, dass Abraham schon im März 1923 die Entwicklungsstufen (oral, analerotisch-sadistisch, phallisch, ödipal-genital) in je zwei Unterstufen geteilt hatte.[18] Abraham ging es jedenfalls nicht nur um die Entwicklung vom Narzissmus zur Objektliebe, wie er an Freud schrieb, sondern er hatte etwas viel Größeres vor, nämlich eine eigene Entwicklungstheorie. In ihrem Zentrum stand der Weg von einer vorwiegenden »Objektfeindlichkeit« zu einer vorwiegenden »Objektfreundlichkeit«.

Freud antwortete Abraham, er freue sich sehr, dass seine

> »Paladine, Sie, Ferenczi, Rank in (i)Ihren [sic] Arbeiten immer fundamentale Dinge anpacken, anstatt sich mit irgendwelchen Ausläuferzierraten herumzuspielen. So also jetzt Sie mit der Objektliebe. Ich bin sehr neugierig es zu lesen, kann nicht entnehmen, wie weit Sie damit sind« (F/A, S. 720).

Auf diesen Brief reagierte Abraham erst Wochen später, als die Gratulation zu Freuds Geburtstag anstand. Nun schrieb er, er könne Freud nichts über seine neuen Funde mitteilen. Er wolle die »Grundideen« der von ihm geplanten Publikation über die depressiven Störungen und die Entwicklung

---

[18] Ein erstes Schema entwarf Abraham in der Tic-Diskussion (siehe das Kapitel über das Jahr 1921). Das im *Versuch* publizierte Schema hatte sechs Zeilen und drei Spalten (18 Kästchen). Die Zeilen bezogen sich auf die orale, analsadistische und genitale Stufe und enthielt für jede Stufe zwei Zeilen. Die Spalten bezogen sich auf die Stufen, den Modus der Objektliebe (vom Autoerotismus zur Objektliebe) und den Status der Ambivalenz (von Prä- zu Postambivalenz). Laut Balint enthielt das Schema vom März 1923 »dreimal so viel (9 gegen 3) parallele Reihen [...] als in der späteren«, die publiziert wurde (Balint, 1935, S. 525). In James Glovers Referat des *Versuchs einer Entwicklungsgeschichte* wird eine Kategorie erwähnt, die im Schema fehlt, aber im Text kurz gestreift wird (Abraham, 1924, S. 179), nämlich »inhibition of instinct«. Auf der ersten oralen Stufe gebe es keine Hemmung, auf der zweiten bestehe die Hemmung in der Angst, auf der ersten analen im Schuldgefühl, auf der zweiten analen in »sympathy« und Scham; in »modesty« auf der ersten phallisch-genitalen, in sozialen Gefühlen auf der zweiten (J. Glover, 1924, S. 329). Glover wird die zusätzlichen Angaben aus einem privaten Kontakt mit Abraham oder noch aus seiner Zeit in Berlin haben, als er bei ihm in Analyse war.

der Objektliebe beim Komitee-Treffen im August vortragen (ebd., S. 722). Abrahams Brief ist auf den 3. Mai datiert. Vielleicht hatte er bereits Ranks Komitee-Rundbrief vom 1. Mai über Freuds Erkrankung erhalten und äußerte sich deshalb nicht ausführlicher über seine neue Theorie. Vielleicht wollte er Freud die Mühe einer Lektüre ersparen. Nicht ausgeschlossen ist eine dritte Möglichkeit, nämlich dass er Freud nicht mit seiner Theorie konfrontieren wollte, weil es sich um eine wirklich neue, umfassende, anspruchsvolle Theorie handelte, wie er sie noch nie zuvor entwickelt hatte. Freud bedankte sich kurz für den Geburtstagsbrief. Danach bricht der Briefwechsel, wie schon gesagt, ab und wird erst im Oktober wieder aufgenommen. In dieser Pause stellte Abraham das Manuskript des *Versuchs einer Entwicklungsgeschichte der Libido* fertig.

Genauer lässt sich die Entstehung von Abrahams Grundideen nicht rekonstruieren. Wir wissen, dass er im Mai und Juni 1923 in der Berliner Gruppe Vorträge hielt, die Themen behandelten, die auch im *Versuch der Entwicklungsgeschichte* vorkommen, nämlich am 8. Mai »Zur Introjektion bei der Homosexualität« und am 30. Juni »Beiträge zur Psychologie der Melancholie« (Korr, 1923, S. 548). Aus der veröffentlichten Fassung eines Vortrags seines Analysanden Radó vom 5. Juni geht hervor, dass er die Unterteilung der oralen Stufe bekannt gegeben hatte. Radó schreibt über die Analyse eines Patienten mit einer Wolfsphobie: »In der Wolfsphobie geht die Regression auf die sadistisch-orale, in der Saugesituation auf die präambivalent-orale Organisationsstufe zurück, im Sinne der neuerdings von Abraham eingeführten Unterscheidung« (Radó, 1923, S. 380).

Therese Benedek berichtete in einem Interview mit Eissler, dass Radós Analyse bei Abraham im *Versuch einer Entwicklungsgeschichte* und in anderen Arbeiten Abrahams über die Oralität und die Depression vorkomme, desgleichen in Radós eigenen Publikationen zu diesem Themenbereich (Eissler & Benedek, 1953, im. 15f.). Radós Frau, die bei Ferenczi in Analyse war, starb im Januar 1923 während der Schwangerschaft an einer perniziösen Anämie (F/Fer III.1, S. 152; siehe Haynal, 2014). Ein solcher Fall wird im *Versuch einer Entwicklungsgeschichte* bei der Einführung der oral-aggressiven Stufe in der Tat erwähnt (Abraham, 1924, S. 128f.). Da Abraham das Konzept der oral-aggressiven Introjektion des Liebesobjekts nach dessen Verlust unter anderem auf eine »Erfahrung der jüngsten Zeit« zurückführt und der von ihm geschilderte Fall in allen Details zu Radó passen würde, könnte die Einführung der oral-aggressiven Stufe durch die Analyse von Radó mitbedingt gewesen sein.

Radós Aufsatz erschien im dritten Heft der *Internationalen Zeitschrift* und ist somit die erste Stelle, an der die deutschsprachige Leserschaft der *Zeitschrift* von den neuen Unterstufen der Oralität erfuhr. Den britischen Kollegen teilte Abraham die beiden Unterstufen in einem Vortrag mit, den er am 31. Juli 1923 in Oxford auf dem internationalen Kongress für Psychologie hielt (1923b).[19] Die englische Fassung des Vortrags erschien noch 1923, und zwar in dem bereits erwähnten *British Journal of medical Psychology*. Die deutsche Version wurde in den für die deutsche Leserschaft schwer zugänglichen *Proceedings and Papers of the Congress*, dem englischen Kongressbericht, veröffentlicht, der 1924 publiziert wurde. In der *Internationalen Zeitschrift* war Abrahams Vortrag nicht zu lesen. Erst in den *Psychoanalytischen Studien* (1969/71) wurde die deutsche Fassung publiziert.

Die erste von Abraham selbst stammende Publikation der beiden oralen Unterstufen – wenn auch noch nicht der Terminus »oralsadistisch« – erschien also in englischer Sprache und in jener Zeitschrift, zu deren Mitherausgebern Jones gehörte. Abraham spricht in diesem Text von einer ersten Unterstufe der oralen Phase, die von einem »Trieb zum Saugen«, und einer zweiten, die von einem »Trieb zum Beißen« beherrscht werde (1923b, S. 190). Auf der Stufe des Beißens gebe es »noch keine Hemmung, die der Zerstörung der Objekte Einhalt tut. Noch fehlt jede Anpassung des Kindes an die Außenwelt. Im Bereich der Ichtriebe herrscht vollkommen der Egoismus, wie im Bereich der kindlichen Sexualität der Narzißmus« (ebd.).

Es ist vermutlich kein Zufall, dass Abraham in diesem Vortrag von einem »Trieb zum Beißen« sprach und noch nicht vom »oralen Sadismus«, auch wenn beide Termini das Gleiche meinen. Abraham wusste ja, und hatte es mit Freud in Briefen oft genug erörtert, dass der Sadismus der sadistisch-*anal*erotischen Stufe zugeordnet worden war. In der Berliner Gruppe hatte Abraham, wie dem oben erwähnten Aufsatz von Radó zu entnehmen ist, im Frühjahr 1923 schon von einer »sadistisch-oralen« Stufe gesprochen. Der Vortrag in Oxford aber war ein öffentliches Ereignis, und das hielt Abraham möglicherweise davon ab, den neuen Terminus zu

---

19 Jones hatte Abraham die Möglichkeit verschafft, einen Vortrag zu halten. Freud hatte die Einladung nach Oxford abgelehnt, Ferenczi, wie bereits erwähnt, seine Teilnahme wegen der Querelen im Komitee abgesagt; siehe Fer/Jo, S. 87; F/Fer III.1, S. 164. Jones selbst hielt einen Vortrag mit dem Titel »The nature of auto-suggestion« (1923b), über den es wegen Ferenczis Plagiatsvorwürfen zu langanhaltenden Auseinandersetzungen im Komitee kam; siehe die betreffende Fußnote im Kapitel über das Jahr 1924.

verwenden. Dass die deutsche Fassung des Vortrags nicht in der *Internationalen Zeitschrift* publiziert wurde, ist ebenfalls bemerkenswert, gerade weil Abraham Neues mitzuteilen hatte. Den nächsten Schritt hin zur »oralsadistischen« Stufe vollzog Abraham dann im Herbst 1923, als er an der Endfassung des *Versuchs einer Entwicklungsgeschichte der Libido* arbeitete, sodass die (deutschsprachige) psychoanalytische Öffentlichkeit Abrahams Veränderung der Theorie nach Radós Ankündigung (Sommer 1923) Anfang 1924 erfuhr, als Abrahams Schrift ausgeliefert wurde. Zur weiteren Geschichte des Terminus siehe die Kapitel über die Jahre 1924 und 1925.

Nachzutragen ist, dass Abraham vor dem Oxforder Kongress am 25. Juli an einer Sitzung der *British Psychoanalytical Society* teilgenommen hatte und zum Ehrenmitglied ernannt worden war; diese Auszeichnung war zuvor auch Ferenczi und Rank zuteilgeworden (RB 4, S. 102). Danach verbrachte Abraham zusammen mit seiner Frau und dem Ehepaar Jones mehrere Urlaubstage in England; man fuhr übers Land (A/Jo, S. 70).[20] Die Herausgeber des Briefwechsels von Jones und Abraham halten diese Unternehmung für den »Höhepunkt der persönlichen Beziehung« zwischen beiden; »spätestens ab jetzt« sei die Beziehung »als enge Freundschaft zu bezeichnen« (ebd.). Wir können die Freundschaft nur aus Abrahams Dankesbrief (ebd., S. 71) erschließen und wissen ansonsten nichts über diese Reise, sodass wir nur vermuten können, dass sich Abraham durch die Festigung der Beziehung zu Jones zu den Veränderungen der Theorie ermutigt gefühlt haben könnte, die er danach vollzog. Nach der Rückkehr aus England begab sich Abraham nach Wolkenstein (Tirol) und schloss dort den ersten (und längeren) Teil des *Versuchs einer Entwicklungsgeschichte* ab, der den Titel »Die manisch-depressiven Zustände und die prägenitalen Organisationsstufen der Libido« trug und die »anal-sadistische Stufe« (mit zwei Unterstufen) einführte (1924, S. 128).

Beim anschließenden verhängnisvollen Treffen des Komitees in San Cristoforo händigte Abraham das Manuskript des ersten Teils Rank aus. Dieser betreute die Reihe *Neue Arbeiten zur ärztlichen Psychoanalyse*, in der die Schrift erscheinen sollte. In San Cristoforo machte Abraham die Komitee-Kollegen zudem mit dem zweiten Teil seiner Publikation bekannt, den Grundgedanken über die Entwicklungsgeschichte der Objektliebe. Darüber sprach er auch mit Freud, vermutlich bei jenem Besuch, den ihm die

---

20 Wenn Abraham und Jones am Tag nach der Sitzung aufbrachen, wären sie vom 26. bis 30./31. Juli unterwegs gewesen.

Gruppe in Lavarone abstattete (L & K, S. 200; F/A, S. 725). In ebendiesen Tagen war Felix Deutsch nach Lavarone gekommen, um Freud noch einmal zu untersuchen. Er war es dann auch, der dem Komitee und der ebenfalls anwesenden Anna Freud mitteilte, dass es sich bei Freuds Erkrankung um Krebs handelte. Das Komitee beschloss, Freud nicht zu informieren. Es kam damals zu heftigen Szenen. Unter anderem verlangte Rank, Jones wegen einer antisemitischen Bemerkung, die er über ihn, Rank, gemacht hatte, aus dem Komitee auszuschließen.[21]

Einen guten Monat später schickte Abraham den zweiten Teil des *Versuchs einer Entwicklungsgeschichte* nach Wien (RB 4, S. 109).[22] Er wusste, dass sich Freud in diesen Tagen einer zweiten Operation unterziehen musste. Nun erst wurde Freud die Krebsdiagnose mitgeteilt, deren Verheimlichung ihn und die Familie erboste. Nach fünfmonatiger Briefpause schrieb Abraham am 7. Oktober 1923 wieder direkt an Freud und versuchte, die Unterbrechung ihres Kontakts zu erklären. Er wisse, dass Freud seine »Zurückhaltung nicht anders auslegen würde, als sie gemeint war«, und verspreche, dass sein Brief »gar nicht auf Ihren Zustand eingehen, ja nicht einmal gute Wünsche enthalten soll, außer denen, die Sie zwischen den Zeilen lesen werden« (F/A, S. 724). Abraham fuhr fort, von seinen Erfolgen zu berichten: Die von ihm vorgeschlagene »Zweistufung der anal-sadistischen Phase« habe sich ebenso bewahrheitet wie seine Auffassung von der Objektliebe; außerdem habe Klein seine Vermutungen über die Entstehung der Depression bestätigt (ebd., S. 724–726).

In der ersten Oktoberwoche befand sich also das gesamte Manuskript des *Versuchs einer Entwicklungsgeschichte der Libido* in Wien. Am 4. und 11. Oktober wurde Freud operiert, am 12. November ein drittes Mal. Noch ins Sanatorium schickte ihm Rank die Fahnen von Abrahams Schrift und bat ihn, insbesondere den zweiten Teil durchzusehen, der nun »allerdings bereits wesentlich vereinfacht und weniger schematisiert« sei (L & K, S. 200).[23] Freud kommentierte das Manuskript in einem Brief an Abra-

---

21 Zu den Details siehe L & K, S. 192f.; Zienert-Eilts, 2013, S. 171.
22 Er hatte die Sendung im Rundbrief vom 3. Oktober angekündigt: »In den nächsten Tagen sende ich an Dich, l. Otto, den zweiten Teil des Manuskripts, dessen ersten ich Dir in Italien gab« (RB 4, S. 109). Es muss sich um den zweiten Teil des *Versuchs* handeln und nicht um »Zur symbolischen Bedeutung der Dreizahl« (Abraham, 1923c), wie die Herausgeber der Komitee-Rundbriefe meinen (RB 4, S. 109), da dieser Aufsatz zu diesem Zeitpunkt bereits erschienen war.
23 Siehe Balints Bemerkung über die Reduktion des Schemas in der Fußnote weiter oben.

ham, der bedauerlicherweise nicht erhalten ist. Wir kennen nur Abrahams Antwort vom 26. November, in der er sich dafür bedankte, dass Freud trotz seines »leidenden Zustandes Zeit und Mühe an die Durchsicht« gewendet habe (F/A, S. 729). Freud hatte sich anscheinend wohlwollend und lobend geäußert und nur an der Darstellung der Manie Kritik geübt. Abraham teilte Freud mit, dass er seine Bemerkungen inzwischen berücksichtigt habe (ebd., S. 730). Am 24. November schickte er einen Nachtrag zum Manie-Kapitel an Rank, der nun das Manuskript an die Druckerei weiterleitete (ebd.).[24] Ende Dezember 1923 wurde der *Versuch einer Entwicklungsgeschichte der Libido* ausgeliefert, versehen mit dem Aufdruck 1924.

In späteren Briefen kam Freud nicht mehr auf den *Versuch* zurück. Bis zu Abrahams Tod stand anderes im Mittelpunkt seines Interesses, nämlich Rank mit dem *Trauma der Geburt* und die *Entwicklungsziele der Psychoanalyse* von Ferenczi und Rank.

Abrahams Libido – eine objektfeindliche Kraft

Im Folgenden wird Abrahams Schrift unter dem Aspekt der Frage nach der Stellung der Aggression erörtert. Die Antwort ist simpel: Abraham versteht unter der Libido eine psychische Kraft mit intrinsisch aggressivem Charakter, die sich gegen die Liebesobjekte richtet. Damit ist die Frage eigentlich schon beantwortet.

Die Frage nach Abrahams Theoretisierung der Aggression stand im Zentrum einer Serie von Publikationen, deren Ergebnisse hier nicht wiederholt werden sollen (May, 1991, 1997, 2006, 2010, 2011a, 2012, 2017a). Sie haben Abrahams spezifische Aufmerksamkeit für das aggressive Moment und für die Bedeutung der Mutter, insbesondere der enttäuschenden oder als »böse« erlebten Mutter, gezeigt, und nebenbei auch für Schuldgefühle sowie die indirekte Ablehnung von Freuds Narzissmustheorie: wo Freud von Narzissmus spricht, spricht Abraham von Aggression.

Der wichtigste Unterschied zwischen dem *Versuch der Entwicklungsgeschichte* und Abrahams früheren Arbeiten besteht darin, dass sich Abraham

---

[24] Beim Nachtrag handelt es sich höchstwahrscheinlich um die kurze Vignette auf S. 159 (Abraham, 1924).

nun sicher ist. Er zögert nicht mehr, er äußert sich nicht mehr zurückhaltend und vorsichtig, sondern tritt mit Autorität auf und scheint keinen Zweifel mehr zuzulassen. Sein Berliner Vortrag über die Objektliebe (der spätere zweite Teil des *Versuchs*) vom März 1923 war, wie er berichtete, von den Kollegen positiv aufgenommen worden. Möglicherweise war das der letzte Anstoß zur Konzeption des großen Werks (F/A, S. 718). Von wem die Anerkennung kam, wissen wir nicht, auch nicht, wessen Anerkennung Abraham viel bedeutet haben könnte. Wir sehen aber Abrahams Veränderung. Er ist kein Schüler mehr, der sich vom Urteil des Lehrers abhängig fühlt, sondern tritt als Meister auf.

Begonnen hatte die Veränderung mit den bereits beschriebenen Erfolgen auf dem Herbstkongress 1922, der damit verbundenen Akquisition von besonders engagierten und klugen Kollegen (Radó, Fenichel, Ophuijsen), die sich für seinen theoretischen Ansatz erwärmen konnten, sowie dem beeindruckenden Auftritt der Berliner Poliklinik auf dem Kongress, der Verabschiedung der Berliner Statuten für die Ausbildung zum Psychoanalytiker, dem ersten Unternehmen dieser Art überhaupt, und schließlich auch der steigenden Anfrage nach Lehranalysen. All das könnte Abraham beflügelt haben, vielleicht auch, dass sich Helene Deutsch nach der Analyse bei Freud im Januar 1923 zu ihm in Behandlung begab. Es könnte sein Selbstgefühl gehoben und ihn dazu befähigt haben, seinen eigenen Zugriff auf den Gegenstand der Psychoanalyse zu formulieren.

Ausgangspunkt seiner neuen Theorie waren Eindrücke und Überlegungen zur Psychodynamik und Ätiologie der Depression und der Manie, die er zu einer allgemeinen Theorie der Genese der Objektliebe erweiterte. Diese Theorie unterscheidet sich, aus welcher Perspektive man sie auch betrachtet, immer wieder aufs Neue von jener von Freud. Im Folgenden können wir nur die Einführung der Unterstufen der oralen und der analen Phase näher betrachten. An ebendiesen Veränderungen entzündeten sich die späteren Kontroversen.

Die präambivalente und die oral-sadistische Stufe

Abraham war der Auffassung, er sei nun in der Lage den »zwingenden Beweis« liefern zu können, dass es in der Depression zu einer Regression zur oralen Stufe komme; weder er noch Freud hätten bisher einen solchen Beleg erbringen können (1924, S. 114).

Abraham hatte ja seit den »Untersuchungen« (1916–17), und dort noch sehr zögernd, die Meinung vertreten, dass bei der Entstehung der Depression die Regression zur Oralität (und deren Abwehr) eine große Rolle spielt, während Freud den Aspekt der narzisstischen Identifizierung entdeckt und ins Zentrum gestellt hatte. Des Weiteren glaubte Abraham zeigen zu können, dass die Introjektion – er meint den von Freud als narzisstische Identifizierung bezeichneten Mechanismus – ein oraler Prozess »ist«. In seinen Worten: »Die Psychoanalysen [...] lassen in dieser Hinsicht keinen Zweifel übrig. Die Introjektion [...] ist [...] ein Vorgang der Einverleibung, wie er einer Regression der Libido zur kannibalischen Stufe entspricht« (ebd., S. 115). Das sind Aussagen, die Generationen von Psychoanalytikern beschäftigen werden. Die Frage, ob alle Identifizierungen und/oder Introjektionen orale Prozesse »sind«, das heißt, vom Subjekt in jedem Fall (bewusst oder unbewusst) als »kannibalische«, d. h. oralsadistische Vorgänge erlebt werden, trennte bald die Schulen.

Abraham fand zudem, dass er geeignetere Belege für seine Thesen vorlegen konnte als Freud. Dieser habe seine Theorie der Depression »intuitiv« entwickelt, während er, Abraham, »empirische« Belege habe, die seine These von der Identität von Introjektion und oralsadistischem Prozess bestätigten (ebd., S. 127). Es sind somit zwei Argumente, die Abraham verwendet. Das eine bezieht sich auf den, wie er meint, nur intuitiven Charakter von Freuds Theorie der Depression. Das andere definiert Freuds Konzept der narzisstischen Identifizierung als oralen Vorgang, der sozusagen als buchstäbliche Einverleibung, als physisches Aufnehmen, Verschlucken und In-Sich-Tragen erlebt wird und sich auch auf der körperlichen Ebene in psychosomatischen Prozessen und Symptomen äußern kann. Freud hingegen hatte unter der narzisstischen Identifizierung (mit dem verloren gegangenen und/oder enttäuschenden Liebesobjekt) eine Verformung des Ichs verstanden, das durch die Identifizierung nicht mehr es selbst ist, sich aufteilt und gegen sich selbst wütet, ohne sich der Verformung bewusst zu sein.

Eine Erörterung der Belege, die Abraham anführt, würde den Rahmen unserer Untersuchung sprengen. Es sind psychosomatische Symptome, Einfälle, Tagträume und Träume, die Abraham auf seine eigene Weise versteht und eben anders als Freud. Hier steht Eindruck gegen Eindruck, Deutung gegen Deutung, Theorie gegen Theorie. Abraham jedenfalls hatte den Eindruck, dass oralsadistische Wünsche im Mittelpunkt des bewussten und unbewussten Erlebens des Depressiven stünden. »Unter« diesen

Wünschen lägen noch tiefere Wünsche, nämlich »das Verlangen nach *lustvoller, saugender Betätigung*« (1924, S. 140). Deshalb sei er »genötigt, [...] auch im Bereich der oralen Entwicklungsphase eine Stufung anzunehmen« (ebd.).

Die erste Stufe nannte Abraham die »frühere orale (Sauge-)stufe«. Sie sollte »vorambivalent« sein; es gebe weder Liebe noch Hass auf dieser Stufe, die Libido sei »an den Saugeakt gebunden« (ebd.). Dieses Stück Theorie lehnte sich in der Betonung des Saugens und der Gleichsetzung von Nahrungsaufnahme und Lustgewinn noch eng an Freuds Konzept der oralen Stufe an. Anders verhält es sich bei der weiteren Theoretisierung. Freud hatte angenommen, dass sich die Libido in einem nächsten Entwicklungsschritt von der Selbsterhaltung sondert und den eigenen Körper im »Wonnesaugen« zum Objekt nimmt, um erst danach zur »Objektwahl«, d. h. der libidinösen Besetzung eines fremden, nicht mit dem eigenen Körper oder dem eigenen Ich identischen Objekts voranzuschreiten. Bei Abraham spielen diese Aspekte keine Rolle. Für ihn ist es keine Frage, ob und wie ein Objekt konstituiert und schließlich »gewählt« wird. Auch die Differenz zwischen der auto- und der alloerotischen Befriedigung ist für ihn nicht von Bedeutung. Sein Interesse gilt einer anderen Veränderung, nämlich dem Schritt von der präambivalenten zur zweiten Unterstufe, der »oral-sadistischen«. Ziel dieser zweiten Entwicklungsstufe sei die Vernichtung des Objekts (ebd., S. 141).

Mit dieser Veränderung der Phasenlehre griff Abraham in einer Weise in Freuds Libidotheorie ein, die bisher noch niemand gewagt hatte. Auch inhaltlich war seine Theorie neu, denn von einem expliziten Vernichtungswunsch als Triebziel der oralen Stufe hatte Freud nicht gesprochen.[25] Es blieb auch unklar, wie man sich vorstellen sollte, dass ausgerechnet die Libido darauf abzielte, das Objekt zu vernichten. Denn an manchen Stellen geht Abraham durchaus von einer Identität von Libido und Aggression aus. An anderen Stellen behandelt er die libidinösen und aggressiven Regungen als zwei voneinander getrennte Triebgruppen, beispielsweise in seiner Kernaussage, dass das Triebziel der Vernichtung mit der Zahnung aufkomme und auf diese Weise ein erster Ambivalenzkonflikt entstehe, ein

---

25 Zu den feinen, aber bedeutungsvollen Unterschieden zwischen Abrahams betont aggressiv konnotierten Vernichtungswunsch und der gemäßigteren, stellenweise jenseits der Unterscheidung zwischen »gut« und »böse« liegenden »Einverleibung« aus Freuds Begriffskosmos siehe May, 2010.

Konflikt zwischen libidinösen und aggressiven Regungen.[26] Die oralsadistischen Regungen richteten sich gegen das Liebesobjekt, wobei mit dem Liebesobjekt sowohl die Nahrung als auch die Brust (der Mutter) gemeint ist. Das Baby gerate mit der Zahnung »in die Gefahr, ja die Notwendigkeit, das Objekt zu vernichten« (ebd.). Der Konflikt wird aus der Sicht Abrahams nicht nachträglich erlebt, sondern bereits während der Zahnung. Er bringt es einmal auf eine kurze Formel: »Die Libido droht dem Objekt Vernichtung durch Auffressen« (ebd.).

Das alles ist Theorie, das heißt: eine spezifische Art und Weise, die Mitteilungen von Analysanden zu verstehen. Wie man es auch dreht und wendet: In Abrahams Theorie war die Libido zu einer aggressiven Triebregung geworden. Das galt nicht nur für die orale Stufe, sondern für die gesamte psychosexuelle Entwicklung. Sowohl innerhalb einzelner Entwicklungsstufen als auch innerhalb der psychischen Entwicklung als Ganzes geht es immer darum, dass sich eine vorwiegende »Objektfeindlichkeit« zu einer vorwiegenden »Objektfreundlichkeit« mildert. Mit anderen Worten: Aufgabe der Entwicklung ist eine zunehmende »Schonung« des Objekts, also eine Objekt-»Liebe« im sozialen Sinn von Liebe, während Freud es explizit vermieden hatte, Liebe auf diese Weise zu definieren. Bei ihm findet man als Ziele der psychischen Entwicklung beispielsweise die Möglichkeit, ein »fremdes« Liebesobjekt zu wählen, wie er es sperrig und betont nüchtern formuliert hatte, oder die Fähigkeit, den ödipalen Konflikt zu erleben und zu bewältigen.

Bei seiner alternativen Theoretisierung der oralen Stufe stützte sich Abraham auf seine Eindrücke in Analysen, darüber hinaus auf Kollegen, nämlich Jan van Ophuijsen, August Stärcke und James Glover. Gewichtig wirkt der Verweis auf Ophuijsen. Abraham schreibt:

> »Ich muß hier einer privaten Mitteilung gedenken, die mir van Ophuijsen zur Verfügung gestellt hat. Sie liefert einen wichtigen Beitrag zum Verständnis des melancholischen Vorgangs [...]. Durch psychoanalytische Erfahrung ist van Ophuijsen zu der Ansicht gelangt, daß bestimmte neurotische Erscheinungen einer *Regression auf das Alter der Zahnbildung entstammen*,

---

26 Während Freud die Ambivalenz (meistens) nicht als Konflikt verstand, sondern als das Gegenteil eines Konflikts, nämlich als Nebeneinander widersprüchlicher Regungen, die nicht als im Konflikt miteinander stehend erlebt werden. Das Erleben eines Konflikts setzte Freud auf der ödipalen Stufe an.

und fernerhin, daß *das Beißen die Urform des sadistischen Impulses* darstellt« (ebd., S. 140f.).

Worin die Erfahrungen Ophuijsens bestanden, die ihn zur Formulierung der These über die Urform des Sadismus veranlassten, wird nicht angegeben. Man konnte es auch nicht nachlesen, weil Ophuijsen damals noch nichts über die orale Stufe publiziert hatte. Auch in einer späteren Veröffentlichung beschrieb Ophuijsen seine Erfahrungen nicht. Er wies lediglich darauf hin, dass er 1921 in einem Gespräch mit Abraham »auf die Rolle der Muskelerotik« bei der Entstehung des Sadismus hingewiesen habe; Abraham habe das dann 1921 publiziert (Ophuijsen, 1929, S. 157). Ophuijsen fuhr fort:

> »Ebenso wie Abraham selbst, war ich schon vor längerer Zeit dazu gekommen, zwei Entwicklungsphasen der oralen Erotik zu unterscheiden, die des Saugens und die des Beißens, womit, das möchte ich gleich hinzufügen, zwei Entwicklungsphasen der analen Erotik korrespondieren. Ich war zu der Überzeugung gelangt, dass der gewalttätige Sadismus ein Abkömmling der zweiten Entwicklungsform der oralen Erotik sei und aus dem libidinösen Beißen in derselben Weise abgeleitet werden müsse, wie andere erotische Betätigungen aus dem libidinösen Saugen abgeleitet werden« (ebd.).

Das Zitat ist einer Publikation entnommen, die auf Vorträge zurückgeht, die Ophuijsen 1924 vor der holländischen Gruppe und 1925 auf dem internationalen psychoanalytischen Kongress in Bad Homburg gehalten hatte; von beiden sind nur knappe Autoreferate erhalten.[27] Jenem von Bad Homburg ist zu entnehmen, dass Ophuijsen behauptete, der »gewalttätige Sadismus« rühre von der »zweiten« oralen Stufe, also vom Beißen her (Ophuijsen, 1925b, S. 509).[28]

Wie auch immer: Das Gespräch zwischen Abraham und Ophuijsen könnte im Juni 1921 stattgefunden haben, als Ophuijsen eine Woche zu

---

[27] Siehe die Autoreferate: Ophuijsen, 1925a, b.
[28] Eine ähnliche These findet sich in einem Brief Abrahams an Freud vom Oktober 1923, in dem er berichtet, dass sich seine »Vermutungen über die Zweistufung der anal-sadistischen Phase an neuem Material bestätigen« ließen (F/A, S. 725). Er habe bei einem depressiven Patienten einen Fortschritt beobachtet: dessen »kannibalisch-oraler Sadismus« habe sich in einen »manuellen« Sadismus verwandelt (ebd.); gemeint sind Impulse zum Erwürgen des Liebesobjekts.

Gast bei Abraham war. Falls das zuträfe, dann hätte Abraham schon vor der Harzreise an eine Neukonzeptualisierung der oralen Stufe gedacht. Dafür würde auch sprechen, dass er im *Versuch einer Entwicklungsgeschichte* auf eine eigene »frühere« Untersuchung verweist, in der er bereits behauptet habe, dass die Nahrungsverweigerung Depressiver eine »Selbstbestrafung für kannibalische Antriebe« darstelle (1924, S. 139). Mit dieser Untersuchung kann nur die Publikation mit dem Titel »Untersuchungen über die früheste Entwicklungsgeschichte der Libido« gemeint sein, jene Arbeit, die seine »Revolution« von Freuds Theorie einleitete (May, 2010). Damals hatte Abraham einen Zusammenhang zwischen der Nahrungsverweigerung Depressiver und oralen Schuldgefühlen noch sehr zurückhaltend erwogen. Nun, 1923, trug er die Vermutung als These vor, die er, wie er fand, belegen konnte.

Ein zweiter Gewährsmann Abrahams war August Stärcke und dessen Konzept der »oralen Urkastration« (siehe das Kapitel über das Jahr 1920). Abraham empfand die Mitteilungen von Stärcke als Bestätigung seiner Theorie. Er schreibt:

> »Will man die ganze Feindseligkeit des Melancholischen gegen seine Mutter, will man die Eigenart seines Kastrationskomplexes verstehen, so muß man sich an Stärckes Ausführungen über die Entziehung der Brust als ›Urkastration‹ erinnern. Die Rachsucht des Melancholischen verlangt, wie die Analyse vieler Symptome dartut, eine Kastration der Mutter, sei es an der Brust oder an dem ihr angedichteten Penis. Stets wählt seine Phantasie zu diesem Zweck den Weg des *Beißens*« (Abraham, 1924, S. 151).

Die Fantasien des Beißens seien sowohl libidinös als auch mörderisch; sie »begreifen in sich die gänzliche oder teilweise Einverleibung der Mutter, also einen Akt positiven Begehrens, und zugleich ihre Kastration oder Tötung, also Vernichtung« (ebd.). In der Depression folge auf die Enttäuschung durch das Liebesobjekt die Regung, es »wie Körperinhalt auszustoßen und zu vernichten«; daran schlössen sich Regungen an, das Liebesobjekt als Kot oder als Leiche wieder aufzufressen und sich auf diesem Wege mit ihm zu identifizieren (ebd.).

Auch wenn sich in solchen Äußerungen Übereinstimmungen oder Parallelen zu Freuds Konzeptualisierungen aufweisen lassen, kann man nicht darüber hinwegsehen, dass Ophuijsens und Abrahams Darstellungen einem anderen psychischen Universum angehören. Fantasien und Wünsche nach Vernichtung des Liebesobjekts und dazugehörige Ängste haben hier ein viel stärkeres Gewicht als bei Freud.

Schließlich zum dritten Gewährsmann, auf den sich Abraham stützte, seinen Analysanden James Glover. Er habe, wie Abraham im *Versuch* schreibt, »in einer Sitzung der British Psychoanalytical Society [...] kürzlich [...] auf kannibalische Antriebe« bei einem depressiven Patienten hingewiesen (ebd., S. 139); gemeint ist der im Kapitel über das Jahr 1922 behandelte Vortrag, von dem nur eine Zusammenfassung erhalten ist. Als vierten und letzten Kollegen erwähnte Abraham Geza Róheim, der auf dem internationalen Kongress in Berlin im September 1922, wie im vorangegangenen Kapitel dargestellt, eine Reihe von anthropologischen Funden angeführt hatte, die sich, wie Abraham meinte, mit seinen eigenen Thesen deckten (ebd., S. 136, 158, 160).

Es ist eine Besonderheit des *Versuchs einer Entwicklungsgeschichte*, dass Abraham Gedanken anderer Autoren – Ophuijsen, Stärcke, James Glover und Geza Róheim – aufnahm und sie in seine Theorie integrierte. Insofern hatte der *Versuch* nebenbei auch eine soziale Funktion. Er verschaffte bestimmten Kollegen einen hervorgehobenen Platz in der Denkfabrik der *psychoanalytic community*. Mit Ophuijsen war Abraham seit Jahren freundschaftlich verbunden. Er hatte ihn in der Tic-Diskussion gegenüber Ferenczi verteidigt (siehe das Kapitel über das Jahr 1921). Nach dem Berliner Kongress war Ophuijsen für einige Monate nach Berlin gezogen, um sich, wie bereits erwähnt, einer Analyse zu unterziehen. Róheim wurde von Abraham, wie ebenfalls schon erwähnt, nach dem Kongress zu einer Vortragsserie in Berlin eingeladen, und mit James Glover war Abraham über die Analyse verbunden. Man wird sagen können, dass Abraham über die Fähigkeit verfügte, Beziehungen zu Kollegen aufzunehmen und aufrechtzuerhalten, die einen ähnlichen theoretischen Ansatz vertraten wie er. Er verschaffte sich auf diese Weise die Resonanz, die er bei Freud nicht fand.

In die Reihe dieser Kollegen gehört auch Klein. Als sich Abraham Anfang Oktober nach der ungewöhnlich langen Briefpause wieder bei Freud meldete, berichtete er ihm, dass Klein seine These von der oralen Ätiologie der Depression, und das war ja seine ureigenste These, bestätigt habe:

> »Etwas Schönes ist in wissenschaftlicher Beziehung zu berichten. In meiner Arbeit über Melancholie etc., die als Manuskript bei Rank liegt, habe ich eine Ur-Verstimmung in der Kindheit als Vorbild der späteren Melancholie

angenommen. Frau Dr. Klein hat nun in den letzten Monaten die Psychoanalyse eines dreijährigen Kindes mit Geschick und therapeutischem Erfolg durchgeführt. Dieses Kind bot getreu die von mir angenommene Ur-Melancholie, und zwar in engster Verknüpfung mit der Oral-Erotik« (F/A, S. 724).[29]

1923 kommt das Konzept des »oralen Sadismus« in Umlauf. Abraham hatte darüber im Frühjahr in Berlin und im Juli in Oxford gesprochen. Radó hatte die neuen oralen Stufen im 3. Heft der *Internationalen Zeitschrift* bekannt gegeben und dabei noch die Bezeichnung »sadistisch-oral« (nicht: oralsadistisch) verwendet, die die Nähe zu Freuds Terminologie (siehe »sadistisch-anal«) bewahrte. Klein verwendete in einem Beitrag von 1923 ebenfalls noch einen Übergangsbegriff, nämlich »sadistisch-kannibalistische Stufe« (1923a, S. 155). Im Druck erscheint die neue Bezeichnung »oral-sadistisch« erstmals im *Versuch der Entwicklungsgeschichte der Libido* (Abraham, 1924, S. 139, 148, 169, 182). In den Zeitschriften dauerte es noch ein wenig, bis die neuen Bezeichnungen zu lesen waren (siehe dazu das Kapitel über das Jahr 1925).

Die frühe und die späte analsadistische Stufe

Die Frage nach der Beziehung zwischen Analerotik und Sadismus hatte vor dem Krieg unter anderem Jones (1913a) aufgeworfen.[30] Abraham hatte sich nach dem Krieg dazu geäußert (1920b, 1923a) und angekündigt, er werde demnächst eine Antwort publizieren. Im *Versuch einer Entwicklungsgeschichte der Libido* war sie nachzulesen. Wir fänden, so Abraham, die libidinösen Regungen der analen Stufe »eng und vielfach verknüpft mit sadistischen Antrieben« (1924, S. 119). »Ungezählte Male« sei die enge

---

29 Claudia Frank hat dargestellt, dass es sich bei dem Fall, den Abraham im Brief an Freud erwähnt, um »Rita« handelt, die von 6. März bis 6. Oktober 1923 bei Klein in Analyse war; siehe Frank, 1999, S. 205–239. Anders als Klein habe Abraham den Fall als Depression diagnostiziert (ebd., S. 210f.). Im *Versuch der Entwicklungsgeschichte der Libido* konnte Abraham Klein noch nicht erwähnen. Das Manuskript lag schon bei Rank, als er mit ihr über den Fall sprach. Außerdem orientierte sich Klein 1923 in ihren Theoretisierungen noch nicht an Abraham (siehe dazu das Kapitel über das Jahr 1924).

30 Der Abschnitt über die anale Stufe wird besonders kurzgehalten, da das Meiste in einer vorangegangenen Publikation ausführlich dargestellt wurde (May, 2012).

Verbindung zwischen Analerotik und Sadismus »durch klinische Beobachtung bestätigt« worden (ebd.).

Abraham war offensichtlich zu dem Ergebnis gekommen, dass die beiden Triebgruppen, die analerotische und die sadistische, in einem gewissen Sinn miteinander identisch waren. So wie er es darstellte, erstrebten beide das Festhalten des »Objekts«, seine Beherrschung und Ausstoßung. Das Objekt werde, dies seine zweite Einsicht, auf der analen Stufe mit »der primitivsten Form des Besitzes, d. h. Körperinhalt, Kot, gleichgesetzt« (ebd., S. 120).[31] Das zeige die psychoanalytische Erfahrung »mit einer Deutlichkeit, die jeden Zweifel ausschließt«, ebenso die Beobachtung der Kinder sowie von Mythen, Folklore und Sprache (ebd., S. 120–122); es handle sich um »unbewusstes Allgemeingut« (ebd., S. 121).

Das also war Abrahams Antwort. Wieder bezog er sich auf Publikationen von Kollegen, nämlich auf Róheim (1923), Stärcke (1919) und Ophuijsen (1920; Abraham, 1924, S. 121, 172f.). Die holländischen Autoren hätten »unabhängig voneinander unsere Kenntnis von der Psychologie des paranoischen Verfolgungswahns erweitert« (ebd., S. 172), als sie die These aufstellten, die Kotstange werde vom Paranoiden mit dem verfolgenden Objekt gleichgesetzt. Er habe »die ganze Bedeutung dieses Fundes der beiden Autoren seinerzeit nicht erkannt« (ebd.). Nun könne er sie in seine eigene Theorie einordnen und ergänzen, dass das Objekt in der Paranoia vermutlich anal einverleibt werde (ebd., S. 173). Die Überlegungen zur Paranoia, die Freud dem Komitee im Herbst 1921 auf der Harzreise unterbreitet hatte und die inzwischen publiziert worden waren (Freud, 1922b), erwähnte Abraham nicht. Sie waren zu weit entfernt von seiner eigenen Theorie.

Im Spektrum der Beziehungsmodi, die auf der analen, nun »analsadistischen« Stufe vorherrschen, unterschied Abraham eine frühere, primitivere und eine spätere anale Stufe (1924, S. 179). Die Regungen der früheren Stufe strebten nach der Vernichtung und Ausstoßung, die spätere nach dem Festhalten und Beherrschen des Objekts (ebd., S. 165). Beide Stufen nannte Abraham »analsadistisch«, während Freud von einer »sadistisch-

---

[31] Abraham lehnte sich in der inhaltlichen Bestimmung der Triebziele eng an Jones (1919) an. Klein fand, dass Abrahams Beschreibungen des Erlebens der Kotstange ihrem Konzept des inneren Objekts nahekamen; er sei »the link« zwischen ihrer Theorie und der Theorie Freuds (zit. n. Grosskurth, 1993, S. 137).

analerotischen« Stufe gesprochen hatte, eine Bezeichnung, die er meistens auf »sadistisch-anal« verkürzte. Die unscheinbare Veränderung rückte die Aspekte des Sadismus und der Analität näher aneinander und betonte den Sadismus, während in Freuds Bezeichnung eher das Nebeneinander von Sadismus und Analerotik zum Ausdruck kommt (siehe dazu das Kapitel über das Jahr 1925).

Nur kurz erwähnt sei, dass Abraham in seiner Theorie einen Platz für die Schuldgefühle fand. Er ordnete sie der ersten analsadistischen Stufe zu; auf dieser Stufe werde der orale Sadismus »gehemmt«, und zwar durch Schuldgefühle (ebd., S. 179). Das stand im Gegensatz zu Freud, der die Auffassung vertrat, Schuldgefühle im eigentlichen Sinn des Wortes würden erst auf der ödipalen Stufe empfunden. So hatte er es unter anderem in *Das Ich und das Es* dargestellt. Abraham hatte die Schrift Anfang Mai 1923 gelesen, berücksichtigte sie im *Versuch einer Entwicklungsgeschichte der Libido* jedoch nicht mehr. Auch in den wenigen kleinen Publikationen, die er danach noch verfasste, erfahren wir nicht, wie er seine Auffassung mit der von Freud vereinbaren wollte.

Man wird Abrahams *Versuch einer Entwicklungsgeschichte* sicher nicht ganz gerecht, wenn man sich, wie es hier geschieht, auf die Erörterung der libidinösen Stufen beschränkt. Abraham hatte mehr zu bieten, unter anderem eine Theorie der Teilobjekt- und Ganzobjektbeziehungen (ebd., S. 173–176, 179) und eine Antwort auf die Frage nach der Neurosenwahl: Er erklärte die Ätiologie von Depression, Zwangsneurose, Paranoia, Hysterie und Kleptomanie als Folge der Regression und Fixierung an unterschiedliche Entwicklungsstufen. Außerdem trat er entschiedener als in früheren Publikationen für eine größere Bedeutung der Mutter ein, nicht der ödipal-begehrten, sondern der enttäuschenden, und verlieh der Feindseligkeit gegenüber der Mutter den Charakter einer Triebregung (ebd., S. 149, 180). Auch seine entwicklungsbiologischen Überlegungen (ebd., S. 181–183), die Freud schätzte und auf die er in einem Zusatz zur neuen Auflage der *Drei Abhandlungen* verwies (1905d, S. 104f.), kommen hier zu kurz.

Hier wurden die Veränderungen hervorgehoben, die in die Richtung einer Aufwertung der Aggression gingen. Im Unterschied zu den Publikationen etwa von Stärcke, Ophuijsen oder Alexander konnte Abraham eine Theorie anbieten, die sich auf das ganze Spektrum der Triebregungen von der Geburt bis zur genital-ödipalen Stufe bezog, wenn auch ihr Schwerpunkt auf der oralen und analen Stufe lag. Er hatte hauptsächlich die Depression und die Zwangsneurose im Blick und konstruierte von dieser Basis aus eine allgemeine Theorie der Ätiologie von neurotischen und psychotischen Störungen sowie eine allgemeine Theorie der psychischen Entwicklung, an deren Ende eine sogenannte postambivalente Beziehung zum ganzen Objekt stand, wobei mit Postambivalenz eine ausgeglichene, vorwiegend »objektfreundliche« Einstellung gegenüber dem Objekt gemeint war. Die Triebziele band Abraham, wie eben dargestellt, stärker als Freud an die biologisch-somatische Funktion der jeweiligen erogenen Zone und fokussierte ihre potenziell aggressive Bedeutung. Er äußerte sich nicht dazu, ob oral- und analsadistische Vorgänge auch vom Subjekt als Ausdruck von Aggression erlebt werden, distanzierte sich aber auch nicht von dieser Auslegung, sodass man annehmen muss, seine Entwicklungsgeschichte handle vom subjektiven bewussten und unbewussten Erleben von Triebregungen, die libidinös genannt, aber als hochgradig destruktiv beschrieben werden.

Damit war, was nicht auf den ersten Blick zu sehen ist, eine Relativierung des Ödipuskomplexes verbunden. Denn der ödipale Konflikt lebt vom libidinösen Wunsch nach dem Sexualobjekt und vom Wunsch nach der ungestörten libidinösen autoerotischen Befriedigung. Diese Wünsche sind bei Freud nicht als aggressive oder sadistische Regungen konzipiert, sondern als primär lustsuchende. Sie bringen den Ödipuskomplex in Gang, lösen Kastrationsangst, Penisneid und Rivalität aus und schaffen jenen Konflikt, dessen Bewältigung den Höhepunkt der infantil-sexuellen Entwicklung bildet. An die Stelle der Überwindung des Ödipuskomplexes trat bei Abraham das Erreichen einer postambivalenten Liebe zum »ganzen« Objekt. Während Freud 1921 die Stufe der präödipalen Identifizierung mit dem gleichgeschlechtlichen Elternobjekt eingeführt, deren zärtlich-libidinösen Charakter betont und 1923 durch die Einführung der phallischen Stufe die Aufmerksamkeit auf die in dieser Zeit zunehmende libidinöse Besetzung des Penis gelenkt hatte, bewegte sich das Interesse Abrahams und anderer Schüler in eine fast entgegengesetzte Richtung.

Freuds Veränderungen der Theorie wurden von Abraham und anderen Schülern nicht mehr rezipiert. Abraham konnte weder die zärtliche Identifizierung des Jungen mit dem Vater in seiner Theorie der Entwicklungsgeschichte der Libido unterbringen, noch fand er einen Platz für die phallische Stufe (1924, S. 178f.). Letztere kam zwar dem Namen nach vor, wurde aber anders definiert. Sie sei, so Abraham, dadurch gekennzeichnet, dass in dieser Zeit noch nicht das ganze Objekt geliebt werde; es handle sich um eine »Objektliebe mit Genitalausschluss« (ebd., S. 179). Das war das Gegenteil von Freuds Konzept der phallischen Phase als jener Zeit, in der der Penis so hoch geschätzt werde wie nie zuvor.

Das Missverständnis der phallischen Stufe, deren Aufteilung in wiederum zwei Unterstufen hier außer Acht gelassen wurde, könnte auf eine grundsätzlich differierende Beobachtungs- und Denk-Haltung zurückzuführen sein. Freud identifizierte sich mit dem Subjekt und dessen Lust. Er beschreibt, dass dem Subjekt auf der phallischen Stufe der eigene Penis wichtig und als Quelle großer Lust empfunden wird. Abraham hingegen beschreibt nicht das Lusterleben des Subjekts, sondern seine Gekränktheit. Er imaginiert ein Objekt, das den Phallus liebt und imaginiert weiter, dass das Subjekt diese Hochschätzung als Kränkung erlebt, im Sinne von: ich werde nicht als ganze Person geliebt, dem anderen ist nur mein Penis wichtig. Man könnte auch sagen: Abraham identifiziert sich mit dem Subjekt als Opfer des Objekts oder mit einem Subjekt, das sich schuldig fühlt.

So spitzfindig und theoriegeleitet manche Ausführungen Abrahams wirken und so sehr er die Systematik überbewertete (je zwei Unterstufen, das Frühere jeweils das Aggressivere), sind sie trotzdem für die Praxis von großer Bedeutung. Abraham selbst erörterte diesen Aspekt nicht. In der analytischen Arbeit macht es natürlich einen Unterschied, ob man oral- und analsadistische Regungen für ein Triebziel und einen letzten Endzweck hält oder ob man davon ausgeht, dass es libidinöse Regungen sind, die am stärksten verdrängt werden. Das eine Mal geht es darum, dass aggressive Regungen wahrgenommen, bewusst gemacht und angenommen werden, das andere Mal werden ebendiese aggressiven Regungen als entstellte Manifestationen libidinöser Regungen verstanden. Die »Kastrationslust« beispielsweise, die Lust am Beißen, Abbeißen, Vernichten oder Rauben, die Abraham für Äußerungen oralsadistischer Impulse hielt, sind im Sinne von Freud Symptome mit einer unbewussten libidinösen Bedeutung, die erst herausgefunden werden muss. Das gilt auch für Träume, Mythen oder »uraltes Kindergut«. Sie »sind« laut Freud nicht das Unbewusste, sondern sekundäre Bearbeitungen unbewusster und folglich: libidinöser Wünsche.

Daran ändert auch das im Winter 1923/24 eingeführte Konzept der »Mischung« nichts, mit dem Freud möglicherweise seinen Schülern einen Schritt entgegenkam (1924c). Bei Abraham ist die Aggression der Libido »intrinsisch«, das heißt: die Libido ist per se mehr oder weniger aggressiv.

Freud hingegen hielt am unterschiedlichen Charakter der beiden Triebgruppen fest. In einer seiner letzten Schriften, dem postum veröffentlichten *Abriß der Psychoanalyse*, warf er das Problem noch einmal auf und meinte, dass die Befriedigung des Todestriebs keine Lustempfindungen zu ergeben »scheine«. In seinen Worten:

> »Es entsteht die Frage, ob die Befriedigung rein destruktiver Triebregungen als Lust verspürt werden kann, ob reine Destruktion ohne libidinösen Zusatz vorkomme. Befriedigung des im Ich verbliebenen Todestriebs scheint Lustempfindungen nicht zu ergeben, obwohl der Masochismus eine ganz analoge Mischung wie der Sadismus darstellt« (1940a, S. 76, Fn. 1.).

Der *Versuch einer Entwicklungsgeschichte der Libido* in Freuds Schriften

In seinen Schriften erwähnte Freud den *Versuch einer Entwicklungsgeschichte* an zwei Stellen. Die erste, deren Publikation Abraham noch erlebte, befand sich in der neuen Auflage der *Drei Abhandlungen zur Sexualtheorie*, die in den fünften Band der *Gesammelten Schriften* aufgenommen wurde. Dort fügte er 1924 folgenden knapp formulierten Zusatz ein: »In einer späteren Arbeit (1924) hat Abraham sowohl diese orale als auch die spätere sadistisch-anale Phase in zwei Unterabteilungen zerlegt, für welche das verschiedene Verhalten zum Objekt charakteristisch ist« (1905d, S. 104, Fn.). Vielleicht brachte Freud in der Wendung, es gehe Abraham um das »Verhalten« gegenüber dem Objekt, zum Ausdruck, dass der *Versuch* weniger von den Lustmöglichkeiten des Subjekts handelt als von seinem Verhalten und dass es nicht um die Lust des Subjekts geht, sondern darum, wie das Subjekt mit dem Objekt umgeht; ein Aspekt, der in Freuds Konzeptualisierung des Seelenlebens keine Bedeutung hatte.

Die zweite Erwähnung seiner Schrift in der *Neuen Folge der Vorlesungen* hat Abraham nicht mehr erlebt (Freud, 1933a, S. 532f.). Dort stellte Freud zuerst seine eigene Theoretisierung dar, der zufolge eine orale, sadistisch-anale, phallische und eine (der Pubertät zuzuordnende) genitale Stufe angenommen wurde. Diese Stufen gälten »immer noch«, wenn man auch inzwischen Fortschritte gemacht, »über die frühen Organisationen der Libido viel Neues erfahren und die Bedeutung des Alten klarer erfaßt« habe (ebd., S. 532). Als Beispiel für den Fortschritt der Theorie referierte

Freud in einem längeren Abschnitt und ohne Einschränkung oder Distanzierung, dass Abraham die orale und die sadistisch-anale (auch hier übernimmt er Abrahams Bezeichnung nicht) in zwei Stufen unterteilt habe. Die Unterteilung bezeichnet er als »berechtigt«; sie trage dazu bei, die Depression und die Zwangsneurose aufgrund ihrer Fixierungs- und Regressionsstellen zu unterscheiden (ebd.).[32]

Es hat also gut zehn Jahre gedauert, bis Freud bereit war, Abrahams Ergänzungen der Triebtheorie zumindest zu *erwähnen*. Aber: Er fährt im Text auf eine Weise fort, die seine Sinnesänderung wieder zurücknimmt. Nach einer Rekapitulation seiner eigenen Arbeiten und Einsichten zur Analerotik kommt er auf die »allgemeinsten Probleme des Trieblebens« zurück (ebd., S. 535) und wirft die Frage auf, warum »wir selbst so lange Zeit gebraucht [haben], ehe wir uns zur Anerkennung eines Aggressionstriebs entschlossen« haben (ebd., S. 536). Die Frage scheint zu implizieren, dass er sich nun jenen anschließt, die das Primat des Sexuellen zugunsten der Aggression aufgegeben hatten. Das ist aber nicht der Fall, denn Freud schlägt nun eine neue Theoretisierung vor. Ihr zufolge sollen (weiterhin) die libidinösen Regungen die Sexualziele beinhalten und die aggressiven »nur Milderungen und Abstufungen« der libidinösen Tendenzen ermöglichen (ebd., S. 538). Das heißt, dass Freud die beiden Triebgruppen wieder nicht als gleich stark oder als gleich bedeutsam definiert, sondern an ihrer Ungleichwertigkeit festhält. Außerdem wiederholt er im Folgenden die These aus *Jenseits des Lustprinzips*, dass die Todes- oder Selbst-Destruktionstriebe zwar älter seien als Eros, der »Aggressionstrieb« aber aus dem Todestrieb nur abgeleitet sei und damit sozusagen »jünger«, jedenfalls nicht primär gegenüber dem Todestrieb (ebd.). Die Theorie bleibt also nach Zugeständnissen auf einer mittleren Ebene auf der obersten Ebene unverändert (siehe dazu den Ausblick im letzten Kapitel).

---

32 Im übernächsten Passus macht Freud auf Abrahams Hinweis aufmerksam, dass »der Anus embryologisch dem Urmund entspricht, welcher bis zum Darmende herabgewandert ist« (1933a, S. 533); den gleichen Vermerk hatte er 1923 in der Fassung der *Drei Abhandlungen* für die *Gesammelten Schriften* angebracht, die 1924 erschienen. Da Freud sich in seinen Schriften so selten auf Abraham (und andere Schüler) bezieht, mutet es merkwürdig an, dass er ausgerechnet ein entwicklungsbiologisches Faktum der Erwähnung wert fand. Es entspricht seinem Interesse an der Paläobiologie, zeigt aber auch, dass er die psychoanalytischen Thesen Abrahams (und anderer) durch keinen Hinweis auszeichnen wollte.

Die Meister-Schüler: Wir blicken tiefer als Freud

Alle 1923 entstandenen Arbeiten der Meisterschüler behandelten zentrale Fragen der Theorie und der Technik. Ihre Schicksale waren sehr unterschiedlich (siehe das Kapitel über das Jahr 1924).[33] Während Abrahams *Versuch* und Ferenczis *Genitaltheorie* zunächst wenig Aufmerksamkeit erregten, wurden Ranks *Trauma der Geburt* und die Broschüre über die *Entwicklungsziele der Psychoanalyse* von Ferenczi und Rank sofort nach ihrem Erscheinen intensiv diskutiert. Da sie alle im Laufe von 1923 verfasst wurden, werden sie hier vorgestellt, jedoch nur kurz, weil sie keine Veränderungen der Stellung der Aggression anstrebten.

Ferenczi: *Versuch einer Genitaltheorie*

Ferenczi hatte die Abfassung des Manuskripts seines *Versuchs einer Genitaltheorie* viele Jahre lang vor sich hergeschoben. Im Herbst 1922 hielt er auf dem Berliner Kongress einen Vortrag über dieses Thema und fühlte sich im August 1923 im Urlaub in Klobenstein in der Lage, das Manuskript zu einem Abschluss zu bringen.

Bei dieser Schrift handelte es sich nicht um einen Beitrag zur klinischen Theorie oder zur Technik, sondern um eine explizit spekulative Theorie vom Range von *Jenseits des Lustprinzips* (1920g) oder Freuds postum publizierter Schrift über den paläoontologischen Ursprung der Neurosen und Psychosen (1985a), die er 1915 in Zusammenarbeit mit Ferenczi entworfen hatte. Der Titel, *Versuch einer Genitaltheorie*, ähnelte Abrahams *Versuch einer Entwicklungstheorie der Libido*, hob jedoch erwartungsgemäß das Genitale hervor. Wie Abraham befasste sich auch Ferenczi mit der Vorgeschichte des Ödipuskomplexes, jedoch ohne das Primat des Sexuellen, des Ödipalen und Genitalen infrage zu stellen. Ganz im Gegenteil versuchte er, es zu untermauern: »Hinter« dem sexuellen Interesse an der Mutter stehe der Wunsch nach der Rückkehr in den Mutterleib, der aus dem Wunsch

---

[33] Anna Freud erlebte die erwähnten Schriften der Schüler als befremdlich: »Ich habe gegen die neuen Verlagsbücher, daß sie so ganz anders sind als Papas. Gerade das innerlich Glaubwürdige, das einen irgendwo packt, fehlt ihnen allen; und ärgerlich daran ist auch diese ›Geheimsprache für Analytiker‹, die ein Außenstehender unmöglich mehr verstehen könnte« (AF/A-S, S. 276).

nach der Rückkehr ins Meer rühre, den Ort, aus dem der Mensch oder das Leben ursprünglich gekommen seien.

Für solche spekulativen Großprojekte hatte Freud ein Faible. Noch in seinem Nachruf bezeichnete er die Genitaltheorie als Ferenczis »glänzendste, gedankenreichste Leistung« und als die »vielleicht kühnste Anwendung der Analyse, die jemals versucht worden ist« (1933c, 268). In der *psychoanalytic community* fanden die überbordenden Spekulationen Ferenczis nur wenig Resonanz.[34]

Rank: *Das Trauma der Geburt*

Rank hatte die erste Fassung vom *Trauma der Geburt* im April 1923 beendet und schenkte Freud das Manuskript zum Geburtstag am 6. Mai (L & K, S. 176). Es entstand also in einer Zeit, in der es noch keinen Hinweis auf eine ernste Erkrankung Freuds gab. Rank hatte offensichtlich das Gefühl, das Buch würde sich als Geschenk eignen, und widmete es Freud, »dem Erforscher des Unbewußten, Schöpfer der Psychoanalyse« (1924, S. 1).

Freud war von Ranks Schrift zuerst sehr angetan. Erst ab Januar 1924 begann er sich skeptisch darüber zu äußern. Ranks Thesen blieben aber ein Anreiz für seine Produktivität. *Hemmung, Symptom und Angst* (1926b) ist bekanntlich zum Teil als Auseinandersetzung mit Rank zu verstehen. Im Komitee löste das *Trauma der Geburt* sofort nach seinem Erscheinen im Januar 1924 so massive Reaktionen aus, dass Rank und Ferenczi die Zusammenarbeit mit den Kollegen aufkündigten; das Komitee wurde aufgelöst. Rank setzte seine Arbeit fort und stellte in Publikationen über die Theorie und Technik der Psychoanalyse seinen eigenen Standpunkt dar (1926, 1927, 1928, 1929); nach 1926 trat er aus der IPV aus.[35]

Das *Trauma der Geburt* markiert Ranks Abschied von der Freud'schen Psychoanalyse. Für Freud war der Verlust von Rank besonders schmerzlich. Er versuchte bis Mitte 1926 mehrere Male, sich mit ihm zu verständigen.

---

34 Eine Ausnahme war Alexander (1925a). Etwas Interesse fand Ferenczis Konzept der Amphimixis, das häufig als Korrelat von Freuds Konzept der »Mischung« von libidinösen und aggressiven Anteilen oder auch der Vermischung von Partialtrieben verstanden wurde.

35 Das Mitgliederverzeichnis der Wiener Gruppe von Dezember 1926 enthält noch den Namen Ranks; siehe Korr, 1927, S. 139. Im nächsten, das den Stand von Frühjahr 1929 wiedergibt, erscheint er nicht mehr; siehe Korr, 1929, S. 391.

Rank war seit 1906 in engstem Kontakt mit ihm gewesen. Er leitete den Verlag, gab die Bücher des Verlags und die *Internationale Zeitschrift* heraus, kümmerte sich um Freuds Publikationen, war Mitglied des Komitees und nahm kontinuierlich an den Treffen der *Wiener Psychoanalytischen Vereinigung* teil, deren Protokolle er bis 1914 verfasst hatte. Freud schätzte ihn, hatte sein Studium finanziell unterstützt und behandelte ihn, wie im Umfeld registriert wurde, wie einen Sohn.

Wann Rank den Entschluss zu einer eigenen Theorie fasste, lässt sich nicht genau angeben; es muss zwischen 1921 und Anfang 1923 gewesen sein.[36] Im Unterschied zu Ferenczis *Versuch einer Genitaltheorie* und zu Abrahams *Versuch einer Entwicklungsgeschichte der Libido* bezog sich das *Trauma der Geburt* auf die psychoanalytische Praxis. Rank formulierte eine neue Theorie des therapeutischen Prozesses und erhob den Anspruch, die Dauer von Analysen wesentlich verkürzen zu können. Das wird dazu beigetragen haben, dass das Buch Empörung auslöste, zumal Rank noch über relativ wenig praktische Erfahrung verfügte. Er arbeitete erst ab 1920/21 als Analytiker (Schröter, 1996, S. 1147f.).

Gleichwohl war er zu der Überzeugung gelangt, dass nicht der Ödipuskonflikt das Zentrum psychischer Störungen und der psychischen Entwicklung bildet, sondern das Trauma der Geburt sowie die frühe und »tiefe« nicht-sexuelle Bindung an die Mutter. In der Analyse gehe es darum, die Fixierung an die Mutter, die Sehnsucht nach der Rückkehr in den mütterlichen Leib und die Angst vor dem weiblichen Genitale aufzuheben. Dem Analysanden müsse sozusagen eine psychische Neu- oder Wiedergeburt ermöglicht werden. Sowohl von weiblichen als auch von männlichen Patienten werde der Analytiker primär als Mutter erlebt; die Mutterübertragung sei das wesentliche Element des therapeutischen Prozesses (Rank, 1924, S. 10). Der Analytiker wirke als eine Art »Substitut«, um die Loslösung von der Mutter zu erreichen. Zur »väterlichen« Funktion des Analytikers gehöre es unter anderem, frühzeitig einen Termin für die Beendigung der Analyse zu setzen (ebd., S. 12).

Der Ödipuskomplex war aus Ranks Sicht eine Abwehrformation gegen die tiefer liegende Geburtsangst. Die Ubiquität des Kastrationskomplexes, der Kastrationsangst und der Urfantasien leite sich aus ihrem »realen

---

36 Ferenczi datierte den Umschwung auf die Wochen, in denen er mit Rank die *Entwicklungsziele der Psychoanalyse* zum zweiten Mal überarbeitete, also auf die Zeit nach Oktober 1922; siehe F/Fer III.1, S. 188).

Substrat« her, der Erinnerung an die intrauterine Existenz und das Geburtstrauma:

> »So basiert die Bedeutung der Kastrationsangst, wie schon Stärcke gemeint hat, auf der ›Urkastration‹ der Geburt, d.h. der Trennung des Kindes von der Mutter. Nur erscheint es nicht gerade zweckmäßig, dort schon von ›Kastration‹ zu sprechen, wo es sich noch nicht um eine deutlichere Beziehung der Angst aufs Genitale handelt, als sie durch die Tatsache der Geburt aus dem (weiblichen) Genitale gegeben ist« (ebd.).

Rank bezieht sich erwartungsgemäß auf Stärcke, verweist aber in einer Fußnote auch auf Freuds gleichlautende, oben erörterte Mahnung aus der »Infantile[n] Genitalorganisation« (ebd., Fn. 3) und gab zu erkennen, dass er dessen Stellungnahme zu dieser Frage kannte. Er stimmte Freud kurz zu, um gleich danach zu seiner eigenen Position zurückzukehren: Die »Ubiquität des ›Kastrationskomplexes‹« werde erst dadurch verständlich, dass er aus der »Allgemeinheit des Geburtsaktes« stamme (ebd., S. 22f.). Nicht nur die Angst, sondern auch das Schuldgefühl des Kindes rührten von der Geburt her und würden durch die Entwöhnung und später durch die Kastrationsdrohung verstärkt.[37] Primär handle es sich um die Urangst, nämlich die Trennung von der Mutter durch die Geburt.

Anders als bei Abraham muss man bei Rank nicht überlegen, ob seine Sicht der psychischen Störungen von derjenigen Freuds abwich oder nicht. Rank formulierte die Gegensätze völlig offen und unüberhörbar, er bot dem Leser die Differenzen zwischen ihm und Freud direkt an. Es konnte kein Zweifel daran bestehen, dass er dem Ödipuskomplex keine zentrale Stelle mehr einräumte und insofern auch das Primat des Sexuellen aufgab.

Ebenso wie Ferenczis *Versuch einer Genitaltheorie* hatte das *Trauma der Geburt* einen hochspekulativen Anteil. In der Einleitung schrieb Rank, er wolle die »gesamte Menschheitsentwicklung, ja sogar Menschwerdung« einer neuen Betrachtung unterziehen (1924, S. 1). Rank suchte eine »Wurzel« des Psychischen im Biologischen und meinte, im Geburtstrauma auf diesen »letzten Ursprung des Seelischen im Psychophysischen gestoßen« zu sein und damit das Unbewusste »biologisch zu fundieren« (ebd., S. 3).

---

[37] In diesem Zusammenhang verwies Rank (1924, S. 23, Fn. 1) auf Klein (1921). Er stimme mit ihr darin überein, dass die Ängste und Schuldgefühle des Kindes »durch keinerlei Erziehungsmaßnahmen« oder »analytische Aufklärungen zu beheben« seien (ebd.).

Ferenczis und Ranks Beitrag zur Krise der Technik:
Entwicklungsziele der Psychoanalyse

Im Kapitel über das Jahr 1922 wurden die Werkgeschichte der *Entwicklungsziele* und die wichtigsten Einwände der Autoren gegen den Umgang mancher Kollegen mit dem Konzept des Kastrationskomplexes sowie Ferenczis und Ranks Plädoyer für den Ödipuskomplex dargestellt. Die entsprechenden Kapitel der *Entwicklungsziele* entstanden 1922. Andere Teile der Schrift wurden erst nach dem Berliner Kongress, also nach Oktober 1922 verfasst und 1923 überarbeitet.[38] Sie bezogen sich auf die Technik und riefen bei den Kollegen Entrüstung hervor.

Ferenczi und Rank beabsichtigten, mit den *Entwicklungszielen* die Reihe der technischen Schriften Freuds (1913–1915) fortzusetzen. Sie schlugen einen unerwartet harten, dogmatischen Ton an und gaben bekannt, was sie für »richtig« und was für »falsch« hielten. Es war unüberhörbar, dass sie für sich in Anspruch nahmen, in Freuds Namen zu sprechen und sein Erbe anzutreten. Zugleich warben sie für die »aktive Technik«, die Ferenczi ab 1919 und in Anschluss an Freuds Bemerkungen auf dem Budapester Kongress entwickelt hatte (Ferenczi, 1919c, 1921b). Sie übten Kritik an Freuds Technik und wollten die Bedeutung des Erlebens im Unterschied zu einer bloßen Wissensvermittlung stärker betont sehen. Außerdem monierten sie die Arbeitsweise von Kollegen, die den therapeutischen Aspekt der Psychoanalyse aus den Augen verloren hätten. Abrahams Name wurde nicht genannt, aber niemand anderer als er konnte gemeint sein, wenn eine Theorie der Entwicklungsstufen kritisiert wurde. Wenn man, wie Ferenczi und Rank schreiben, die Stufen der Libidoentwicklung nur »schulmäßig [...] bloßlege« (Ferenczi & Rank, 1924, S. 36) und sich in die Einzelheiten der Entwicklungsgeschichte verliere, würden die Analysen überlang, ohne zur »infantilen Urgeschichte« vorzustoßen, »ohne deren Rekonstruktion keine Behandlung eine wirkliche Analyse genannt werden kann« (ebd., S. 33). Analysen verfehlten ihren Zweck, wenn man nur Entwicklungsstufen »konstatiere« und Komplexe »herausanalysiere« (ebd., S. 34). In einem Brief an Rank vom April 1923 stellte Ferenczi sehr präzise dar, was sie

---

38 Rank arbeitete in diesen Monaten anscheinend »zweigleisig«: zusammen mit Ferenczi stellte er die Zentralität des Ödipuskomplexes heraus, während er in der von ihm allein verantworteten Publikation ebendiese Grundannahme ablehnte.

beide in den *Entwicklungszielen* deutlich machen wollten, nämlich: dass die präödipalen Vorstufen der psychischen Entwicklung für die Analyse »nur insoferne förderlich« seien, als es gelinge, sie als »regressive Äußerungsformen« des Ödipuskomplexes zu verstehen. Wenn man den Zusammenhang mit dem Ödipuskomplex nicht herstelle, erreiche man weder praktische Erfolge, noch gewinne man Erkenntnisse.[39]

Energischer als Freud brandmarkten Ferenczi und Rank die technischen »Fehler« von Kollegen und sprachen mit größerem Nachdruck als Freud aus, dass man den Ödipuskomplex ins Zentrum der Analyse rücken müsse, nicht nur in der Theorie, sondern auch in der Praxis. Ferenczis und Ranks Verurteilung der technischen und therapeutischen »Ungeschicklichkeit« Abrahams und der »Berliner« Kollegen lösten in Berlin, aber auch in London, einen Sturm der Empörung aus.[40] Dadurch könnte unbeabsichtigterweise die Auseinandersetzung mit Abrahams eigenem Beitrag, dem *Versuch einer Entwicklungsgeschichte der Libido*, verhindert worden sein.

Die *Entwicklungsziele* wiesen auf ein wirkliches Desiderat hin, nämlich eine zeitgemäße Theorie der Technik. Freud hatte das Problem des Zusammenhangs zwischen Technik und Theorie in seiner »Preisfrage« thematisiert. Ferenczi und Rank griffen das Problem auf und vertraten die Auffassung, es sei zu einer Entkopplung von klinischer und allgemeiner Theorie einerseits und einer Theorie der Technik andererseits gekommen, geradezu zu einer »Verwechslung« von Forschen und Heilen (ebd., S. 51). Die Psychoanalyse werde oft zu einer bloßen Wissensvermittlung, die Analytiker verlören sich im Sammeln von freien Assoziationen der Analysanden und führten endlose Analysen ohne wissenschaftlichen und therapeutischen Ertrag. Eine sinnlos theoretisierende Richtung habe in der Psychoanalyse die Oberhand gewonnen, die Lehranalysen vermittelten nur »Theorien«, aber sozusagen nicht den »Geist« der Psychoanalyse. Darüber hinaus befassten sich Ferenczi und Rank auch mit Aspekten der analytischen Arbeit, die bislang nur selten Thema gewesen waren, insbesondere mit der Bedeutung der negativen Übertragung und des Einflusses der Persönlichkeit des Analytikers (ebd., S. 41f.).

---

39 Mit Dank an Ernst Falzeder für die Einsichtnahme in den unveröffentlichten Brief von Ferenczi an Rank vom 16. April 1923.

40 Siehe die bereits erwähnte Stelle über die »Bombe« in Eitingons Brief an Freud: F/E, S. 340, Fer III.1, S. 188, 237; vgl. auch das Kapitel über das Jahr 1924.

Kleins theoretischer Ansatz vor der Annäherung an Abraham

Da sich spätere Auseinandersetzungen in der *Internationalen Psychoanalytischen Vereinigung* an Kleins Sichtweise der oralen und analen Erotik beziehungsweise des oralen und analen Sadismus entzündeten, ist es angebracht, den Stand ihrer Theorie *vor* ihrer Übernahme von Abrahams Terminologie und Theorie zu erfassen. Es ist keine Frage, dass sich Kleins Arbeiten 1923 noch innerhalb des Rahmens von Freuds Theorie bewegten. Sie zeichneten sich aber durch Besonderheiten aus, die im Rückblick als erste Anfänge eines eigenen Ansatzes erkennbar sind.

Klein wurde am 20. Februar 1923 ordentliches Mitglied der Berliner Gruppe (Korr, 1923, S. 242). Im Herbst 1923 leitete sie ein »von privater Seite« angeregtes Seminar über die »Sexualität des Kindes für Kindergärtnerinnen etc.« (RB 4, S. 114; F/A, S. 724). Es wurde offensichtlich nicht den offiziellen Ausbildungsaktivitäten des Berliner Instituts zugerechnet, denn es ist nicht im *Zehn-Jahres-Bericht* des Instituts (Deutsche Psychoanalytische Gesellschaft, 1930) enthalten. Das könnte auf die generell abwertende Haltung gegenüber der Arbeit mit Kindern sowie auf die Distanzierung von nicht-ärztlichen Berufsgruppen, Lehrern und Kindergärtnerinnen, zurückzuführen sein, die in Berlin stark ausgeprägt war. Denn auch das Seminar über Kinderanalyse, das Hug-Hellmuth im Sommer 1920 in Berlin gehalten hatte, erscheint nicht im *Zehn-Jahres-Bericht*. Trotzdem oder eben deswegen nahm ein Mitglied des Berliner Unterrichtsausschusses an Kleins Seminar teil, »um bei den Diskussionen Frau K. zu unterstützen und um Erfahrungen zu sammeln, wie sich die psa Ausbildung von Pädagogen am besten fördern lässt« (RB 4, S. 114).[41] Eine solche »Hilfestellung« war, wie aus den Rundbriefen hervorgeht, als Kontrolle gemeint. Ähnlich verhielt man sich in London (ebd., S. 111, 114).

Man vertraute Klein offenbar kein weiteres Seminar mehr an, obwohl sie zu den aktivsten Mitgliedern der Berliner Vereinigung gehörte. Sie nahm häufig an den wissenschaftlichen Sitzungen der Vereinigung teil, steuerte eine große Zahl von sogenannten »Kleinen Mitteilungen« bei, hielt Vorträge vor der Berliner Gruppe und auf internationalen Kongressen

---

41 Zur Schilderung des Seminars siehe Wolffheim, 1974, S. 193. Es wurde bald aufgegeben, weil die Teilnehmerzahl rasch stark abnahm; siehe dazu Mühlleitner, 2008, S. 138.

und hatte in der *Internationalen Zeitschrift*, in *Imago* und im *International Journal of Psychoanalysis* Aufsätze veröffentlicht (siehe Anhang D). Es gibt mehrere Belege dafür, dass Abraham sie schätzte. Andererseits hätte er sich vermutlich in der Berliner Gruppe durchsetzen können, wenn er sie zur Dozentin hätte ernennen wollen, sodass man annehmen muss, dass er es nicht ernstlich versuchte. Ins Gewicht bei der Kritik an Klein fiel vermutlich, dass sie 1923 und 1924 noch über wenig Erfahrung in der Praxis verfügte, »nur« Kinderanalysen durchführte und keine akademische Vorbildung vorweisen konnte.

Zentralität des ödipalen Koituswunsches

Klein veröffenlichte 1923 zwei gewichtige Beiträge: »Die libidinöse Bedeutung der Schule« (1923a) und »Zur Frühanalyse« (1923b).[42] Wie die Herausgeber von Kleins *Gesammelten Schriften* angeben, ist das Konzept der Libido im Aufsatz über die Schule zentral, während »die Aggression als solche [...] nicht thematisiert« wurde; später verhalte es sich umgekehrt (Klein, 1923a, S. 140). Das trifft auch auf »Zur Frühanalyse« zu. Noch ist Kleins Theoretisieren nicht von Abraham beeinflusst, noch spricht sie nicht von oralsadistischen oder analsadistischen Regungen, die einzuführen er selbst gerade erst im Begriff war, noch verwendete Klein

---

[42] »Zur Frühanalyse« ist, wie Klein in der Titelfußnote (1932b, S. 103) angibt, eine Kombination aus einem Vortrag vom 27. September 1922 auf dem Berliner Kongress (»Die Entwicklung und Hemmung von Fähigkeiten«) und aus zwei Vorträgen vor der Berliner Gruppe. Der erste trug den Titel: »Über die Hemmung und Entwicklung des Orientierungssinns«, der, wie Klein schreibt, im Mai 1921 vorgetragen wurde (gemeint sein dürfte der Vortrag vom 19. Mai 1921). Der zweite hatte den Titel »Die infantile Angst und ihre Bedeutung für die Entwicklung der Persönlichkeit« und wurde von Klein auf den März 1922 datiert. Es müsste sich um das Korreferat zu Alexanders Vortrag vom 21. Februar 1922 handeln (siehe das Kapitel über das Jahr 1922). Wann Klein die Vorträge zu einem Text zusammenfasste, ist nicht bekannt. Möglicherweise geschah es im ersten Halbjahr 1923, da in handschriftlichen Entwürfen das Datum »16.2.23« vorkommt. Es heißt dort: »Genau nach Erichs Diktat von Trude notiert. 16.2.23«. Der Entwurf befindet sich im Klein-Archiv des Wellcome Institute und trägt das Sigel PP/KLE/C.87; das Zitat ist image Nr. 42 entnommen. Im Folgenden wird »PP/KLE/« durch »KA« (Klein-Archiv) ersetzt. – Zum Klein-Archiv und zur Erläuterung der Sigel siehe Anhang C; die bibliografischen Angaben für alle in dieser Fußnote erwähnten Vorträge befinden sich in Anhang D.

ausschließlich Freuds Terminologie und Theorie, sogar strikter als in vorangegangenen Arbeiten.

Dass sich Klein mit Abraham austauschte, wissen wir aus den Komitee-Rundbriefen und aus dem Briefwechsel zwischen Freud und Abraham (F/A, S. 724; RB 2, S. 44). Wie oben dargestellt, schätzte Abraham sie, zumal sie beispielsweise in der Analyse von »Rita« Beobachtungen gemacht hatte, die er als Bestätigung der von ihm supponierten oral-aggressiven Wünsche (und als Argumente gegen Freuds Theorie der Depression) verstand. Klein erwähnte Abraham in beiden Arbeiten (1923a, S. 151; 1923b, S. 103, 128f. Fn. 36, 132). An einer Stelle spricht sie, wie gesagt, bereits von einer »sadistisch-kannibalistischen« Entwicklungsstufe und prägte damit selbst eine neue Bezeichnung für die orale Stufe, die etwas Ähnliches meinte wie die von Abraham konzipierte »oralsadistische« Stufe (1923a, S. 155).

Manche Formulierungen Kleins muss man dechiffrieren. Klein ist zu diesem Zeitpunkt mit den Termini technici der Psychoanalyse noch nicht ganz vertraut. Sie spricht beispielsweise häufig davon, dass Libido oder Angst »abgesetzt« würden oder »auf Sublimierungen abgesetzt«, wenn sie »besetzt« oder »gebunden« meint oder davon, dass Angst »frei« werde, wenn gemeint ist, dass Angst ausgelöst wird.

Kleins Publikationen von 1923 sind schwerpunktmäßig der klinischen Theorie zuzuordnen. Ihre Sicht des Sexuellen erinnert in der Einengung des Sexuellen auf die genitale Sexualität an Stekel oder Sadger, denn im Zentrum ihrer Deutungen und Erklärungen stehen der Wunsch nach Geschlechtsverkehr sowie die Kastrationsangst.[43] Der Wunsch nach dem Koitus ist eine Art »Organisator« des Fantasielebens des Kindes und prägt das bewusste und unbewusste Seelenleben von früh an. Charakteristisch ist ferner, dass der Koitus als »Eindringen« beschrieben wird. Hierin könnte sich ankündigen, dass Klein das sadistische Moment am Sexuellen betonte, vielleicht in Anlehnung an Freuds Beschreibung der sadistischen Auffassung des Koitus, einer von ihm beschriebenen infantilen »Sexualtheorie« (1908c).

Dazu würde passen, dass Klein davon ausgeht, dass »aktive« ödipale Regungen verdrängt würden. Das war *ihre* Antwort auf die Frage, die Freud selbst immer wieder aufwarf und bis zuletzt für schwer entscheidbar hielt. Für ihn hatten die Triebe zwar generell einen drängenden und insofern

---

43 Zu Kleins Hinweisen auf Sadger siehe Klein, 1923a, S. 141, 143, 156.

»aktiven« Charakter, aber sie waren doch auch oder vorwiegend »passiv«, und zwar insofern, als das Kind von ihnen überwältigt werden kann. Wenn Freud, wie oben dargestellt, die Frage erörterte, ob auch »aktive« Triebregungen verdrängt werden können, waren damit immer jene Regungen gemeint, die man auch »aggressiv« hätte nennen können. Dieses Problem, das weiter oben schon erörtert wurde, hört sich an wie eine pedantische Begriffsstreiterei, berührt aber den Kern der Theorie. Denn: Wenn Symptome durch die Verdrängung aktiv-aggressiver Regungen zustande kämen, dann wären sexuelle Regungen nicht mehr primär und das Primat des Sexuellen geriete in Gefahr. Federn (1913–1914) und Abraham (1920b) hatten, wie oben berichtet, die anale Funktion als »aktiv« bezeichnet und damit zum Ausdruck bringen wollen, dass die Analerotik einen inhärent »aggressiven« Charakter hat.[44] Vielleicht war sich Klein damals nicht bewusst, dass sie mit ihrer Annahme einer Verdrängung »aktiver« sadistischer Regungen explosives Terrain betrat. Es könnte aber auch sein, dass es sie nicht störte.

Genitalsexuelle Aufladung der Ichfunktionen

In beiden Aufsätzen von 1923 geht Klein davon aus, dass die Tätigkeiten, die in der Schule ausgeübt werden – Schreiben, Lesen, Rechnen, Sport –, zunächst libidinös besetzt sind, oder, wie sie es ausdrückt, »daß die Schule und das Lernen von vornherein für jeden einzelnen libidinös determiniert sind« (1923a, S. 141). Die Schule verlange vom Kind die Sublimierung der libidinösen Triebkräfte, »vor allem die Sublimierung der genitalen Aktivität« (ebd.). Nur wenn diese Sublimierung gelingt, kann das Kind den Lernanforderungen der Schule gerecht werden. Wenn die libidinöse Besetzung aufgrund einer übermäßigen Kastrationsangst verdrängt wird, entstünden »Hemmungen«.[45] Sprechen, Sich-Bewegen, Sporttreiben, Schreiben, Lesen, Rechnen und andere Funktionen seien dann nicht mehr mit Lust verbunden, sondern mit Unlust, Desinteresse, Ungeschicklichkeit oder Faulheit, ohne dass neurotische Symptome im engeren Sinne entste-

---

44 Zu Freuds späterer Neigung, diese Problemlösung ebenfalls zu verwenden, siehe das Kapitel über das Jahr 1925.
45 Der Begriff der »Hemmung« wurde in den 1920er Jahren häufig benutzt; siehe Ferenczi, 1922a; Alexander, 1921; Freud, 1926d (siehe dazu das Kapitel über das Jahr 1925).

hen müssten. Klein zeigt das am Material aus Kinderanalysen, in denen diese Funktionen, die mit ihnen verbundenen Gegenstände und Personen sowie die Denkoperationen oder ihre Bezeichnungen (z. B. »Teilen«, »Addieren« usw.) mit sexuellen Fantasien verbunden waren. Klein spricht in diesem Zusammenhang von »Symbolisierungen«. Die sexuelle und speziell die genitalsexuelle Aufladung von Funktionen und anderen psychischen Inhalten hätte sich »immer wieder« bestätigt, sodass sie als »typisch« angesehen werden müsste (ebd., S. 143, Fn. 2).[46]

Ohne dass Klein es ausspricht, entsteht der Eindruck, dass die libidinöse, und speziell die genitalsexuelle Aufladung jener Funktionen, die man der Gruppe der Ichfunktionen zuordnet, zur normalen Entwicklung gehört, während Freud nicht so weit ging, das Ich *gänzlich* aus Triebprozessen oder dem Es hervorgehen zu lassen. Klein hingegen trieb den (sadistisch-) sexuellen Gesichtspunkt sozusagen auf die Spitze und bediente sich unbefangen der Sexualsymbolik. Stekel war dafür bekannt gewesen, dass er auf Assoziationen seiner Analysanden verzichtete und hauptsächlich mit »direkten« Deutungen, das heißt: mit Symboldeutungen, arbeitete. Die Symboldeutung als bevorzugtes Instrument der Analyse war auch in Abrahams Publikationen aufgefallen. Klein war ihm in diesem Punkt ähnlich.

Symboldeutungen sind im psychoanalytischen Arbeiten andererseits eine Selbstverständlichkeit. Auch Freud bediente sich ihrer. In seiner Arbeit über die Analerotik handelt er von der Beziehung zwischen »Kot« und Geschenk, Geld, Kind und Penis (1916–17a). Seiner Auffassung nach sind diese Bedeutungen nicht von Anfang an vorhanden, sondern werden *nacheinander* und *rückwirkend* erworben. Sie sind Entwicklungsleistungen. Das war der Grund gewesen, warum er sich gegen die Gleichung »Kastration = Geburt = Entzug der Brust = Abgeben des Stuhls = Verlust des Penis« wandte. Bei Klein hingegen handelt es sich um keine Entwicklung und um keine Leistung im Sinne eines psychischen Zugewinns, und die Frage, wann und unter welchen Umständen Bedeutungen erworben werden, wird gar nicht erst gestellt.

Zuletzt sei der *pavor nocturnus* erwähnt, ein Symptom, das schon beim zwei- oder dreijährigen Kind zu beobachten ist. Seine Theoretisierung spielt in Kleins Arbeiten von 1923 eine gewichtige Rolle. Laut Freud liegt

---

46 Klein bezieht sich in diesem Zusammenhang auf Isidor Sadger (1923a, S. 143, Fn. 2), der in der Wiener Gruppe dafür bekannt war, dass er alle Mitteilungen von Analysanden als Ausdruck des Wunsches nach Geschlechtsverkehr verstand (siehe dazu May, 1991).

diesem Symptom eine Verwandlung von Libido in Angst zugrunde.⁴⁷ Klein hingegen meinte, es handle sich bereits um Kastrationsangst, die bei der Verdrängung ödipaler Wünsche »frei« werde (1923b, S. 109). Dass sich Klein in diesem Zusammenhang auf Stärckes orale Urkastration und auf Alexanders Geburtsangst als erste Manifestationen der Kastrationsangst berief, ist nun schon, man möchte sagen: selbstverständlich (1923a, S. 159, Fn. 33; 1923b, S. 108, Fn. 14). Sie schloss sich damit dem Argumentationsmodus an, gegen den sich Freud ab 1923 wehrte, nämlich der Gleichsetzung von frühen und späten Ängsten. Bei seiner ersten Stellungnahme, die er im Februar 1923 verfasste, wird er nicht an Klein gedacht haben, deren beide Aufsätze im zweiten Heft der *Imago* (1923b) und im dritten Heft der *Internationalen Zeitschrift* (1923a) erschienen und erst im November und September 1923 ausgeliefert wurden.⁴⁸ Anders könnte es sich bei seinen Stellungnahmen von 1924 und 1925 verhalten haben.

Wie in vorangegangenen Publikationen (siehe das Kapitel über das Jahr 1921) trat Klein auch in den Arbeiten von 1923 mit dem Gestus einer Autorität auf und wiederholte das Heilungsversprechen: wenn die Hemmungen der Kinder durch eine Früh-Analyse beseitigt würden, nähmen ihre intellektuelle Leistungsfähigkeit und Kreativität zu (1923a, S. 162; 1923b, S. 110f.).

Abraham und Jones: Bündnispartner und Freunde

Jones und Abraham kannten sich seit den ersten psychoanalytischen Kongressen in Salzburg (1908) und Nürnberg (1910).⁴⁹ Der erste erhaltene Brief von Jones an Abraham stammt von 1911 (A/Jo, S. 43). Jones hatte damals Abrahams Studie über *Segantini* gelesen, jene Schrift, in der Abraham begann, in einer nur deskriptiven Art und Weise von einer »bösen Mutter« zu sprechen. Im Herbst desselben Jahres kam es auf dem dritten internationalen psychoanalytischen Kongress in Weimar (1911) zu einem

---

47 Freud revidierte diese Erklärung bekanntlich im 1925 verfassten Aufsatz »Hemmung, Symptom und Angst« (1926d).
48 Wann Kleins Manuskripte in der Redaktion der *Zeitschrift*, also bei Rank, eintrafen, ist nicht bekannt. Das zweite Heft der *Imago* war im September 1923 in Berlin eingetroffen (RB 4, S. 104), das dritte Heft der *Internationalen Zeitschrift* am 5. September bei Andreas-Salomé in Göttingen (AF/A-S, S. 219).
49 Zur Beziehung zwischen Abraham und Jones siehe Riccardo Steiner, 2019.

Treffen. Abraham trug dort seine Sicht der Ätiologie der manisch-depressiven Erkrankungen vor und betonte die Rolle des Sadismus in der Entstehung dieser psychischen Störungen (Abraham, 1911/12). Rückblickend wirkt es wie eine Fortsetzung von Abrahams Vorstoß, dass Jones auf dem nächsten internationalen Kongress, der in München stattfand, eine These über die Entstehung des »Hasses« aus der Analerotik, das heißt bei ihm: aus den von der Mutter ausgeübten Einschränkungen der Analerotik, vorstellte (1913). Waren Jones' Überlegungen auch noch unscharf formuliert, kann es Abraham nicht entgangen sein, dass der englische Kollege Ähnliches wahrnahm und ähnliche Akzente setzte wie er. Außerdem hatte auch er hauptsächlich die Mutter und die mit ihr verbundene Aggression im Blick.

Vor dem Krieg arbeiteten Abraham und Jones mit Ferenczi, Sachs und Rank im damals noch »geheimen« Komitee zusammen, das 1912 auf Anregung von Jones gebildet worden war. Im Sommer 1913 trat es in Aktion, um Jung aus der *Internationalen Psychoanalytischen Vereinigung* herauszudrängen. Abraham und Jones tauschten sich in Briefen über die einzuschlagende Strategie aus. Nach der kriegsbedingten Unterbrechung des Kontakts sahen sich Abraham und Jones im Herbst 1920 beim Kongress in Den Haag wieder, auf dem das Komitee reaktiviert wurde. Sie verfolgten weiterhin ähnliche Interessen. Jones hatte beispielsweise Ende des Kriegs eine Arbeit über die anale Charakterologie publiziert (1919), die neue Definitionen der analen Triebziele enthielt. Darauf bezog sich dann Abraham in seinen Arbeiten über die anale Stufe (1920b, 1923a), desgleichen auf den aggressiven Charakter der Analerotik, den Jones 1913 hervorgehoben hatte. Das war keine Selbstverständlichkeit. Rank oder Sachs beispielsweise arbeiteten damals nicht über diese Themen; auch Ferenczi nicht. Die Analerotik und der anale Sadismus waren (neben der Mutter und der gegen sie gerichteten Aggression) Felder, die insbesondere Jones und Abraham interessierten.

Ein weiteres gemeinsames Interessensgebiet war die Vereinspolitik. Sie nimmt im Briefwechsel zwischen Jones und Abraham vor und nach dem Ersten Weltkrieg viel Raum ein. Abraham und Jones verstanden sich, wie die Herausgeber des Briefwechsels schreiben, auf diesem Gebiet »fast blind« (A/Jo, S. 41). Alle Fragen, die sich auf den Zuwachs oder Verlust an Macht und Bedeutung der *Internationalen Vereinigung* und der »eigenen« Vereinigung, der Berliner und der britischen Gruppe, bezogen, wurden von ihnen ausführlich und mit Leidenschaft erörtert. Gemeinsam war ihnen die Abneigung, Nicht-Ärzte zur Ausbildung zuzulassen, und beide traten, wie weiter unten dargestellt wird, nachdrücklicher für die Kontrolle der Vereinsmitglieder ein, als es aus Wien oder Budapest bekannt ist. Darüber hinaus hatten Abraham und Jones ähnliche Vorstellungen von der Wissenschaftlichkeit der Psychoanalyse. Während Freud und Ferenczi Spekulationen für legitim hielten, solange sie als solche deklariert wurden, konnten Jones und Abraham dieser Form der Wissenssuche nichts abgewinnen. Im *Versuch einer Entwicklungsgeschichte der Libido* fällt die Häufigkeit und Intensität auf, mit der Abraham herausstreicht, dass seine Überlegungen nicht auf spekulativem, sondern auf »rein empirischem Wege« gewonnen wurden.[50] Gleichzeitig waren Abraham und Jones der Symbolik und symbolischen Deutungen gegenüber positiv eingestellt. Jones hatte eine lange Abhandlung über die Symbolbildung geschrieben (1919–1922) und Abrahams Fallvignetten bedienten sich wie oben erwähnt häufig dieser spezifischen Form der Deutung. Ein Beispiel ist die oben beschriebene Interpretation des Hohl- und Kreuzwegs. Abraham hatte 1923 die Differenz zwischen den beiden Möglichkeiten aufgegeben und gemeint, beide würden symbolisch das Gleiche bedeuten, während Freuds Sicht einen Entwicklungsfortschritt implizierte.

Nach dem Krieg kamen sich Abraham und Jones noch einmal näher, als sie zusammen ein paar Urlaubstage in England verbrachten. Abraham hatte sich, soweit bekannt, noch nie mit einem Kollegen aus dem Komitee oder mit Freud zu einem längeren privaten Zusammensein getroffen.[51] Die Herausgeber des Briefwechsels zwischen Jones und Abraham meinen, dass beide »kaum enge Freunde in der psychoanalytischen Bewegung« hatten und »wohl auch etwas isoliert in Berlin und London« waren, »wo sie als Leitfiguren wenig Möglichkeiten zu einem Austausch auf Augenhöhe fanden« (A/Jo, S. 41). Bemerkenswerterweise hatte Abraham nun ausgerechnet jenen Kollegen zum Freund, den Freud am heftigsten ablehnte.[52]

---

50 Siehe z. B. Abraham, 1924, S. 126, 165f., 181.
51 Das Treffen zwischen Abraham mit den beiden Glovers und Ferenczi und Rank in Seefeld im August 1922 war nicht geplant und wird als »Besuch« bezeichnet, dürfte also nicht lange gedauert haben; siehe F/Fer III.1, S. 141.
52 Beispielsweise bekam Jones Anfang Januar 1923 von Freud zu hören: »This last year brought a disappointment not easy to bear. I had to find out that you had less control of your moods and passions, were less consistent, sincere and reliable that I had a right to expect of you and than was required by your conspicuous position. And although you yourself had proposed the committee you did not refrain from endangering its intimacy by unjust susceptibilities« (F/Jo, S. 507).

Auch Rank griff Jones an, insbesondere beim Treffen im August 1923 in San Cristoforo. Er warf Jones, wie bereits erwähnt, eine antisemitische Einstellung vor und verlangte, ihn aus dem Komitee auszuschließen. In dieser Situation unterstützte Abraham Jones, sodass er im Komitee bleiben konnte. Erhebliche Spannungen bestanden auch zwischen Jones und Ferenczi, seinem ehemaligen Analytiker. Sie kamen unter anderem darin zum Ausdruck, dass Ferenczi die Einladung von Jones zu einem Vortrag auf dem Kongress in Oxford (im Juli 1923) ablehnte (während Abraham sie annahm). Nach der Eskalation der Spannungen in San Cristoforo ging Ferenczi so weit, Jones vorzuschlagen, er solle seine Analyse bei ihm wiederaufnehmen, was Jones ablehnte (Fer/Jo, S. 91f.). Kurz darauf, im November 1923, bezichtigte Ferenczi in einem Komitee-Rundbrief Jones eines Plagiats, was die Streitereien wieder aufflackern ließ (RB 4, S. 121).[53] In diesem Fall gab Abraham Ferenczi recht und versuchte, zwischen ihm und Jones zu vermitteln. Das Bündnis zwischen Abraham und Jones überstand diese und weitere Belastungen, sodass Jones nach dem Tod Abrahams im Dezember 1925 an Freud schreiben konnte: »Karl was my best friend« (F/Jo, S. 590).

Das Berliner Institut: Zunehmende Institutionalisierung der Ausbildung

Abraham hatte die Berliner Gruppe 1908 ins Leben gerufen und konnte ihr nach dem Krieg zu großem Ansehen verhelfen. Wie im vorangegangenen Kapitel beschrieben, hatten sich im Herbst 1922 fähige und tatkräftige Kollegen aus dem Ausland in Berlin niedergelassen. 1923 kamen weitere hinzu, unter ihnen Helene Deutsch, die ebenso wie Sandor Radó in den Kreis der Dozenten aufgenommen wurde und zum Prestige des Hauses beitrug.[54]

---

53 Zu Ferenczis Anschuldigungen siehe RB 4, S. 121, 125, 137f., 144, 146. Jones hatte den Aufsatz »The nature of auto-suggestion« (1923b) im März 1923 an Freud geschickt, der eine Stellungnahme mit der Standardbegründung ablehnte, er wolle die »intellectual independence of my friends« nicht stören und halte seine Kritik zurück »unless they have not fallen in gross errors, what happily rarely is the case« (F/Jo, S. 521). Im Januar 1924 verzichtete Ferenczi auf eine öffentliche Entschuldigung von Jones, die er zuvor gefordert hatte (RB 4, S. 151). Abraham schrieb später (1926) selbst einen Aufsatz über die Suggestion, in dem er Ferenczi Recht gab.
54 Mit Radó und Deutsch hielten 1923 zum ersten Mal Mitglieder aus dem »Ausland«, wie es im Berliner Rundbrief heißt, Kurse am Institut (RB 4, S. 66).

Auch Klein dürfte die Attraktivität der Berliner Gruppe durch ihre Bereitschaft, Kindergärtnerinnen die Psychoanalyse nahezubringen, vergrößert haben.

Die Vorlesungen und Kurse des Instituts wiesen 1923 beachtliche Hörerzahlen auf. Abraham beispielsweise hatte in diesem Jahr 80 Hörer, sodass man größere Räumlichkeiten anmieten musste (F/A, S. 727, 730).[55] Der Andrang zu Veranstaltungen war sicher auch darauf zurückzuführen, dass die Teilnahme nicht auf angehende Analytiker beschränkt war. Noch konnte jeder Interessierte fast alle Veranstaltungen besuchen (May, 2007). Ferenczi konstatierte, dass es in der Budapester Gruppe, »deren Energien zum Teil von Deutschland aufgesaugt werden, immer stiller« werde (F/A, S. 716; RB 4, S. 23). Er spielte darauf an, dass drei aktive Mitglieder der ungarischen Gruppe (Hárnik, Klein, Radó) von Budapest nach Berlin gegangen waren.

Die Anzahl der Kollegen, die zu außerordentlichen Mitgliedern ernannt wurden, blieb weiterhin niedrig. 1923 erhielten fünf Frauen und Männer diesen Status zuerkannt: Ada Schott, Angela Rohr, Walter Schmideberg, Therese Benedek und Alice Balint.[56] Ordentliches Mitglied wurde 1923 nur eine einzige Kollegin, Melanie Klein. Zu denen, die einen Teil der Ausbildung durchliefen, aber *keine* Mitgliedschaft in der Berliner Gruppe anstrebten, gehörten 1923 unter anderem Edward Glover, Adolf Storfer und Helene Deutsch; letztere war bereits Mitglied in der Wiener Vereinigung (May, 2015). Bei Hanns Sachs befanden sich 1923 vor allem britische Kollegen in Lehranalyse, die ebenfalls nicht Mitglied der Berliner Gruppe werden wollten. Die Nachfrage nach Lehranalysen war offensichtlich so groß, dass man 1923 Sándor Radó bat, solche zu übernehmen, obwohl er selbst kein ordentliches Mitglied in Berlin war (RB 4, S. 30).

Die Struktur der Ausbildung steckte noch in den Anfängen. Im Februar 1923 wurde der »Unterrichtsausschuss« gegründet, der einen Plan für Ausbildungsgänge erstellen sollte (Kitlitschko, 2018). Ihm gehörten außer Abraham seine Analysanden Horney, Müller-Braunschweig und Simmel an, ferner Eitingon und Sachs. Die von ihnen erarbeiteten »Richtlinien für die Unterrichts- und Ausbildungstätigkeit« wurden im Juni 1923 verabschiedet und 1924 veröffentlicht (RB 4, S. 100; Eitingon, 1924). Somit

---

55 Das neue Lokal, das *Zentralinstitut für Erziehung und Unterricht*, befand sich auf der dem Berliner Institut gegenüberliegenden Straßenseite in der Potsdamer Straße.

56 Siehe Korr, 1923, S. 242f.; Korr, 1924, S. 106f.

war das Jahr 1923 das Geburtsjahr der Ausbildungsrichtlinien, die Vorbild für ähnliche Einrichtungen an anderen Orten wurden. Sie regelten die Zulassung zur Ausbildung, ihren Verlauf und den Abschluss. Damit hatte der Unterrichtsausschuss sowohl eine legislative als auch eine exekutive Funktion. Ein Machtzentrum war geschaffen worden, das bis in die Gegenwart überdauert hat. Zugleich war 1923 das Jahr, in dem beschlossen wurde, die Funktionen der Ausbildung und der Patientenversorgung (Poliklinik) unter dem Namen »Berliner Institut« zusammenzufassen.[57]

Dieser Schritt zur weiteren Institutionalisierung der Psychoanalyse wurde im Wesentlichen ohne Rücksprache mit Freud getan. Nur in Bezug auf eine Frage suchte man seinen Rat, nämlich ob die Lehranalyse vor oder nach der theoretischen Ausbildung anzusetzen sei (F/E, S. 325). Freud empfahl, mit der Lehranalyse zu beginnen, und formulierte seinen Standpunkt etwas bissig: man würde sehr viele Teilnehmer bekommen, wenn man, wie es Berliner Praxis war, nicht mit der Lehranalyse, sondern mit den theoretischen Kursen begänne, aber das sei »nicht im Interesse der Ausbildung« (ebd.). Alle anderen Regelungen beschloss der Berliner Ausschuss im Alleingang; in der Folgezeit mussten sich andere Gruppen nach den Berliner Regeln richten.

Die Richtlinien implizierten einen weiteren Schritt der Ablösung von Freud. Die Entscheidung, wer Psychoanalytiker werden konnte und wer nicht, was Psychoanalyse ist und was nicht und wie die Psychoanalyse anzuwenden ist und wie nicht, lag nun in Deutschland im Ermessen des Berliner Unterrichtsausschusses, in dem Abraham eine Führungsposition einnahm. Seinen Äußerungen in den Komitee-Rundbriefen ist zu entnehmen, dass es ihm wichtig war, in seinem Kreis keine Mitglieder zu haben, die abweichende Meinungen vertraten. Im März 1923 schrieb er in einem Komitee-Rundbrief:

> »Wenn man davon absieht, daß wir von früherer Zeit noch 2 ältere, mangelhaft informierte Mitglieder haben, so ist der gesamte Kreis – meist ca. 30 Teilnehmer an den Sitzungen – wirklich gut durchgebildet. Alle neueren Mitglieder und Gäste analysiert und durch die Kurse gegangen [...]. Infolge-

---

57 Der exakte Name erscheint zum ersten Mal in einem Tätigkeitsbericht der Berliner Vereinigung von 1925 (Korr, 1924, S. 491) über das Treffen in Würzburg im Oktober 1924. Auch vorher schon wurde die Poliklinik mehrere Male als »Institut« bezeichnet. Siehe dazu im Detail Schröter, 2015.

dessen ist der Kreis durchaus homogen und nahezu frei von inneren Gegensätzen« (RB 4, S. 66).

In London waren die Verhältnisse ähnlich wie in Berlin. Vorträge und Vorlesungen von Psychoanalytikern erregten großes Interesse, bei einem Vortrag von Jones fanden sich über 150 Hörer ein (ebd., S. 117). Die britische Gruppe wuchs und konnte um sechs »full members« erweitert werden (ebd., S. 111). Nach dem Vorbild der Berliner plante man ein Ausbildungsinstitut. Im Oktober 1923 kündigte Jones an, dass er, James Glover und Rickman ab 1924 Vorlesungen für Ärzte und Medizinstudenten halten wollten; je sechs Abende würden von ihm, Jones, über die Praxis der Psychoanalyse bestritten und ebenso viele von James Glover über die psychoanalytische Theorie (ebd., S. 117). Wie in Berlin wurde auch in London die »Kontrolle« der Mitglieder ein Thema. Nachdem beispielsweise Abraham berichtet hatte, dass Müller-Braunschweig in der Lessing-Hochschule eine Vortragsreihe hielt und Klein einen Kurs für Kindergärtnerinnen anbot, fragte Jones sofort nach, wer solche Kurse »autorisiere« (ebd., S. 118). Das sind Beispiele dafür, dass die lokalen Gruppen nun zu bestimmen begannen, welche Praxis und Theorie der Psychoanalyse die »richtige« war. Freuds Stimme war weit weg und wurde nicht mehr gebraucht. Wenn einmal vergleichbare Arbeiten über Wien und Budapest vorliegen, wird man sehen können, ob die hier beschriebenen Veränderungen charakteristisch für Berlin und London waren oder ob sich ähnliche Entwicklungen auch anderswo vollzogen.

Jones' Stellung glich der von Abraham. Auch er war Begründer und ständiger Vorsitzender der lokalen Vereinigung und übte in Komitees leitende Funktionen aus. Seine Macht nahm 1923 noch einmal zu, als Mitte März der letzte Schritt der Trennung der englischen »Press« vom Wiener psychoanalytischen Verlag vollzogen wurde (ebd., S. 68). Nun wurde das *International Journal of Psychoanalysis* von Jones allein herausgegeben, in Großbritannien hergestellt und vertrieben.

1923 als Jahr des Generationswechsels: Die Schüler werden Meister

Um ein Bild aufzugreifen, das im Austausch zwischen Freud und Abraham auftauchte, das Bild vom Kreuzweg, an dem Ödipus den Vater erschlägt, könnte man sagen, dass 1923 das Jahr der Trennung, dramatisierend ausgedrückt: der Ermordung von Freud war. Die Generation der Söhne emanzipierte sich von ihm, der mit *Das Ich und das Es* auf dem Höhepunkt seines Theoretisierens angekommen war und sich seinerseits von den Schülern abgrenzte, soweit sie Grundüberzeugungen aufgaben, die seine Arbeit getragen und Differenzierungen aufgehoben hatten, die er erarbeitet hatte. Sie bezogen sich auf das Primat des Sexuellen, das nun von ihm selbst noch einmal zugespitzt und auf das Primat des Ödipal-Sexuellen eingeengt wurde.

Das geschah exakt in dem Jahr, in dem Freud im Alter von 67 Jahren erkrankte. Die Schüler mussten nach der ersten Operation im April, spätestens Ende August, als die Krebserkrankung bekannt gemacht worden war, um sein Leben bangen. Die Gleichzeitigkeit seiner Erkrankung und ihrer Produktivität ist vermutlich ein Zufall. Sie wird jedoch die Krise zwischen den Generationen verschärft und möglicherweise den Abschluss der Schüler-Arbeiten beschleunigt haben, aber es wäre nicht angebracht zu sagen, dass sie entstanden waren, »weil« Freud lebensgefährlich erkrankte.

Wie oben erwähnt, dürfte Rank das *Trauma der Geburt* Ende 1922 und/oder Anfang 1923 begonnen haben, als von Freuds Krebserkrankung noch keine Rede war; abgeschlossen wurde die Schrift in den Wochen nach Freuds erster Operation. Ferenczi hatte schon viele Jahre an der Genitaltheorie gearbeitet und beendete das Manuskript von *Versuch einer Genitaltheorie* im Juli 1923, nach der ersten Operation Freuds und noch vor der Bekanntmachung der Krebserkrankung. Auch Abraham hatte schon jahrelang Vorarbeiten zu seinem Hauptwerk verfasst. Den Plan zum *Versuch einer Entwicklungsgeschichte* fasste er Ende März 1923, also noch vor der ersten Operation Freuds. Den ersten, größeren Teil des *Versuchs* beendete er im Sommer 1923, vor dem Bekanntwerden der Krebsdiagnose, den zweiten während der großen Operationen im Herbst. Ferenczi und Rank hatten seit 1921 an den *Entwicklungszielen* gearbeitet und beendeten den Text im Juli 1923, nach der ersten Operation und bevor sie die Krebsdiagnose erfahren hatten.

Die Keime der großen Schriften, mit denen die Schüler zu Meistern wurde, stammen somit in allen Fällen aus der Zeit vor dem Frühjahr 1923, als Felix Deutsch Freud untersuchte und eine Krebserkrankung vermutete, von der niemand etwas erfahren sollte, wenn auch ein erster operativer Eingriff durchgeführt wurde. Im August wurde die Krebserkrankung im Kreis der engsten Schüler publik, Ende 1923 waren alle Schülerarbeiten abgeschlossen, nachdem Freud im Herbst die Krebsdiagnose erfahren und sich zwei großen Operationen hatte unterziehen müssen. Wie auch immer diese Ereignisse ursächlich miteinander verknüpft sind oder auch nicht, es bleibt das Gefühl einer unheimlichen Gleichzeitigkeit der Schwächung und Erkrankung Freuds und des Erstarkens der Schüler. Auch die ausbleibende Auseinandersetzung der Schüler mit Freuds *Das Ich und das Es* gehört in dieses Umfeld. Es scheint, dass den Schülern die Präsentation ihrer eigenen Arbeiten wichtiger war als die Rezeption und Auseinandersetzung mit Freuds neuem theoretischen Modell. Nicht Freud, sondern sie selbst und ihre Schriften standen im kommenden Jahr im Zentrum des Interesses – ein weiteres Zeichen für den Generationenwechsel, der in diesen Jahren stattfand.

Das Jahr 1924

Was die Stellung der Aggression angeht, werden 1924 die Würfel fallen: gegen Ferenczi und Rank, für Abraham und Jones – und für Abrahams klinische Theorie, die nun von Berlin nach London gebracht und dort begrüßt wird. Freud wird an der Besonderheit des Ödipuskomplexes und der Vorrangstellung der Libido festhalten und sich weiterhin von der Gleichwertigkeit der präödipalen und der ödipalen Entwicklung distanzieren.

Freuds Beiträge von 1924 mit dem dritten Einspruch gegen präödipale Kastrationsängste

Verglichen mit den vorangegangenen Jahren schrieb Freud 1924 relativ wenig. Die Krebsoperation hatte ihn geschwächt und zog weitere Eingriffe nach sich. Im Winter 1923/24 hatte er den kleinen Text mit dem Titel »Das ökonomische Problem des Masochismus« (1924c) begonnen und ihn im Januar 1924 beendet. Eine weitere kurze Arbeit, »Der Untergang des Ödipuskomplexes« (1924d), wurde vermutlich im März 1924 abgeschlossen. Im Mai 1924 war »Der Realitätsverlust in Neurose und Psychose« (1924e) fertiggestellt, im Sommer die »Selbstdarstellung« (1925d) und wahrscheinlich im Herbst die »Widerstände gegen die Psychoanalyse« (1925e).[1] Im Folgenden werden nur die beiden erstgenannten Arbeiten erörtert, weil ihnen im Hinblick auf unsere Fragestellung ein besonderes Interesse zukommt.

---

1 Zu den Daten von 1924c siehe Jones III, S. 134; zu 1924d siehe Jones III, S. 134 und F/Fer III.1, S. 192; zu 1924e siehe Jones III, S. 133 und L & K, S. 230; zu 1925d: Jones III, S. 144 und F/Jo, S. 553; zu 1925e: Jones III, S. 145.

»Das ökonomische Problem des Masochismus«

Als Freud Ende Januar 1924 »Das ökonomische Problem des Masochismus« (1924c) abgeschlossen hatte, klagte er, der Text sei hinter seiner Erwartung zurückgeblieben (F/Fer III.1, S. 180). Die Formulierung zeigt, wie so oft, seine Unzufriedenheit mit den eigenen Arbeiten, aber auch wie sehr er sich dem Schreiben überließ und oft bei Beginn der Niederschrift eines Manuskripts nicht wusste, wohin es ihn führen würde. Es ist anzunehmen, dass er gehofft hatte, in der Klärung der Frage nach dem Verhältnis zwischen Erregung und Lust/Unlust voranzukommen. Denn er knüpfte in den ersten Zeilen von »Das ökonomische Problem« explizit an die gleichlautenden Fragen aus dem letzten Kapitel von *Jenseits des Lustprinzips* an. Nach ein paar Absätzen legte er die Frage ein weiteres Mal als nicht beantwortbar beiseite (1924c, S. 344).

Im Anschluss daran versuchte er das »Problem« des Verhältnisses zwischen »Lust« und »Erregung« klinisch zu lösen, aber auch hier hatte er den Eindruck, keine Klärung zu erreichen. Deshalb ist im Titel von einem »Problem« die Rede, nämlich dem Problem, das der ökonomischen Betrachtungsweise inhärent ist: dem Verhältnis zwischen der Menge an Erregung (oder anderen ihrer Parameter) und den Qualitäten von Lust und Unlust. Schüler und nachfolgende Generationen ignorierten Freuds wiederholtes und von ihm selbst als vergeblich bezeichnetes Bemühen, als wolle man nicht hören, dass er einige Theoretisierungen als problematisch und nicht stimmig empfand, in diesem Fall die ökonomische Betrachtungsweise.

Freud hielt im Masochismus-Aufsatz an der Unterscheidung zwischen Todestrieben und erotisch-libidinösen Lebenstrieben fest. Auch jetzt stellte er die Sexualtriebe nicht den Aggressionstrieben gegenüber, auch jetzt leitete er die Aggressionstriebe aus dem Todestrieb ab, und immer noch hielt er am Primat des Sexuellen fest. Sein Konzept der Sexualität hatte er, auch das im Geiste von *Jenseits des Lustprinzips*, verändert: Sexualität deckte sich, wie er in einer der nächsten Publikationen wiederholte, nicht mehr »mit dem Drang nach Vereinigung der geschiedenen Geschlechter oder nach Erzeugung von Lustempfindung an den Genitalen, sondern weit eher mit dem allumfassenden und alles erhaltenden Eros des Symposions Platos« (1925e, S. 105; vgl. May, 2013).

Vielleicht kam er in »Das ökonomische Problem« an den tiefsten Punkt seines Nachdenkens über die Funktionsweise des Seelischen, an den »Fels«, der für ihn undurchdringlich war. Während er in *Jenseits des*

Lustprinzips noch gezögert hatte, erklärte er nun den Masochismus, die »Schmerzlust«, zum psychischen Äquivalent des Todestriebs. Die primäre Schmerzlust sei »biologisch und konstitutionell« gegeben und nicht psychisch bedingt (1924c, S. 345) – eine Behauptung, der nur wenige Schüler folgen wollten. Und obwohl er den Todestrieb als den »älteren« Trieb ansah, hielt er ihn weiterhin für schwächer als die Sexualtriebe, zumindest solange der Organismus lebt. Denn die Libido hatte nach wie vor die Fähigkeit, die Aufgabe und die »Tendenz«, den Todes- oder Destruktionstrieb durch Ableitung nach außen, »gegen die Objekte der Außenwelt«, »unschädlich zu machen« (ebd., S. 347). Mit fast biblisch klingenden Worten fuhr Freud fort: »Er heiße dann Destruktionstrieb, Bemächtigungstrieb, Wille zur Macht« (ebd.). Insofern der Destruktionstrieb in den »Dienst« der Sexualität gestellt werde, sei er mit dem Sadismus identisch – auch dies eine Wiederholung der Position aus *Jenseits des Lustprinzips*. Das war nun wieder eine Antwort auf Adler und andere Autoren, die eine primäre Aggression einführen wollten. Die Antwort war nicht neu, wurde hier jedoch besonders pointiert formuliert.

Neu war die Annahme, dass jene Anteile des Todestriebs, die nicht nach außen geleitet werden, von den Sexualtrieben verwandelt, nämlich »libidinös gebunden« werden können. So komme es zum primären Masochismus. Diesen Vorgang bezeichnete Freud als »Vermischung« (ebd., S. 348). Der primäre Masochismus richte sich gegen »das eigene Wesen« und könne insofern als »Ursadismus« bezeichnet werden (ebd.), wobei dieser Ursadismus, um es zu wiederholen, *nicht* gegen Objekte außerhalb des Ichs gerichtet wird, sondern gegen das Ich.

Was geschieht hier? Freud bemühte sich, am Primat des Sexuellen festzuhalten. Noch immer ist die Libido die stärkere Kraft: Sie dirigiert den Todestrieb und zwingt ihm Lust auf. Hinsichtlich der inneren Haltung, die Freud beim Theoretisieren einnahm, könnte man sagen, dass er sich (wieder) mit dem Subjekt und nicht mit dem Objekt identifizierte. Denn nur für das Subjekt steckt die größte Gefahr in ihm selbst, in seinem Masochismus. Was das Subjekt den Objekten antut, wenn es seine Aggression gegen sie richtet, ist in Freuds Theoriewelt von sekundärer Bedeutung. Was ihn interessiert, ist die Verfasstheit des Subjekts, nicht die Art und Weise, wie sich das Subjekt im sozialen Feld benimmt und wie es dort von anderen erlebt wird.

Freuds *klinische* Überlegungen bewegten sich in »Das ökonomische Problem« in vertrauten Bahnen. Nach wie vor manifestierte sich die Triebseite der oralen Stufe in der *Angst*, vom Vater gefressen zu werden (ebd.), und nicht in der Lust, ihn zu fressen oder in der Lust, von ihm gefressen zu werden. Auf der sadistisch-analen Stufe erscheint der Masochismus im Wunsch, geschlagen zu werden, auf der phallisch-ödipalen in der Fantasie der gefürchteten Kastration.

Diese Konzeptualisierungen – der Masochismus, das unbewusste Strafbedürfnis, wie Freud nun die unbewussten Schuldgefühle nannte (ebd., S. 350), und das »Triebpassive«, eine gelungene Wortschöpfung von Andreas-Salomé (F/A-S, S. 116) – kommen in der Denkwelt Abrahams nicht vor. Schwer überwindbare, konstitutionell gegebene Grenzen der therapeutischen Möglichkeiten der Analyse sind in Abrahams Theoretisierungen ebenfalls nicht enthalten. Sie bilden keine konstitutiven Elemente seiner Theorie. Freud hingegen verankerte im unbewussten Strafbedürfnis oder dem primären Masochismus seine Erfahrung, dass im Individuum konstitutionell gegebene starke Widerstände gegen die Analyse vorhanden sind (1924c, S. 349f.).

Manche Schüler empfanden »Das ökonomische Problem des Masochismus« als schwierig, viele lehnten es ganz ab. Jones beispielsweise schrieb in seiner Einleitung zum zweiten Band der englischen *Collected Papers*, der Text sei »recondite«, schwer verständlich (Jones, 1924b, S. 7). Er setze, ebenso wie »Neurose und Psychose« (Freud 1924b), die Kenntnis von *Das Ich und das Es* voraus (Jones, 1924b, S. 7). In einer Rezension desselben Bandes der *Collected Papers* griff Edward Glover diesen Hinweis auf. Jones habe auf die »abstruse nature of the papers on masochism« und auf die besonderen Schwierigkeiten der Lektüre von Freuds Schriften hingewiesen (1925b, S. 344).[2]

»Der Untergang des Ödipuskomplexes«

Freud begann die Niederschrift von »Der Untergang des Ödipuskomplexes« am 2. März 1924 und beendete sie am 21. März, mitten in den Aufregungen, die über die *Entwicklungsziele* und das *Trauma der Geburt* aufgekommen waren. Ursprünglich enthielt der Text eine Stellungnahme zu Ranks Buch. Freud strich sie, auch auf Ferenczis Drängen hin, »um

---

2 Bei der Lektüre britischer Aufsätze fällt immer wieder eine Offenherzigkeit oder ein Mangel an »Respekt« vor Freud oder anderen Autoritäten auf, die man in Beiträgen vom »Kontinent« kaum findet (siehe auch E. Glover, 1926).

nicht den Anschein einer Abweisung von meiner Seite zu erwecken« (F/ Fer III.1, S. 193; vgl. ebd., S. 197, 199).[3]

Der nur sechseinhalb Seiten umfassende Text enthält einen dritten Einspruch Freuds gegen Veränderungen der Theorie, die von Schülern vorgeschlagen worden waren. 1923 hatte er sich, wie oben dargestellt, zweimal gegen die Ausweitung des Konzepts des Kastrationskomplexes gewandt und dazu aufgerufen, diesen Begriff nur auf psychische Vorgänge in der phallischen, nicht aber der oralen oder analen Phase anzuwenden. Im gleichen Sinn äußerte er sich nun noch einmal und mit ähnlichen Worten (1924d, S. 247). Wieder begründete er die Besonderheit der phallischen und ödipalen gegenüber den vorangegangenen Stufen. Er relativierte außerdem die Bedeutung der oralen Versagung und des analen Verlusterlebens und betonte, dass die Kastrationsdrohung auf diesen Stufen noch nicht wirksam werde. Zugleich hielt er die Kastrationsdrohung für das alles entscheidende Moment, das den Untergang des Ödipuskomplexes einleite:

> »Die Psychoanalyse hat neuerlichen Wert auf zweierlei Erfahrungen gelegt, die keinem Kinde erspart bleiben und durch die es auf den Verlust wertgeschätzter Körperteile vorbereitet sein sollte, auf die zunächst zeitweilige, später einmal endgültige Entziehung der Mutterbrust und auf die täglich erforderte Abtrennung des Darminhaltes. Aber man merkt nichts davon, daß diese Erfahrungen beim Anlaß der Kastrationsdrohung zu Wirkung kommen würden. Erst nachdem eine neue Erfahrung gemacht worden ist, beginnt das Kind mit der Möglichkeit einer Kastration zu rechnen, auch dann nur zögernd, widerwillig und nicht ohne das Bemühen, die Tragweite der eigenen Beobachtung zu verkleinern. Die Beobachtung, welche den Unglauben des Kindes endlich bricht, ist die des weiblichen Genitales« (ebd.).

Noch einmal merkte Freud hier an, dass Entwöhnung, Sauberkeitserziehung und Kastration als ähnlich erlebt werden *können*, was aber nicht heiße, dass das Kind sie als ähnlich erlebe. Das Erleben selbst wurde von Freud nun an Wahrnehmungen der äußeren Realität gebunden. So werde das Empfinden einer Ähnlichkeit durch die Wahrnehmung des penislosen weiblichen Genitales angestoßen. Zur Interpretation dieses Erlebens als Kastration komme es erst dann, wenn der Penis stark libidinös besetzt

---

[3] Lediglich im letzten Absatz fällt der Name Ranks, als Freud anmerkte, man solle sich nicht vorzeitig mit dessen »interessanter Studie« auseinandersetzen (1924d, S. 251).

werde, nämlich auf der phallischen Stufe. Erst dann kämen geschlechtsspezifische Fantasien über eine gefürchtete oder bereits vollzogene Kastration in Gang, die rückwirkend, nachträglich, orale und anale Verlusterlebnisse mit einer neuen Bedeutung versehen können (ebd., S. 248, 250). Also weiterhin keine primäre orale Kastration und keine primäre ödipale Aufladung des Erlebens auf der oralen und analen Stufe.

Dass sich die oben zitierten Zeilen nicht nur gegen Autoren wie Stärcke und Alexander, sondern nun auch gegen Rank richteten, versteht sich von selbst. Freud versagte sich eine öffentliche Reaktion, auch wenn viele Thesen Ranks nicht in seinem Sinne waren, beispielsweise das Überwiegen der Mutter-Übertragung, die empfohlene Verkürzung der Analysen, die obligatorische Terminsetzung für das Analysenende und die Vernachlässigung der Phylogenese wie der Konstitution, die allein, wie er meinte, die Inzestschranke erklären können; ganz abgesehen von Ranks (und Ferenczis) Problematisierung des kurativen Stellenwerts einer belehrenden Vermittlung der Theorie anstelle des Erlebens. Vielleicht hatte Freud im oben wiedergegebenen Zitat auch Kleins Publikationen im Blick. Denn sie hatte in »Zur Frühanalyse« (1923b) erwogen, ob sich der Ödipuskomplex nicht schon vor der ödipalen Stufe im *pavor nocturnus* bemerkbar mache. Außerdem war sie davon ausgegangen, dass alle psychischen Funktionen vom sehr kleinen Kind als Symbolisierungen des sexuellen Verkehrs zwischen den Eltern erlebt werden. Möglicherweise setzte sich Freud also mit seiner Eingrenzung des im engeren Sinn sexuellen Erlebens auf die phallische und ödipale Stufe bereits von Klein ab. Das ist jedoch nur eine Vermutung, Belege gibt es nicht.

Wie Freud bereits in »Das ökonomische Problem des Masochismus« angedeutet hatte, vertrat er nun die Auffassung, dass der Ödipuskomplex in der normalen Entwicklung untergeht, überwunden wird, und zwar durch die Bildung des Über-Ichs (1924c, S. 350; siehe auch F/Fer III.1, S. 198–200). Der Ödipuskomplex bleibe, so Freud, nur dann als dynamischer Faktor wirksam, wenn er verdrängt wird. Diese Mitteilungen lösten, wie Jones berichtet, bei den Schülern »Verwunderung« aus (Jones III, S. 308f.). Es sei damals ein ganz neuer Gedanke gewesen, dass unbewusste Vorgänge »untergehen«, verschwinden konnten, ohne dass das pathologische Folgen nach sich gezogen hätte. Jones meinte, dass man solchen Prozessen »in der analytischen Praxis gewiß nie« begegne (ebd., S. 309). Sein Erstaunen bezog sich darauf, dass Freud sozusagen einen Raum der Normalität und eines normalen Unbewussten postulierte. Es scheint, dass sich Jones mit einer solchen Vorstellung des Seelenlebens nicht anfreunden konnte. Es widersprach der in dieser Zeit aufkommenden entgegengesetzten Tendenz, den Übertragungsbegriff auszudehnen und »alles« als Übertragung zu verstehen.[4]

Bewegte sich Freud 1924 zu weit von den Schülern weg? War er im Alter zu pessimistisch geworden, als er einen primären Masochismus annahm, eine tief sitzende, von Anfang an vorhandene Schmerzlust? War das mit dem »Altersgrauen« gemeint, das Alix Strachey, wie weiter unten dargestellt wird, in ebendiesem Jahr (1924) an der Psychoanalyse wahrnahm (M & K-d, S. 230)?[5] War es Pessimismus oder eine wertvolle Einsicht, als Freud den Blick für die Differenz zwischen Normalität und Pathologie schärfte und auf einem Bereich von Normalität bestand, der keiner Analyse bedarf?

Empörung über Ferenczi und Rank in Berlin und London

Wie schon angedeutet, lösten die noch in den letzten Dezembertagen 1923 ausgelieferten Schriften der Schüler unterschiedliche Reaktionen aus. Abrahams *Versuch einer Entwicklungsgeschichte* wurde 1924 in keiner lokalen Vereinigung diskutiert und von zwei Autoren der nächsten Generation wohlwollend rezensiert (J. Glover, 1924; Fenichel, 1925b).[6] Abrahams

---

[4] In seinen Schriften über die Technik (1927–28) forderte Edward Glover mit Nachdruck, »alles« müsse analysiert werden, »alles« sei Produkt der Übertragung. Man müsse »all sorts of silent indications, attitudes, gestures, movements, facial contortions, etc.« analysieren (ebd., S. 193). Oder: »[E]very thought or action in the patient's analytical life or reference to thought and actions in his extra-analytical life will be found to have some bearing on the transference« (ebd.). Oder: »Everything is grist to the mill, and everything that escapes the mill remains as a representative in consciousness of unconscious interests« usw. (ebd.).

[5] Mit »M & K« wird der von Perry Meisel und Walter Kendrick herausgegebene Briefwechsel zwischen den Stracheys abgekürzt, die deutsche Ausgabe mit »M & K-d«, die englische mit »M & K-e«.

[6] Abrahams *Versuch einer Entwicklungsgeschichte* wurde 1925 nur ein einziges Mal diskutiert, nämlich in der Wiener Gruppe von Nunberg (Korr, 1925, S. 505); der Text ist nicht erhalten. James Glover publizierte, bezeichnenderweise nicht im *International Journal*, sondern im *British Journal of Medical Psychology*, eine Rezension von Abrahams Schrift, die eine gewisse Reserve gegenüber der Tendenz zur Schematisierung erkennen ließ (1924). Er hob hervor, was Abraham von Freud unterschied, nämlich die hypostasierte frühe Ambivalenz gegenüber der Mutter und die der Mutter zugeschriebene Kastrationsdrohung (ebd., S. 328).

Arbeit wurde, unter anderem von seinen Analysanden, rasch propagiert (J. Glover, 1924; E. Glover, 1924c). Ferenczis spekulativer *Versuch einer Genitaltheorie* stieß auf weniger Interesse. Alexander (1925a) referierte ihn vorwiegend positiv, während er von Arthur Tansley (1924), einem Freud-Analysanden und Mitglied der britischen Gruppe, scharf kritisiert wurde.

Anders war die Antwort der *psychoanalytic community* auf Ranks *Trauma der Geburt* und die *Entwicklungsziele* von Ferenczi und Rank. Beide Publikationen wurden sofort nach ihrem Erscheinen in sechs lokalen Vereinigungen erörtert: an fünf Abenden in Wien, an vier Abenden in Berlin, an zwei in London und an je einem in Budapest, Den Haag und New York.[7] Die Rezensionen fielen unterschiedlich aus: manche waren den Arbeiten freundlich gesonnen (Alexander, 1925c), andere übten Kritik (Sachs, 1925b), manche auf eine massive Art und Weise (E. Glover, 1924a, b).[8] In Berlin riefen sie, wie Eitingon an Freud schrieb, »sehr viel Erregung« hervor; viele Kollegen hätten sich »getroffen« gefühlt (RB 4, S. 148, 151; F/E, S. 338).[9]

In London reagierte man ähnlich aufgebracht wie in Berlin. Edward Glover publizierte in Jones' *International Journal of Psychoanalysis* einen 40-seitigen Aufsatz, in dem er Ferenczis Überlegungen zur sogenannten aktiven Technik scharf verurteilte (1924a). In einem Anhang stellte er seine Einwände gegen Ferenczi und Ranks *Entwicklungsziele* dar. Er hatte damals gerade seine Analyse bei Abraham beendet und gab im Ton einer Autorität bekannt, was technisch »richtig« und was »falsch« ist. Seine Publikation

---

[7] Siehe Korr, 1924, S. 241, 242, 244, 350, 492; Korr, 1925, S. 132, 135.

[8] Die Rezensionen wurden von den Redakteuren der Zeitschriften eingeholt, im Falle des *International Journal* von Jones, der auch zur Redaktion des *British Journal of Medical Psychology* gehörte, in dem die Rezensionen der Glovers erschienen. Edward Glover wies später darauf hin, dass er und sein Bruder die ersten gewesen seien, die Kritik an Ranks Buch geübt hätten (Swerdloff & Glover, 1973, im. 25). Über die Vorgänge in der *Internationalen Zeitschrift*, die bis 1. November 1924 von Rank und danach von Radó herausgegeben wurde, ist nur bekannt, dass Abraham den Komitee-Mitgliedern Ende Dezember mitteilte, dass Sachs Ranks *Trauma der Geburt* rezensieren und die Rezension vor der Publikation dem Komitee vorlegen werde (RB 4, S. 209, 214). Ferenczi und Freud hatten das Manuskript dann in der Tat vor der Publikation »genehmigt« (RB 4, S. 242, 247; Sachs, 1925b).

[9] Eitingon selbst empfand beispielsweise Ranks Konzept der »psychoanalytischen Situation« als Gewinn, weil viele Analytiker »brav und lange Material aus den Tiefen herausfördern« und keinen Unterschied zwischen Wichtigem und Unwichtigem machen würden (F/E, S. 338).

war aus einem Vortrag hervorgegangen, den er im Februar 1923 gehalten hatte (Bull, 1924, S. 505). Jones hatte den Vortrag damals als »excellent« bezeichnet und sich bei Abraham für die Analysen der Glovers bedankt, was eine unverhohlene Unfreundlichkeit gegenüber Ferenczi darstellte: »Both Glovers have a very strong knowledge of the theory of psa technique and we are grateful to Abraham for sending us what are probably our two best members« (RB 4, S. 59). Auch Ranks *Trauma der Geburt* unterzogen Edward und James Glover, wie Jones im April 1924 an Abraham schrieb, einer »gnadenlosen« Untersuchung: »The Glovers gave a pitiless analysis of the Geburtstrauma at our last meeting, revealing the Vaterablehnung und flight from the Oedipus complex as its essential motive« (A/Jo, S. 82f.; Bull, 1924, S. 505).

Die massivsten Reaktionen auf die Arbeiten von Ferenczi und Rank kamen aus Berlin. Die neuen Bücher hätten, wie Eitingon an Freud schrieb, »wie eine Bombe« gewirkt (F/E, S. 340). Insbesondere Abraham sei »bestürzt« gewesen und habe moniert, dass das Komitee nicht vorher »vom Inhalt der so wesentlichen neuen Publikationen« informiert worden sei, worauf Freud meinte, dass Abraham »arg betroffen« gewesen sein müsse, wenn er eine »so ungerechtfertigte und unmögliche Forderung« stelle (ebd., S. 340–342). Die Wogen der Diskussion hatten bereits im Januar 1924 so hochgeschlagen, dass Eitingon Freud bat, »die in einigen wesentlichen Fugen [...] krachende Welt der psychoanalytischen Vereinigung und des psychoanalytischen Denkens« wieder einzurenken (ebd., S. 340). Freud kam der Bitte nach und richtete im Februar 1924 ein langes Schreiben an die Komitee-Mitglieder; in den darauffolgenden Wochen folgte ein weiterer Brief ans Komitee (RB 4, S. 169–172, 179).

Auf den Inhalt dieser und anderer Briefe, die die Komitee-Mitglieder über die *Entwicklungsziele* und das *Trauma der Geburt* wechselten, wird im Folgenden nicht eingegangen. Persönliche Empfindlichkeiten, vereinspolitische Absichten und sachbezogene Argumente vermischten sich in einer Weise, die es unmöglich macht, die Faktoren voneinander zu isolieren. Außerdem wurde die »Rank-Krise«, wie die vereinsinterne Diskussion meistens genannt wird, bereits von mehreren Autoren detailliert dargestellt.[10]

Wie ist es zu verstehen, dass Abrahams Opus magnum, das hier als der Motor einer neuen Bewegung verstanden wird, zunächst sozusagen

---

[10] Lieberman, 1985; Leitner, 1998; Dupont, 2003; Lieberman & Kramer, 2012; Zienert-Eilts, 2010, 2013; Bentinck, 2020.

lautlos und ohne Widerspruch zu erregen rezipiert wurde, während die Schriften von Rank und Ferenczi die Strukturen der Vereinigung ins Wanken brachten? Ein Grund war sicher, dass die Kritik von Ferenczi und Rank nicht nur auf Freud, sondern auf Abraham (und Jones) gemünzt war. Ferenczi schrieb im Februar 1924 an Freud, er und Rank hätten gefunden,

> »daß sehr viele (u. a. auch Abraham) sich Verlängerungen zuschulden kommen lassen, die *keinen* wissenschaftlichen Ertrag bringen und nur auf die Verkennung der analytischen Situation zurückgeführt werden müssen. Wenn sich also z. B. Abraham getroffen fühlt, so kann uns das nicht überraschen. Wir haben uns im Laufe der 4–5maligen Umarbeitung redlich bemüht, alles Persönlich-Angreifende auszulassen oder möglichst zu lindern« (F/Fer III.1, S. 188).

Ferenczi und Ranks Kritik an Abraham (und an Freud) wurde außerdem nicht innerhalb des Komitees geäußert, sondern in einer Publikation präsentiert, auch das ein Grund für ihre besonders starke Wirkung. Das Ansehen und die Anziehungskraft des Berliner Instituts, das gerade dabei war, sich als eine erste Institution zur Ausbildung von Analytikern zu etablieren, wurden infrage gestellt, während Abraham und Jones Ferenczi und Rank weniger in Publikationen und Vorträgen angriffen, sondern sich auf private Briefe und auf die Komitee-Rundbriefe beschränkten. Dort gaben sie relativ ungebremst bekannt, was sie von den Kollegen hielten.

Ein weiterer Grund für die massiven Reaktionen auf Ferenczi und Ranks Schriften war die Art und Weise, wie die Autoren ihre Positionen vortrugen. Sowohl in den *Entwicklungszielen* als auch im *Trauma der Geburt* wird offen mitgeteilt, in welchen Punkten man Freud nicht zustimmte. Die technischen Prinzipien der *Entwicklungsziele* und die technischen und praktischen Empfehlungen, die Rank im *Trauma der Geburt* gab – die vorrangige Beachtung der Mutter-Übertragung, die obligatorische Terminsetzung, die ständige Bezugnahme auf die »analytische Situation« –, wurden unmissverständlich als Veränderungen bezeichnet, die über Freud hinausgingen. Desgleichen deklarierte Rank seine klinische Theorie als eine neue Theorie, die die alte ersetzen sollte. Insofern boten sich die Schriften geradezu dazu an, als Abweichungen wahrgenommen zu werden. Sie traten explizit mit dem Anspruch auf, Freuds Theorie und Technik in gravierender Weise zu verändern.

Anders ging Abraham im *Versuch einer Entwicklungsgeschichte* vor. Er empfand sich als Autor, der Freuds Theorie vertiefen wollte und, wie er meinte, Belege für sie liefern konnte. Er sprach nicht aus, dass er die Theorie veränderte, und vermied eine Erörterung der Unterschiede zwischen seiner und Freuds Theorie, sodass es viel schwieriger war, sich ein Urteil darüber zu bilden, ob und inwiefern seine klinische Theorie mit der von Freud vereinbar war. Deshalb hat es wohl bis heute kaum eine Auseinandersetzung mit ihm gegeben – mit Ausnahme von Balint (1935). Abraham provozierte keinen Bruch und übte keine offene Kritik an Freud oder an Kollegen. Er beschränkte sich auf das Feld der klinischen Theorie und äußerte sich nicht zur Praxis und Technik der Psychoanalyse. Er hatte eine »andere« Theorie entwickelt, ohne sie als »anders« zu deklarieren.

Auflösung des Komitees

Die Vorbereitung des internationalen psychoanalytischen Kongresses in Salzburg (April 1924) geriet in den Strudel der Erregung über Ferenczi und Rank. Die Planung lag in den Händen von Jones, dem Präsidenten der *Internationalen Vereinigung*, und von Abraham, seinem Sekretär. Jones schlug vor, am ersten Kongress-Nachmittag ein Symposium über Freuds Preisfrage von 1922 anzusetzen, das Verhältnis von Theorie und Praxis. Das bedeutete im Klartext, dass er die umstrittene Arbeit von Ferenczi und Rank öffentlich diskutieren lassen wollte. Diese lehnten Jones' Vorschlag ab und glaubten damit zu erreichen, dass die »Berliner ›Stoßtruppen‹ unbeschäftigt« abziehen würden; so könne Jones »für längere Zeit außer Funktion gesetzt« werden (F/Fer III.1, S. 204; vgl. RB 4, S. 174, 178, 181). Jones, der nicht selbst in die Diskussion verwickelt werden wollte, bat Abraham, Stellung zu Ferenczi und Rank zu nehmen (A/Jo, S. 74). Aber auch Abraham ging der Aufgabe aus dem Weg und schlug vor, dass Sachs, Alexander und Radó sich zu Ferenczi und Rank äußern sollten. Das fand wiederum Jones nicht optimal, weil alle drei keine »echten« Berliner seien; außerdem käme ihren Äußerungen kein »offizieller« Charakter zu, da sie keine Ämter hätten – ein Beispiel für die Wissenschaftspolitik, die auf beiden Seiten betrieben wurde (ebd., S. 75f.).

Während der Kongress-Planungen hatte sich Abraham an Freud gewandt und ihn vor Ferenczi und Rank »gewarnt« (F/A, S. 735). Er sah in den neuen Büchern der Kollegen »Anzeichen einer unheilvollen Entwicklung, bei der es sich um Lebensfragen der Psychoanalyse« handle (ebd.). Auf Freuds Frage, was er mit den Gefahren meine, antwortete Abraham, er sehe in den *Entwicklungszielen* und im *Trauma der Geburt* »Äußerungen einer wissenschaftlichen Regression, die sich bis in kleine Einzelheiten mit der Jung'schen Abkehr von der Psychoanalyse und ihrer Symptomatik deckt« (ebd., S. 737). Ferenczi erfuhr Mitte März von Rank, was Abraham an Freud geschrieben hatte, und kündigte daraufhin – noch vor dem Kongress – die Zusammenarbeit mit Abraham auf, was auf eine Auflösung des Komitees hinauslief (F/Fer III.1, S. 207). Beim Treffen in Salzburg hatten Jones und Abraham dann anscheinend keine andere Wahl mehr, als der Auflösung zuzustimmen (RB 4, S. 194).

Freud ging das Ende Komitees sehr nahe. Er schrieb am 20. März 1924 an Ferenczi:

> »Ich zweifle nicht daran, daß auch die anderen des ehemaligen Komitees Rücksicht und Zuneigung für mich haben, und doch kommt es dazu, daß ich im Stiche gelassen werde, gerade nachdem ich ein Invalide mit herabgesetzter Arbeitskraft und geschwächter Stimmung geworden bin, der jede Mehrbelastung von sich abweist und sich keiner Sorge mehr gewachsen fühlt. Ich will Sie durch diese Klage nicht bewegen, einen Schritt zur Erhaltung des verloren gegebenen Komitees zu tun; ich weiß: hin ist hin, verloren ist verloren. Ich habe das Komitee überlebt, das mein Nachfolger werden sollte, vielleicht überlebe ich noch die Intern. Vereinigung. Hoffentlich überlebt mich die Psychoanalyse« (F/Fer III.1, S. 192).

Freud setzte sich in Briefen und Gesprächen weiter mit den Beteiligten auseinander, bis er Ferenczi, Abraham, Jones und Eitingon am 3. April mitteilte, dass er nicht am Kongress teilnehmen werde; er brauche Erholung (ebd., S. 205; F/A, S. 747). Diese Mitteilung muss von allen als ein schwerer Schlag empfunden worden sein. Man konnte Freuds Absage nicht anders verstehen, als dass er mit dem Verhalten der Schüler nicht einverstanden war. Der Salzburger Kongress wurde somit der erste internationale psychoanalytische Kongress ohne Freud, der erste Nachkriegskongress ohne Komitee und, ob Zufall oder nicht, der erste Kongress, auf dem in mehreren Vorträgen theoretische Ansätze vertreten wurden, die Abrahams Theorie nahestanden.

Jones kommentierte Freuds Absage in einem privaten Brief an Abraham mit der Bemerkung, Freud sei nicht mehr imstande, die Lage zu beurteilen:

> »Old, ill, and tied by the strongest claims of affection [...] he can hardly face the possibility of having once more to go through the Jung situation and this time much nearer home, with someone who perhaps means more to him than his own sons« (A/Jo, S. 83).

Jones fuhr fort, dass Freud möglicherweise nicht nach Salzburg komme, weil er befürchte, dass seine unbewussten Ängste zum Vorschein kommen könnten. Vielleicht projiziere er deswegen seine Vorwürfe auf Berlin und London. Für ihn selbst, Jones, gebe es keinen Zweifel an Ranks Abweichung. Er werde zu seinen Überzeugungen stehen, auch wenn es ihn die Freundschaft mit Freud koste: »I shall not sacrifice my intellectual convictions for friendship with any man on earth, not even Prof himself« (ebd.).

Die »neue« klinische Theorie und Technik auf dem internationalen psychoanalytischen Kongress in Salzburg

Am ersten Nachmittag des Kongresses (21. April 1924) fand wie geplant das Symposium zum Verhältnis zwischen Theorie und Technik statt, das als Auseinandersetzung mit den Schriften von Ferenczi und Rank gedacht war. Die Leitung übernahm Jones und streute in seine Einleitung eine Bemerkung über Jung und dessen Leugnung des Ödipuskomplexes und einige weitere Anspielungen ein (Jones, 1925b). Darauf folgten Vorträge von Sachs (1925a), Alexander (1925b) und Radó (1926), also von den Berliner Kollegen, die Abraham vorgeschlagen hatte. Alle drei stellten die Beziehung zwischen Theorie und Technik in den Mittelpunkt und meinten mit der Theorie bereits das neue Modell von Ich, Es und Über-Ich. Daneben setzten sich Alexander und Sachs mit Ferenczi und Rank auseinander, während Radó darauf verzichtete, sich auf die umstrittenen Autoren zu beziehen.

Sachs' (1925a) Vortrag befasste sich sehr allgemein mit der psychoanalytischen Technik, bezog sich in einer wohlwollenden Art und Weise auf Ferenczis »aktive Technik« und versuchte vor allem, Freuds *Das Ich und das Es* auf die Technik anzuwenden. Seine Kritik an der sogenannten »Blitzdeutung« (ebd., S. 152) war nicht auf Ferenczi gemünzt, sondern generell auf eine Technik, die auf dem Standpunkt stand, man müsse und solle das Unbewusste »direkt« deuten. Ein solches Vorgehen hielt er für wirkungslos.[11] An wen Sachs bei seiner Kritik an der direkten Deutung dachte, zu der auch die sogenannte symbolische Deutung gehört, ist offen, möglicherweise auch an Klein, deren »Kleine Mitteilungen« in der Berliner Gruppe und deren Vorträge er kannte. Alexander (1925b) trug in Salzburg Einwände gegen Ferenczi & Rank vor, stellte aber auch die Stärken der Abhandlung dar und bemühte sich ebenfalls um eine Anwendung von *Das Ich und das Es* auf die analytische Technik. Radó (1926) beschränkte sich auf die therapeutische Beziehung in der Hypnose, die er mithilfe des Strukturmodells aufzuschlüsseln versuchte. Insgesamt war aus den Beiträgen von Sachs, Alexander und Radó nicht die Empörung herauszuhören, die Abraham und Jones empfunden hatten.

Am Ende des Nachmittags antworteten Ferenczi und Rank »auf einige der vorgebrachten Bemerkungen« (Korr, 1924, S. 217). Eitingon berichtete Freud noch von Salzburg aus, dass auf dem Kongress »ein gewisses Auseinandergehen und Sichausweichen der Spitzen« – gemeint waren Abraham, Jones, Ferenczi und Rank – nicht zu übersehen gewesen sei (F/E, S. 349). Über die Berliner Referenten hatte er Gutes zu berichten: »in der Therapie-Diskussion wirkte die Höhe und Schönheit des Gedankenfluges, besonders der beiden jüngeren Referenten, sehr ableitend auf die nur zu begreifliche Spannung, die dieses Problem gerade jetzt erzeugen konnte« (ebd.). Ferenczi meinte, die Stimmung sei wegen Rank »gedrückt« gewesen (F/Fer III.2, S. 56). Groddeck gegenüber äußerte er sich anders: »Der Salzburger Kongress war in der Tat unerquicklich; schließlich gieng es doch verhältnismäßig friedlich zu« (Fer/Gr, S. 110).

Auf dem Kongress wurden neunzehn Vorträge gehalten und ein Bericht über die Berliner Poliklinik vorgetragen, der Anspielungen auf Ferenczi und Ranks Positionen in den *Entwicklungszielen* enthielt.[12] Knapp die Hälfte der Referenten war mit Berlin verbunden, darunter fünf Analysanden Abrahams; die andere Hälfte stammte aus Frankfurt, Wien, London, Amsterdam und Budapest. Also ein Kongress mit starker Berliner

---

11 Sachs bezeichnet sein Referat in einem unveröffentlichten Brief an Freud vom 22. Januar 1924 (Sachs, 1924, LoC) als eine von sechs »Vorlesungen«. Möglicherweise sind damit Vorlesungen am Berliner Institut gemeint, vielleicht auch jene sechs, die er im Sommer 1924 in London halten wollte. Er plante damals ein Buch über die Technik, das jedoch nie erschien (siehe Schröter, 2011, S. 69).

12 Die Anspielungen bezogen sich auf die von Rank in Aussicht gestellte Verkürzung der Analyse und auf die von Rank und Ferenczi für manche Fälle empfohlene Anwendung der Hypnose (Korr, 1924, S. 231).

Besetzung, eine Tendenz, die sich ein halbes Jahr später beim sogenannten »Würzburger Treffen« fortsetzte.

Bei Abraham in Analyse befanden sich im April 1924 Helene Deutsch, Klein und Radó. Glover und Simmel, die ebenfalls Vorträge in Salzburg hielten, waren vor 1924 bei Abraham in Analyse gewesen. Wenn man die Zeit vor dem Ersten Weltkrieg hinzunehmen würde, müsste man drei weitere Vortragende als Abraham-Analysanden identifizieren, nämlich Müller-Braunschweig, Liebermann und Reik.

Im Folgenden werden die Vorträge von Abraham und James Glover sowie von Klein vorgestellt, die seit Januar 1924 bei Abraham in Analyse war. Sie repräsentieren die neue Richtung der klinischen Theorie.[13] Keiner der drei Vorträge wurde in der *Internationalen Zeitschrift* abgedruckt. Abrahams Vortrag wurde vermutlich nicht veröffentlicht, weil er sich, wie er den Kollegen im August 1924 mitteilte, dazu entschloss, seine Arbeit zusammen mit der bereits publizierten über den analen Charakter (1923a) und einer (im September 1924 verfassten) über den genitalen Charakter als Band herauszugeben. Der Band erschien 1925 unter dem Titel *Psychoanalytische Studien zur Charakterbildung* (1925b).[14] Der Vortrag wurde jedoch in einer Übersetzung ins Englische im *International Journal* publiziert (1925a). Dass Kleins und Glovers Vorträge nicht in der *Zeitschrift* erschienen, kann nicht an ihrer Qualität gelegen haben, denn in einem Brief an Freud zählte Ferenczi Kleins Vortrag zu den »guten«, jenen von Glover zu den »sehr guten« (F/Fer III.1, S. 208). Auch Abraham hatte James Glovers Vortrag als »vortrefflich« bezeichnet und über Kleins Referat geschrieben: »Am zweiten Tage war Frau Kleins Vortrag über die Technik der Kinderanalyse eine originelle Leistung« (F/A, S. 753). Kleins Vortrag wurde nie publiziert. James Glovers Vortrag wurde aus bisher unbekannten Gründen erst nach seinem Tod im *International Journal* (1927) veröffentlicht.

---

13 Simmels Vortrag lag ebenfalls auf der Linie Abrahams, wird hier jedoch nicht referiert. Simmel setzte in seiner unkonventionellen Art und Weise Blut und »Ichlibido« gleich und stellte unter anderem die These auf, dass alle erogenen Zonen der Einverleibung des Objekts dienten, und die Einverleibung jeweils den Verlust der Mutter durch die Geburt kompensiere. Ferenczi kommentierte den Vortrag im Brief an Freud: »Simmel war wie immer geistreich, aber phantastisch« (F/Fer III.1, S. 208).
14 Siehe F/A, S. 774, 778, 781.

Aus dem Briefwechsel zwischen Rank und Ferenczi geht hervor, dass die Streitigkeiten zwischen Wien und Berlin der Grund für die verzögerte Publikation *anderer* Salzburger Vorträge waren. Rank, der Redakteur der *Internationalen Zeitschrift*, war nach Ende des Kongresses in die USA abgereist und kehrte erst Mitte Oktober 1924 nach Wien zurück. Freud ernannte Ferenczi zu seinem Stellvertreter. Im Mai 1924 teilte Ferenczi Rank mit, dass Abraham vorgeschlagen habe, die Kongressvorträge als »nächstes Heft der Zeitschrift herauszugeben« (L & K, S. 230f.). Er habe Abraham geantwortet, dass er Ranks Anordnungen über die Hefte befolge und deshalb ein Sonderheft ablehne. Freud habe seine Entscheidung unterstützt und ihm aufgetragen, nichts an Ranks Planungen zu ändern (ebd., S. 231). Deshalb also erschienen, außer Abrahams, Glovers und Kleins Vorträgen mehrere andere nicht 1924, sondern erst 1925, als Radó (Berlin) die Redaktion übernommen hatte.[15]

Abrahams Salzburger Vortrag über die beiden oralen Stufen

Am nächsten Kongresstag, dem 21. April 1924, sprach Abraham über »Beiträge der Oralerotik zur Charakterbildung«. Er setzte bereits die eben im *Versuch einer Entwicklungsgeschichte* erschienene Einführung zweier oraler Unterstufen voraus und wollte zeigen, dass Besonderheiten der oralen Stufen Spuren im Charakter des Erwachsenen hinterlassen, die sich dadurch unterscheiden, welcher Unterstufe sie entstammen, der ambivalenzfreien saugenden oder der späteren oralsadistischen Stufe, auf der das Kind erstmals ambivalente Beziehungen zur Außenwelt entwickelt (1925a, S. 207). Ein Kind, das oral verwöhnt oder depriviert wurde, wolle verstärkt beißen, zeige eine besonders stark ausgeprägte Ambivalenz, und später feindselige und missgünstige Charakterzüge, darunter auch Neid (ebd., S. 209). Verlaufe die orale Stufe »ungestört und lustreich«, bilde sich ein unerschütterlicher Optimismus heraus, der beim Erwachsenen zur Untätigkeit, zur Vermeidung jeder Anstrengung und zu einem fordernden Verhalten führen könne (ebd., S. 211). Der Wunsch nach oral-saugender Befriedigung zeige sich beim Erwachsenen im Rededrang, während Fixierungen auf der oralsadistischen Stufe dazu führten, dass das Sprechen zum Angriff und zur Vernichtung des Objekts verwendet werde (ebd., S. 213).

---

15 Radó wählte die Vorträge von Alexander, H. Deutsch, Fenichel, Jones, Rank, Reich und Sachs zum Abdruck aus.

Abraham verwies ferner auf Verbindungen und Differenzen zwischen oralen und analen Eigenschaften und vertrat beispielsweise die Auffassung, dass der (anale) Geiz auf oraler Grundlage entstehe (ebd., S. 210) oder die Sparsamkeit (die von Freud der analen Stufe zugeordnet worden war) in der Hemmung des oralen »Erlangens begehrter Objekte« ihren Grund habe (ebd.).

Abraham äußerte sich nicht darüber, ob und inwiefern die beiden oralen Stufen und die These über die Manifestation der Ambivalenz auf der oralen Stufe mit Freuds Verständnis des Sadismus und der Ambivalenz zu vereinbaren waren. Er orientierte sich auch nicht an Freuds Vorgehen beim Aufstellen charakterologischer Hypothesen. In »Charakter und Analerotik« (1908b) hatte Freud Charaktereigenschaften des Erwachsenen auf *unterschiedliche* psychische Bewältigungs- und Abwehrmechanismen zurückgeführt, auf Verdrängung, Reaktionsbildung oder Sublimierung, während Abraham die Charakterzüge des Erwachsenen mehr oder weniger nur als Verlängerung infantiler Züge verstand und sie eng an die Funktion des jeweiligen Körperorgans (Mund, After usw.) band.[16]

Da Freud am Kongress nicht teilgenommen hatte, schickte ihm Abraham das Vortragsmanuskript im Juli zu (F/A, S. 771). Freud reagierte mit wenigen Zeilen und auffallend sparsam: »Ihr Manuskript habe ich mit dem verdienten Interesse gelesen« (ebd., S. 772). Kein weiterer Kommentar, lediglich der Hinweis auf einen Irrtum: Abraham habe behauptet, dass der Zusammenhang von Ehrgeiz und Urethralerotik von Adler stamme. Das treffe nicht zu, er selbst habe ihn entdeckt (ebd.). Abraham korrigierte das Manuskript in diesem Sinn, sodass die Stelle nun lautete: »Der Charakterzug des Ehrgeizes, dem wir in unseren Psychoanalysen so häufig begegnen,

---

16 Pfister machte sich nach dem Kongress über Abrahams (Jones' und Simmels) Methodik in einem Brief an Freud lustig: Abraham und Jones seien »einander bereits ins Gehege« gekommen, was aus welchem Organ abgeleitet werden könne (F/Pf, S. 191). Und: »Hatte Jones reichlich viel Charakterzüge aus dem Darmende abgeleitet, so würdigte nun Abraham den Anfang des Verdauungstraktus und Simmel die Mitte, resp. das ganze Endstück. Dabei schrieb der eine manche Charakterzüge auf das Konto der einen Partie, die der andere für eine andere in Anspruch nahm. Meinetwegen mag der Nächste nun den Magen oder die Speiseröhre als Charakterbildner schildern, der Uebernächste, was etwas weiter um die Zentralröhre herumliegt, irgendwelche Drüsen, oder die Hypophyse, oder was weiss ich; zuletzt müssen die Leute einsehen, dass man doch auch nicht gar zu sehr alles auf eine Karte setzen darf, sondern die Gesamtheit der Bedingungen berücksichtigen muss« (ebd., S. 189).

wurde bereits vor langer Zeit von Freud aus der Urethralerotik abgeleitet« (1925a, S. 215). Abraham fuhr fort:

> »Diese Erklärung scheint aber nicht zu den ursprünglichsten Quellen hinabzusteigen. Nach meinen Erfahrungen, denen sich auch diejenigen von Dr. E. Glover anreihen, handelt es sich vielmehr um einen Charakterzug von oraler Herkunft, welcher späterhin aus anderen Quellen eine Verstärkung findet; unter diesen ist die urethrale besonders zu erwähnen« (ebd.).[17]

An dieser Stelle klingt das Leitmotiv der »neuen« Psychoanalyse an, nämlich die Andeutung, dass die »neue« Psychoanalyse mit dem Gefühl verbunden war, zu den »ursprünglichsten« Quellen hinabzusteigen, tiefer als Freud zu blicken. Vielleicht war sich Abraham nicht bewusst, dass seine Bemerkung über Freuds These vom Ursprung des Ehrgeizes so empfunden werden konnte, vielleicht nahm er es in Kauf. Dass er sich mit der These von der »tieferen«, oralen Bedeutung des Ehrgeizes nicht auf Freud, sondern auf seinen Analysanden Edward Glover berief, war eine kleine Provokation, die er durch eine versöhnliche Geste wieder aufheben wollte, nämlich die Bemerkung, der Ehrgeiz stamme zwar seiner Meinung nach aus der Oralität, aber die urethrale Stufe (Freuds These) sei doch »besonders« zu erwähnen (ebd.). Vielleicht glaubte er, dass man ihm nun keinen Vorwurf mehr machen konnte, da er doch Freuds These einer besonderen Erwähnung wert fand; andererseits war seine Ambivalenz mit Händen zu greifen. Wie wichtig es für ihn war, sich auf andere als Freud stützen zu können, geht auch daraus hervor, dass er bei der Überarbeitung des Salzburger Vortrags für die Publikation in den *Psychoanalytischen Studien zur Charakterbildung* einen weiteren Verweis auf seinen Analysanden Edward Glover einfügte, und zwar an einer Stelle, an der er sich auf seine beiden Unterstufen bezog: »In einer Sitzung der Britischen Medizinisch-Psychologischen Gesellschaft hat kürzlich Dr. Edward Glover einen Vortrag gehalten, in welchem er diese Gegensätze besonders berücksichtigte« (ebd., S. 214).[18] Gemeint war Edward

---

17 Es könnte sein, dass dieser Gedanke im Kontakt mit Klein aufkam. Klein behauptete im Fall »Erna«, deren Analyse im Januar 1924 begonnen hatte, eine orale Ätiologie des Ehrgeizes, die sie später auch in ihrem Würzburger Vortrag (Oktober 1924) erwähnte. Siehe z. B. KA B.25, im. 217; vgl. Klein, 1926, S. 206, Fn. 7; Frank, 1999, S. 276.

18 Der Hinweis auf Glover muss nach dem Vortrag in den Text eingefügt worden sein, da Abraham seinen Vortrag am 21. April hielt, während Glover erst am 30. April 1924 sprach.

Glovers Vortrag mit dem Titel »The significance of the mouth in psychoanalysis« vom 30. April 1924, der weiter unten referiert wird.

Festzuhalten ist, dass Abraham im Vortrag vom April 1924 der deutschsprachigen *psychoanalytic community* ganz explizit den oralen Sadismus vorstellte.[19] Ein paar Monate vorher war sein *Versuch einer Entwicklungsgeschichte der Libido* erschienen, der die Neuerung bereits enthielt. Nun aber schilderte der Autor selbst noch einmal, was er darunter verstand. Dass er mit diesem Konzept etwas ins Gespräch brachte, das anders war als das, was man bisher unter Oralerotik oder unter der »wenn wir wollen, kannibalischen« Stufe verstanden hatte, lag auf der Hand und wurde von den Schülern als Novum wahrgenommen.

Die Entwicklungsgeschichte des Sadismus: James Glover in Salzburg

Am gleichen Tag wie Abraham hielt sein Analysand James Glover in Salzburg einen Vortrag zum Thema »On an unusual form of perversion«, der, wie oben erwähnt, postum veröffentlicht wurde (J. Glover, 1927).[20] Als sich James Glover im Januar 1921 zu Abraham in Analyse begeben hatte, war er, wie im Kapitel über das Jahr 1921 dargestellt, Co-Direktor der *Brunswick Square Clinic* gewesen, die er nach der Analyse auf eine »strikt Freud'sche Linie« bringen wollte, was ihm zusammen mit Jones auch gelang (Jones, 1927a, S. 3). Ab 1924 gehörte James Glover zu den ersten Dozenten, die in der *British Psychoanalytical Society* Vorlesungen hielten. Er wurde in den Vorstand der Gruppe berufen und spielte neben Jones eine führende Rolle bei der Institutionalisierung der an Freud orientierten Psychoanalyse in London.

Auf dem Kongress sprach Glover über die Analyse eines Patienten mit manifester Sucht (Alkoholismus) und Perversionen. Es muss sich um einen fortgeschrittenen Fall von Alkoholismus gehandelt haben, denn Glover

---

19 Zum vorangegangenen vorsichtig formulierten Versuch, in »Untersuchungen über die früheste Entwicklungsstufe der Libido« (1916–17) einen oralen Sadismus zu erwägen, siehe May, 2010.

20 Der Vortrag wurde nicht ins Deutsche übersetzt. Am 18. Juni 1924 wiederholte ihn James Glover vor der Londoner Gruppe (Bull, 1924, S. 505). Der spätere Abdruck im *International Journal* (1927) wurde von einem Nachruf von Jones eingeleitet (1927a).

gibt an, dass der Patient die meiste Zeit betrunken war und bereits einen Anfall von Delirium tremens gehabt hatte; außerdem litt er unter ausgeprägten paranoiden Ängsten.[21]

James Glover spricht schon zu diesem Zeitpunkt, im April 1924, ganz selbstverständlich von zwei oralen »Typen«, dem »passive sucker« und dem »active biter« (1927, S. 15), so als gebe es diese Klassifizierung seit jeher. Des Weiteren stellte er dar, dass und inwiefern *alle* Stufen der psychosexuellen Entwicklung am Krankheitsbild beteiligt sind, und zwar gleichrangig. Präödipale Regungen hatten in seiner Darstellung das gleiche Gewicht wie ödipale. Die Perversion des Patienten habe die Funktion, den *genitalen* Sadismus, den *analen* Sadismus und den *oralen* Sadismus zu befriedigen. Das gelte auch für die in Szene gesetzte zentrale perverse Fantasie:

> »It gratified his genital sadism as an act of sadistic coitus on the parental model; his anal sadism by ›putting his mark on her‹, i. e. possessing her [...]; his older anal and oral sadism at the stages described by Abraham in rejecting [...] or destroying [the shoes]« (ebd., S. 19).

Gleichzeitig repräsentiere die Perversion den »sadistic coitus with the mother and castration of the mother, homosexual relations with the father and castration of the father« (ebd.). Der Patient habe sich in der Perversion für den Entzug der Brust, für die Reinlichkeitserziehung und für die Untreue der Mutter gerächt: »hinter« der ödipalen Enttäuschung stehe, so Glover, die Wut auf die Mutter und die von ihr durchgeführte Reinlichkeitserziehung, dahinter das Trauma der Entwöhnung und hinter diesem eine besondere, konstitutionell verankerte besondere Sensibilität gegenüber dem Trauma der Geburt (ebd., S. 24).[22]

---

21 Ob sich der Alkoholismus, die Perversion und die Ängste durch die Analyse veränderten, wird nicht erwähnt. Die Perversion des Patienten bestand darin, dass er Frauen, die Schuhe mit hohem Absatz tragen mussten, zum Genuss von Alkohol überredete und sich beim Anblick ihres Mundes beim Trinken erregte. Wenn die Frauen einen derangierten Eindruck machten, begab er sich mit ihnen auf einen Spaziergang, bei dem sie schwanken mussten. Befanden sich ihre Schuhe in einem bestimmten Blickwinkel, nahm er einen Schuh, onanierte in ihn hinein und warf ihn weg. Am nächsten Morgen empfand er ein Wohlgefühl bei der Vorstellung, dass es der Frau schlecht gehe.

22 »We find in their psychology [in der Psychologie von Patienten dieses Typus] – disappointment following withdrawal of libido after the Oedipus-repression; behind that – hurt

James Glover war möglicherweise der Erste, der mit der Vorstellung einer »Serie« von präödipalen Traumata arbeitete, deren Bewältigung an die Stelle der Lösung des Ödipuskomplexes trat. Diese Traumen oder Entwicklungskrisen wurden nun für ebenso bedeutsam gehalten wie der Ödipuskomplex. Es ging vor allem darum, sie in den Mitteilungen von Patienten zu finden, und weniger darum, ihre Entwicklungsgeschichte zu rekonstruieren. Ähnlich wie Abraham kannte James Glover keine psychischen Mechanismen mit Ausnahme von Verdrängung, Symbolisierung und Fixierung. Während Freud die Krankheitsbilder durch spezifische Mechanismen (Projektion, Identifizierung, Isolierung etc.), die jeweils erst zu *entdecken* gewesen waren, voneinander differenziert hatte, gab es nun keine spezifische Ätiologie mehr und keine Triebschicksale, sondern nur noch Fixierungen an Stufen oder Verdrängungen von stufenspezifischen Triebregungen. Das erinnert an die Ermahnungen, die Freud gegenüber Abraham mehrmals aussprach: er zeige nur ubiquitäre Triebregungen auf, aber nicht, *wie* aus ihnen Symptome entstünden (F/A, S. 492).[23]

Dass James Glover ähnlich wie sein Bruder Edward die neuen Konzepte im Frühjahr 1924 in einer Weise verwendete, als seien sie längst bekannt, ist nicht überraschend, hatte er doch die damals noch unpublizierten Überlegungen Abrahams über die Möglichkeiten eines oralen Sadismus bereits 1922 in einem Vortrag bestätigt (siehe das Kapitel über das Jahr 1922). So stellt es Abraham im *Versuch einer Entwicklungsgeschichte* jedenfalls dar und beruft sich an einer anderen Stelle auf Edward Glover als Kronzeugen seiner neuen Unterstufen. Die Glovers haben vermutlich am eigenen Leib, in der Analyse bei Abraham, erfahren, was mit den neuen Konzepten gemeint war, sodass ihnen die Allgegenwart des Sadismus nicht als problematisch erschienen sein wird. Außerdem hatten sie nicht miterlebt, wie vehement Freud vor dem Krieg gegen Adler und dessen primären Aggressionstrieb vorgegangen war.[24]

---

anger against anal discipline; behind that – the trauma of weaning, and behind that the inherited factor manifested as sensitive reaction to the birth trauma« (J. Glover, 1927, S. 24).

23 In der Nachfolge Abrahams steht James Glover auch mit der Annahme, die Verdrängung habe sich in dem von ihm vorgestellten Fall hauptsächlich gegen oral-sadistische Impulse gerichtet (J. Glover, 1927, S. 15), während Freud immer wieder die Frage aufwarf, ob es möglich ist, dass sich die Verdrängung gegen aggressive Regungen richtet.

24 Jones hatte am 13. März 1914 an Abraham über die damals neuen Mitglieder der britischen Gruppe geschrieben: »Men coming into the movement now are much less concerned with the personal differences than we who lived through them« (A/Jo, S. 52).

James Glover wandte die Veränderungen, die sein Analytiker Abraham angestoßen hatte, bereits an und sah nun auf *allen* Entwicklungsstufen aggressive Triebziele. Aus der *Entwicklungsgeschichte der Libido* war eine Geschichte von Libido und Aggression geworden. Dadurch hatte der Ödipuskomplex seine besondere Stellung als Höhepunkt der libidinösen Entwicklung verloren. Die Entwicklungsstufen standen in einer Reihe nebeneinander und wurden nicht mehr als Stufen verstanden, die zum Ödipuskomplex *hinführen*. Der ödipale Konflikt war zu einer Krise geworden, die sich nicht von den Krisen unterschied, die durch die Entwöhnung und die Sauberkeitserziehung ausgelöst werden. Die präödipalen Stufen erhielten ihre Bedeutung nicht mehr von *später* her, das heißt von der spezifischen Art und Weise, wie der Ödipuskomplex erlebt wurde, sondern bezogen ihre Bedeutung aus sich selbst. Die Befriedigung aggressiver oder sadistischer Regungen hatte den gleichen Rang wie die Befriedigung libidinöser Wünsche, der Abschied vom Primat des Sexuellen war vollzogen.

Die Aggression in der Technik: Klein in Salzburg

Am dritten Tag des Salzburger Kongresses hielt Klein einen Vortrag mit dem Titel »Zur Technik der Frühanalyse«, von dem nur ein kurzes Autoreferat erhalten ist (Korr, 1924, S. 217). Was Klein in Salzburg mitgeteilt haben könnte, lässt sich in etwa aus ihren Bemerkungen in späteren Veröffentlichungen sowie aus ihren Notizen über die Behandlung von »Rita« rekonstruieren, jenem Fall, von dem ihr Vortrag handelte.[25]

Vorauszuschicken ist, dass das Jahr 1924 nach Auffassung von Kleins Biografin Phyllis Grosskurth ein »annus mirabilis« für Klein war (Grosskurth, 1993, S. 115). Das kann durch die vorliegende Untersuchung bestätigt werden: 1924 kam es zu einer gravierenden Veränderung von Kleins Theoretisieren. Sie schlug sich in ihren Vorträgen nieder und müsste auch den sogenannten »Kleinen Mitteilungen« in der Berliner Gruppe zu entnehmen gewesen sein.[26] Von ihnen kennen wir nur die Titel; die Texte wurden nicht veröffentlicht, ebenso wenig wie die vier Vorträge, die Klein

---

25 Die Notizen wurden von Claudia Frank publiziert und erörtert: Frank, 1999, S. 409–472, 205–239.
26 Siehe Anhang D.

1924 hielt.[27] Möglicherweise konnte Klein keine publikationsgerechte Fassung herstellen. Alix Strachey, die Klein Ende 1924 kennen und schätzen lernte, schrieb damals an ihren Mann, Klein habe Schwierigkeiten, ihre überströmenden Einfälle in einen nachvollziehbaren Zusammenhang zu bringen. Vielleicht scheute sich Klein aber auch, ihre neuen Positionen in Bezug auf die klinische Theorie und die psychoanalytische Technik zu publizieren. Ihr eigener Ansatz wurde von ihr selbst in ihrer Autobiografie als »completely controversial« bezeichnet (KA, A.52, im. 19).[28]

Aus der Zusammenfassung des Salzburger Vortrags geht hervor, dass sich Klein von Hermine Hug-Hellmuth abgrenzte, die auf dem internationalen Kongress in Den Haag (1920) über Kinderanalyse gesprochen und 1921 in Berlin Seminare über Kinderanalyse gehalten hatte. Anders als Hug-Hellmuth vertrat Klein die Auffassung, dass es keine wesentlichen Unterschiede zwischen der Kinderanalyse und der Analyse Erwachsener gibt (Korr, 1924, S. 217). Außerdem nahm Klein die gleiche Serie von Traumen an wie James Glover. Sie ergänzte sie um die Urszene, deren unmittelbare, nicht erst nachträglich eintretende traumatische Wirkung sie schon in früheren Arbeiten betont hatte. In ihren Kinderanalysen sei es ihr gelungen, über Deutungen den Weg zu den »real erlebten Traumen« zu finden: »der Urszene, der Entwöhnung, der Reinlichkeitsgebote, der Geburt« (ebd.).

Wie man aus Kleins Notizen über »Ritas« Analyse schließen kann, zog Klein Abrahams Terminologie und Theorie noch *nicht* heran, sondern bewegte sich noch innerhalb des Bezugsrahmens von Freuds Theorie. Sie sprach beispielsweise durchweg von »Ritas« Oral-»Erotik« und nicht von ihrem oralen Sadismus (so auch Frank, 1999, S. 233). Da die Analyse »Ritas« 1923 stattfand (März bis Oktober), ist das nicht überraschend, denn Abraham war ja in diesen Monaten selbst erst dabei, die oralsadistische Stufe zu formulieren.

Klein behielt in Salzburg außerdem ihre eigenen Vorstellungen vom Ich und den Ichfunktionen bei (siehe das Kapitel über das Jahr 1923). Das lässt sich unter anderem einem Aufsatz von 1926 entnehmen, in dem sie darauf hinweist, sie habe in Salzburg dargestellt, dass in »jeder Spieltätigkeit« Masturbationsfantasien befriedigt würden. Dementsprechend seien Hemmungen der Ichfunktionen als Folge

---

27 Zur Frage der Unterdrückung von Kleins Arbeiten siehe Anhang E.
28 Zu verschiedenen Fassungen von Kleins Autobiografie siehe Frank, 2011, S. 140.

einer übermäßigen Verdrängung sexueller Fantasien zu verstehen (Klein, 1926, S. 205f., Fn. 6).

Klein gab in ihrer Autobiografie an, dass sie in Salzburg zum ersten Mal über die von ihr entwickelte Technik der Kinderanalyse gesprochen habe. Ihr Beitrag sei, wie oben angedeutet, »entirely new, completely controversial and strongly doubted by many analysts« gewesen (KA, A.52, im. 19). Was neu war, lässt sich aus weiteren Bemerkungen Kleins sowie aus ihren Behandlungsnotizen erschließen: Neu war, dass sie es unumgänglich fand, den »Widerstand« »Ritas« jeweils rasch zu deuten. Mit Widerstand war mehr oder weniger alles gemeint, was die Analyse behinderte, auch Ängstlichkeit oder Desinteresse. Klein betrachtete den Widerstand als Ausdruck von aggressiven Regungen, die den primären Bezugspersonen gelten und auf den/die Analytiker/in übertragen werden. Der Widerstand müsse immer »schleunig« angesprochen oder gedeutet werden. In ihren Notizen bringt sie diese Einsicht so auf den Punkt: »(immer wenn Widerst. sehe ihn gleich auflöse durch Deutung)« (Frank, 1999, S. 227). Klein verstand dieses Vorgehen als ihren neuen Beitrag zur Technik. 1932 kam sie auf den Fall »Rita« zurück und schrieb, dass die kleine Patientin in der ersten Stunde »ängstlich und schweigsam« gewesen sei und in den Garten hinausgehen wollte (ebd., S. 209). Sie habe ihr im Garten die negative Übertragung gedeutet, was »dem damaligen Gebrauch widersprach« (ebd.). Das habe den Widerstand zum Verschwinden gebracht.

Das stimmt mit der oben mitgeteilten Beobachtung überein, dass Klein von ihrem ersten Aufsatz (1919) an speziell an jenen Momenten in der Analyse interessiert war, in denen ihre Analysanden »Widerstand« leisteten (siehe das Kapitel über das Jahr 1921). Eine ihrer ersten Arbeiten hatte bereits im Titel vom Widerstand gehandelt: »Zur Frühanalyse. Der Widerstand der Kinder gegen die Aufklärung« (1921). In der Analyse von »Rita« fand Klein nun eine Möglichkeit, mit diesem Widerstreben umzugehen, und schrieb dem Verhalten des Mädchens eine grundsätzliche Bedeutung zu. Mit anderen Worten: Die passende Antwort auf den Widerstand bestand ihrer Auffassung nach darin, ihn sofort als Aggression gegenüber der primären Bezugsperson und gegenüber dem Analytiker zu deuten, um ihn auf diesem Wege aufzulösen. In der Zusammenfassung teilte sie mit, dass sie ihre Methode »mit vollem Erfolge zur Anwendung bringen konnte« (Korr, 1924, S. 217). Frank weist darauf hin, dass Klein den Aspekt der negativen Übertragung in der Behandlung von »Rita« noch nicht in »umfassender Weise« deuten konnte, aber aus dieser Analyse den »Hauptimpuls« mitnahm, »die negativen Übertragungsanteile besser zu verstehen« und deuten zu können (Frank, 1999, S. 237).

Kleins besonderes Interesse galt schon lange der Aggression, und zwar jener Aggression, die der Analytiker während der Analyse wahrnimmt. Klein könnte sich durch Abrahams Betonung der aggressiven Regungen in ihren Wahrnehmungen bestätigt gefühlt haben. Während Abraham die Aggression in der klinischen Theorie verankerte, zeigte Klein in der Praxis, in der Art und Weise, wie sie ihre Analysanden/innen erlebte, eine besondere Aufmerksamkeit für aggressive Regungen. Sie versuchte sie zu »verarbeiten«, zu theoretisieren, sowohl in ihrem Verständnis der psychischen Vorgänge der Analyse als auch in einer Theorie der Technik. Abraham und Klein waren sich in diesem Punkt ähnlich. Beide verfügten über eine hohe Sensibilität für Manifestationen der Aggression, ohne dass es Hinweise darauf gibt, dass der eine sie vom anderen übernommen hätte. Beide wurden durch ihre Sensibilität dazu angeregt, diesen Empfindungen einen Platz in ihren Theoretisierungen einzuräumen. Insofern war beiden ein produktiver Umgang mit aggressiven Impulsen eigen. Die Ähnlichkeit zwischen Abraham und Klein geht noch weiter. Denn beide hatten den Eindruck, auf aggressive Regungen, auf Widerstand und negative Übertragung, »sofort« reagieren zu müssen. Frank scheint es ähnlich zu sehen. Sie schreibt: »Die Notwendigkeit, Agieren möglichst rasch zu deuten, war eine der unmittelbaren Einsichten, die sich aus »Ritas« Form der negativen Übertragung [...] ergab« (ebd., S. 239).

Möglicherweise erlebte Klein den Umgang mit der Aggression, den sie 1923 im Fall »Rita« gefunden hatte, auch in ihrer Analyse bei Abraham, die Anfang 1924, also *nach* der Behandlung von »Rita«, begann. Ein Beleg ist eine Bemerkung Edward Glovers in seiner Abhandlung über die Technik der Psychoanalyse (1927–1928). Glover schreibt, dass Abraham der Auffassung gewesen sei, man müsse die Übertragung sehr früh deuten, wenn eine starke unbewusste Feindseligkeit vorliege:

> »Abraham long ago pointed out that in cases with intense unconscious hostility it is essential to make clear to the patient at the earliest moment the transference-significance of this hostility. [...] I am strongly of the opinion that faint-heartedness in making transference-interpretations is responsible

for more stagnation in analysis than any other attitude« (E. Glover, 1927–1928, S. 193).[29]

Diese Haltung, die Edward Glover Abraham zuschreibt, deckt sich mit jener, die Klein 1923 in ihren Fallnotizen darstellte und 1924 in Salzburg vortrug. Wie im Kapitel über das Jahr 1920 ausgeführt, hatte Abraham 1919 in seinem Aufsatz über die Technik über seine Erfahrungen mit dem »narzisstischen Widerstand« berichtet. Er meinte damit feindselige, neidische und rivalisierende Affekte gegenüber dem Analytiker und dem Vater. Analysanden mit narzisstischen Widerständen wehrten sich gegen die Entwicklung der Übertragung und suchten in der Analyse vor allem analerotische Befriedigung (1919). In solchen Fällen müsse man die Analysanden »gleich am Anfang der Behandlung in das Wesen ihres Widerstands« einführen (ebd., S. 261). Wenn es gelinge, die »narzisstische Verschlossenheit« zu überwinden, könne sich eine positive Übertragung herstellen (ebd.). Abrahams Beschreibung der erwachsenen Patienten mit narzisstischer Problematik ist der Klein'schen Beschreibung ihrer »widerständigen« kleinen Analysanden und Analysandinnen ähnlich. Beide zeigten starke Reaktionen, wenn sich Analysanden ihren Bemühungen und Deutungen entzogen, wobei Klein stärker reagiert zu haben scheint als Abraham.

Freuds publizierte Darstellungen von Analysen enthalten hingegen nur selten Hinweise darauf, dass er sich ärgerte. Es scheint, dass er vor allem die libidinöse und die sexualisierte Übertragung sowie die erotische Gegenübertragung als Problem (und als Medium der Analyse) empfand, das er auf die Ebene der Theorie hob, während Klein und Abraham eher die ablehnende, widersetzliche Haltung von Analysanden wahrnahmen und als Anreiz zur Theoretisierung empfanden.

Kleins Salzburger Thesen erscheinen in einem Brief, den Anna Freud im Juni 1924 an Andreas-Salomé schrieb: »Vorigen Samstag waren zum erstenmal Aichhorn, Bernfeld und Hofer bei mir, wir haben viel durcheinandergeredet, vor allem über die Frühanalysen der Frau Klein in Berlin« (AF/A-S, S. 316).[30] Anna Freud hatte am Kongress in Salzburg nicht teilgenommen, wohl aber die drei anderen. Da sie alle ein ausgesprochenes

---

29 Auch Robinson ist die Stelle aufgefallen. Er meint, dass Abraham auf diese Weise die Technik »erweitert« habe (2008, S. 46).
30 Vgl. AF/A-S, S. 323. – Mit »Hofer« ist Wilhelm Hoffer gemeint.

Interesse an Fragen der kindlichen Entwicklung und der therapeutischen Möglichkeiten der Kinderanalyse hatten, könnten sie Kleins Vortrag gehört haben. Bernfeld hatte in Salzburg im Übrigen den zu Klein entgegengesetzten Standpunkt vertreten, denn er schrieb in der Zusammenfassung seines Vortrags: »je jünger der Mensch, um so starrer erb- und triebgebunden, um so weniger beeinflussbar ist er« (Korr, 1924, S. 224). Dieser Einschätzung der Kinderanalyse wegen schlug Jones bei der Planung des Kongresses vor, Bernfeld unmittelbar *vor* Klein sprechen zu lassen. Er schreibt: »As Bernfeld's the more critical of the two, it could, perhaps, come immediately before Klein's, for doubtless she has something more positive to say, so that a better impression would be left« (A/Jo, S. 75). Aus Gründen, die wir nicht kennen, wurde Jones' Vorschlag nicht verwirklicht.

Auf dem Salzburger Kongress lernte Klein Jones persönlich kennen (KA, A.52, im. 19f.).[31] Er war, wie sie in ihrer Autobiografie schreibt, von ihrem Vortrag sehr beeindruckt. Sie habe ihn gefragt, ob er einen Aufsatz von ihr im *International Journal* veröffentlichen würde. Er habe geantwortet: »Ja, ein Buch«, wenn sie eins schreibe (ebd., im. 20). Jones hatte zu diesem Zeitpunkt bereits Kleins über 50 Seiten umfassenden Aufsatz »Eine Kinderentwicklung« im *International Journal* von 1923 publiziert und den ebenfalls 50-seitigen Aufsatz über die »Libidinöse Bedeutung der Schule« (1923a) angenommen, der im Juli 1924 im *Journal* erschien. Das zeigt sein großes Interesse an ihren Arbeiten.

Da Freud nicht am Salzburger Kongress teilgenommen hatte, schickte ihm Abraham seinen Vortrag zu und erhielt die oben beschriebene, etwas gereizte Rückmeldung. Die Vorträge von James Glover und Klein wird er nicht erhalten haben, da es nicht üblich war, Freud Vortragsmanuskripte zu schicken, außer man stand ihm sehr nahe. Ferenczi und Abraham hatten ihm berichtet, dass sie die Arbeiten ihrer Schützlinge (Klein und Glover) gut und originell fanden. Auch Joan Riviere könnte Freud von Glovers und Kleins Referaten erzählt haben, denn sie war nach dem Kongress zur Fortsetzung ihrer Analyse bei Freud nach Wien gefahren. Ob und was sie ihm

---

31 Klein datierte den Salzburger Kongress und ihren Vortrag in ihrer Autobiografie irrtümlicherweise auf das Jahr 1925 (KA, A.52, im. 19). – Die Möglichkeit, dass Jones und Klein sich schon früher in Budapest kennengelernt haben könnten, ist nicht auszuschließen, da Jones im Juni und Juli 1913 bei Ferenczi in Analyse war, als Klein in Budapest lebte. Wann ihre Analyse bei Ferenczi stattfand, ist nicht bekannt. Wir wissen nur, dass die Analyse »eventuell 1912«, »möglicherweise 1914« begann (Frank, 2011, S. 135).

erzählt hat, wissen wir nicht, sodass wir keine Hinweise darauf haben, was Freud von den Beiträgen hielt, die hier als Beispiele für eine »neue« Psychoanalyse vorgestellt wurden.

Edward Glovers neues Bild vom Baby

Wenige Tage nach dem Ende des Salzburger Kongresses, hielt Edward Glover vor der *Medical Section* der *British Psychological Society* in London einen Vortrag mit dem Titel »The significance of the mouth« (1924c). Er selbst bezeichnete ihn später als »historisch«, mit der Begründung, dass er über die orale Stufe gesprochen habe, die bald zu einem »storm centre of controversy« geworden sei (E. Glover, 1956, S. IX).[32]

Glovers Vortrag vom 30. April 1924 wurde nicht ins Deutsche übersetzt, wie überhaupt in diesen Jahren nur selten Arbeiten von britischen Kollegen in die *Internationale Zeitschrift* übernommen wurden. Aus dem Blickwinkel unserer Fragestellung ist der Vortrag der erste Text, der den englischsprachigen Kollegen das Bild eines Babys nahebrachte, das die Brust der Mutter attackiert und deswegen bestraft wird. Das entsprach nicht exakt Abrahams Vorstellungen, kam ihnen aber nahe, sicher näher als den Bildern, die Freud zur Beschreibung des Babys an der Brust der Mutter verwendet hatte.

Edward Glover war hervorragend informiert, weitaus besser als Jones. Er war mit den wichtigsten Schriften und Konzepten von Freud vertraut, konnte bereits das Ich in seine Überlegungen miteinbeziehen und

---

[32] Edward Glover (1888–1972) ist in die Geschichte der Psychoanalyse vor allem wegen seiner Beziehung zu Klein eingegangen. Er unterstützte Klein zunächst und begann Anfang der 1930er Jahre, sich von ihr zu distanzieren. 1944 trat er während der »Controversial Discussions« aus der *British Psychoanalytical Society* aus, weil die Gruppe seiner Auffassung nach undemokratisch agierte. Er wurde Mitglied der Schweizer Gruppe der *International Psychoanalytical Association* und Ehrenmitglied der *American Psychoanalytical Association*. Lawrence Kubie verfasste eine biografische Skizze über ihn (1973); eine kürzere Studie liegt von Wahl vor (1966a). Eissler und Swerdloff führten Interviews mit Glover, die nicht veröffentlicht wurden, aber online zugänglich sind (Eissler & Glover 1953; Swerdloff & Glover 1973). Roazens Buch über Glover, *Oedipus in Britain* (2000), stützt sich unter anderem auf Gespräche mit Glover. In jüngster Zeit hat Riccardo Steiner Glovers Arbeiten über den Krieg und seine Kontroverse mit Fenichel einer Neubewertung unterzogen (Steiner, 2018).

eigene Thesen über die frühe Ich-Entwicklung formulieren. Er hatte sich gründlich mit den Arbeiten von Ferenczi und Rank auseinandergesetzt und war darüber hinaus in der Terminologie und klinischen Welt seines Analytikers Abraham zu Hause.[33] Wie sein Bruder James benutzte er schon im April 1924 Abrahams Unterteilung der oralen Phase, und zwar wieder auf eine Art und Weise, als wäre sie eine natürliche Fortsetzung von Freuds Lehre (1924c, S. 144). Seine Beschreibung der oralen Stufe wurde eine Art *model scene* der »neuen« Psychoanalyse. Sie zeigte ein Baby, das in die Brust der Mutter beißt und dafür bestraft wird (ebd., S. 140, 145f.). Mit Glovers Vortrag kam somit ein Stück von Abrahams klinischer Theorie nach London, ausgestattet mit dem zusätzlichen Aspekt der Bestrafung, der sich bei Abraham nur implizit und am Rande findet.

In Stärckes Vortrag über die sogenannte »Ur-Kastration« (1921a) war das Bild des »aggressiven« Babys zum ersten Mal in der psychoanalytischen Öffentlichkeit erschienen. Stärcke hatte das Geschehen nur für den Fall für relevant gehalten, dass die Mutter Schmerzen beim Stillen hat. Außerdem kommt in Stärckes Bild keine Bestrafung vor. Glover hingegen erklärte die Aggression-Bestrafungs-Szene zum Normalfall. Wir haben nun nicht mehr »his majesty, the baby« vor uns, ein Baby, das an der Brust trinkt, satt wird und zufrieden ist, auch nicht das Baby, das hungrig ist, keine Brust vorfindet und die Befriedigung halluziniert, sondern das Baby, das einen Klaps *(slap)* erhält oder, drastisch formuliert: geschlagen wird, weil es in die Brust der Mutter gebissen hat. In Glovers Worten: »it is certain that many of the initial slaps administered to the baby are associated with aggressive biting at the nipple. In other words, weaning ends in an atmosphere of punishment or at least loss following aggression« (1924c, S. 140). Je älter das Baby sei, desto eher erlebe es das Abstillen als Bestrafung dafür, dass es die Brust mit seinen Zähnen oder Fingernägeln atta-

---

33 Glover übernahm Abrahams Konzepte des Teil- und Ganzobjekts (vgl. Steiner, 2019) und entwickelte eine eigene Theorie der sogenannten »Ichkerne«, ein bemerkenswerter Vorgriff auf spätere Theoretisierungen, die auf eine noch einmal andere Weise Freuds Primat des Sexuellen infrage stellten. Später lehnte Glover seine eigenen frühen Publikationen über die orale Stufe und den oralen Sadismus ab. Er habe die Konzepte von Abraham übernommen, ohne die »metapsychological confusion« zu ahnen, die ihnen inhärent gewesen seien (E. Glover 1956, S. 18). Die Begriffe seien nicht der analytischen Beobachtung entsprungen, sondern durch »loose inferences« aus nichtanalytischen Beobachtungen und Beobachtungen an älteren Kindern gewonnen worden (ebd., S. 1).

ckiert hat – definitiv ein Gegenbild zu Freuds Aussage von 1915, auf der oralen Stufe würden Liebe und Vernichtung des Objekts noch »zusammenfallen«, das heißt: das Saugen an der Brust werde weder als Destruktion (der Brust oder der Milch) noch als Liebe (der Brust, der Mutter, der Milch) erlebt (1915c, S. 100f.).

Bemerkenswerterweise verwendete auch Edward Glover die Serie der infantilen Traumata von Geburt, Entwöhnung, Sauberkeitserziehung und Kastrationskomplex, und zwar ohne Freuds Einreden zu erörtern (1924c, S. 146). Nicht nur der Verlust der Brust, sondern *jeder* Verlust werde als Strafe erlebt, auch der (befürchtete) Verlust des Penis: »Now the castration complex by definition represents the nexus of phantasies with associated affect relating to loss or injury of the phallus as a punishment for incestuous wishes« (ebd.). Deshalb bereiteten die früheren Verlust-Situationen die Kastrationsängste vor. Das war nicht ganz im Sinne von Freud, der vielmehr betont hatte, dass die Verluste erst dann zur Kastrationsangst würden, wenn die libidinöse Besetzung des Penis (reifungs- und erziehungsbedingt) erhöht wird und es zur Beobachtung des anatomischen Geschlechtsunterschieds gekommen ist. Das heißt, dass der Aspekt der Nachträglichkeit auch bei Glover nicht mehr erscheint oder höchstens noch passager angedeutet wird. Desgleichen kommen die Besonderheiten der phallischen Stufe, die Freud im vorangegangenen Jahr publiziert hatte, in Glovers klinischer Theorie nicht vor.

Die von Edward Glover im April 1924 in London vorgestellte *model scene* war ein neues und kräftiges Bild. Es lenkte das psychoanalytische Interesse auf die frühe Aggression und auf Bestrafung, schloss eng an Abraham an und brachte eine neue Sicht der inneren Welt in die britische Psychoanalyse.[34] Zwar waren erst wenige Arbeiten Abrahams ins Englische übersetzt worden, auch der *Versuch einer Entwicklungsgeschichte der Libido* lag noch in keiner Übersetzung vor, aber Abraham hatte sich in der Vereinsleitung hervorgetan, war seit April Präsident der *Internationalen Psychoanalytischen Vereinigung* und gehörte zu den erfahrensten Analytikern, seit über fünfzehn Jahren praktizierend, publizierend und mit Freud befreundet. Niemand hatte ihm bislang eine Abweichung von Freuds Lehre vorgeworfen. Man konnte, wie es schien, ihm sowie seinen Schülern James und Edward Glover vertrauen.

---

34 Vgl. Steiner (2019), der Glovers besonderes Interesse am analen und oralen Sadismus erwähnt.

Abraham und die Sehnsucht nach der nährenden Brust

In eine andere Richtung bewegte sich Abraham selbst, als er im Mai und Juni 1924 die *Segantini*-Studie von 1911 für eine zweite Auflage bearbeitete (F/A, S. 764, 769). Er hatte in dieser Schrift zum ersten Mal das Bild der »bösen Mutter« verwendet (May, 1997). Damals war es nichts weiter als ein Bild gewesen, das nicht in der Theorie verankert wurde. Abraham hatte seiner Publikation die Reproduktion von zwei Gemälden beigegeben, die eine »gute« und eine »böse« Mutter mit je einem Säugling zeigten (1911, S. 304f.). Die »gute« Mutter verstand er 1911 als idealisierte, die »böse« als die ödipal enttäuschende Mutter. Eine Zuordnung zu einer bestimmten Stufe der Libido nahm er damals noch nicht vor und hätte sie auch nicht vornehmen können, weil die orale, die anale und die phallische Stufe noch nicht konzeptualisiert worden waren.

In der Vorrede zum Nachtrag von 1924, der 1925 publiziert wurde, schrieb Abraham, er könne alles aufrechterhalten, was er früher behauptet habe, würde nun aber neue, »tiefere« Erkenntnisse hinzufügen. Diese stellte er auf vier Seiten dar (1911, Nachtrag 1925, S. 325–328). Der bisher kaum beachtete Text enthält bemerkenswerte Ergänzungen zum *Versuch der Entwicklungsgeschichte der Libido*. Während Abraham dort versucht hatte, Freud insofern gerecht zu werden, als er Enttäuschungen durch *beide* Elternteile eine wichtige Rolle in der Ätiologie der Depression zuschrieb, kehrte er nun im Nachtrag zum *Segantini* zu seiner früheren, im Briefwechsel mit Freud bereits 1910 geäußerten Überzeugung zurück: »Nach den bisherigen Erfahrungen pflegt es beim Manne stets die Mutter zu sein, durch die er in jener frühen Kindheitsperiode eine solche Enttäuschung erlebte« (ebd., S. 326). Damals hatte er Freud nachgegeben und die Stelle korrigiert, nun nicht mehr.[35] Nun hielt er an der vorrangigen Bedeutung der Mutter fest. Außerdem wiederholte er im Nachtrag seine Thesen aus dem *Versuch*, dass auf die Enttäuschung durch die Mutter ein »Drang nach Vergeltung« folge (ebd.). Er formulierte den Zusammenhang nun pointierter als im *Versuch* und fand eindrucksvolle Formulierungen für die Sehnsucht (des Jungen) nach der Mutter und für die früh erlebten Enttäuschungen.

Abrahams Darstellung im Nachtrag der *Segantini*-Arbeit bezieht sich im Kern nicht auf die ödipale Situation. Weder geht es um die sexuell er-

---

35 Siehe May, 1997, S. 92, 95–98.

regende, begehrte Mutter, die man für sich allein haben möchte, noch findet sich ein Bezug auf die ödipalen Konflikte. Anstelle dessen geht es um das keiner spezifischen Entwicklungsstufe zugeordnete Gefühl, von der Mutter verlassen zu werden, und nur am Rande um die Verurteilung der »sinnlich-erotischen« Gefühle des Jungen durch die Mutter sowie um Eifersucht (ebd., S. 327). »Hinter« den Rachefantasien, die durch die Enttäuschung ausgelöst würden, finde man – und das war nun die neue, »tiefere« Erkenntnis – »in tiefster seelischer Schicht die Sehnsucht nach der Mutter im ursprünglichsten Sinne des Wortes«, nach der »frühesten Befriedigung an der Brust der Mutter« (ebd.). Die »erste und nachhaltigste seelische Bindung des Menschen« entstehe durch die »frühesten lustvollen Eindrücke«, und diese seien mit der »saugenden Nahrungsaufnahme« verknüpft, mit der »Bindung an die nährende Mutter« (ebd., S. 328).

Abraham äußerte sich nicht darüber, welcher Entwicklungsstufe er diese Sehnsucht zuordnete. Sie passte eigentlich nirgendwohin, denn auf der von ihm gerade erst eingeführten präambivalenten Stufe sollten ja noch keine Regungen von Liebe oder Hass möglich sein (1924, S. 140) und auf der darauffolgenden oralsadistischen Stufe sollten die objektzerstörenden Regungen die Oberhand gewinnen. Gleichwohl war es die »tiefste« Stufe. Wie auch immer: Der Nachtrag zum *Segantini* zeigt einen Abraham, der Freud insofern näher rückte, als er den zärtlichen Regungen wieder eine größere Bedeutung einräumte. Andererseits klingt das Leitmotiv der »tiefsten« Schicht an, und das Tiefste sind nun nicht mehr ödipale Besitzwünsche, das Interesse an der eigenen Lust, Rivalität mit dem Vater und Kastrationsangst, sondern die Sehnsucht nach der »nährenden« Mutter. Diese Sehnsucht sei es gewesen, die Segantini »leben und die ihn sterben ließ« (1911, Nachtrag, 1925, S. 328).

Der Nachtrag ist ein stimmungsvoller und anrührender Text, eine Art Gegenbild zu jenem des *Versuchs*. Die britischen Analysanden Abraham nahmen seinen Ton in ihre Publikationen von 1924/25 *nicht* auf. Mehr Resonanz fand das Bild der nährenden guten Mutter bei anderen Abraham-Schülern, vermutlich erstmals bei Radó. Er publizierte 1927 die These, dass das Kind zwei voneinander getrennte Vorstellungsreihen bilde, jene der »guten« und jene der »bösen« Mutter; die beiden Reihen würden erst allmählich miteinander synthetisiert (1927, S. 449f.). Radó griff hier bildliche Beschreibungen Abrahams auf und erhob sie zu theoretischen Konzepten.³⁶ Er verwandelte sozusagen Abrahams Beschreibung der Seligkeit an der Brust der Mutter zum Konzept des »alimentären Orgasmus«, einer rauschhaften, »oralnarzisstischen Glückseligkeit« der »Verschmelzung« mit der Mutter beim Trinken an ihrer Brust (Radó, 1927).

Klein erwähnte die Konzepte der »guten« und der »bösen« Mutter erst 1929 und verwies in diesem Zusammenhang auf Radó (Klein, 1929, S. 321, Fn. 8). Sie selbst hatte bereits in »Eine Kinderentwicklung« (1921) eine »Teilung« des Bildes von der Mutter in eine »geliebte« und eine »gefürchtete« Mutter ins Spiel gebracht, wobei die gefürchtete Mutter ihrer Auffassung nach die Mutter mit dem Penis war (ebd., S. 73). Später merkte sie an, dass die gefürchtete Mutter die »oralversagende« sei (1929, S. 321, Fn. 8); auch Radó habe die Spaltung der Mutterbilder auf die orale Versagung zurückgeführt (ebd.). Radó bestritt das nicht, machte aber darauf aufmerksam, dass die Theorie von der Bildung zweier Vorstellungsreihen und ihrer allmählichen Synthese auf ihn zurückging und nicht auf Klein. Im Interview mit Swerdloff sagte er:

> »In a paper at that time I had first described that in the mind of the child there is a good mother and a bad one, a giving and an angry mother, and that it takes a long time until these two images merge. This insight became one of the pillars of Melanie Klein's system, but my name somehow got lost. I wrote that years before she ever talked about any such thing« (Roazen & Swerdloff, 1995, S. 116).³⁷

Wir wissen nicht, was Abraham im Frühjahr 1924 zum Nachtrag veranlasste. Das Bild der »guten« Mutter, das er in der *Segantini*-Studie als Idealisierung verstanden hatte, wurde jedenfalls nun an den Anfang der psychischen Entwicklung gestellt. Unverändert blieb die Überschwänglichkeit der Beschreibung der »guten« Mutter. Ob und wie die Reaktivierung dieses Bildes mit der damaligen Situation im Komitee und mit der Bezie-

---

36 Zusammen mit seinem Analysanden Fenichel führte Radó das moderne, über Freud hinausgehende Konzept der »Objektrepräsentanz« ein (May, 2004, 2005). Radó verfügte offensichtlich über eine besondere Begabung der Theoriebildung, die bisher nicht beachtet wurde. Es scheint, dass seine Beiträge wegen seiner späteren Abwendung von Freud rückwirkend aus der Geschichte der psychoanalytischen Theorie verschwanden.
37 Radó übertreibt hier, denn zwischen seiner (1927) Publikation der Begriffe der guten/ bösen Mutter und jener von Klein (1929) lagen nur zwei Jahre. Außerdem erwähnte er Kleins These von 1921 nicht.

hung zu Freud zusammenhängt, ist schwer zu sagen. Immerhin entstand der Text ausgerechnet in der Zeit, als das Komitee aufgelöst worden war, ein Schritt, bei dem Abrahams oben erwähnter Brief an Freud über seine Bedenken gegenüber Ferenczi und Rank eine wichtige Rolle gespielt hatte. Freuds erstmaliges Fernbleiben vom internationalen Kongress kam hinzu, auch Ranks vorzeitiges Verlassen des Kongresses. Nach dem Kongress schrieb Freud einen versöhnlichen Brief an Abraham, in dem er ihm versicherte, dass er von der »Korrektheit« von Abrahams Vorgehen überzeugt sei, auch wenn er meine, dass Abraham es »hätte anders machen sollen« (F/A, S. 758). Außerdem gratulierte er ihm zur Präsidentschaft der *Internationalen Psychoanalytischen Vereinigung* (ebd.). Nachdem ihm Freud einen weiteren freundlichen und intimen Brief geschickt hatte, war Abraham, wie er an Freud schrieb, »unendlich erleichtert« (ebd., S. 763) und teilte ihm in ebendiesem Zusammenhang mit, dass er sich einen Nachtrag zum *Segantini* vorgenommen habe. Er fügte jedoch hinzu, es sei ihm »unbehaglich«, dass dieser Text nicht in die Schriftenreihe des psychoanalytischen Verlags übernommen worden sei (ebd., S. 764). Wie auch immer: Vielleicht hatten die Zerwürfnisse im Komitee, die Auseinandersetzung und schließlich die Versöhnung mit Freud dazu beigetragen, dass Abraham im Nachtrag zum *Segantini* einen anderen Ton anschlug, der allerdings inhaltlich nicht mit Freud übereinstimmte. Abrahams »nährende« gute Mutter war etwas anderes als Freuds ödipale, verführerische, erregende Mutter, die relativ unanstößige Sehnsucht nach der Brust der Mutter etwas kategorial anderes als der hochgradig tabuisierte Inzestwunsch Freud'scher Provenienz.

Die Achse Berlin–London

Abraham war im April in Salzburg zum Präsidenten der *Internationalen Psychoanalytischen Vereinigung* gewählt worden (mit Eitingon als Sekretär) und löste Jones in diesem Amt ab. Das Komitee existierte nicht mehr, der Rundbriefaustausch war eingestellt worden. Die »Spitzen«, wie Eitingon sie nannte, setzten ihren Austausch bei Besuchen und in vereinzelten Briefen fort. Hauptthema blieb bis zum Jahresende Rank. Er hatte sich mit Veränderungen der Theorie und Praxis exponiert und wurde zur umstrittensten Figur des einstigen Komitees. Freud begann ab Februar, sich skeptisch über das *Trauma der Geburt* zu äußern, schwankte aber in seinen Einschätzungen, bis er sich Ende Oktober 1924 dazu entschloss, Rank aller

Positionen zu entheben, um sich gegen Ende des Jahres wieder mit ihm zu versöhnen.

Im Interim bis zur Neukonstituierung des Komitees im November 1924 wurden die wechselseitigen Entwertungen und Beschuldigungen fortgesetzt. Das Muster war unverändert: Abraham und Jones griffen einander nicht an, waren aber in Auseinandersetzungen mit Ferenczi und Rank verstrickt, und beide »Parteien« standen einander in nichts nach. Der Hauptvorwurf, der Abraham gemacht wurde, war therapeutische Inkompetenz, während Rank und Ferenczi von Abraham und Jones als psychisch krank bezeichnet wurden. Außerdem wurde Rank, wie schon erwähnt, der »Parteilichkeit und Selbstherrlichkeit« in seiner Funktion als Herausgeber der *Internationalen Zeitschrift* verdächtigt (F/Fer III.1, S. 233), was dazu führte, dass man in Berlin ernsthaft eine eigene Zeitschrift plante, deren erster Band im Herbst 1924 erscheinen sollte (Schröter, 2011).[38] Das geschah hinter dem Rücken Freuds. Sein Einverständnis sollte, wie dem Planungspapier zu entnehmen ist, später eingeholt werden (ebd., S. 72). Als Freud im August von dem Projekt erfuhr, waren die Vorbereitungen schon weit gediehen, ein Prospekt bereits entworfen. Eitingon gelang es, wie Freud berichtet, die Realisierung des Plans zu verhindern (F/Fer III.1, S. 233), der möglicherweise eine Spaltung der *Internationalen Psychoanalytischen Vereinigung* zur Folge gehabt hätte.

Inmitten dieser Spannungen teilte Jones Freud mit, wie er die Lage einschätzte:

> »From the English who visited Buda Pest in May I hear that the rest of his [= Ferenczis] society have taken advantage of his [= Ranks] views to feed their own resistances. And as the Vienna Society seems also rather unstable, and the Dutch and the Swiss are of no great importance in the outer world, that leaves us with Berlin and London as the only staunch defenders of psychoanalysis« (F/Jo, S. 551).

Jones bezog sich auf den oben erwähnten Besuch, den James Glover, seine Frau und drei weitere Engländer Ferenczi abgestattet hatten (F/Fer III.1,

---

38 Schröter (2011) hat Quellen zu diesem bisher nicht bekannten Vorgang publiziert. Demnach war Radó die treibende Kraft hinter dem Projekt der Zeitschrift des Berliner Instituts. Die Zeitschrift sollte *Psychoanalytische Klinik* heißen und sowohl klinisch als auch »medizinisch-naturwissenschaftlich« orientiert sein (ebd., S. 72).

S. 208). Ihr Bericht hatte Jones zu dieser imperialen Auslegung der »politischen« Situation bewogen. Die Achse Berlin–London, die er heraufbeschwor, kommentierte Freud Ende September so: »In any case I feel you are right in cultivating the *Entente cordiale* with Berlin. But you should not neglect Ferenczi, who has rather retraced his position from Rank and is under no suspicion of separating« (F/Jo, S. 553). Einer von mehreren vergeblichen Versuchen Freuds, die Rivalitäten zwischen den Schülern abzumildern und dafür zu sorgen, dass Ferenczi nicht aus dem Narrativ entfernt wurde.

Jones hatte die Machtverhältnisse aus seiner Perspektive auf den Punkt gebracht und behielt insofern recht, als er und Abraham auch weiterhin eine Partei bildeten. Sogar die Isolierung (und Selbstisolierung) Ferenczis wurde später, nach Abrahams Tod, Wirklichkeit. Die Achse Berlin–London blieb nach der Wiedereinsetzung des Komitees Mitte November 1924 intakt (F/Fer III.1, S. 258). Rank war aus dem Komitee ausgeschieden und wurde Anfang Dezember durch Anna Freud ersetzt (F/E, S. 378). Trotzdem hielten die Spannungen an. Zu einer weiteren Verstimmung kam es nach einem Rundbrief von Jones über seine Sicht der Funktion des Komitees (RB 4, S. 196). Im Zentrum, so Jones, müsse das »safe-guarding of psycho-analytic doctrine« stehen (ebd.). Der Schutz der psychoanalytischen Lehre solle dadurch gewährleistet werden, dass die Arbeiten der Komitee-Mitglieder zukünftig vor der Veröffentlichung im Komitee diskutiert würden:

> »before publishing anything concerning which there might be any doubt as to its diverging from psycho-analysis, he [= das Komitee-Mitglied] should first submit such views to a discussion among ourselves; afterwards he would of course be free to publish what he liked« (ebd.).

Dagegen hätten in der Vergangenheit zwei Mitglieder verstoßen, gemeint waren Ferenczi und Rank. Persönliche Beziehungen sollten in Zukunft von zweitrangiger Bedeutung sein: »psychoanalysis should come first and personalities afterwards« (ebd., S. 197).[39] Er stimme in diesem Punkt nicht

---

[39] Als das Komitee 1920 in Aktion getreten war, hatte Ferenczi seine Funktion anders definiert. Seiner Auffassung nach sollte es sich »ausschließlich mit Fragen der psychoanalytischen wissenschaftlichen Propaganda und Mitteilungen persönlicher Natur« befassen und »nichts mit Politik zu tun« haben (RB 1, S. 47); desgleichen solle die *Internationale*

mit Ferenczi überein, der freundschaftliche Beziehungen innerhalb des Komitees für notwendig halte (ebd., S. 196).

Während Abraham mit Jones' Vorschlag einverstanden war und ein erstes Exempel mit Sachs' Rezension von Ranks *Trauma der Geburt* statuieren wollte (ebd., S. 209, 214), geriet Ferenczi sofort wieder in Opposition zu Jones. Er wies Jones' Unterstellung zurück, seine Arbeit würde von der psychoanalytischen Lehre abweichen, und blieb dabei, dass freundliche Beziehungen die Voraussetzung für eine gute Zusammenarbeit seien (ebd., S. 203). Gleichzeitig distanzierte er sich nun von Rank (ebd., S. 195, 202). Man war sich also im Komitee Ende 1924 einig in der Ablehnung von Rank, und das, obwohl sich Freud ein weiteres Mal mit ihm versöhnt und die Komitee-Mitglieder gebeten hatte, die guten Beziehungen zu ihm wiederherzustellen. Es gelang auch dieses Mal nicht.

Nach diesem Vorgriff auf das spätere Schicksal des Komitees, zurück in den Oktober 1924, zum ersten »deutschen« Kongress in Würzburg.

Das »deutsche« Treffen in Würzburg

Auf dem internationalen psychoanalytischen Kongress in Salzburg (21.–23. April 1924) und in engem Zusammenhang mit dem Ende des Komitees entwickelte Abraham den Plan einer ersten »deutschen« Zusammenkunft, um die Interessenten aus Mittel- und Süddeutschland »an unsere Organisation zu fesseln« (F/A, S. 749, 754). Innerhalb kurzer Zeit organisierte er eine Zusammenkunft in Würzburg. Sie fand nur ein halbes Jahr nach dem Salzburger Kongress statt (11.–12. Oktober 1924).[40]

Es war das erste Mal, dass sich eine Gruppe von Psychoanalytikern unter dem Vorzeichen der Nationalität versammelte. Zwar gab es eine britische oder eine Wiener Gruppe, aber es hatte nie österreichische oder britische Treffen gegeben, sondern nur internationale. 36 Interessenten und 12 Referenten nahmen am Würzburger Kongress teil. Darunter waren auch einige »Nichtdeutsche«, beispielsweise Alix Strachey, die gerade in Berlin angekommen war (ebd., S. 777). Das sei ihm angenehm, so Abraham, weil dann

---

Vereinigung nur ein Ziel haben, nämlich Freuds Lehre zu wahren und »mit einer Art Dogmatismus« alles, was Freud »sagte und sagen wird« zu hegen (ebd., S. 45).

40 Siehe den von Weiß und Lang herausgegebenen Band anlässlich der 70-jährigen Wiederkehr des Würzburger Treffens (1996).

»nicht der Verdacht einer Absonderungs-Tendenz aufkommen« könne (ebd.). Das Würzburger Treffen wurde aber doch insofern eine »deutsche« Konferenz, als zehn der zwölf Referenten aus Deutschland und nur zwei aus Österreich kamen (Pagel, 1996).

Lou Andreas-Salomé reagierte in einem Brief an Anna Freud befremdet: »Heut kam von Abraham die Einladung zum deutschen Analytikertag Anfang Oktober, da denk ich aber nicht dran« (AF/A-S, S. 352). Andreas-Salomé meinte, das Treffen hätte keinen Sinn, weil doch nur die Berliner Analytiker hinkommen würden und die brauchten eigentlich nicht anderswohin zu reisen, um sich zu treffen (ebd., S. 338). Anna Freud antwortete, »wir«, gemeint ist sie und ihr Vater, hätten vom Treffen gar nichts gewusst (ebd., S. 340), was jedoch nicht zutrifft, weil Abraham Freud informiert hatte (F/A, S. 754). Weder Andreas-Salomé noch Anna Freud reisten nach Würzburg. Ferenczi und Rank machten sich nicht auf den Weg. Rank hatte sich nach seiner Rückkehr aus den USA nach Südtirol in den Urlaub begeben, Ferenczi versah seine Praxis in Budapest. Eitingon schrieb an Freud, er bringe »nicht das geringste Interesse« auf und fahre nicht nach Würzburg (F/E, S. 359). Auch Freud nahm nicht teil (F/A, S. 776). Seine Grußadresse wirkte kühl: »Meine besten Wünsche für die deutsche Zusammenkunft« (ebd., S. 779). Ähnlich reserviert hört sich Ferenczis Mitteilung an: »Die Würzburger beglückwünschten wir telegraphisch« (F/Fer III.1, S. 251).[41] Nach dem Kongress schrieb Freud an Abraham immerhin: »Über Würzburg habe ich hier nur Gutes gehört, aber gewiß sind Sie der kompetenteste Berichterstatter. Das Ganze ist sehr erfreulich« (F/A, S. 783).

Offensichtlich war die Würzburger Zusammenkunft im allerengsten Kreis um Freud auf keine Gegenliebe gestoßen. Man war von Abrahams nationalen Interessen eher irritiert. Das hielt diesen nicht davon ab, ein weiteres »deutsches« Treffen in Weimar zu planen, das nur einige Monate später stattfinden sollte, wozu es jedoch aus bisher unbekannten Gründen nicht mehr kam (ebd., S. 804; Korr, 1924, S. 491).

Was aber veranlasste Abraham zu einem Kongress, der ein halbes Jahr nach dem internationalen Kongress stattfand? Vermutlich waren es vereinspolitische Gründe. Abraham selbst hatte sich dazu bekannt, eine führende Rolle in Deutschland einnehmen und kleine Gruppen sowie ver-

---

41 Ähnlich knapp äußerte sich Freud an Ferenczi: »Gestern erhielt ich ein freundliches Telegramm von der Zusammenkunft in Würzburg« (F/Fer III.1, S. 252).

einzelte Interessenten an sich und an das Berliner Institut »fesseln« zu wollen.[42] Alix Strachey, die als einzige Engländerin am Würzburger Treffen teilnahm, schrieb über den Zweck der Veranstaltung auf ihre scharfzüngige Art an ihren Mann:

> »The idea of these minor ones is to rope in ›wild‹ analysts & give them a chance of becoming orthodox ones by telling them about it & the Poliklinik & persuading them to get analysed there themselves. More & more stress seems to be being laid on that now« (M & K-e, S. 87).[43]

Der Würzburger Vortrag Kleins ist für unsere Fragestellung von besonderem Interesse. Sie trug ihn am 11. Oktober 1924 unter dem Titel »Aus der Analyse der Zwangsneurose eines sechsjährigen Kindes« vor; eine Zusammenfassung wurde im Kongressbericht publiziert (Korr, 1924, S. 491). Im Klein-Archiv befindet sich unter mehreren Manuskripten, die ebendiesen Titel tragen, eines, das Claudia Frank als den Würzburger Vortrag identifiziert hat (Frank, 2009, S. 111).[44]

Der Fall »Erna«, dem der Vortrag in Würzburg zugrunde lag, gilt in der Klein-Forschung als zentraler Text.[45] Als Erstes fällt auf, dass Klein nun häufiger psychoanalytische Termini technici und neuere Begriffe wie »Kastrationskomplex« oder »Über-Ich« verwendet. Sie hatte sich offenbar tiefer in die psychoanalytische Literatur eingearbeitet. Auch ihr Deutungsrepertoire hatte sich erweitert, und zwar insofern, als sie das Verhalten des Kindes, seine Symptomatik und die Übertragung nicht mehr vorwiegend als Symbolisierung von Vorgängen verstand, die sich auf den Koitus beziehen. Sie sah nun auch Partialtriebregungen, orale, anale und urethrale, orientierte sich jedoch bei deren Benennung noch ausschließlich an Freud und sprach, wie schon erwähnt, von Oral-, Anal- oder Urethral-

---

42 Schröter betont die Bedeutung des Würzburger Treffens in Bezug auf das Aufkommen eines »national-zentralistischen« Organisationsprinzips der Psychoanalyse in Deutschland (2014, S. 86).
43 Mit »minor ones« sind die kleineren Treffen gemeint, im Unterschied zu den großen, internationalen Kongressen.
44 Siehe KA, B.26 sowie Anhang C.
45 Siehe Frank, 1998, 1999; Frank & Weiß, 1996a, b; Weiß & Frank, 1996; Petot, 1990–1991. Aus der umfangreichen Literatur über den Fall »Erna« sei auf Nelly Wolffheim (1974) verwiesen, eine Analysandin Abrahams, deren Kindergarten »Erna« damals besuchte, sowie auf De Bianchedi et al. (2003), die »Erna« als Erwachsene kennenlernten.

»Erotik« (und nicht von Oralsadismus etc.).[46] Sie hatte also zu diesem Zeitpunkt Abrahams Terminologie noch nicht übernommen. Schließlich zog sie, ähnlich wie Freud, gelegentlich die konstitutionelle Ausprägung von Partialtriebregungen zur Erklärung psychischer Phänomene heran. Ihr besonderes Augenmerk, auch das in etwa im Sinne Freuds, galt nach wie vor der Urszene. Bemerkenswerterweise knüpfte sie an eine Publikation von Freud an, nämlich an den Fall des »Wolfsmanns« (Freud, 1918b; KA, B.25, im. 206). Er dürfte für sie von besonderem Interesse gewesen sein, weil er sich auf die Frühzeit der psychischen Entwicklung bezog, weil der sexuelle Verkehr zwischen den Eltern eine wichtige Rolle spielte und weil Freud auf diesen Fall verwiesen hatte, als er die »orale, wenn wir wollen, kannibalische« Stufe eingeführt hatte (1905d, S. 103; 1918b, S. 217f.).

Klein scheint ihre Theoretisierungen als Versuch verstanden zu haben, Belege für psychische Vorgänge vorzulegen, die Freud nicht hatte liefern können. Abrahams Terminologie benutzte sie nur an zwei Stellen: Einmal wird »analerotisch« korrigiert und durch »analsadistisch« ersetzt (KA, B.25, im. 217), das andere Mal das Adjektiv »analsadistisch« eingeschoben (ebd.). Beide Korrekturen befinden sich im maschinenschriftlichen Text, wurden also bereits für Würzburg vorgenommen. Abrahams »oralsadistisch« verwendete Klein noch nicht, sondern hielt sich an Freuds »kannibalistisch« (ebd., im. 210, 220). Explizit auf Abraham verwies Klein an der Stelle, an der er seine These von der Traumatophilie andeutete (ebd., im. 221). Mehrere Male erscheinen jedoch Motive und Bilder, die man auch bei Abraham findet, beispielsweise das Wiedergutmachen aus dem *Segantini*, das bereits erwähnte Hin- und Herfahren der Wagen als Symbole für den Koitus oder den frühen, dem ersten Lebensjahr zugeordneten Ursprung des Ehrgeizes aus dem Salzburger Vortrag (ebd., im. 207, 217). Vor allem aber schilderte Klein die Innenwelt des Kindes auf eine Art und Weise, die zur Atmosphäre von Abrahams Schriften passte, insbesondere hinsichtlich der Betonung der aggressiven Regungen.

Klein hatte beispielsweise den Eindruck, dass die Depression »Ernas« durch Schuldgefühle bedingt war, die sich auf das »Auffressen- und Zerbeißenwollen des Liebesobjekts« bezogen (ebd., im. 223). »Ernas« Hass rühre aus einem oralen Neid, der beim Beobachten der Urszene aufgekommen sei. Das Mädchen habe im Alter von zweieinhalb Jahren den Geschlechtsverkehr der Eltern beobachtet und ihn gemäß ihrem Ent-

---

[46] Siehe KA, B.25, im. 206, 210, 212 usw.

wicklungsstand als Austausch von Essen verstanden. Sie sei auf die Mutter neidisch gewesen, weil diese etwas vom Vater zu essen bekam, denn so verstand sie das Saugen am Penis. Diese Erklärungen des kindlichen Verhaltens gingen in die Richtung eines oralen (auch analen) Hasses oder Neids, ohne dass Klein schon von oral-sadistischen oder analsadistischen Regungen gesprochen hätte. Noch verstand sie solche Regungen als Reaktionen auf Versagungen libidinös-erotischer Wünsche.

Man kann nicht sagen, dass Klein im Würzburger Vortrag das Primat des Sexuellen aufgegeben hätte. Sie räumte jedoch Hass, Neid und Eifersucht eine größere Bedeutung ein als damals üblich. Das dürfte der Grund dafür gewesen sein, dass Abraham von ihren klinischen Mitteilungen angetan war. Denn die Art und Weise, wie sie ihre Beobachtungen theoretisierte, bestätigte und veranschaulichte seine eigene Theorie. Freud verstand den Neid bekanntlich primär als Neid auf den Penis, den er nicht der oralen, sondern der ödipalen oder phallischen Stufe zuordnete. Auch seine Theorie der Depression war eine andere. In ihr war der zentrale ätiologische Faktor und Mechanismus die narzisstische Identifizierung sowie die Regression auf die narzisstische Stufe oder, seit 1923, die Regression zur Funktionsweise des grausamen Über-Ichs, das erst auf der ödipalen Stufe wirksam wird, nicht auf der oralen oder der analen.

Unterschiedlich ist auch die Art und Weise, wie Freud und Klein mit aggressiven Regungen von Analysanden umgingen. Freud schildert aggressive Fantasien seiner Analysanden meistens distanziert, humorvoll und mit Wohlwollen. Beispielsweise sprach er von »herrlichsten« Anal- und Beschmutzungsfantasien im Falle des »Rattenmanns« (F/A, S. 639; 1955a, S. 547, 553) und war »amüsiert« über Abrahams Darstellung des aggressiven Charakters der Darmentleerung (1920b). Klein hingegen empfand Aggression als etwas, was definitiv »gegen« ein Objekt und gegen sie selbst gerichtet war und keinerlei Amüsement hervorrief.

Beide, Freud und Klein, unterscheiden nicht immer zwischen ihrem eigenen Erleben und dem Erleben der Analysanden. Beide nehmen an, dass ihre Wahrnehmung von »Aggression« durch den Analysanden »verursacht« wird. Das heißt: Das bewusste oder unbewusste Erleben oder Verhalten des Analysanden wird für die »Quelle« der eigenen Wahrnehmung von »Aggression« gehalten, was bei Klein stärker auffällt als bei Freud. Insofern wird die Gegenübertragung bei beiden zuweilen agiert und noch nicht reflektiert. Auch Freud sieht keinen Grund, über sein Amüsement nachzudenken. Im Unterschied zu Klein bringt er jedoch den Unterschied zwischen dem Erleben des Analytikers und dem (bewussten und unbewussten) Erleben des Analysanden immer wieder zur Geltung; und natürlich war er es gewesen, der die Gegenübertragung »entdeckt« oder theoretisiert hatte. Besonders hervorzuheben im Umgang mit der Gegenübertragung ist Freuds Hinweis, dass wir, gerade was die Konstatierung aggressiver Regungen angeht, zur Selbsttäuschung neigen. Wir nehmen dann in uns und an anderen aggressive Regungen wahr und merken nicht, dass unsere Wahrnehmung das Resultat eines Abwehrprozesses ist, dass wir also beispielsweise eigene libidinöse Regungen nicht wahrnehmen und an ihrer Stelle nur den Sadismus spüren können.

Noch weiter ging Freud in seiner Beschreibung der frühkindlichen Entwicklung, wenn er erklärte, dass das Erleben oder Verhalten des sehr kleinen Kindes als aggressiv empfunden werden kann, obwohl beim Kind weder bewusste noch unbewusste aggressive Regungen im Spiel sind. In solchen Fällen liegt, wie bei der Gegenübertragung, die »Quelle« der Aggression in der beobachtenden erwachsenen Bezugsperson oder im Analytiker, und nicht im Kind. In »Triebe und Triebschicksale« (1915c) hatte Freud dargestellt, dass sich das Kind auf der analen und der oralen Stufe aggressiv verhält, diesem Verhalten aber nicht notwendigerweise und immer aggressive Regungen zugrunde liegen: es quält andere, ohne sie quälen zu wollen, wobei die anderen sich durchaus gequält fühlen können; es verschlingt »kannibalistisch« etwas, ohne es zerstören zu wollen; es beschmutzt andere, um seine Zuneigung zum Ausdruck zu bringen, was durchaus als störend empfunden werden kann. Bei Klein hingegen sind das Erleben des Subjekts und die Beschreibung des Erlebens des Objekts durch das Subjekt enger miteinander verzahnt als bei Freud, so als gäbe es, um es zugespitzt zu formulieren, aus ihrer Perspektive keine »Unschuld« aufseiten des Objekts.

Kleins Darstellung passte andererseits gut zu James und Edward Glovers Bild vom Säugling, der für das Beißen in die Brust bestraft wird und Schuldgefühle entwickelt. Das kleine Kind, das sich früh wegen seiner aggressiven Regungen schuldig fühlt, war von nun an ein Referenzbild für die »neue« Psychoanalyse. Desgleichen die schon erwähnte Serie von Traumen, die auch von Klein in ihrem Würzburger Vortrag herangezogen wurde: Entwöhnung, Sauberkeitserziehung und Wahrnehmung der Urszene (KA, B.25, im. 218).

Der Würzburger Vortrag gibt eine Antwort auf die Frage, was Alix Strachey meinte, als sie Ende 1924 in den Briefen an ihren Mann von einer

»sentimentalen« Psychoanalyse sprach, die sie der Klein'schen gegenüberstellte (M & K-d, S. 232). Strachey kann eigentlich nur ebendies gemeint haben, nämlich Kleins Schilderung des kindlichen Erlebens in Kategorien von Gier, Neid und Hass, die auf die Mutter gerichtet sind. Denn das war definitiv eine andere Sichtweise als die von Freud, und wenn es noch eines Belegs für die These vom Abschied vom Primat des Sexuellen bedurft hätte, dann wäre er hier zu finden. Die »neue« Psychoanalyse, vorbereitet durch Abraham, Stärcke und Ophuijsen, weiterentwickelt von den Glovers und Klein, ersetzte Freuds polymorph-perverse Lustwelt durch eine Welt des Sadismus und der Schuld. Sie war befreit von Freuds Vision des Primats des Sexuellen. Es schien, als habe Freud in »sentimentaler« Art und Weise die Aggressivität verleugnet, die das Eigentliche und Wirkliche am Kind und am Menschen ausmache.

Über ihre neue Technik, die Gegenstand des Salzburger Vortrags gewesen war, sprach Klein in Würzburg anscheinend nicht. Dem Manuskript ist zu entnehmen, dass sie weiterhin extensiv mit dem Instrument der Symboldeutung arbeitete, deren Inhalt vorgegeben ist und nicht erst aus Assoziationen entwickelt werden muss.[47] Es entsteht der Eindruck, dass Klein ihrer kleinen Analysandin meistens sofort mitteilte, welche Regungen ihren Spielen und ihrem sonstigen Verhalten zugrunde lagen. Freud hingegen war nach vielen Jahren therapeutischer Tätigkeit zu dem Schluss gekommen, dass es sinnlos ist, Analysanden rasch mitzuteilen, worin ihr Problem besteht. Auch er bediente sich ausgiebig der Symboldeutung, fand aber gleichzeitig, dass das analytische Augenmerk auf die Hürden und Hindernisse zu richten ist, die sich der Bewusstmachung unbewusster Regungen entgegenstellten. Der Weg der Deutung war lang und kompliziert, nicht nur in der Analyse Erwachsener, sondern auch in der von Kindern, wie der Fall des »Kleinen Hans« zeigt.

Edward Glover und das Konzept der oralen Aggression

Ein paar Tage nach dem Würzburger Treffen hielt Edward Glover am 15. Oktober 1924 vor der *British Psychoanalytical Society* einen zweiten Vortrag über die orale Stufe, der im Jahr darauf im *International Journal*

---

47 An einer Stelle erwähnt Klein die Assoziationen »Erna«, an einer anderen wird nur global auf Fantasien »Ernas« hingewiesen (KA, B.25, im. 211, 218).

unter dem Titel »Notes on oral character formation« veröffentlicht wurde (1925a). Glover stellt in diesem Beitrag seinen Analytiker Abraham als Autor einer innovativen Betrachtung der Oralität dar und hebt dabei auch seinen eigenen Beitrag hervor. Abraham sei, so Glover, der Erste gewesen, der über den oralen Charakter gearbeitet und im Frühjahr 1924 in Salzburg einen Vortrag darüber gehalten habe. Abraham habe sich dabei auf Mitteilungen von ihm, Glover, gestützt: »His [= Abrahams] description of the oral character-imprint confirmed and expanded greatly some tentative observations made by the present writer during the analysis of some cases of alcohol and drug addiction« (ebd., S. 133). Das war vermutlich etwas überzogen, deckte sich aber damit, dass sich Abraham seinerseits im Salzburger Vortrag bei der Einführung der beiden oralen Unterstufen auf Edward Glover berufen hatte (Abraham, 1925a, S. 214).

In seinem Vortrag führte Glover Abrahams Innovation einen Schritt weiter und meinte, dass die Ambivalenz nicht erst auf der oralsadistischen, sondern bereits auf der prä-ambivalenten Stufe »implizit« vorhanden sei: »We might say, however, that ambivalence is implicit in the earlier stage« (E. Glover, 1925a, S. 133). Das waren rein theoretische Überlegungen, als solche plausibel, aber ohne empirische Unterfütterung; und sie gingen wieder, fast automatisch, in die Richtung einer Höherwertung der Aggression. Vielleicht bezog sich James Strachey auf diesen Aspekt des rein Theoretischen oder Ausgedachten, als er nach Glovers Vortrag, den er in der *Society* gehört hatte, an seine Frau Alix nach Berlin schrieb, der Vortrag sei »mumbo-jumbo« gewesen, »aber wahrscheinlich war er eigentlich gar nicht so schlecht« (M & K-d, S. 155).[48] Später gab Edward Glover im Interview mit Bluma Swerdloff an, dass seine frühen Arbeiten über die orale Stufe von zwei Faktoren bestimmt gewesen seien: »the transference influence of Abraham's work on the subject, and the fact that the phase had previously been neglected« (Swerdloff & Glover, 1973, im. 14).[49]

---

48 »Mumbo-jumbo« (M & K-e, S. 91) wurde mit »wischi-waschi« übersetzt (M & K-d, S. 155). Passender wäre vielleicht »haltlos, gesponnen, ausgedacht«. Das *Oxford Dictionary* nennt (erstaunlicherweise) als Beispiel Fließens Theorie der Perioden.

49 Im Sammelband eigener Beiträge distanzierte sich Glover später von charakterologischen Arbeiten im Allgemeinen, einschließlich seiner eigenen: »[T]he earlier characterological essays were without exception influenced too much by (pre)conscious valuations of ›end-products‹. They were too sophisticated and reflected a tendency […] to project backwards on the infant the more elaborate and fused products of later childhood and sometimes of adult life« (E. Glover, 1956, S. 25; vgl. S. 43–46).

Die britische Gruppe wurde durch Vorträge wie diesem mit Abrahams klinischer Theorie aus dem *Versuch einer Entwicklungsgeschichte* vertraut gemacht, die bislang noch nicht in Übersetzungen zugänglich war. Glovers Ausführungen müssen als legitime Weiterführung von Freuds Theorie erschienen sein. Abraham hatte neue Unterstufen eingeführt, Freud hatte nicht widersprochen, also war alles in Ordnung. Die Glovers machten einen gut informierten Eindruck, waren von Abraham selbst analysiert, bewegten sich im unmittelbaren Umfeld von Jones und waren vereinspolitisch an vorderster Front aktiv. Zudem waren sie nicht nur Propagandisten von Abraham, sondern hatten eigene Theoretisierungen entwickelt. Edward Glover gab in seinem Londoner Vortrag eine Beschreibung der psychischen Verfassung auf frühen Entwicklungsstufen, wie man sie bisher noch nicht vernommen hatte. Er arbeitete mit Ferenczis Theorie der Ichentwicklung, die Abraham immer umgangen hatte, betonte die anfängliche mangelnde Subjekt-Objekt-Trennung sowie die fusionäre Omnipotenz (aus Ferenczis Theorie) und sprach vielleicht als Erster davon, dass die Triebregungen zunächst nicht voneinander »differenziert« sind, analog zu Freuds weniger anschaulichen Beschreibung, sie würden miteinander »zusammenfallen« oder seien anfänglich im Status der »Vermischung«. Auf Klein bezogen sich die Glovers 1924 noch nicht; sie werden sich ihr jedoch bald anschließen.[50]

Glovers Vortrag vom Oktober zeigt, wie ein erstes Netz von Referenzliteratur zu entstehen begann. Einige wenige Autoren, die effiziente Multiplikatoren waren, verwiesen aufeinander und platzierten einander an exponierten Stellen. Autoren außerhalb des Zirkels wurden ignoriert. Jones schrieb, dass Abraham in der Aufstellung zweier oraler Unterstufen Edward Glover gefolgt sei und »almost simultaneously« mit diesem über den oralen Charakter gearbeitet habe (1925a, S. 345f.); Edward Glover würdigte Jones (nicht ganz zu Recht) als den Ersten, der den oralen Charakter dargestellt habe (ebd., S. 131, 147); und Abraham wies darauf hin, dass James Glover gleichzeitig mit ihm die Möglichkeit eines oralen Sadismus und Edward Glover die beiden oralen Unterstufen erwähnt habe (Abraham, 1924, S. 139; 1925, S. 214f.). Die »Achse« Berlin – London, von

---

50 Es ist bisher nichts über frühe Kontakte zwischen den Glovers und Klein bekannt. Die Glovers, besonders Edward, der länger in Berlin war als James, müssen Klein 1921 und 1922 kennengelernt, zumindest ihre Diskussions-Beiträge und ihre »Kleinen Mitteilungen« in der Berliner Gruppe gehört haben.

der Jones 1924 gesprochen hatte, materialisierte sich auf diese Weise in der Geschichte der psychoanalytischen Theorie, insbesondere jener des oralen Sadismus (siehe dazu das Kapitel über das Jahr 1925).

Fenichel in Berlin:
Die Enkel-Generation in der Nachfolge Abrahams

Im Mai 1924 hielt Fenichel vor der Berliner Gruppe einen Vortrag, den er im November 1924 bei der Redaktion der *Internationalen Zeitschrift* einreichte (Korr, 1924, S. 350; Fenichel, 1925a, S. 296). 1925 erschien er unter dem Titel »Introjektion und Kastrationskomplex« (1925a).

Fenichel gehörte zur ersten Generation nach Abraham, auf Freud bezogen: zur Generation der Enkel.[51] 1924 war er 27 Jahre alt, mehr als zehn Jahre jünger als Abraham, Jones, Klein, Eitingon, Müller-Braunschweig, Sachs oder die Glovers. Er war 1920 als 23-Jähriger ordentliches Mitglied der Wiener Gruppe geworden, hatte sich 1922 in Berlin niedergelassen, erhielt 1924 eine Anstellung an der Poliklinik und stand im Herbst 1924 kurz vor der Beendigung seiner Analyse bei Radó (Beginn: Oktober 1922). Er war noch nicht Mitglied der Berliner Gruppe, jedoch im Verein aktiv. Erst im Januar 1926, vier Jahre nach seiner Niederlassung in Berlin, wurde er als ordentliches Mitglied von Wien übernommen (Korr, 1926, S. 221). Unter anderem hatte er, wie bereits erwähnt, 1923 mit Berta Bornstein den Kurs organisiert, den Klein für Kindergärtnerinnen hielt. Im Herbst 1924 gründete er zusammen mit Schultz-Hencke das sogenannte Kinderseminar, das am 18. November zum ersten Mal tagte und den jüngeren Analytikern die Möglichkeit gab, ohne Anwesenheit der älteren Mitglieder miteinander zu diskutieren (Mühlleitner, 2008, S. 138–143).

»Introjektion und Kastrationskomplex« (Fenichel, 1925a) zeigte, dass die nächste Generation Abrahams klinische Theorie zu übernehmen begann. Fenichel war sich dessen voll bewusst. So schreibt er über die Analyse einer jungen Frau, die er als Hysterie diagnostiziert hatte, sie habe zur Regression auf eine »oralsadistische (Abraham) Beziehung« geneigt (ebd., S. 293); die Beziehungen der Analysandin hätten sich »der Exekutive der psychischen Einverleibung (Introjektion)« bedient (ebd.). Das schloss Fenichel aus ihren Fantasien, Männern den Penis abzubeißen und aufzues-

---

51 Zu Fenichel siehe Mühlleitner, 2008.

sen, um ihn auf diesem Weg an sich zu bringen, ihn aber auch zu zerstören, wobei das introjizierte (Teil-)Objekt zum Über-Ich würde (ebd., S. 295).[52]

Fenichel versuchte in »Introjektion und Kastrationskomplex« eine Synthese zwischen Freuds und Abrahams Konzepten (1925a, S. 292–296).[53] Beim Bemühen um die Zusammenführung der unterschiedlichen Sichtweisen stieß er mit seinem besonderen Scharfsinn auf Unvereinbarkeiten und Unklarheiten (1925a, S. 278, 294f.). Vielleicht war er der Erste, der das spätere Standardargument gegen das Konzept des oralen Sadismus formulierte. Denn er kam bei der Erörterung seines Falls zu dem Schluss, dass die oralsadistischen Objektbeziehungen seiner Analysandin durch Liebesenttäuschungen und eine Regression auf die oralsadistische Stufe entstanden seien. Er verstand den oralen Sadismus als ein neurotisches Symptom oder Syndrom, das durch Versagungen eines (konstitutionell) starken orallibidinösen Triebgeschehens hervorgerufen wird. Dieser (eher Wiener) Auslegung oralsadistischer Manifestationen wird man in den Folgejahren und Jahrzehnten immer wieder begegnen. Sie lenkte den Blick im Sinne von Freud zurück auf die Libido.

Obwohl Fenichel in seinem Beitrag Abrahams Darstellung der aggressiven Aspekte von Einverleibungsprozessen aufgriff und sich auf Stärckes Urkastration und auf Alexanders Gleichsetzung von Entwöhnung und Kastration bezog, entsteht in seinen Texten nicht die strenge Atmosphäre von Schuld und Strafe, die die Ausführungen der Glovers kennzeichnete. Vielleicht kann man sagen, dass Fenichel an seiner Identifizierung mit der Wiener Psychoanalyse festhielt und sie mit Abrahams Psychoanalyse zu vereinbaren suchte. Er wäre dann in Berlin ein Sachwalter von Freuds Theorie gewesen, ähnlich wie der »Wiener« Hanns Sachs in Berlin eine freudnahe psychoanalytische Technik vertrat.

Wie Klein benutzte auch Fenichel die Konzepte der »Spaltung« der Mutter-Imago und stellte eine erschreckende und strenge Vater-Imago einer fürsorglich-liebevollen gegenüber (ebd., S. 285, 288). Diese Termini lagen, wie bereits erwähnt, nicht auf der Linie Freuds, wurden von ihm nicht übernommen und später von

---

52 Das Motiv des Beißens und Penis-Abbeißens findet man häufig in Arbeiten von Analytikern aus dem Umfeld von Abraham, bei Klein, Glover, Fenichel, H. Deutsch, Horney, Ophuijsen. Aguayo meint, dass die Betonung des Oralen auf die schlechte Versorgung im Nachkriegs-Berlin zurückzuführen sein könnte (1997, S. 1176).

53 Ein Ergebnis dieser durch das Berliner Umfeld der 1920er Jahre angestoßenen Bemühungen waren Fenichels Bände zur speziellen Neurosenlehre (1931a, b) und später sein großes Lehrbuch *The Psychoanalytic Theory of Neurosis* (1945).

manchen Autoren der Ichpsychologie, beispielsweise Anna Freud, explizit abgelehnt.[54] Sie passen jedoch zum Trend der zunehmenden Aggressivierung der psychoanalytischen Begrifflichkeit, denn die Aggression hat im »bösen Objekt« bereits einen »strukturellen« Charakter. Sie ist keine dynamische Kraft mehr, sondern etwas »fest«, in Form einer Struktur, im psychischen Apparat Verankertes.

Ophuijsen in Amsterdam

Ophuijsen hielt am 20. Dezember 1924 vor der Niederländischen Vereinigung einen Vortrag mit dem Thema »Über Sadismus«. Wir sind dem Autor als Freund Abrahams schon mehrere Male begegnet: 1921 in der Tic-Diskussion auf der Seite Abrahams (und »gegen« Ferenczi), als Autor des Aufsatzes über die Paranoia und die Kotstange als Prototyp des Verfolgers und als Analysand von Sachs. Auf Gespräche mit Ophuijsen hatte sich Abraham im *Versuch einer Entwicklungsgeschichte* berufen und dort dessen These erwähnt, dass der »Ursprung« des oralen Sadismus im Beißen zu suchen sei.[55]

Von Ophuijsens Vortrag ist nur ein kurzes Autoreferat erhalten, dem man entnehmen kann, dass er seine These wiederholte, dass der Sadismus ein »Abkömmling der Oralerotik« sei und zwar »von ihrer zweiten Phase: dem Beissen« (1925a, S. 135). Deshalb solle man, so Ophuijsen, nicht mehr (wie Freud) von einer sadistisch-analerotischen Stufe sprechen, sondern von einer »oral-analen« (ebd.).[56] Ophuijsen gehörte mithin zu jenen Autoren, die ähnliche Auffassungen vertraten wie Abraham.

Klein auf dem Weg zu Abraham:
Der frühe Ödipuskomplex und Sadismus »all along the line«

Ende 1924 hielt Klein nach ihren Auftritten in Salzburg und Würzburg zwei weitere Vorträge in Berlin und in Wien. Sie hatten zur Folge, dass

---

54 A. Freud, 1954, S. 1317; A. Freud, 1958, S. 1723.
55 Später wird Ophuijsen behaupten, dass Abraham das Konzept der beiden oralen Stufen, das er selbst seit 1921 vertreten habe, von ihm übernommen habe (Ophuijsen, 1929, S. 157).
56 Ophuijsen hielt 1925 auf dem Kongress in Bad Homburg einen weiteren Vortrag über den Ursprung des Sadismus (1925b, S. 509), der 1929 publiziert wurde. Da sich die Autoreferate sehr ähneln, könnte es sich um den gleichen Vortrag halten.

1925 zu einem Seminar nach London eingeladen wurde, sodass Abrahams Standpunkt, dem sie sich Ende 1924 weiter annäherte, im nächsten Jahr in London nicht nur von James und Edward Glover, sondern auch von ihr vertreten wurde.

Am 13. Dezember sprach Klein vor der Berliner Gruppe zum Thema »Über die psychologischen Grundlagen der Frühanalyse« und wiederholte den Vortrag am 17. Dezember vor der *Wiener Psychoanalytischen Vereinigung* (Korr, 1925, S. 132, 137). Kein Zufall mag es sein, dass der Vortragstitel für Wien verändert wurde. Die von ihr selbst geprägte Bezeichnung »Frühanalyse« wurde für Wien durch die konventionelle Bezeichnung »Kinderpsychoanalyse« ersetzt. Das Manuskript der Vorträge ist nicht erhalten (siehe Anhang C). Wir verfügen jedoch über eine von Alix Strachey angefertigte Zusammenfassung des Berliner Texts (A. Strachey, 1924).[57]

Alix Strachey war ab Oktober 1924 bei Abraham in Analyse (bis zum Sommer 1925) und berichtete ihrem Mann in London über die Vorgänge in der Berliner Gruppe, insbesondere über Kleins Theorie und deren Rezeption. Alix Strachey kommt in der Geschichte der psychoanalytischen Theorie, speziell in der Geschichte von Abrahams und Kleins Theorie, eine besondere Rolle zu.[58] Sie hatte im Herbst 1920 gleichzeitig mit ihrem Mann eine Analyse bei Freud begonnen, die sie im Februar 1922 wegen einer schweren Erkrankung abbrechen musste. Freud gewann sie und ihren Mann als Übersetzer seiner Schriften. Als Alix Strachey Ende September 1924 nach Berlin kam, hatte sie bereits den Fall »Dora« und den »Rattenmann« für die *Collected Papers* übersetzt und war eben zum »full member« der *British Psychoanalytical Society* gewählt worden (Bull, 1924, S. 251).

Kurz nach dem Beginn der Analyse bei Abraham reiste sie zur Würzburger Tagung und besuchte ab November 1924 die Veranstaltungen und Sitzungen der Berliner Gruppe. Von den Vorträgen in Würzburg und den Seminaren in Berlin scheint sie zunächst nicht sonderlich beeindruckt gewesen zu sein und berichtet darüber nur beiläufig. Die Sitzung am 13. De-

---

57 Bei dem von Meisel & Kendrick abgedruckten Bericht (M & K-e, S. 325–330) könnte es sich sowohl um eine Transkription des handschriftlichen Texts von Alix handeln als auch um einen von James korrigierten und von ihm getippten Text.

58 Zu Alix Strachey siehe M & K-e, S. 3–49; de Clerck, 1995, S. 9–40. Sie war später auch an der Übersetzung von Abrahams *Selected Papers* (1927) beteiligt.

zember 1924 hingegen, auf der Klein den eben erwähnten Vortrag »Über die psychologischen Grundlagen der Frühanalyse« hielt, fand sie »aufregend«, war bewegt und erregt (M & K-d, S. 230). James fand ihren Bericht »höchst interessant« und antwortete: »Merkwürdig, daß selbst im gesetzten Berlin die lieben Kleinen so viel Unruhe entfachen können« (ebd., S. 233). Er schlug seiner Frau vor, eine Zusammenfassung des Vortrags zu schreiben, den man in der Londoner Gruppe diskutieren könne, da es dort eine gute Woche vorher ebenfalls eine lebhafte Diskussion über die Kinderanalyse gegeben habe.

Alix Strachey besprach den Plan mit Abraham. Er fand ihn gut und bot ihr die Durchsicht und eventuelle Ergänzungen der Zusammenfassung an, da er Kleins Vortragsmanuskript kannte.[59] Klein selbst war unterwegs nach Wien, um dort den Vortrag noch einmal zu halten und beantwortete brieflich die Fragen, die ihr Alix Strachey geschickt hatte.[60] Alix sandte ihre Zusammenfassung am 1. Januar 1925 nach London und bat ihren Mann, weitere Punkte in den Bericht einzufügen. Am 7. Januar 1925 verlas James Strachey die Gemeinschaftsarbeit vor der *British Psychoanalytical Society*.

Aus Stracheys Summary geht hervor, dass sich Klein inzwischen sicher war, den Ödipuskomplex auf einer früheren Entwicklungsstufe verorten zu können als Freud. Das Kind erlebe den »Ödipuskomplex, im Sinne einer deutlichen Objektwahl schon in sehr frühem Alter« (A. Strachey, 1924, S. 465). Klein bezog sich in ihrem Vortrag auf den Fall »Rita« und teilte mit, dass der Ödipuskomplex bei ihr bereits im Alter von 2 ¾ Jahren zu beobachten gewesen sei.

Hierzu ist anzumerken, dass Alix Strachey und ihr Mann überlegten, was Klein mit dem Ödipuskomplex meinte (M & K-d, S. 239). In einem Brief an James vom 18. Dezember 1924 schrieb Alix: »Ich möchte nur hinzufügen, daß nach meinem Eindruck die Melanie glaubt, daß der Ödipuskomplex (d.h. eine libidinöse Ob-

---

59 In diesem Brief vom 23. Dezember 1924, der in der publizierten Ausgabe des Briefwechsels nicht enthalten ist, heißt es: »[B]ut Dr. Abraham, who seems to think your idea quite a good one, says he may be able to supply necessary corrections, as he's seen her paper« (British Library, Sigel: ADD MS 60702, 138, 23/12); mit Dank an Richard Skues.

60 Siehe Grosskurth, 1993, S. 161f. In einem unveröffentlichten Brief an James Strachey schreibt Alix am 1. Januar 1925: »Melanie's letter turned up this morning. So I've just posted the Report – which is too long, but I couldn't boil it down any further – and zwar [sic!] all unhouselled, disappointed, unannealed, in an ordinary envelope« (British Library, Sigel: ADD MS 60702, 160, 1/1/25); mit Dank an Richard Skues.

jektwahl eines Elternteils) sich sehr früh bildet, schon vor der phallischen Phase & in dieser Phase nur ihren Höhepunkt findet« (ebd., S. 241). Alix Strachey hatte also Kleins Mitteilungen so verstanden, dass allein schon die Objektwahl, die Abwendung von der Mutter und die Hinwendung zum Vater, als Manifestation des ödipalen Konflikts zu verstehen sei. Der ödipale Konflikt wurde von Klein darüber hinaus aus dem Vorhandensein von Symptomen erschlossen. Sobald es zur Symptombildung oder zu Hemmungen komme, müsse man annehmen, dass der Ödipuskomplex wirksam sei. »Rita«, hatte mit 2 ¾ Jahren Symptome aufgewiesen, und diese waren, wie Klein annahm, aus der Verdrängung ödipaler Regungen und damit verbundener Schuldgefühle und Ängste hervorgegangen.

Ein zweiter Schwerpunkt von Kleins Vortrag betraf die besondere Bedeutung sadistischer Regungen, insbesondere beim Erleben der Urszene (A. Strachey, 1924, S. 465). An ihren Mann hatte Alix Strachey geschrieben: »Bemerke: Sadismus verläuft entlang der ganzen Linie: oral – anal – urethral – phallisch« (M & K-d, S. 242).[61] Das erinnert an James Glovers Äußerungen in seinem Salzburger Vortrag vom April 1924. Glover hatte den Sadismus ebenfalls nicht mehr der analerotisch-sadistischen Stufe zugeordnet, sondern sah ihn auf allen Entwicklungsstufen.

Kleins Veränderungen der Theorie wurden damals durchaus wahrgenommen. So warf beispielsweise James Strachey im Dezember 1924 im Brief an seine Frau die Frage auf, wie sich Kleins Beobachtungen mit Freuds Theorie vereinbaren ließen. Er erwähnte Freuds Aufsatz »Die infantile Genitalorganisation« (1923e), in der die phallische Phase eingeführt worden war und in der Freud wiederholt hatte, dass Kinder davon überzeugt seien, dass alle Menschen einen Penis haben. Kleins Schilderung von sadistischen Sexualfantasien, die sie in den Spielen der Kinder sah (einen Stock in etwas stecken usw.), setzten hingegen die Kenntnis der Vagina voraus (M & K-d, S. 234). Auch Alix Strachey registrierte Widersprüche und erwähnte unter anderem die in der Diskussion aufgekommene Frage, ob und wie das alles auf das kleine Mädchen angewendet werden könne, dem möglicherweise keine Kastrationsangst zuzuschreiben sei; »viele« stellten sich diese Frage (ebd., S. 241).

Ein weiteres Thema von Kleins Berliner Vortrag war laut Stracheys Zusammenfassung die Anwendbarkeit der Kinderanalyse (1924, S. 466–469).

---

61 Im Englischen heißt es: »*Note* Sadism goes all along the line: oral-anal-urethral-Phallic« (M & K-e, S. 153).

Klein blieb bei ihrer Auffassung, dass Kinder die Analyse nicht nur ertragen könnten, sondern dass sie heilsam sei. Man müsse den Kindern »schreckliche Wahrheiten« deuten (M & K-d, S. 230). Soweit es sich aus der Zusammenfassung rekonstruieren lässt, waren damit hauptsächlich die aggressiven Aspekte von Wünschen und Fantasien gemeint, das Eindringen-, Wegnehmen-, Kaputtmachen- und Schmerzzufügen-Wollen, und weniger die lustvolle Erregung oder der Konflikt zwischen den zärtlich-libidinösen und den aggressiven Regungen. Klein, so Alix Strachey, sei der Auffassung, dass Deutungen verdrängter Wünsche das Ich-Ideal nicht schwächen, sondern stärken (ebd., S. 240). Außerdem erleichterten die Deutungen manchmal die Herstellung der Übertragung (A. Strachey, 1924, S. 469). Klein habe das in der Diskussion ihres Vortrags an Fallbeispielen gezeigt. Einen Fall erwähnt Alix im Brief an ihren Mann: Ein kleines Mädchen wollte keinen Kontakt mit Klein aufnehmen und habe stattdessen Spielzeuge kaputt gemacht. Nachdem Klein ihr gedeutet hatte, dass sie den Penis ihres Bruders kaputt machen wolle, weil sie auf ihn eifersüchtig sei, änderte sich das Verhalten des Mädchens. Es wurde »plötzlich zutraulich & zeigte Interesse«, worauf Alix Strachey fortfährt: »*wenn* die Klein das korrekt wiedergibt, scheint mir ihr Fall wirklich überwältigend«; es sei zu erwarten, dass Klein in Wien auf Widerstand stoßen werde (M & K-d, S. 232).

Am Ende des Vortrags hatte Klein, wie man Stracheys Zusammenfassung entnehmen kann, an die Kollegen appelliert, sie sollten »mit dem Sammeln & Sichten direkter Beobachtungen [fortfahren ...], anstatt sich auf Rückschlüsse aus unserer Kenntnis der Psyche der Erwachsenen zu verlassen« (A. Strachey, 1924, S. 470). Im Brief an James bezeichnete Alix diesen Appell als »kleinen Leckerbissen«, den James bei der Überarbeitung der Zusammenfassung nicht streichen solle (M & K-d, S. 266). Die Betonung der direkten Beobachtung erinnert an die von Abraham und den Glovers vertretene Überzeugung, sie bezögen sich auf sozusagen theoriefreie Beobachtungen. So jedenfalls hat Alix Strachey Klein verstanden: Klein spekuliert nicht, sondern beobachtet Kinder. Sie ist, wie Alix an James schrieb, »the only person who possesses any data on the subject« (M & K-e, S. 151).

Klein war also im Dezember 1924 einen Schritt weiter in die von Abraham eingeschlagene Richtung gegangen, in die zur gleichen Zeit auch Edward und James Glover strebten. Bei allen Unterschieden ist ihnen gemeinsam, dass sie der Aggression oder dem Sadismus mehr Bedeutung zuschrieben als Freud. Damit veränderte sich das Verständnis des Ödipuskomplexes, wie noch zu zeigen sein wird.

Als sich Alix und James Strachey im Dezember 1924 über die Vorgänge in der Berliner und Londoner Gruppe austauschten, kam die Frage auf, zu wem sich James in Analyse begeben könnte. Er wollte sich offensichtlich einer weiteren Analyse unterziehen und zu diesem Zweck nicht noch einmal zu Freud gehen. Nachdem er eine Analyse bei seinem Kollegen Fluegel verworfen hatte, kam als »einzig mögliche Person« James Glover infrage (M & K-d, S. 258). Warum er? Glover war Analysand von Abraham, seine Vorträge und Publikationen und sicher auch sein Auftreten in der britischen Gruppe zeigten, dass er auf der Höhe der Diskussion war. Das einzige Problem war, wie Strachey meinte, dass eine Analyse bei ihm »unpleasant« sein könnte, womit er wohl meinte, dass es unangenehm war, zu einem Kollegen am Ort in Analyse zu gehen, den man schon länger kannte und mit dem man gesellschaftlichen Umgang pflegte (M & K-e, S. 164, 167). Die Bedenken traten bald in den Hintergrund: James Strachey ging im darauffolgenden Jahr zu James Glover in Analyse. Das Netzwerk, das in diesen Jahren um Abraham und seinen theoretischen Ansatz entstand, wurde noch einmal dichter.

Die Londoner Diskussion über den Ödipuskomplex und die Kinderanalyse

In der *British Psychoanalytical Society* diskutierte man zur gleichen Zeit wie in Berlin über die Möglichkeiten der Kinderanalyse und die Bedeutung des Ödipuskomplexes. Die Koinzidenz wäre nicht der Rede wert, wenn James Strachey nicht mit seinem besonderen Interesse an der Theoretisierung der Psychoanalyse den erwähnten Einfall gehabt hätte, einen wissenschaftlichen Austausch zu organisieren, wie er in der Geschichte der Psychoanalyse eher selten war. Die Frage nach der frühen Entwicklung des Kindes und der Kinderanalyse lag andererseits nach dem Ersten Weltkrieg in der Luft, nicht nur in Berlin und London, sondern auch an anderen Orten, beispielsweise in Wien. Auch unter den britischen Kolleginnen gab es etliche, die nach dem Krieg angefangen hatten, Kinder in Analyse zu nehmen. Zudem gehörten der britischen Gruppe viele Frauen an, denen die Frage nach der frühen Entwicklung und den Möglichkeiten der Kinderanalyse näherlag als den männlichen Kollegen. Darüber hinaus entsteht bei der Lektüre des Briefwechsels zwischen den Stracheys der Eindruck, dass die Stimme der Frauen in der *British Psychoanalytical Society* trotz der »Herrschaft« von

Jones mehr Gewicht hatte als die der Berliner Frauen in ihrer Gruppe.[62] Wie im Kapitel über das Jahr 1920 dargestellt wurde, war die *Brunswick Square Clinic* von zwei Frauen, Jessie Murray und Julia Turner, gegründet und von einer Frau, May Sinclair, finanziert worden. Dort arbeiteten mehrere Frauen, die nach der Auflösung der *Clinic* in die *British Psychoanalytical Society* übernommen wurden: Chadwick, Grant-Duff, Isaacs, Payne, Searl, Lewis und Sharpe (Robinson, 2011, S. 201). Einige gehörten später zu den *big names* der britischen Psychoanalyse.

Die Londoner Diskussion kam am 3. Dezember durch Vorträge von wieder zwei Frauen, Nina Searl und Sylvia Payne, in Gang. Beide waren in Berlin bei Sachs in Analyse gewesen.[63] Von den Referaten sind nur knappe Zusammenfassungen erhalten (Bull, 1925, S. 238f.; Korr, 1925, S. 251). Zusätzlich liegt ein kurzer Bericht von Jones (RB 4, S. 205) sowie eine farbige Schilderung des Abends von James Strachey vor (M & K-d, S. 217f.).

Nina Searl (1882–1955) sprach über »A question of technique in childanalysis in relation to the oedipus-complex«. Sie hatte in der *Brunswick Square Clinic* eine psychoanalytische Ausbildung erhalten und gehörte der *British Psychoanalytical Society* seit der Gründung (1919) an. Ab 1920 arbeitete sie analytisch mit Kindern. In ihrem Vortrag warf sie die Frage auf, welche Aspekte des ödipalen Konflikts dem Kind bewusst seien und welche unbewusst und ob und wie man Kindern ödipale Inzestwünsche bewusst machen könne und solle. Sie vertrat die Auffassung, dass die Bewusstmachung auf das noch nicht gefestigte Ich-Ideal des Kindes Rücksicht

---

62 Zur besonderen Rolle der Frauen in der British Society siehe Valentine, 2009; Appignanesi & Forrester, 1993, S. 484f.

63 Steiner (2019, S. 217) und Nölleke (www.psychoanalytikerinnen.de) erwähnen die Analyse bei Sachs, ohne dass Quellen angegeben werden; auch Graham nennt keine Quelle (2009, S. 167). Einer jüngeren Publikation eines Protokolls des Berliner Unterrichtsausschusses ist zu entnehmen, dass im April 1923 ein Antrag Searls auf Zulassung als »Gast« vorlag (Kitlitschko, 2018). Er wurde am 27. April 1923 positiv beschieden: »Gegen die Zulassung von […] Miss Searl als Gast bestehen keine Bedenken« (ebd., S. 102). Aus dem Gast-Status kann man schließen, dass sich Searl längere Zeit in Analyse bei einem Lehranalytiker der Berliner Gruppe befand. Da Sachs viele Nicht-Ärzte annahm, könnte Searl bei ihm gewesen sein. Am 8. Mai 1923 trug sie vor der Berliner Gruppe eine sogenannte »Kleine Mitteilung« vor (Korr, 1923, S. 547). Searl schloss sich, wie sie selbst angab, Mitte der 1920er Jahre Klein an (Searl, 1927). 1929 wurde sie »full member« der *British Psychoanalytical Society* und arbeitete als Lehr- und Kontrollanalytikerin (Bull, 1929, S. 529). Mitte der 1930er Jahre wandte sie sich von der Klein'schen Theorie ab und trat 1937 aus der *British Psychoanalytical Society* aus. Zu Searl siehe Busch, 1995.

nehmen müsse. In der Zusammenfassung heißt es: »What is the possible effect on the latter [the ego ideal], as well as on the ego, of an endeavour to bring into full consciousness at this age the full adult conception of incest« (Bull, 1925, S. 238). Anders als Klein und ähnlich wie Hug-Hellmuth betonte Searl die Unterschiede zwischen der Kinderanalyse und der Analyse Erwachsener. Was genau sie damit meinte, geht aus der Zusammenfassung nicht hervor.

Silvia Payne (1880–1976) kam ebenfalls aus der *Brunswick Square Clinic*. Sie war zwei Jahre lang bei James Glover in Analyse gewesen.[64] In ihrem Beitrag »Some difficulties in the technique of child-analysis« schloss sie sich den Bedenken Searls an, machte auf die Unreife der Triebentwicklung, die mangelnde Differenziertheit des psychischen Apparats und auf Besonderheiten des kindlichen Denkens aufmerksam, die eine Modifikation der Technik der Kinderanalyse erfordern würden (Bull, 1925, S. 238).

Jones berichtete im Komitee-Rundbrief von Mitte Dezember, dass die Diskussion über die beiden Vorträge so viele Fragen aufgeworfen hätte, dass die Gruppe beschlossen habe, die Debatte in einem kleinen Symposium im Januar 1925 fortzusetzen (RB 4, S. 205). James Strachey fand die Versammlung im Dezember »viel lebhafter als sonst« (M & K-d, S. 217). Searl beschrieb er als »a mere jelly of sentimentality & prejudice« (M & K-e, S. 136). Die von ihm konstatierte »Gefühlsduselei & Voreingenommenheit« – so die Übersetzung – bezog sich darauf, dass Searl gemeint hatte, man solle kleine Kinder nicht mit ihren ödipalen Wünschen konfrontieren. So sahen es, wie James Strachey berichtet, auch Kolleginnen Searls. Er selbst fand, dass sie »definitiv jungianisch« argumentierten, wenn sie meinten, »daß es Dinge im Unbewußten des Kindes gebe, die vom archaischen Erbe herrührten & daß es [das Kind] nicht ertragen könne, sie bewußt gemacht zu bekommen; und daß wir es ermutigen sollten, diese Dinge in *Symbolen* zum Ausdruck zu bringen« (M & K-d, S. 218). Jones habe »natürlich genüsslich auf all ihre Jungismen hingewiesen. Glover schien ziemlich verwirrt. Aber ich denke, es könnte tatsächlich etwas Sonderbares bei Kindern vor dem Verschwinden des Oed. Compl. sein« (ebd.).

---

64 Payne hat ihre Analysen bei James Glover und Sachs in ihrem »Memorandum zur Technik« beschrieben, das sie 1943 bei den Diskussionen der britischen Gruppe vorlegte (1943, S. 80f.). In der britischen Gruppe war sie 1922 zum »associate«, 1924 zum »full member« gewählt worden (Bull, 1922, S. 507; Bull, 1925, S. 236). Sie schloss sich später der *middle group* an.

Damit endet James Stracheys Bericht über den 3. Dezember. Wir können aus dem wenigen, was uns überliefert ist, Paynes und Searls Bedenken gegen die Kinderanalyse nicht genau rekonstruieren. Wir wissen nur, dass es, wie es in Searls Zusammenfassung heißt, um die »full adult conception« (Bull, 1925, S. 238) des Ödipuskomplexes ging, also vermutlich um den Geschlechtsverkehr im Sinne einer Einführung des Penis in die Vagina und die damit verbundenen Empfindungen sowie um die auf den Vater oder die Mutter (oder andere Rivalen) gerichteten Mordwünsche. Die Frage, in welcher Weise man darüber mit dem Kind sprechen kann, stellte sich den Kolleginnen, die in der Praxis mit Kindern arbeiteten, in einer konkreteren und unmittelbareren Form als den Kollegen, die ausschließlich Erwachsene behandelten (wie Jones und die Glovers). Die Antworten von Searl und Payne gingen in eine Richtung, mit der James Strachey und Jones nicht sympathisierten. Bemerkenswert ist, dass das Gespräch über diese Fragen so viele Affekte auslöste – in London wie in Berlin.

Auch in Berlin ging es, wie eben dargestellt, am Abend des 13. Dezember nach dem Vortrag von Klein darum, ob eine Analyse mit Kindern möglich ist und wie eine solche auszusehen habe. Abraham und Sachs berichteten im Komitee-Rundbrief über den Verlauf der Diskussion und meinten, dass einige Mitglieder »zunächst einen ablehnenden Standpunkt« eingenommen hätten, den sie »gegen Ende der Diskussion zum großen Teil« aufgaben (RB 4, S. 232). Wogegen sich die Ablehnung richtete, gegen die Kinderanalyse im Allgemeinen oder gegen Kleins Konzeption, bleibt offen.

Ein klareres und von spürbaren Affekten geprägtes Bild ergibt sich aus Alix Stracheys Brief über die »aufregende« Sitzung vom 13. Dezember (M & K-d, S. 230–233). Strachey berichtete, es habe eine starke Opposition gegen Klein gegeben, die von Alexander und Radó ausgegangen sei (ebd., S. 231). Andererseits hätten sich »alle« um Klein »geschart« und Alexander und Radó angegriffen hätten (ebd.). Namentlich erwähnt sie als Unterstützer Abraham, Boehm, Horney und Josine Müller.[65] Alix Strachey schreibt:

---

[65] In Berlin spielte die Frage, ob jungianisch argumentiert wurde, erwartungsgemäß keine Rolle. Im Januar 1925 zählte Alix Strachey Sachs, Lampl, Radó und Alexander zu den Opponenten Kleins (M & K-d, S. 290), was bedeuten würde, dass es in der Berliner Gruppe Vorboten der späteren Konfiguration »Wien und Budapest gegen London« gab.

»Die Klein legte ihre Auffassungen & Erfahrungen hinsichtlich der Kinderanalyse dar, & nun erhob die Opposition ihr ergrautes Haupt – & es war wirklich *zu* altersgrau. Die *Worte*, die man gebrauchte, waren natürlich psychoanalytisch: Gefahr der Schwächung des Ich-Ideals, usw. Aber der Sinn war, fand ich, ganz anti-analytisch: wir dürfen Kindern nicht die schreckliche Wahrheit über ihre verdrängten Impulse mitteilen, usw.« (ebd., S. 230).

Alix Stracheys Charakterisierung der Gegenposition zu Klein als »altersgrau« und »anti-analytisch« ist überraschend und nicht sofort zu verstehen. Zieht man ähnliche Äußerungen von James Strachey und weitere Briefe von Alix aus dem nächsten Jahr heran, so ergibt sich eine Auslegung, die zu unserer Fragestellung nach der Stellung der Aggression zurückführt. Hier nur so viel, dass Alix Strachey im eben erwähnten Brief einen weiteren, den Bezug zur Aggression schon andeutenden Aspekt hervorhob: Wenn Klein nun nach Wien fahre, um in ein paar Tagen den gleichen Vortrag zu halten wie in Berlin, sei »zu erwarten, daß Bernfeldt & Eichhorn [sic!], diese hoffnungslosen Pädagogen, & ich befürchte auch Anna Freud, diese offene oder heimliche Sentimentalistin, ihr [= Klein] entgegentreten« (ebd., S. 232). Die Bemerkungen Alix Stracheys bringen Aspekte zur Sprache, von denen in anderen Quellen, den Komitee-Rundbriefen und diversen Briefwechseln, nicht die Rede ist. Offensichtlich empfand Alix Strachey Kleins Standpunkt nicht nur als ausgesprochen analytisch und modern, sondern auch als »unsentimental«.[66] Was damit gemeint war, wird sich weiter unten klären lassen.

Sachs als Vertreter von Freuds Technik in Berlin

Bevor wir die Ereignisse von 1924 zusammenfassen, soll ein kurzer Blick Hanns Sachs gelten, dem wichtigsten Berliner Lehranalytiker neben Abraham (bis ca. 1924). Denn die Londoner Diskussion im Dezember 1924 könnte nebenher eine Diskussion über die von Sachs vertretenen Positio-

---

66 James teilte die Werte und Normen seiner Frau, reagierte aber doch manchmal anders als sie. Während sie von Kleins Vortrag sehr angetan war, meinte er: »Was sie [Klein] schreibt, gab mir einen Schock. Was für eine furchtbare Frau sie sein muß. Ich bedaure die armen Kleinen, die ihr in die Klauen geraten« (M & K-d, S. 270f.).

nen gewesen sein, da der »Wiener« Sachs ähnliche Vorstellungen von der psychoanalytischen Technik vertrat wie Freud.

Robinson (2008) kam in seiner Arbeit über die Berliner Ausbildung britischer Analytiker zu dem Ergebnis, dass Sachs eine eher künstlerische Herangehensweise vertrat, dass er die Kommunikation des Unbewussten des Analytikers mit dem Unbewussten des Analysanden betonte und es für wichtig hielt, dass sich der Analytiker seiner eigenen Fehlbarkeit bewusst ist und seine eigenen Grenzen anerkennen kann (ebd., S. 47).[67] Abrahams Arbeitsweise bezeichnete Robinson unter Verweis auf Glovers Beschreibung (1927–1928) als »kühl und unparteiisch« (ebd., S. 46).[68] Trotz ihrer Verschiedenheit hätten Abraham und Sachs »eine im wesentlichen Freud'sche Praxis und Technik« vertreten (ebd., S. 41); lediglich ihr Temperament und ihre Akzentsetzung unterschieden sich voneinander (ebd., S. 48).

Ob es sich so verhält, ist schwer abzuschätzen, solange wir über Sachs' Rolle und seinen Beitrag zur Geschichte der Psychoanalyse noch wenig wissen.[69] Obwohl er dem Komitee angehörte, entfaltete er dort keine Aktivitäten, wirkte auch nicht schul- oder gruppenbildend wie Abraham, Ferenczi oder Jones. Wir sind allerdings mehrere Male darauf gestoßen, dass er andere Positionen vertrat als Abraham. Auf dem Salzburger Kongress trug er beispielsweise eine wohlwollende Stellungnahme zu den *Entwicklungszielen* von Ferenczi und Rank vor, während Abraham in exakt diesen Tagen Freud wissen ließ, dass er die Publikation für eine Abweichung von dessen Lehre hielt. Dass Sachs und Abraham in Bezug auf die Frage der Laienanalyse unterschiedliche Positionen vertraten, liegt auf der Hand.

Im Sommer 1924 hatte Sachs in London ein Seminar über die Technik gehalten, an dem 25 Kollegen teilnahmen; es umfasste sechs Abende (Korr, 1924, S. 490). Als man im Frühjahr 1925 überlegte, wo man Klein während des für den Sommer geplanten Seminars unterbringen könne, wurde eine Wohnung erwogen, die Searl, Sharpe, Chadwick und Lewis

---

67 Robinson (2008, S. 47) bezieht sich auf Moellenhoff (1966), der seinerseits auf Sachs (1941, S. 359) verweist.

68 Robinson (2008) beschränkte seine Untersuchung auf Glover, Payne und Sharpe, die bei Abraham (Glover) und Sachs (Payne, Sharpe) in Analyse waren, sich aber keiner regelrechten Ausbildung in Berlin unterzogen hatten. Sie seien in der zweiten Hälfte der 1920er Jahre Lehranalytiker der britischen Gruppe geworden und hätten einen großen Einfluss auf die Gruppe gehabt. Robinson zeigt, inwiefern Glovers Technik jener von Abraham ähnelte, und Sharpes jener von Sachs.

69 Zu Sachs siehe Gifford, 2005; Moellenhoff, 1966; Schröter, 2017.

gehörte, die alle bei Sachs in Analyse gewesen waren (M & K-d, S. 380–382); Sachs soll während seines Seminars dort gewohnt haben. Als es um Kleins Unterkunft in dieser Wohnung ging, schrieb James Strachey seiner Frau, sie liege »mitten im Herzen des feindlichen Lagers« (ebd., S. 381). Das heißt, dass Strachey die Sachs-Analysandinnen oder Sachs für »Feinde« oder Opponenten hielt. Eine ähnliche Gruppenbildung erwähnt Alix Strachey im Januar 1925. Klein werde von »einer ziemlich großen Fraktion (alle männlich) der Ψan. gehaßt. (Sachs, Lampl, Radó, Alexander usw.)« (ebd., S. 290). Es scheinen sich also schon 1924 Gegensätze zwischen Klein und Sachs oder zwischen den Gruppen ihrer Anhänger und Analysanden abgezeichnet zu haben, die die spätere Konstellation »Wien gegen London« vorwegnahmen. Zumindest wurde sie von den Stracheys wahrgenommen.

In seiner Gedenkrede auf Abraham aus dem Januar 1926 rühmte Sachs Abrahams »Vorbildlichkeit, strengste Sachlichkeit und Reinheit der Absicht«, »den Takt und die Unparteilichkeit«, in der er das Amt des Vorsitzenden ausübte (1926, S. 198f.). Während er, Sachs, und andere Analytiker das Gefühl gehabt hätten, »Bekenner einer neuen Wahrheit«, eine Art »Ausnahme-Existenz« zu sein, hätten Abraham diese Züge gefehlt, er habe keine Spur von »Abenteuerlust oder Originalitätssucht« gezeigt (ebd., S. 200). Abraham sei es um »sachliche Erkenntnis« der Wahrheit gegangen (ebd.). Wir stoßen hier auf die Merkmale von Sachlichkeit und Objektivität, auf die wir noch zurückkommen werden.

Zusammenfassung:
1924 als Jahr der Wende und des Transfers der »neuen« Psychoanalyse von Berlin nach London

Die hier dargestellten Veränderungen wurden *nicht* in Veröffentlichungen publik, sondern in Vorträgen, von denen einige später, andere nie erschienen. Aus diesen Vorträgen geht das Bild einer »neuen« Psychoanalyse hervor, die in Berlin und London entstand. Selbstverständlich ist das Bild an den Blickwinkel der vorliegenden Untersuchung gekoppelt: die Fokussierung auf die Geschichte von Freuds Primat des Sexuellen in der Berliner und Londoner Psychoanalyse. Ob und wie sich das Bild verändert, wenn man auch die Psychoanalyse in Wien und Budapest berücksichtigt, bleibt offen.

Die »neue« Psychoanalyse wurde 1924 in neun (mit Ophuijsen: zehn) Vorträgen entfaltet, die die Bedeutung eines oralen und analen Sadismus sowie sadistischer oder aggressiver Regungen im Allgemeinen betonten. Die Vorträge stammten von Abraham, Edward Glover, James Glover, Fenichel, Ophuijsen und Klein. Nur ein einziger erschien 1924 (E. Glover, 1924c), drei kamen 1925 heraus (Abraham, 1925a; E. Glover, 1925a; Fenichel, 1925a), einer 1927 (J. Glover) und einer 1929 (Ophuijsen); vier Vorträge (die von Klein) wurden nie publiziert.

Der Grund für eine »neue« Psychoanalyse wurde nach Vorarbeiten von Jones, Stärcke und Ophuijsen vor allem von Abraham gelegt und von Analytikern der nächsten Generation, der Generation der Enkel weiterentwickelt. Sie waren nicht Enkel im Sinne des Lebensalters, sondern im Sinne der Wissenschaftsgeschichte. Zu den Enkeln zählen drei Analysanden Abrahams: Edward Glover, James Glover und Klein. Ein weiterer, Fenichel, war Analysand von Radó, der in ebendieser Zeit in Analyse bei Abraham war. Ophuijsen spielte in der Geschichte eine weniger bedeutende Rolle. 1924 sind somit drei Generationen wissenschaftlich aktiv: Freud als Begründer der Psychoanalyse, die Generation der Meister-Schüler – Ferenczi, Abraham und Rank –, die 1924 ihre ersten großen Schriften publizierten, die sie 1923 geschrieben hatten, und die Generation der Enkel.

Jones, der von seiner sozialen Position her zur Gruppe der Meister-Schüler gehört, war an dieser Entwicklung mit eigenen Arbeiten kaum beteiligt. Er wird erst 1926 und 1927 bedeutende Beiträge zur Entstehung und Funktion des Über-Ichs (1926a) und zur Genese der weiblichen Sexualität (1927b) verfassen und sich in wesentlichen Punkten Klein anschließen. Später wird er über seinen eigenen Standpunkt sagen, er habe sich als »not [...] acceptable to Professor Freud himself« erwiesen (Jones, 1938, S. VIII).

Abrahams *Versuch einer Entwicklungsgeschichte der Libido* (1924) war ein Beitrag zur klinischen Theorie der Präödipalität. Abraham verzichtete auf eine explizite Auseinandersetzung mit Freud und verstand seine Theorie als Bestätigung, Vertiefung und Fortsetzung der Lehre Freuds, obwohl darin das Primat der Libido weitgehend aufgegeben worden war. Unter anderem hatte sich Abraham die Freiheit genommen, neue Entwicklungsstufen, die oralsadistische und die analsadistische, einzuführen. Sein Werk löste 1924 und 1925 keine Diskussionen aus, sondern wurde von Analytikern der nächsten Generation als selbstverständliche Weiterführung von Freuds

Theorie übernommen; es sind allenfalls Andeutungen einer kritischen Stellungnahme zu erkennen (so bei Fenichel).

Bei Ferenczis *Versuch einer Genitaltheorie* (1924) handelte es sich um eine spekulative Abhandlung, die kaum wahrgenommen wurde und bei der Mehrheit der Analytiker bald in Vergessenheit geriet, vermutlich auch deswegen, weil sie die klinische Theorie und die Theorie der Technik nur am Rande berührte. Ranks *Trauma der Geburt* (1924) und Ferenczis und Ranks *Entwicklungsziele der Psychoanalyse* (1924) hingegen wurden sofort nach ihrem Erscheinen zum Zentrum erregter Diskussionen, die das ganze Jahr und darüber hinaus anhielten. Sie betrafen die Technik und die Praxis der Psychoanalyse. Die Autoren sprachen offen aus, dass und inwiefern sie mit Freuds Praxis und Theorie nicht einverstanden waren. Zudem wurde in den *Entwicklungszielen* ganz unverhüllt der Anspruch erhoben, in Fragen der Theorie und der Technik richtungweisend zu sein. Zu den dogmatischen Aussagen gehörte die Stellungnahme zum Ödipuskomplex als dem am tiefsten verdrängten libidinösen Komplex, der im Zentrum von Analysen zu stehen habe. Die für informierte Kollegen gut erkennbare Kritik an der Theorie und Praxis der Berliner Analytiker trug dazu bei, dass das Komitee im März 1924 zerbrach. Die Publikation der *Entwicklungsziele* hatte das organisatorische Zentrum der *Internationalen Psychoanalytischen Vereinigung* gesprengt.

Gemeinsam war den Publikationen der Meister-Schüler das Interesse an der Präödipalität. Alle versuchten, die Vorgeschichte des Ödipuskomplexes zu rekonstruieren und die Position und das Gewicht des Ödipuskomplexes neu zu bestimmen. Es ist anzunehmen, dass das primäre Interesse der Meister-Schüler nicht »theoretischer« Natur war. Auf alle dürfte vielmehr zutreffen, dass ihre Theorien im Kontext ihrer Praxis entstanden. Alle werden überzeugt gewesen sein, mit ihrer eigenen Theorie die Praxis besser bewältigen, die Analysanden besser verstehen und ihre psychischen Probleme besser beheben zu können. Gemeinsam war ihnen darüber hinaus, dass sie Freuds *Das Ich und das Es* nicht oder nur am Rande berücksichtigten. *Das Ich und das Es* war im April 1923 erschienen und offensichtlich noch zu neu, um in die Arbeiten der Meister-Schüler integriert zu werden. Erste Versuche, das Modell von Ich, Es und Über-Ich anzuwenden, finden sich in den *Entwicklungszielen* sowie in Vorträgen von Radó, Alexander und Sachs auf dem Symposium des Salzburger Kongresses (1924). Die drei letztgenannten Autoren hatten selbst noch keine eigenen umfassenden Theorien entwickelt und waren vielleicht deswegen eher in der Lage, sich mit dem

Strukturmodell auseinanderzusetzen. Das Gleiche gilt für Fenichels Vortrag vom November 1924.

Der Salzburger Kongress markiert eine Wende in der Geschichte der psychoanalytischen Theorie und Praxis. In mindestens drei Vorträgen wurde erkennbar, dass die Ära des Primats des Sexuellen zu Ende ging und das Konzept des oralen Sadismus und einer psychischen Entwicklung, die neben den libidinösen die aggressiven Regungen betonte, an Bedeutung gewann. Die Veränderung betraf insofern auch die Praxis, als sich die Aufmerksamkeit nun bevorzugt auf aggressive Aspekte der Interaktion zwischen Analytiker und Analysanden richtete.

Vermutlich war die Veränderung zufällig in ebender Zeit spürbar geworden, in der das Komitee nicht mehr existierte, in der Jones Präsident der *Internationalen Psychoanalytischen Vereinigung* und Abraham sein Sekretär war. Unter ihrer Regie wurde ein großer Teil der Kongressvorträge hauptsächlich von Berlinern gehalten. Freud nahm am Kongress nicht teil, Ferenczi und Rank lehnten es ab, Vorträge zu halten. Anstelle dessen kam die »neue« Psychoanalyse zum Zug. Sie war durch Abraham, James Glover und Klein vertreten. Abraham sprach zum ersten Mal außerhalb der Berliner Gruppe über den oralen Sadismus. Ihm folgte James Glover, der die Umrisse einer neuen klinischen Theorie vorstellte, in der die Aggression so ubiquitär war wie bisher die Libido; sie prägte das psychische Geschehen auf allen Stufen der Entwicklung. Außerdem verwendete Glover in seinem klinischen Verständnis die Serie der »preoedipal traumata«, die keiner nachträglichen libidinös-sexuellen Aufladung bedurften, um eine schädigende Wirkung auszuüben. All dies wurde im Ton völliger Selbstverständlichkeit vorgetragen und ohne die Veränderungen der Theorie und ihr Verhältnis zu Freuds Position zu erörtern. Klein hielt auf dem Salzburger Kongress einen Haupt-Vortrag zur Technik der Kinderanalyse und bezeichnete ihre Mitteilungen später selbst als neu und kontrovers. Ihr Zugang war durch einen Fokus auf die rasche Deutung des Widerstands als Manifestation aggressiver Regungen gekennzeichnet. Das Besondere an ihrem Vortrag war sicher auch, dass sie sich auf eine erhebliche Zahl von Kinderanalysen berufen konnte, die sie durchgeführt hatte.

Zur gleichen Zeit wie sein Bruder James in Salzburg stellte Edward Glover in London die orale Stufe ins Zentrum eines Vortrags und formulierte ein neues paradigmatisches Bild von der psychischen Situation eines Babys, das die Brust der Mutter attackiert und dafür bestraft wird. Das Baby an der Brust steht auch in Abrahams Nachtrag zum *Segantini* vom Mai

1924 im Zentrum. Es repräsentiert in seinen Augen die tiefste Sehnsucht des Menschen, jene nach der nährenden Brust der Mutter, womit Abraham, ähnlich wie Ferenczi und Rank, die Aufmerksamkeit weg vom Vater und hin zur Mutter lenkte. Er sprach nun mit Nachdruck von der »anderen« Seite der Triebregungen, einer Präambivalenz, die zugleich keine war, weil in ihr »positive«, gehemmt-libidinöse Regungen, Zärtlichkeit und Sehnsucht vorherrschen sollten. Abraham schlug in diesem Beitrag eine Richtung ein, die der sonstigen Betonung der Aggressivität sozusagen entgegengesetzt war.[70] Sie war nicht neu, sondern schon in der ursprünglichen Studie über *Segantini* (1911) spürbar gewesen. Einige Schüler, deren Nähe zu Abraham hier herausgestellt wurde, vor allem die beiden Glovers und Klein, folgten ihm auf diesem Weg *nicht*. Es waren andere, vor allem Radó, die den Impuls aufnahmen und in der Konzeption einer Verschmelzung an oder mit der Brust theoretisierten (siehe dazu das Kapitel über das Jahr 1925).

Im Oktober hielt Edward Glover in London einen Vortrag, in dem er ein weiteres Mal die von Abraham neu konzeptualisierte orale Stufe behandelte. Wieder sprach er mit großer Selbstverständlichkeit vom oralen Sadismus und seiner Bedeutung, im Übrigen meistens mit Bezug auf Stärcke, dessen Priorität im Hinblick auf die neue Sicht der Oralität von den Begründern der »neuen« Psychoanalyse allgemein anerkannt wurde. Spätestens mit Edward Glover war das Konzept des oralen Sadismus von Berlin nach London, in die *British Psychoanalytical Society*, gekommen.[71]

Schließlich spielte die Aggression auf der oralen Stufe (Neid, Hass) in Kleins Vortrag auf dem ersten Treffen der deutschen Psychoanalytiker in Würzburg atmosphärisch eine Rolle, auch wenn Klein, die Anfang des Jahres ihre Analyse bei Abraham begonnen hatte, seine Terminologie noch *nicht* verwendete. Sie selbst gab später an, während des Jahres 1924 die durchdringende Bedeutung der Aggression erkannt zu haben.

Man könnte 1924 das Jahr des oralen Sadismus nennen. Es endete im Dezember mit zwei Vorträgen, in denen Klein dafür eintrat, den Ödipuskomplex und das Über-Ich, das Erleben von Kastrationsängsten und Schuldgefühlen bereits vor der phallischen Phase anzusetzen. Aus ihrer Sicht spielte die Aggressivität auf *allen* Entwicklungsstufen eine wichtige Rolle.

---

70 Desgleichen in der Publikation über Amenhotep (1912a); so auch Hertha Harsch in einer unveröffentlichten Mitteilung.

71 Nach Andeutungen seines Bruders James Glover (siehe das Kapitel über das Jahr 1923).

Die Psychoanalyse der Schüler und Enkel ignorierte Freuds neue Einsichten. Am auffälligsten ist das Fehlen der in der *Massenpsychologie* (1921c) eingeführten präödipalen zärtlichen Identifizierung des Jungen mit dem Vater, die nach Auffassung Freuds erst auf der ödipalen Stufe zur Feindseligkeit wird. Die These passte nicht zur Aggressivierung des Präödipalen. Auch Freuds 1923 und 1924 dreimal ausgesprochene Ermahnung, man könne auf der oralen und analen Stufe nicht von Kastrationsangst sprechen, da die oralen und analen Verluste erst nachträglich, auf der phallisch-ödipalen Stufe, als Kastrationsangst empfunden würden, beeindruckte manche Schüler nicht. Aus diesem Grund war in ihren Beiträgen die Kernbedeutung der von Freud 1923 eingeführten phallischen Stufe, der Anstieg der libidinösen Besetzung des Penis in dieser Entwicklungsphase, obsolet geworden.

Freud vertrat in seinen 1924 entstandenen Publikationen Positionen, die nicht nur von der »neuen« Psychoanalyse, sondern von einem größeren Kreis von Schülern abgelehnt wurden. Das betraf zum einen die Hypostasierung eines primären Masochismus (1924c), der ein weiteres Mal die vorrangige Bedeutung der gegen das eigene Ich gerichteten Aggression betonte, und zum anderen das Verschwinden des Ödipuskonfliktes im Falle einer normalen Entwicklung (1924d). Es scheint, dass Freud sich in eine andere Richtung bewegte als viele Schüler. Gleichzeitig wurde er 1924 für seine Anhänger weniger sichtbar. Das war primär auf seine angegriffene Gesundheit zurückzuführen. Es ist fast gespenstisch, dass er nun auch physisch aus der *psychoanalytic community* verschwand.

Stärkung der psychoanalytischen Vereinigungen in Berlin und London

Freud und die Führungsgruppe der *Internationalen Psychoanalytischen Vereinigung* waren während des ganzen Jahrs 1924 mit Rank beschäftigt. Im Oktober kam es zu einer Klärung, in deren Folge Rank seiner sämtlichen organisatorischen Funktionen enthoben wurde. Auch als Redakteur der *Internationalen Zeitschrift für Psychoanalyse* musste er zurücktreten; seine Stelle übernahm Radó.[72] Das bedeutete einen Gewinn an Einflussmöglich-

---

[72] Auch die redaktionelle Verantwortung für die *Imago*, die bislang bei Rank und Sachs lag, ging ab 1924 auf Sachs als alleinigen Redakteur über. – Zu den Details der Umorganisation siehe Schröter, 2004, S. 16f.

keiten, die von den Berliner Kollegen, wie man dem ersten von Radó gestalteten Band der *Zeitschrift* entnehmen kann, auch sofort und extensiv genutzt wurden, ebenso wie Rank seinerseits im Band von 1924 verfahren war, in dem kein einziger Hauptbeitrag aus Berlin und kein Vortrag vom Salzburger Kongress enthalten war.

Im ersten von Radó herausgegebenen Band der *Zeitschrift* waren Jones' Einleitung des Salzburger Kongresses sowie die Kongress-Vorträge von Alexander, Sachs und Helene Deutsch zu lesen; letztere war seit Januar 1923 in Analyse bei Abraham (RB 4, S. 14).[73] Auch unter den Autoren der »Kasuistischen Beiträge« findet man in Radós Band von 1925 überwiegend Kollegen, die dem Berliner Institut zuzuordnen sind: Abraham, Alexander, Benedek, Fenichel, Happel, Kempner, Klein, Lampl, Josine Müller, Simmel, Alix Strachey und Helene Deutsch. Außer diesen zwölf Berliner Autoren kam noch je ein Autor aus Warschau (Bychowski), Frankfurt (Landauer) und Moskau (Wulff) sowie ein oder zwei aus Wien (H. Deutsch, W. Reich) und zwei aus Budapest (Kovács, Ferenczi) zu Wort. Die wissenschaftspolitische Funktion der Redaktion der *Internationalen Zeitschrift* ist hier deutlich zu erkennen.

Ein weiteres Beispiel für die alles andere als »neutrale« Handhabung der *Zeitschrift* ist die Geschichte um die Platzierung von Ferenczis Aufsatz über »Sexualgewohnheiten« (1925). Der Aufsatz befasste sich in der Hauptsache mit der psychoanalytischen Technik. Freud schlug vor, das erste Heft von 1925 damit zu eröffnen. Wäre Rank der Herausgeber gewesen, wäre Freuds Wunsch sicher erfüllt worden. Nun aber, in Berlin und unter Radó, erhoben Eitingon und Abraham Einspruch. Eitingon wandte sich an Freud und schlug vor, Ferenczis Arbeit weiter hinten im Heft zu bringen, weil sie zu kontrovers sei und stattdessen Freuds Wunderblock-Aufsatz (1925a) an den Anfang des Hefts zu rücken (F/E, S. 387). Abraham ließ Freud wissen, dass er »große Bedenken« gegenüber dem »technischen Inhalt« von Ferenczis Aufsatz habe (F/A, S. 805). Wenn man Ferenczi vor Freud platziere, erhalte seine Publikation einen »sozusagen offiziellen Charakter«, was nicht wünschenswert

---

[73] Weder in der Autobiografie von Helene Deutsch (1975) noch in Roazens Buch (1985) über Deutsch sind eindeutige Datumsangaben enthalten. Anfang 1924 war Deutsch laut Roazen noch in Berlin, und arbeitete an ihrem Vortrag für Salzburg (ebd., S. 224); sicher ist, dass sie zwischen Januar und März ein Seminar am Berliner Institut hielt; siehe Deutsche Psychoanalytische Gesellschaft, 1930, S. 40.

sei (ebd.). Worauf Freud antwortete, er »unterwerfe« sich, hätte aber doch lieber den Beitrag von Ferenczi geschrieben als seinen eigenen (ebd., S. 806).

Auf dem Salzburger Kongress wurde Abraham zum Präsidenten der *Internationalen Psychoanalytischen Vereinigung* mit Eitingon als Sekretär gewählt, sodass (in den folgenden zwei Jahren) auch die Amtsgeschäfte der IPV in Berlin erledigt wurden. Abraham blieb 1924 außerdem Vorsitzender der *Berliner Psychoanalytischen Vereinigung* (Korr, 1924, S. 228).

Vor allem das Institut und die Poliklinik verliehen der Berliner Vereinigung eine besondere Stellung. In der *Internationalen Zeitschrift* erschien ein beeindruckender Tätigkeitsbericht (Eitingon, 1924), der auch die »Richtlinien für die Unterrichts- und Ausbildungstätigkeit« enthielt, eine erste Regelung der Ausbildung zum Psychoanalytiker innerhalb der *Internationalen Psychoanalytischen Vereinigung*.[74] Immer noch wurde eine volle Ausbildung selten gesucht. 1924 schloss nur ein Kollege, Rudolph Loewenstein, die Ausbildung ab und erhielt den Status eines außerordentlichen Mitglieds (Korr, 1924, S. 241; Schröter, 2020). Auch die ordentliche Mitgliedschaft hatte nur einen einzigen Zuwachs zu verzeichnen: Radó. Er wurde im Oktober 1924 als ordentliches Mitglied von Budapest übernommen (Korr, 1925, S. 131).

Das Interesse an einer bloßen Teilnahme an der Berliner Weiterbildung stieg jedoch weiter an. Die Unterrichtskurse waren »gut frequentiert«, die »Nachfrage von Ärzten und Pädagogen um Ausbildung« anhaltend (RB 4, S. 208). 1924 hielten sich mindestens fünfzehn Frauen und Männer zu Ausbildungszwecken in Berlin auf.[75] Nicht alle wurden später Mitglied der Berliner Gruppe bzw. der *Deutschen Psychoanalytischen Gesellschaft*, wie sie sich ab 1926 nannte. Die meisten gingen in ihre Heimatländer zurück und schlossen sich den dortigen Vereinigungen an. Andere kamen bereits als Mitglieder ihrer psychoanalytischen Vereinigungen nach Berlin, um sich einer weiteren Analyse zu unterziehen (Helene Deutsch, Alix Strachey, Radó, Klein).[76]

---

74 Siehe Kitlitschko, 2018.
75 Siehe Schröter, 2020, S. 170f: Für 15 Frauen und Männer ist 1924 als ein Jahr vermerkt, in dem sie in Analyse waren und zu den »Kandidaten« gezählt wurden. Klein, Fenichel oder Radó, die 1924 in Analyse waren, galten, wie man aus der Liste schließen kann, nicht als Kandidaten, was einleuchtend ist, weil sie bereits ordentliche Mitglieder in ihren Heimatorten waren.
76 Zur Analyse Deutschs bei Abraham siehe Roazen, 1989.

Ähnlich wie Abraham in Berlin war Jones in London ständiger Vorsitzender »seiner« Vereinigung, der *British Psychoanalytical Society*. Er blieb Redakteur des *International Journal of Psychoanalysis* und Mitherausgeber des *British Journal of medical Psychology*, in dem 1924 wichtige Arbeiten der neuen Analytiker-Generation erschienen.[77] Der Erfolg des Berliner Lehrinstituts und der Poliklinik regte zur Nachahmung an. Im Februar 1924 wurden von Jones und James Glover erste Kurse für Ärzte angeboten (RB 4, S. 161), im Oktober das *Institute for Psychoanalysis* gegründet, das unter Jones' Leitung stand (Bull, 1925, S. 237). Eine Poliklinik folgte im Jahr darauf.[78]

Eine wichtige Errungenschaft war die Herstellung des Kontakts zur Hogarth Press, einem Literaturverlag. James Strachey und John Rickman gelang es unter Mithilfe von James Glover im Frühjahr 1924, den Verlag für die Publikation der *Collected Papers* von Freud zu gewinnen, die nun, ab dem zweiten Band, dort erschienen (Forrester & Cameron, 2017, S. 536). Der Schritt wurde als ein Sieg über die amerikanische Konkurrenz empfunden: »One of Jones's high priorities had been to seize back an *English* Freud from the Americans« (ebd., S. 537f.). Für Freud war der Verlagswechsel nach Auffassung von Forrester und Cameron eine Enttäuschung, weil er die Psychoanalyse an einen internationalen und nicht an einen britischen Verlag binden wollte.

Vereinzelte Texte Freuds lagen damals bereits in amerikanischen Übersetzungen vor: die *Drei Abhandlungen* (1910), die *Traumdeutung* (1913), die *Psychopathologie des Alltagslebens* (1914) und *Der Witz und seine Beziehung zum Unbewußten* (1916).[79] Mit den *Collected Papers*, für die zunächst vier Bände geplant waren – ein fünfter folgte später –, wurde nun dafür gesorgt, dass die britischen Kollegen die wichtigsten Schriften Freuds in ihrer eigenen Sprache und in einer ansatzweise vereinheitlichten Terminologie lesen konnten.[80] Die Basis der psychoanalytischen Theorie sei, wie Jones in der Einleitung zum ersten Band schrieb, bisher »buried in a foreign language« gewesen (Jones, 1924a, S. 3).

Die beiden ersten Bände der *Collected Papers* erschienen im November 1924 mit dem Aufdruck »authorized translation under the supervision

---

77 Z.B. J. Glover, 1924; E. Glover, 1924a, c.
78 Siehe Robinson, 2011.
79 Diese Information wurde von Forrester und Cameron (2017, S. 532) übernommen.
80 Zur Geschichte der Freud-Übersetzungen ins Englische und speziell zu den Verhandlungen mit der Hogarth Press siehe ausführlich: Forrester & Cameron, 2017, S. 529–612.

of Joan Riviere«.[81] Band I enthielt Schriften aus den 1890er Jahren unter Ausschluss der *Studien über Hysterie*; Band II versammelte Beiträge zur klinischen Theorie und zur Technik. Als Übersetzer findet man neben Joan Riviere auch Edward Glover, der unter anderem die »Triebumsetzungen« (Freud, 1916–17e) und, zusammen mit Ethel Colburn Mayne, »Die Disposition zur Zwangsneurose« (1913i) ins Englische übertrug.[82] Im Mai 1925 kam der dritte Band der *Collected Papers* heraus, der die Krankengeschichten Freuds in der Übersetzung von Alix und James Strachey enthielt (RB 4, S. 205, 263), im Dezember 1925 der vierte Band mit der Einführung des Narzissmus und den metapsychologischen Schriften von 1915. Die Übersetzung von *Das Ich und das Es* wurde erst 1927 publiziert.

Die britischen Kollegen, die nicht genügend Deutsch konnten, um Freud im Original zu lesen, konnten sich also erst im November 1924 im zweiten Band der *Collected Papers* mit Freuds technischen Schriften (1913–1915) vertraut machen und erst im Mai 1925 mit den Krankengeschichten (»Dora«, »Kleiner Hans«, »Ratten«- und »Wolfsmann«). Sie wurden folglich fast zeitgleich mit Freud wie mit der »neuen«, bereits auf Freud reagierenden Psychoanalyse konfrontiert.[83] Für sie war es nicht möglich, sich ein Bild davon zu machen, wie sich Freuds Verständnis der Oralität und Analität, seine Einführung der narzisstischen (1911), der sadistisch-analerotischen (1913), der oralen (1915), der identifikatorischen (1921) und der phallischen (1923) Stufe über die Jahre hinweg entwickelt hatten; sie kannten auch *Das Ich und das Es* noch nicht. Die Kollegen konnten also nicht beurteilen, ob und wie sich Freuds Konzepte mit jenen von Abraham, den Glovers oder auch Klein vereinbaren ließen. Dieses Faktum dürfte eine Rolle bei der Rezeption der »neuen« Psychoanalyse in Großbritannien gespielt und ihre Transplantation begünstigt haben. Andererseits befanden sich in der britischen Gruppe Kollegen wie Alix und James

---

81 Jones zog außer den Stracheys und Riviere eine große Zahl von Übersetzern heran, unter ihnen Judith Bernays, eine Nichte Freuds, und Cecil M. Baines, die auch Schriften von Adler, Ferenczi sowie später Anna Freuds *Das Ich und die Abwehrmechanismen* übersetzte. Jones vertraute ihr unter anderem die Übersetzung der metapsychologischen Schriften von 1915 an.
82 Ethel Colburn Mayne (1865–1941) war eine britische Schriftstellerin (siehe Wikipedia).
83 Eine wichtige Informationsquelle könnten für diese Kollegen Joan Rivieres Zusammenfassungen von Arbeiten aus der *Internationalen Zeitschrift* gewesen sein, die ab 1920/21 im *British Journal of Medical Psychology* erschienen. Unter den referierten Arbeiten waren auch Freuds neue Publikationen.

Strachey, Joan Riviere oder auch Jones, die über ausgezeichnete Kenntnisse des Deutschen sowie von Freuds Theorie und ihrer Entwicklung verfügten. Mit Ausnahme von Jones waren sie seit 1921 als Übersetzer tätig gewesen und damit führend an der *Standard Edition* von Freuds Schriften beteiligt, die im Laufe der Jahre weltweit als autoritative Übertragung von Freuds ins Englische anerkannt wurde.

Das Jahr 1925

1925 war der erste große Schritt des Wandels vollzogen. Eine Gruppe von angesehenen Autoren vertrat eine abrahamnahe Position, die hier als »neue« Psychoanalyse bezeichnet wird. Sie war mit einem Abschied vom Primat des Sexuellen verbunden und löste zunächst keinen Widerspruch aus. 1924 wurde sie von Abrahams Analysanden nach Großbritannien gebracht und stieß dort auf großes Interesse. Im Dezember 1925 starb Abraham, seine Theorie aber überlebte und war aus der *psychoanalytic community* nicht mehr wegzudenken. Sie wurde von vielen Autoren aufgegriffen, blieb über die Jahrzehnte hinweg bis heute erhalten und ist bis heute umstritten.

Freud, die ehemaligen Schüler und das Komitee

Rank: Auf dem Weg zur endgültigen Trennung von Freud

Anfang 1925 hatte Freud noch den Eindruck, Rank sei »zu seinen früheren Freunden und zur psychoanalytischen Lehre« zurückgekehrt (RB 4, S. 222).[1] Er forderte die Komitee-Mitglieder auf, Rank »fresh credit« zu geben (F/Jo, S. 565). Jones und Abraham bezweifelten, dass Rank von seiner »Neurose« beziehungsweise seiner manisch-depressiven Erkrankung, denn als solche wurde sie von ihnen diagnostiziert, »geheilt« sei (RB 4, S. 216, 251; A/Jo, S. 87). Im Frühjahr und Sommer 1925 führte Freud in der Hoffnung auf Aussöhnung weitere Gespräche mit Rank. In dieser Zeit (Juli und August 1925) entstand *Hemmung, Symptom und*

---

[1] Zu den Geschehnissen rund um Rank im Jahr 1925 siehe L & K, S. 261–283; Jones III, S. 96–98; Zienert-Eilts, 2013.

Angst (1926d). In dieser Schrift setzte sich Freud unter anderem mit Ranks Theorie aus dem *Trauma der Geburt* auseinander, nicht aber, wie er selbst angab, mit Ranks Veränderungen der Technik (F/Fer III.2, S. 54). Auf dem internationalen Kongress in Bad Homburg im September hielt Rank seinen letzten Vortrag (1925) vor der *psychoanalytic community* und begab sich danach ein zweites Mal für Vorträge, Seminare und Analysen in die USA. Ende 1925 kehrte er nach Wien zurück und suchte von sich aus keinen Anschluss mehr an die Gruppe. Zur endgültigen Trennung kam es in der ersten Jahreshälfte 1926. Nun distanzierte sich Ferenczi in einer Rezension (1927) von seiner *Technik der Psychoanalyse* (Rank, 1926).

Ferenczi: Anhaltende Nähe trotz Abgrenzung

Während die Geschichte zwischen Rank und dem Komitee zu Ende ging, kamen sich Freud und Ferenczi 1925 wieder näher, unter anderem über die Frage der Gedankenübertragung. Freud veranstaltete mit Ferenczi und Anna Versuche, deren Resultate ihn zum Ärger von Jones zu einer Veröffentlichung (1925i) anregten (RB 4, S. 247). Ein gewichtigerer und vereinspolitisch bedeutsamerer Themenkomplex war die sogenannte Laienanalyse, über deren Wert und Legitimität sich Freud und Ferenczi einig waren. Wie beschrieben wollten sie im Unterschied zu Jones und Abraham Laien, also Kollegen, die keine Ärzte sind, zur Ausbildung zulassen und ihnen die Möglichkeit einer Mitgliedschaft in psychoanalytischen Vereinigungen nicht vorenthalten. Als Ferenczi im Frühjahr 1925 erfuhr, dass sich die Stimmung der Londoner Gruppe wegen des bereits erwähnten partiellen Ausschlusses von Nichtärzten zunehmend gegen Jones wandte, plante er mit Unterstützung von Freud die Gründung einer neuen Organisation, der »Internationalen Gesellschaft der Freunde der Psychoanalyse«. Sie sollte Nicht-Ärzten einen Zugang zur Psychoanalyse ermöglichen, eine eigene Zeitschrift herausgeben und eigene Kongresse abhalten. Ferenczi fand jedoch auf der Sitzung des Komitees, die kurz vor dem Homburger Kongress stattfand, für diese Idee keine Mehrheit.[2]

---

[2] Niemand schloss sich Ferenczis Vorschlag an: Abraham, Jones, Sachs und Eitingon waren dagegen, Rank gehörte dem Komitee nicht mehr an und Anna Freud war bei der Sitzung nicht anwesend; siehe F/Fer III.2, S. 46, 48f., 52f.; F/E, S. 407, Fn. 2; L & K, S. 278.

Die Nähe zwischen Freud und Ferenczi hielt nach 1925 noch einige Zeit an. Ferenczi wuchs zunehmend aus der Rolle des Schülers heraus. Früher habe man ihn, wie er 1925 an Freud schrieb, als »Jünger« Freuds bezeichnet, und nun nenne man ihn »Altmeister« (F/Fer III.2, S. 62).³ Die veränderte Selbsteinschätzung Ferenczis zeigte sich auch daran, dass er Freud im Februar und März 1926 mehrmals anbot, für ein paar Monate nach Wien zu kommen, um ihn zu analysieren (ebd., S. 80, 83). Anlass war eine Herzsymptomatik, die Freud durch einen Sanatoriumsaufenthalt zu beheben hoffte. Freud lehnte den »rührenden« Vorschlag ab (ebd., S. 82).

Das Bündnis zwischen Freud und Ferenczi zerbrach 1927, als sich mehrere Pläne nicht verwirklichen ließen. Freud hatte gehofft, dass Ferenczi Abrahams Nachfolge in Berlin antreten könne (ebd., S. 71f., 74). Die Berliner entschieden sich jedoch für Ernst Simmel, der aus den eigenen Reihen kam (ebd., S. 78).⁴ Danach war der Plan eines Umzugs nach Wien im Gespräch, aber Ferenczi zögerte, unter anderem weil er den Eindruck hatte, in der Wiener Gruppe nicht genügend willkommen zu sein (ebd., S. 90). Nach dem Scheitern dieser Pläne folgte Ferenczi im Sommer 1926 Einladungen in die USA, wo er sich bis zum Sommer 1927 aufhielt. Nach seiner Rückkehr wollte Freud, dass er zum Präsidenten der *Internationalen Psychoanalytischen Vereinigung* gewählt würde. Auf diese Weise wollte Freud verhindern, dass Jones den Posten erhielt (ebd., S. 153).⁵ Auch das gelang nicht, gewählt wurde Eitingon. Daraufhin zog sich Ferenczi von der Vereinspolitik zurück, wandte sich der Arbeit an der Konzeptualisierung der psychoanalytischen Technik zu und entwickelte nach 1927 Positionen, die sich nicht mehr mit jenen von Freud deckten, was sowohl ihm als auch Freud bewusst war.

Jones: Wachsende Distanz

Die Beziehungen zwischen Freud und Jones waren immer wenig herzlich gewesen. Jones führte das darauf zurück, dass Freud ihm übel genommen hatte, er und Abraham hätten seine »Illusionen über Rank« zerstört

---

3 Siehe Alexander, 1925a, S. 448.
4 Zur Situation in Berlin nach Abrahams Tod siehe Schröter, 2018.
5 In der Freud-Biografie unterschlägt Jones diesen Vorgang und spielt Freuds Bemühen, Jones als Vorstand der IPV zu verhindern, herunter; siehe Jones III, S. 146.

(Jones III, S. 158). Außerdem meinte Jones, er sei »in einigen Punkten mit Freud nicht derselben Meinung [gewesen]: in der Sache der Telepathie, teilweise in der Einstellung gegenüber der Laienanalyse und in meiner Unterstützung von Melanie Kleins Werk« (ebd.). Was die Telepathie angeht, so fand Jones, dass Freuds und Ferenczis Interesse die Integration der Psychoanalyse in die akademische Wissenschaft gefährdete (RB 4, S. 249f.), was Freud nicht von der Publikation von »Einige Nachträge zum Ganzen der Traumdeutung« (1925i) abhielt, wo er unter anderem zur »okkulten« Bedeutung des Traums Stellung nahm.

Auch in Bezug auf die Laienanalyse betrieb Jones eine Politik, die Freud ablehnte. Jones hatte eine Umorganisation der britischen Vereinigung durchgeführt, die Anfang 1925 abgeschlossen war (RB 4, S. 224). Er teilte die Gruppe in eine ärztliche und eine nicht-ärztliche. Die Gruppe der Ärzte wurde als »institute« bezeichnet. Vorsitzender war Jones, Sekretär Rickman, dem Vorstand gehörten James Glover und Bryan an (King, 2003, S. 15; RB 4, S. 224). Dieser Gruppe sollten alle »externen« Aufgaben obliegen, womit die gesamte Ausbildung und die »clinic« gemeint waren, deren Gründung bevorstand. Die Nicht-Ärzte hießen nun »society« und sollten ausschließlich an der Psychoanalyse als Wissenschaft arbeiten (RB 4, S. 224, 238).[6]

Eine so gravierende Ausgrenzung der Nicht-Ärzte hatte es bisher an keinem Ort gegeben, obwohl auch Abraham versuchte, Nicht-Ärzten den Zugang zur praktisch-analytischen Tätigkeit zu erschweren. Freud kommentierte den Vorgang mit der Bemerkung, dass Jones »von dem allgemeinen Menschenrecht, Fehler zu haben, reichlich Gebrauch« mache (ebd., S. 45), riet aber im Brief an Ferenczi davon ab, sich in die Vorgänge in London einzumischen.

---

6 Forrester und Cameron geben an, dass die Umorganisation aus juristischen Gründen notwendig geworden war: nur mit einer Institution wie dem »institute« habe die Hogarth Press einen Vertrag schließen können (2017, S. 537; vgl. King, 2003, S. 15). – Als die Pläne der Umstrukturierung Anfang 1924 bekannt geworden waren, schrieb James Strachey an Alix: »I was left rather depressed, as it seemed evident that there was very little even remote prospect of ›lay‹ analysts being allowed in it [= die Poliklinik] – apart ›of course‹ from child-analysis« (M & K-e, 1986, S. 187). Demnach sollte die Kinderanalyse von der Neuregelung nicht betroffen sein. Wie King angibt, war es Rickman zu danken, dass die Regeln später geändert wurden und nicht-ärztliche Mitglieder über die Poliklinik Patienten behandeln und sich an der Ausbildung beteiligen konnten (King, 2003, S. 20f.). Diese Änderungen scheinen erst Ende 1929 durchgeführt worden zu sein (F/Jo, S. 665).

Ab 1926 verschlechterten sich die Beziehungen zwischen Jones und Freud noch einmal, als es um die Einschätzung der Arbeiten von Klein ging (siehe Steiner, 1985). Im Herbst 1926 war Klein nach London gezogen und hatte in der britischen Gruppe mehr Anklang gefunden als in Berlin. Jones fühlte sich durch Kleins Theorie in seiner Auffassung von der vorrangigen Bedeutung der Aggression bestätigt, was er in der bereits erwähnten Publikation über die Entstehung des Über-Ichs (1926a) herausarbeitete. Freud und Jones setzten sich in Briefen darüber auseinander (F/Jo, S. 594f.). Der Ton verschärfte sich, als es 1927 zur Kontroverse zwischen Klein und Anna Freud kam.[7]

Jones war der einzige aktive Schüler der ersten Generation, der Freud *langfristig* erhalten blieb, wenn auch nicht als Freund, Vertrauter oder geschätzter Kollege. Anders als Rank entwickelte er keine eigene umfassende Theorie, und anders als Rank und Ferenczi zog er sich nicht aus der *Internationalen Psychoanalytischen Vereinigung* zurück, sondern betrieb weiterhin und mit großem Engagement Vereinspolitik, wozu auch gehörte, dass er der »neuen« Psychoanalyse einen Raum zur Verfügung stellte. Freuds gemischte Gefühle gegenüber Jones kommen, um nur ein Beispiel zu erwähnen, in einem Brief zum Ausdruck, den er ihm im November 1926 anlässlich der Eröffnung der Poliklinik in London schrieb. Jones, so Freud, habe die Psychoanalyse ganz zu seiner Sache gemacht und sei hierin erfolgreich gewesen:

> »You have really made the cause quite your own, for you have achieved everything that could be made of it: a society, a journal and an institute. What you have meant to it may be left for historians to ascertain« (ebd., S. 606f.).

Das heißt: Wenn Jones auch die Psychoanalyse für sich selbst ergriffen habe, sei offen, was er letztlich für sie bedeute.

Abraham: Massive Spannungen

Das Verhältnis zwischen Freud und Abraham war während 1925 getrübt. Ein erstes Anzeichen für Freuds Unbehagen im Kontakt mit Abraham war

---

7 Siehe A. Freud (1927) und Klein (1927).

die Antwort, die er ihm auf die Frage schickte, ob er (Abraham) an Ostern 1925 nach Wien kommen könne (F/A, S. 811). Postwendend antwortete Freud, dass ein Besuch wegen seines reduzierten Befindens nicht möglich sei (ebd., S. 812). Am selben Tag teilte er Ferenczi mit: »Abraham ist ein Optimist, ziemlich anspruchsvoll im Umgang und kann sich offenbar in die Anforderungen meines Zustandes nicht hineinfinden« (F/Fer III.2, S. 34).[8] Anfang April lud Freud dann Ferenczi und Eitingon für den 6. Mai zu einer Generalversammlung des Verlags nach Wien ein, was kränkend für Abraham gewesen sein muss, da Freud offensichtlich bereit war, die Kollegen zu sehen, nicht aber ihn (F/E, S. 394). Außerdem erfuhr er in den Rundbriefen, dass Freud andere Besucher empfangen hatte (siehe z. B. RB 4, S. 242, 255).

Vielleicht war es eine Entschädigung für ihn, dass er gleichzeitig mit Freuds Absage eine Einladung von seinem Kollegen und Freund Jan van Ophuijsen erhielt, Ende Mai in Leiden und Den Haag Vorträge zu halten (F/A, 814f.).[9] Von dieser Reise kam er mit einem Bronchialkatarrh zurück, der am Beginn jener Erkrankung stand, von der er sich nicht mehr erholte. Im Juni musste er die Praxis schließen und konnte sie im Herbst noch einmal für wenige Tage öffnen (ebd., S. 841). Trotz seiner angegriffenen Verfassung leitete er Anfang September 1925 den internationalen psychoanalytischen Kongress in Bad Homburg und wurde als Präsident der *Internationalen Vereinigung* wiedergewählt, ebenso wie Eitingon als sein Sekretär.

Die Parteibildung innerhalb des Komitees blieb 1925 unverändert: Freud und Ferenczi gegen Jones und Abraham. Das zeigte sich in großen wie in kleinen Fragen. Jones und Abraham lehnten beispielsweise Groddeck als unwissenschaftlich ab, während Freud und Ferenczi ihn als »Original« und »treuen Anhänger« schätzten (RB 4, S. 245, 253, 257). Oder: Freud und Ferenczi billigten das Film-Projekt mit Pabst nicht, während

---

[8] Jones schreibt, dass Freud sich auf die Zusammenkunft mit Abraham »ebenso« freute wie dieser, wofür es keinen Beleg gibt. Dass Freud zum Ausdruck brachte, er bedaure es, Abraham absagen zu müssen, trifft zu (Jones III, S. 135). An Eitingon schrieb Freud: »Ich habe Abraham für Ostern abgesagt […]. Es tut mir leid zu denken, daß A. sich kränken wird, wenn ich Ihren Besuch für Mai nicht abwehre. Aber Sie strengen mich wirklich nicht an« (F/E, S. 394).

[9] Abraham sprach am 27. und 29. Mai in Leiden über »Die Psychoanalyse schizophrener Zustände« und am 28. Mai in Den Haag über »Das hysterische Symptom« (Korr, 1925, S. 505). Die Manuskripte sind nicht erhalten.

Abraham und Jones es begrüßten. Schließlich äußerte sich Abraham in der Film-Affäre abwertend über Bernfeld und Storfer (F/A, S. 840f.), während Freud gerade Bernfeld besonders mochte, was Abraham zur Deutung veranlasste, er, Abraham, spreche doch nur aus, was Freud selbst »nicht zum Bewußtsein« habe kommen lassen, nämlich dass er (Freud) eigentlich die gleichen Einwände gegen die Wiener Kollegen habe wie er (Abraham; ebd., S. 848). Es würde sich zwischen ihnen wiederholen: er übe Kritik an Kollegen und werde dafür getadelt und habe doch bisher immer recht gehabt (ebd.). Während dieser von beiden Seiten mit großer innerer Beteiligung und Schärfe ausgetragenen Differenzen verschlechterte sich Abrahams Zustand. Es dürfte Freud zusätzlich irritiert haben, dass Abraham Fließ als Arzt heranzog und von dessen Qualitäten schwärmte, obwohl er die Vorgeschichte von Freuds Beziehung zu ihm kannte (ebd., S. 840, 846).[10] Abraham starb am 25. Dezember 1925.

Das Ende des Komitees

Als das Komitee nach dem Ende des Ersten Weltkriegs im Oktober 1920 seinen Austausch wieder aufgenommen hatte, gehörten ihm Ferenczi, Abraham, Rank, Jones, Anton von Freund, Eitingon und Sachs an. Im Februar 1924 stellte das Komitee seine Arbeit ein, im November des gleichen Jahres kam man wieder zusammen, nachdem Freud vorgeschlagen hatte, seine Tochter Anna anstelle von Rank als neues Mitglied aufzunehmen. Diese Lösung schob das Ende dieser Institution nur auf, denn im Juni 1925 kam es zur nächsten schweren Krise. Wieder wurde die Zusammenarbeit unterbrochen, dieses Mal bis Mitte Oktober 1925, ohne dass es zu einer wirklichen Beruhigung, vor allem in Bezug auf die Laienanalyse, gekommen wäre. Um eine Strecke vorauszublicken: Auf dem Innsbrucker Kongress im September 1927 wurde das Komitee endgültig aufgelöst und in den offiziellen Vorstand der *Internationalen Psychoanalytischen Vereinigung* überführt. Damit wurde der reguläre und inoffizielle Austausch zwischen den Zentren und Leitfiguren der Psychoanalyse in Wien, Berlin, London und Budapest eingestellt.

Die Auflösung des Komitees war begleitet von Freuds Mitteilung, er werde den Kongress in Salzburg im April 1924 nicht besuchen. Fortan

---

10 Vgl. Abraham & Fließ, 2010.

nahm Freud, wie bereits erwähnt, an Kongressen nicht mehr teil, besuchte auch die Sitzungen der Wiener Vereinigung nicht mehr und beteiligte sich nur in geringem Umfang an den Ausbildungsaktivitäten des 1926 gegründeten Wiener Instituts. Stattdessen suchte oder fand er in der zweiten Hälfte der zwanziger Jahre eine neue Bezugsgruppe: Ruth Mack Brunswick, Jeanne Lampl-de Groot, Marie Bonaparte und Anna Freud. Diese Frauen traten an die Stelle des Komitees, das 1914 an die Stelle von Jung getreten war, der seinerseits den Platz von Fließ eingenommen hatte.

In den Jahren 1924 und 1925 geht eine Ära der Geschichte der Psychoanalyse zu Ende. Gleichzeitig tritt die produktive Generation der »Enkel« auf den Plan.

Klein 1925: Von Berlin nach London

Einladung nach London

Im vorangegangenen Kapitel wurde dargestellt, dass in der *British Psychoanalytical Society* am 3. Dezember 1924 über die *gleichen* Fragen diskutiert wurde wie in Berlin am 13. Dezember beim Vortrag von Klein. Als James Strachey am 8. Januar 1925 eine Zusammenfassung von Kleins Berliner Vortrag in der britischen Gruppe verlas, wurde ihre Konzeption der frühen psychischen Entwicklung und ihr Verständnis der Kinderanalyse in London bekannt. Klein trat nicht selbst auf, sondern hatte in James und Alix Strachey Kollegen gefunden, die ihre Vorstellungen verbreiteten.

Klein war in London nicht unbekannt. Einige Kollegen hatten ihren Vortrag in Salzburg (1924) gehört, manche möglicherweise bereits jenen vom Berliner Kongress (1922), und wieder andere, die sich in Berlin zur Weiterbildung aufgehalten hatten, könnten bei ihren »Kleinen Mitteilungen« anwesend gewesen sein (siehe Anhang D). Zwei Aufsätze von ihr (Klein, 1921, 1923a) waren im *International Journal* (in den Bänden von 1923 und 1924) erschienen. Nun, im Januar 1925, erfuhren die britischen Kollegen den letzten Stand ihrer Sicht der psychischen Entwicklung des Kindes.

Die Londoner Zusammenkunft am 8. Januar 1925 wurde von Korreferaten zu den Dezember-Vorträgen von Payne und Searl eingeleitet. Die Autoren der Korreferate waren Joan Riviere, James Glover und Jones. Abstracts der Korreferate und ein Protokoll der Sitzung wurden wie üblich im *Bul-

letin der International Psychoanalytic Association (Bull, 1925, S. 359f.) publiziert; eine deutsche Fassung im Korrespondenzblatt der *Internationalen Zeitschrift* (Korr, 1925, S. 251). Bei einem Vergleich des deutschen mit dem englischen Bericht stößt man auf eine Überraschung, denn Stracheys Zusammenfassung des Berliner Vortrags wird im englischen *Bulletin* erwähnt, nicht aber im Korrespondenzblatt der *Internationalen Zeitschrift*. Jones' Korreferat hingegen wurde ohne Auslassungen übersetzt, die Berichte über die Korreferate von Riviere und James Glover wurden gekürzt (ebd.).

Da Berichte über Sitzungen von anderen Vereinigungen im *Korrespondenzblatt* gelegentlich gekürzt wiedergegeben wurden, wäre das allein noch nicht auffällig.[11] Der Kürzung fiel aber ausgerechnet Stracheys Zusammenfassung von Kleins Vortrag zum Opfer. Dem deutschsprachigen Bericht war also nicht zu entnehmen, dass man sich in London für Kleins Auffassungen interessierte und dass eine Zusammenfassung ihres Berliner Auftritts vorgetragen wurde. Der Leser des *Korrespondenzblatts* erfuhr folglich nicht, dass Klein der Meinung war, dass Kinder analysiert werden können, und zwar, wie es im *Bulletin* heißt, »in the strictest sense of the word«, und dass die Kinderanalyse nach Kleins Auffassung einer spezifischen Technik bedarf (Bull, 1925, S. 360). Auch der »Leckerbissen«, dass Theorien über das Seelenleben des Kindes nicht auf dem Wege von »theoretical deductions« gewonnen werden sollten, sondern nur »by collecting further first-hand data« (ebd.), wurde dem Leser des *Korrespondenzblatts* vorenthalten.[12]

Dem englischen Bericht über die Sitzung in London, der im Folgenden als Quelle herangezogen wird, war zu entnehmen, dass Jones und Glover anderer Meinung waren als Searl, die bezweifelt hatte, dass man Kinder analysieren und ihnen die »full adult conception« des Ödipuskomplexes

---

11 Zu Unterschieden in der Wiedergabe der Vereinsmitteilungen siehe Giefer, 2009.
12 Der Bericht im *Bulletin* lautet: »Mr. James Strachey read an abstract, communicated by Mrs. Strachey, of the proceedings at the Berlin Psycho-Analytical Society on December 13, 1924. On this occasion Frau Melanie Klein read a paper upon child-analysis, and the discussion which followed raised questions similar to those arising from Miss Searl's paper. Frau Klein maintained that her experience showed that psycho-analytic treatment, in the strictest sense of the word, was applicable to even very young children, though a special technique was necessary. The general impression derived from the Berlin discussion was that the only satisfactory means of reaching valid conclusions upon the subject was by collecting further first-hand data rather than by relying upon theoretical deductions« (Bull, 1925, S. 360).

mitteilen könne (ebd., S. 238).[13] Jones wandte ein, es sei nicht nur möglich, sondern notwendig, den Ödipuskomplex in vollem Umfang bewusst zu machen (ebd., S. 359). Es sei »the duty of the analyst«, dem Kind zur Einsicht in die Irrationalität seiner Ängste (vor den ödipalen Wünschen) zu verhelfen (ebd., S. 360). Die von Searl behaupteten Unterschiede zwischen der Analyse von Erwachsenen und von Kindern bestünden nicht (ebd., S. 359). James Glover vertrat einen ähnlichen Standpunkt und kritisierte Searls Vermutung, »that at any stage of development the making conscious of the repressed, if properly carried out, could have deleterious effects«, außer vielleicht bei psychotischen Kindern (ebd., S. 360).

James Strachey, dessen Briefen wir einen weiteren Bericht verdanken, empfand die Londoner Diskussion als ein »mehr oder weniger ungeordnetes Begräbnis für die arme Miss Searl« (M & K-d, S. 272). Glover und Jones hätten sich »gleichermaßen vernichtend« über sie (und Payne) geäußert. Glover habe seine Kritik »in abstrakte Bandagen ein[ge]wickelt«, Jones habe sie »in kleine Spritzer zerstäubt« (ebd.). Barbara Low und andere Kolleginnen, die Strachey nicht namentlich nannte, hätten Searl unterstützt, ihre Argumente seien jedoch rein »emotional« gewesen. Jones habe, wie James Strachey weiter berichtet, den Positionen Kleins zugestimmt, er sei »natürlich mit ganzem Herzen und ganzer Seele überzeugt pro-Melanie« – »Jones, of course, is an absolutely heart-and-soul whole-hogging pro-Melanie« (ebd.; M & K-e, S. 175). Die Schilderung, die Jones im Komitee-Rundbrief gab, ging noch einen Schritt weiter: »We were unanimously of the opinion that Miss Searl's doubts were due to unanalysed resistances« (RB 4, S. 224).

Zurück zu den Unterschieden zwischen den deutsch- und den englischsprachigen Berichten. Im Korrespondenzblatt der *Internationalen Zeitschrift* wird Douglas Bryan, der Sekretär der britischen Gruppe, als verantwortlicher Autor genannt (Korr, 1925, S. 252). Sollte er die Kürzung durchgeführt haben? Das ist wenig wahrscheinlich. Er war ein langjähriger Vertrauter von Jones, und es ist nichts darüber bekannt, dass er Gründe gehabt hätte, Klein aus dem Bericht herauszustreichen. Naheliegender ist es, dass die Redaktion der *Internationalen Zeitschrift* selbst die Kürzung durchführte. Redakteur war zu dieser Zeit Radó, für das Korrespondenzblatt der *Zeitschrift* war Eitingon kraft seines Amts als Zentralsekretär der *Internationalen Vereinigung* verantwortlich. Von einem der beiden könnten

---

13 In diesem Paragrafen wird aus dem ungekürzten englischen Bericht zitiert.

die Kürzungen stammen. Schließlich ist es auch möglich, dass die Kürzungen nichts mit dem Inhalt zu tun hatten, sondern dass man Platz sparen wollte, weil das Heft zu dick geworden war – und doch sticht ins Auge, dass ausgerechnet der Absatz über die Bekanntmachung von Kleins Berliner Vortrag entfiel. Insofern sind Jones' spätere Andeutungen, man habe Klein den Zugang zur *Zeitschrift* erschwert, berechtigt.[14]

Die Meinungen in London waren im Januar 1925 ebenso geteilt wie in Berlin. An beiden Orten löste Klein starke Reaktionen aus. In Berlin scheinen die Anti-Kleinianer die Diskussion dominiert zu haben, nach Auffassung Abrahams nur zu Beginn des Abends; in London kamen wohl hauptsächlich Pro-Kleinianer zu Wort.

Klein selbst nahm die Reaktionen auf den Vortrag auf ihre eigene Art und Weise wahr. Als sie am 2. Januar 1925 aus Wien zurückkam, wo sie den Berliner Vortrag wiederholt hatte, erzählte sie Alix Strachey, dass sie dort »viel mehr Ermutigung [...] bekommen [habe] als sie erwartet hatte, & Anna war fast bekehrt & der Prof. äußerst liebenswürdig« (M & K-d, S. 280). Alix Strachey meinte dazu gegenüber ihrem Mann, Klein sei etwas »großspurig, so daß man nicht recht weiß, was diese verschlagenen Österreicher wirklich dachten« (ebd.).

Interessant ist Stracheys eben zitierte Bemerkung, dass Jones in der Diskussion vom 7. Januar »natürlich« für Klein gewesen sei.[15] Den Stracheys war also schon zu diesem Zeitpunkt bekannt, dass Jones Kleins Auffassungen teilte. Für eine so frühe Parteinahme gab es bisher nur ein einziges Dokument, nämlich Kleins oben angeführte Äußerung über ihr Gespräch mit Jones im April 1924 in Salzburg (KA, A.52, im. 20). Jones kannte Kleins Arbeiten; wie oben erwähnt hatte er bereits zwei im *International Journal* publiziert. Vermutlich merkte er, dass Klein ähnlich wie er der Aggression eine besondere Bedeutung zuschrieb, sowohl in Bezug auf die Theorie der

---

14 Ausführlich zur Frage der Unterdrückung von Kleins Arbeiten siehe Anhang E.
15 Swerdloff stellte Edward Glover die Frage, warum Jones »für« Klein gewesen sei. Glover antwortete: »why he first invited her I don't know, really. It may have been because she was supported by Abraham for a bit, and then perhaps Abraham recommended her ... I am not quite sure« (Swerdloff & Glover, 1973, im. 29). In »Psychoanalysis in England« schreibt Glover, Jones habe die psychosexuelle Entwicklung anders gesehen als Freud und ähnlich wie Klein und sei deswegen »a constant champion of Klein's teachings« gewesen (1966, S. 543). Diese Bemerkung bezieht sich jedoch auf Jones' nach 1925 erschienene Aufsätze über die weibliche Entwicklung (1927b) und die Entstehung des Über-Ichs (1926a).

kindlichen Entwicklung als auch in der Praxis, in der Analyse von Kindern.[16]

Klein freute sich über die positive Reaktion der britischen Gruppe und fasste den Plan, in London einen Kurs über Kinderanalyse zu halten. Das teilte sie Jones im Januar 1925 mit. Er antwortete ihr Anfang Mai, nachdem er ihre Anfrage der Londoner Gruppe unterbreitet und um Meinungsäußerungen gebeten hatte. James Strachey schilderte seiner Frau die Sitzung im Mai: »Es war eine ungewöhnlich kleine Versammlung: nur 15 oder 16 insgesamt. Ohne einen Augenblick zu zögern, hoben allesamt ihre Hände in die Höhe. Jones' gesamte Haltung verwandelte sich augenblicklich. Er wurde ganz leutselig, ein Lächeln überzog sein Gesicht« (M & K-d, S. 381). Wir sehen erneut einen Jones, der über die positive Resonanz der Gruppe in Bezug auf den Austausch mit Klein erfreut ist. Man überlegte, wo man Klein unterbringen könne, und bot ihr, wie schon erwähnt, einen Raum »im feindlichen Lager« an, in der Wohnung, die sich die »Sachs'schen« Kinderanalytikerinnen Sharpe, Searl, Chadwick und Lewis teilten.[17]

Alix Strachey war, wie im vorangegangenen Kapitel geschildert, von Klein tief beeindruckt. Im Briefwechsel der beiden Stracheys ist sie ab Dezember 1924 Hauptthema. Immer wieder betont Alix, dass Klein die »Fakten« habe, dass sie originelle Ideen habe, dass sie ein »succès fou« in London werde, dass London die »Nase vorn« habe, wenn es gelinge, Klein zu Sommerseminaren zu gewinnen (ebd., S. 380, 281). Zugleich war sie besorgt, ob Klein in der Lage sei, ihre Gedanken geordnet vorzutragen. Ihr Verstand sei »durcheinander«, sie habe »nicht genug« Hemmungen, sodass James seine Frau beschwor: »Aber um Himmels willen, schreibe ihre Vorträge für sie« (ebd., S. 381; siehe auch S. 387, 298). Im Mai 1925 kam James nach Berlin, um zusammen mit seiner Frau an den Vorträgen und deren Übersetzung zu arbeiten.[18] Klein schrieb die Vorträge zwischen

---

16 Jones unterstützte Klein nicht nur, wie Aguayo (1997) dargestellt hat, sondern er könnte sich von ihr auch gegen Freud unterstützt gefühlt haben (vgl. Glover, 1966, S. 543; King, 2000b, S. 54).

17 Dort fand im Sommer das Seminar statt, das wegen des großen Andrangs in eine andere Wohnung im gleichen Haus verlegt werden musste (Grosskurth, 1993, S. 171). Zu Ella Freeman Sharpe, Nina Searl und Mary Chadwick siehe Fußnoten weiter oben; zu Gwen Lewis konnte nichts eruiert werden.

18 Grosskurth gibt an, dass James Strachey Kleins Vorlesungen Nr. 1, 3 und 5, Searl Nr. 4 und Alix Strachey Nr. 2 und 6 übersetzte (1993, S. 171).

April und Juni 1925. Zur Vorbereitung der Seminare gab ihr Strachey Englischunterricht. Sie lasen zusammen den »Kleinen Hans«, den Alix Strachey für den im Mai 1925 erschienenen dritten Band der *Collected Papers* übersetzt hatte (ebd., S. 290). Wie Alix an ihren Mann schrieb, teilte Klein ihren Eindruck, der »Kleine Hans« sei keine »richtige« Analyse (ebd.).[19]

Freud erfuhr von Kleins Einladung spätestens aus dem Londoner Rundbrief vom 19. Juni 1925. Jones schrieb: »Klein is giving a course of lectures here next month on Frühanalyse« (RB 4, S. 273). Freud hatte Ende Dezember 1924 Kleins Vortrag in Wien gehört und wird sich auch mit seiner Tochter Anna über Klein ausgetauscht haben. Anna diskutierte in einem Arbeitskreis mit Aichhorn und Bernfeld über Klein und erörterte ihre Ansichten in Briefen an Andreas-Salomé (AF/A-S, S. 316, 366f., 369). Außerdem kannte Freud Kleins Publikationen, da er die *Internationale Zeitschrift* und *Imago* stets las. Dass Klein nun eingeladen wurde, um eine neue Technik zu propagieren, die auch einen neuen Namen hatte: »Frühanalyse«, dass sie also sechs Seminare über ein zentrales Thema der Psychoanalyse halten würde, war sicher überraschend, zumal man Klein in Berlin bisher noch keine einzige Lehrveranstaltung anvertraut und ihre Auffassungen als kontrovers empfunden hatte.

Klein: »Tief« liegende Objektrelationen

Bevor Klein die Londoner Seminare hielt, erschien ihr Aufsatz »Zur Genese des Tics« im dritten Heft der *Internationalen Zeitschrift* in der Rubrik »Kasuistische Beiträge« (Klein, 1925). Im gleichen Heft waren Beiträge zum selben Thema von Helene Deutsch (1925) aus Wien und Vilma Kovács (1925) aus Budapest zu lesen. Alle drei Arbeiten beziehen sich auf die im Kapitel über das Jahr 1921 geschilderte Diskussion über den Tic, die damals zwischen Abraham und Ferenczi geführt worden war und nehmen Stellung zur Frage, wem zuzustimmen sei: Ferenczi oder Abraham.[20] Wie oben dargestellt, vertraten die beiden unterschiedliche Auffas-

---

19   Zu Kleins vorsichtig formulierten Bedenken gegenüber Freuds Äußerungen im »Kleinen Hans« siehe KA, C.41, im. 3.

20   Da die Beiträge von Deutsch, Kovács und Klein aus den drei Zentren der Psychoanalyse (Wien, Budapest und Berlin) stammen, könnten sie von Radó, dem Redakteur, angefordert worden sein.

sungen über die Ätiologie des Tics. Nun setzten ihre Analysandinnen das Streitgespräch fort: Kovács war Analysandin von Ferenczi, Deutsch und Klein Analysandinnen von Abraham. Im Folgenden wird nur Kleins Beitrag erörtert, der Ende April 1925 eingereicht worden war (1925, S. 349).

Klein berichtete in »Zur Genese des Tics« über ihre analytischen Erfahrungen mit zwei Patienten, die unter einem Tic litten, und verglich ihre Eindrücke mit denen ihrer beiden Analytiker (1925, S. 185–189).[21] Sie stimmte Ferenczi zu, dass der Tic als ichsynton erlebt werde, der Analyse schwer zugänglich sei und als Onanieäquivalent verstanden werden könne, was für seine narzisstische Natur spräche. Ihr habe sich gleichwohl »eine wesentlich andere Auffassung als Ferenczi sie vertritt« ergeben (ebd., S. 186). Sie halte nämlich die narzisstischen Aspekte nur für die Oberfläche des psychischen Geschehens. Dahinter oder darunter stecke eine pathologische Objektrelation – eine damals gebräuchliche Bezeichnung für »Objektbeziehung« (ebd.). Der Tic werde der »therapeutischen Beeinflussung so lange nicht zugänglich, bis die Analyse die ihm zugrunde liegenden *Objektrelationen* nicht aufdeckt« (ebd.). Man müsse in die »frühesten Etappen der Kindheitsentwicklung vordringen« und finde dann »genitale, anal-sadistische und oral-sadistische Objektstrebungen« (ebd.). Die zweite These Ferenczis über die an der Ätiologie des Tics beteiligte (tiefe) Ichregression, der in seiner Sicht eine besondere Rolle zukommt, erwähnte Klein nicht. Vielleicht hielt sie diese von Freud im »Rattenmann« entwickelte These zur Ätiologie von Symptomen der Zwangsneurose, die auch von Abraham ignoriert wurde, für unwichtig.

Klein stimmte Abrahams These zu, dass dem Tic eine »zweifache Relation zu den Objekten« zugrunde liege, »eine sadistische und eine anale«. Sie verwendete nun die neuen Termini Abrahams und schloss sich seiner Auffassung an, der Tic sei »ein Konversionssymptom auf der analsadistischen Stufe« (ebd., S. 188). Die Hinwendung zu Abraham wurde auch von Alix Strachey wahrgenommen. In einem Brief vom 1. März 1925, der in der publizierten Ausgabe des Briefwechsels fehlt, schrieb sie an James:

---

21 Die Herausgeber von Kleins *Gesammelten Schriften* finden, dass Kleins Stil vor der Tic-Arbeit »unsicher und gewunden« gewesen sei und sich nun durch eine »neugewonnene Präzision« auszeichne (Klein, 1995, *Gesammelte Schriften*, Bd. 1,1, S. 165, editorische Notiz). Zur Hinwendung zu Abraham siehe auch Frank, 2011. Aguayo (1997), der die Entwicklung von Kleins Theorie zwischen 1914 und 1927 untersucht hat, hat die Publikation über den Tic übersehen.

»Now I've got to trundle off to Melanie to discuss a case of ›tic‹ in English. I gather she inclines to Abraham's view (that it is a conversion symptom on the anal level) rather than to Ferenczi's (that it is a narcissistic something-or-other)«.[22]

Die Frage, warum sich Klein nun Abraham anschloss, wurde von Frank (2011) erörtert. Sie vertritt die Auffassung, dass Klein von Ferenczis »intellektuellen Fähigkeiten« und seiner »genialen Ader« beeindruckt gewesen sein könnte (ebd., S. 142), während sie Abraham als hervorragenden Kliniker wahrgenommen haben könnte, der sie »mit einer gewissen Nüchternheit und ›Normalität‹« ansprach (ebd., S. 152). Möglicherweise habe Klein »geahnt«, dass Abraham das »klare setting« anbot, das sie für sich selbst »brauchte« (ebd.). In der vorliegenden Arbeit werden andere Aspekte betont, vor allem Abrahams besondere Sensibilität für die Wahrnehmung aggressiver Regungen von Analysanden sowie seine analytische Arbeit an der Aggression, in zweiter Linie die Bevorzugung der symbolischen Deutung, die beide verband. Und nicht zuletzt eine eher dunkle oder bedrohliche Atmosphäre, in der dem Analysanden mit »Mut« begegnet wird – Affekte des Analytikers, die in Ferenczis und Freuds Darstellungen nicht vorkommen.

Kleins Stellungnahme enthält in verkürzter Form das Programm der kommenden Jahrzehnte. Ausgehend von der Erfahrung, dass manche psychischen Phänomene analytisch schwer zugänglich und/oder ichsynton sind, hatten einige Analytiker den Eindruck, es gehe darum, im Geiste von Abraham zu Entwicklungsstufen »vorzudringen«, auf denen (oral- und anal-)aggressive Aspekte der inneren Beziehungen zum Objekt zentral sind. Andere meinten, es gehe darum, die narzisstischen Aspekte der Objektrelationen zu analysieren. Diesen Weg hatte Freud vorgeschlagen. Ferenczi war ihm gefolgt und hatte wichtige Beiträge zur Theorie des Narzissmus und der Ichentwicklung geliefert. Während Freud und Ferenczi die Theorie des Narzissmus für einen zweiten Schritt in der Theoriegeschichte und für einen Fortschritt gegenüber der ersten Libidotheorie hielten, hatte Abraham den Eindruck, es bedürfe der Narzissmustheorie nicht. So sieht es auch Klein. Sie empfindet die Ableitung aus dem Oral- und dem Analsadismus nicht nur als ausreichend, sondern als »tiefer« im Vergleich zu einer

---

22 British Library, ADD MS 60703, 53 1/3, mit Dank an Richard Skues. – Die Hinwendung zu Abraham wird auch von Grosskurth (1993, S. 123) vermerkt.

Ableitung aus dem Narzissmus. Ferenczi und Freud hingegen hielten den Narzissmus oder die narzisstischen Objektrelationen für frühe, jedenfalls dem ödipalen Beziehungsmodus vorangehende Beziehungsvarianten.

In einem Brief an Jones, der laut Grosskurth vermutlich von 1941 stammt, meint Klein, dass Abraham »tiefer« vorgedrungen sei als Freud, und zwar mit den Konzepten des oralen Sadismus und der frühen analsadistischen Stufe. Freud hingegen sei nach *Hemmung, Symptom und Angst* (1926d) »regrediert« und habe sich von der Tiefe abgewandt, ebenso wie Anna Freud und die Wiener Gruppe (Grosskurth, 1993, S. 595). So sind wir an dieser Stelle unvermittelt auf ein Zentrum der Geschichte der psychoanalytischen Theorie gestoßen, auf die Frage nach der Möglichkeit der Analyse des Narzissmus und der unterschiedlichen Methoden des therapeutischen Umgangs mit ihm (May, 1990, 1991).

Klein in der *Malting House Garden School*

Bevor die Seminare in London begannen, besuchte Klein im Juli 1925 eine reformpädagogische Schule in Cambridge, die *Malting House Garden School*, die eben (1924) von Geoffrey Pyke (1894–1948) gegründet worden war.[23] Sie wurde von ihm und von Susan Isaacs geleitet, der wir bei der Schilderung der *Brunswick Square Clinic* begegnet sind. Isaacs war nach Analysen bei Fluegel und Rank inzwischen ein »full member« der *British Psychoanalytical Society* geworden.[24]

Forrester und Cameron (2017) sind der Frage nachgegangen, welche Kontakte es zwischen der *Malting House Garden School* und der *British Psychoanalytical Society* gab. Sie haben gefunden, dass Pyke, der Gründer der Schule, zum Freundeskreis der Stracheys gehörte (ebd., S. 437). Ein Neffe der Stracheys, den James in den Briefen an seine Frau erwähnt, war Schüler der *Malting House School*.[25] Pyke war seinerseits mit der *Society* über die Couch ver-

---

23 Zu Kleins Besuch in der *Malting House School* siehe Graham, 2009; Cameron, 2006; Forrester & Cameron, 2017; Bar-Haim, 2017; Taylor, 1996.
24 Laut Forrester und Cameron war Isaacs in der Zwischenkriegszeit eine führende Gestalt der psychoanalytischen Pädagogik in Großbritannien (2017, S. 435). Ihre Bücher über die Erfahrungen an der *Malting House School* seien »Klassiker« der Entwicklungspsychologie (Cameron, 2006, S. 853). Taylor gibt an, dass Isaacs' standing als Erziehungswissenschaftlerin ähnlich hoch war wie jenes von Piaget oder Gesell (1996, S. 148).
25 Vgl. James Stracheys wenig begeisterte Berichte über die Schule: M & K-d, S. 312f., 317f.

bunden. Er war um 1921 in Analyse bei James Glover gewesen und ging später zu Edward Glover, ebenso wie seine Frau und sein Bruder (Cameron, 2006, S. 858). Es war dann auch James Glover, der Susan Isaacs dazu veranlasste, sich um eine Stelle an der Schule zu bewerben (Graham, 2009, S. 100). James Glover selbst gehörte deren Board an (Cameron, 2006, S. 858). Pyke nahm nach Kleins Besuch an ihrem Londoner Sommerkurs teil; später schickte er seinen Sohn zu ihr in Analyse (Forrester & Cameron, 2017, S. 441).[26]

Bei den engen Kontakten der *Malting House Garden School* zur *British Psychoanalytical Society* stellt sich die Frage, ob es entsprechende Beziehungen zu reformpädagogischen Schulen auch in Berlin gab. Wir können annehmen, dass Klein der fortschrittlichen Pädagogik gegenüber aufgeschlossen war. Dafür sprechen ihre frühen Veröffentlichungen, in denen sie darlegte, dass sie eine psychoanalytisch orientierte Erziehung für hilfreich hielt (1921, 1922, 1923a). In »Hemmungen und Schwierigkeiten im Pubertätsalter« (1922) beispielsweise hatte sie die Veränderungen geschildert, denen Jungen in der Pubertät unterworfen sind. Sie gab Eltern und Pädagogen Ratschläge, wie sie sich verhalten sollten. Gegebenenfalls könne eine Psychoanalyse helfen. Sie führe »die Heilung herbei« und ermögliche dem Kind »die volle Verfügung über seine seelischen und intellektuellen Kräfte« (ebd., S. 97f.).

Die Herausgeber von Kleins *Gesammelten Schriften* werfen die Frage auf, warum Klein diesen Aufsatz später nicht mehr erwähnte und ihn nicht in die *Contributions to Psycho-Analysis* (1948) aufnahm.[27] Der Grund könnte sein, dass sie in diesem Text, der für ein breites Publikum geschrieben war, als Pädagogin auftrat, die Eltern und Erziehern Ratschläge für den Umgang mit Kindern gab, eine Vorgehensweise, von der sie sich bald darauf distanzierte.

»Hemmungen und Schwierigkeiten im Pubertätsalter« ist in einem Heft der reformpädagogischen Reihe *Neue Erziehung* zu finden.[28] Das Blatt erschien in Berlin, war international orientiert und arbeitete mit der Zeitschrift *Das werdende Zeitalter (The New Era)* zusammen, die in einer englischen, einer französischen und einer deutschen Ausgabe herauskam. Herausgeber der englischen Ausgabe waren Beatrice Ensor und Alexander S. Neill (1883–1973). Letzteren kennen wir als Protagonisten der antiautoritären Bewegung und Begründer von *Summerhill*, das im gleichen Jahr

---

26 Zur Analyse von Pykes Sohn siehe z. B. KA, A.22, im. 102, 108.
27 Siehe Klein, 1995, *Gesammelte Schriften*, Bd.1.1, S. 90, editorische Notiz.
28 Das Heft ist im Klein-Archiv unter dem Sigel C.1 einsehbar.

(1924) wie die *Malting House School* eröffnet wurde, nachdem Neill ähnliche Schulen in Dresden-Hellerau und in Sonntagsberg (Österreich) gegründet hatte. Die Ziele der neuen Erziehung waren, um Stichworte aus dem Heft zu nennen, in dem Kleins Aufsatz erschien: die Freilegung des »schöpferischen Menschentums«, das sich in eine »Allverbundenheit« einordnet und Gewalt und Ausübung von Macht über andere ablehnt. Man berief sich auf Goethe, Platon, Buber, Rousseau sowie auf Freud und Jung.

Als Klein der *Malting House Garden School* im Juli 1925 einen Besuch abstattete, vertrat sie bereits die Auffassung, für die sie später bekannt wurde, nämlich die Unvereinbarkeit von Psychoanalyse und Erziehung. Diese These spielte bekanntlich in der Kontroverse von 1927 zwischen ihr und Anna Freud eine Rolle. Alix Strachey war in diesem Punkt der gleichen Überzeugung wie Klein. An ihren Mann schrieb sie im Februar 1925: »Gott sei Dank ist Melanie absolut entschieden, was das angeht. Sie besteht unnachgiebig darauf, elterlichen & erzieherischen Einfluß von der Analyse getrennt zu halten & ersteren auf sein Minimum zu reduzieren« (M & K-d, S. 306). Alix Strachey berichtete in diesem Brief auch von einem Treffen mit Lou Andreas-Salomé, bei dem ihr ein »Schauer den Rücken hinunter« gelaufen sei, als Andreas-Salomé sagte, die Eltern seien »die einzigen geeigneten Personen, um das Kind zu analysieren« (ebd.).[29] Andreas-Salomé habe die »antiquiertesten Vorstellungen« und orientiere sich noch an Freuds »Kleinem Hans« (ebd.). Ihr selbst erscheine die Analyse der eigenen Kinder »als die letzte Bastion für das Verlangen der Erwachsenen, Macht über andere auszuüben« (ebd.).

Die Pädagogik der *Malting House Garden School* und die »neue« Psychoanalyse: Affinitäten

Ähnlich wie andere reformpädagogische Unternehmungen der damaligen Zeit war Pykes Pädagogik von der Psychoanalyse beeinflusst. Die Kinder sollten mit einem Minimum an Zwang dazu veranlasst werden, ihren Inter-

---

29 Andreas-Salomé wird an Anna Freud gedacht haben. Sie wusste, dass Anna bei ihrem Vater in Analyse gewesen war. Anscheinend hatte Klein Alix Strachey nicht erzählt, dass sie ihren eigenen Kindern eine psychoanalytisch informierte Erziehung hatte angedeihen lassen und dass sie sich, wie man frühen Publikationen entnehmen kann, durchaus pädagogisch gegenüber ihren kleinen Analysanden, ihren beiden Söhnen, verhielt.

essen und Einfällen zu folgen und ihre sexuellen und aggressiven Regungen zu äußern. Ein spezifisches Element seiner Pädagogik war, wie Cameron (2006) herausgearbeitet hat, die naturwissenschaftliche Ausrichtung; Erziehungsideal war der Naturwissenschaftler. Pyke ging davon aus, dass das Kind von Natur aus neugierig ist, wozu ein gewisses Maß von Aggression gehöre. Lasse man Kinder gewähren, so würden sie von allein die Welt erforschen und kennenlernen wollen.

Cameron veranschaulichte die Leitvorstellungen von Pykes Pädagogik am Beispiel seiner Auslegung des Ödipuskomplexes. Sie stützte sich dabei auf unveröffentlichte Manuskripte einer Vorlesung, die er unmittelbar nach dem Besuch von Kleins Sommerseminar verfasste (Cameron, 2006, S. 861).[30] Pyke werfe die Frage auf, warum wir Kinder erziehen wollen. Seine Antwort: »it is because of ›our knowledge of the child's hatred‹« – weil wir wissen, dass das Kind uns hasst (ebd., S. 864). Die Erwachsenen hätten Angst vor dem Hass des Kindes, der Hass zwischen den Generationen bilde das Zentrum des Ödipuskomplexes. Die Erwachsenen nützten die Schuldgefühle, die das Kind wegen seines Hasses entwickelt, zur Erziehung aus; die Schuldgefühle veranlassten die Kinder dazu, den Geboten der Erwachsenen zu folgen. Sie rührten aus dem Ödipuskomplex, genauer: aus dem Hass auf den Vater. Die Feindseligkeit zwischen den Generationen dürfe nicht verniedlicht werden. Es gelte, sich mit den dunklen und aggressiven Motiven aufseiten der Erzieher wie aufseiten des Kindes zu konfrontieren und sie nicht zu unterdrücken. In der *Malting House School* sollten die aggressiven Regungen in »scientific channels« geleitet werden. Man wolle eine »aggressive intelligent race« heranziehen, denn nur der Hass oder die aggressive Neugier garantierten, wie Pyke ausführte, ein Überleben in einer feindlichen Zukunft (ebd., S. 868).

In diesem Zusammenhang verwies Cameron auf Susan Isaacs' Rezension von Bertrand Russells *On education, especially in early childhood* (1926). Isaacs hielt Russell entgegen, dass er an den »goodwill« der Eltern und an die »reasonableness« des Kindes glaube und den Ödipuskomplex übersehe (ebd., S. 863). Russell sei nicht imstande, »to tolerate the possibility of hostility on either side« (Isaacs, 1926, S. 517). An anderer Stelle warf Isaacs Russell einen unangebrachten Optimismus in Bezug auf die

---

30 Er plante, die Vorlesung in der *British Psychoanalytical Society* zu halten und schickte das Manuskript später an Edward Glover mit der Bitte um einen Kommentar (Cameron, 2006, S. 861).

Möglichkeiten der Erziehung vor; er blende Regungen von »greed« und »anger« einfach aus (ebd., S. 518). Zuletzt warnte sie geradezu vor einer Verleugnung der Aggression: »Parents cannot afford to be left in a fool's paradise of innocence as regards their own motives towards their children« (ebd.).

Ist es zu weit hergeholt, wenn man aus Pykes und Isaacs' Programmatik die gleichen Stichworte heraushört wie aus Alix Stracheys Wahrnehmung von Freud, Anna Freud und der Wiener Pädagogik? Alix Strachey hatte Freud und manche Pädagogen als »sentimental« empfunden und gemeint, bei ihnen eine Tendenz zur Verharmlosung und Verniedlichung, einen blinden Glauben an Harmonie und Wohlwollen erkennen zu können. Dieser Sichtweise stellte sie eine neue, modernere gegenüber, die die dunklen Seiten des Menschen in den Blick fasst, wobei das Dunkle und Unbewusste mit Hass und Aggression gleichgesetzt wird, ähnlich wie Alexander oder Abraham die Kastrationswünsche des Kindes gegenüber dem Erwachsenen betonten oder aggressive Regungen hinter und unter den sexuellen annahmen. Das sexuelle Moment des Ödipuskomplexes, der Wunsch, den Vater oder die Mutter als Liebesobjekte für sich allein haben zu wollen, und das Festhalten an autoerotischen Lustmöglichkeiten traten dabei ebenso in den Hintergrund wie die Kastrationsangst und die Angst, Vater oder Mutter als Liebesobjekt zu verlieren. Freuds Frage, wie es kommt, dass wir im Traum anderen Menschen den Tod wünschen, wurde gegenstandslos. Die aggressiven Regungen waren nicht mehr erklärungsbedürftig, sondern wurden für gegeben und nicht hinterfragbar gehalten. Sie waren das Anstößige und Tiefe, nicht das Sexuelle.

Die Erziehungsideologie der *Malting House School*, eine spezifische Variante der antiautoritären Pädagogik, macht jedenfalls, wenn man Camerons (2006) Rekonstruktion folgt, die Reaktionen der Stracheys, insbesondere von Alix Strachey, verständlicher. Eine neue Generation empfand sich als fortschrittlich, wenn sie auf die Bedeutung aggressiver Regungen aufmerksam machte. In diesem Kontext erschien Freud als altmodisch. Eine unerwartete Bestätigung findet sich in einem Brief von Freud an Eitingon aus dem November 1926. Hier verwendete Freud selbst die Kategorie des Altmodischen und bezog sie auf sich und seine Tochter:

»Das erfreulichste Ereignis dieser Zeit ist Annas Kurs über Technik der Kinderanalyse. [...] Sie pflegt mir den Inhalt jeder Kursstunde am Abend vorher zu erzählen, und ich bin besonders zufrieden damit, daß sie nicht nach Schülerart anderswo Gelerntes zu applizieren sucht, sondern den Stoff unbefangen auffasst, selbstständig beurteilt und seine Eigenart zur Geltung bringt. Mit denen der Klein verglichen, sind ihre Anschauungen konservativ, ja reaktionär zu nennen, aber es steht zu vermuten, dass sie recht hat« (F/E, S. 486f.).

In ihrer Einleitung zum Briefwechsel der Stracheys meinen Meisel und Kendrick, dass die pädagogischen Prinzipien der *Malting House School* »sehr stark denen von Melanie Kleins Spiel glichen« (M & K-d, S. 109). Die Geschichten, die man sich über die Schule erzähle, hätten einen Vorgeschmack auf Kleins Theorie und Praxis geliefert, »noch ehe die Arbeit von Melanie Klein in England bekannt war« (ebd., S. 110). Eine differenziertere Darstellung gibt Dorothy Gardner in ihrer Biografie von Susan Isaacs. Sie berichtet, dass nach Kleins Besuch Änderungen in der *Malting House School* durchgeführt worden seien (1969, S. 67f.). Gardner stützte sich dabei auf eine Bemerkung von Evelyn Lawrence (der zweiten Ehefrau von Isaacs zweitem Ehemann): Isaacs habe verbale Aggressionen der Kinder nicht mehr ohne Weiteres zugelassen, um die Angreifer vor ihren Schuldgefühlen und die Angegriffenen vor dem Angriff zu schützen. Einen ähnlichen Wandel soll Isaacs selbst in einem (unveröffentlichten) Vortrag vor der *British Psychoanalytical Society* 1927 beschrieben haben (laut Forrester & Cameron, 2017, S. 469f.; so auch Bar-Haim, 2017, S. 105f.).

Die Londoner Sommer-Seminare

Im Juli 1925 hielt Klein drei Wochen lang pro Woche zwei Seminare. Im Anschluss an die Vorträge fanden jeweils Diskussionen statt. An die dreißig Kollegen nahmen teil (Korr, 1925, S. 497), unter ihnen Jones, James Glover, Edward Glover, Alix Strachey, James Strachey, Sylvia Payne, John Rickman, Joan Riviere, Ella Freeman Sharpe und Geoffrey Pyke.[31] In ihrer Autobiografie bezeichnete Klein die Wochen als »one of the happiest times of my life« (KA, A.52, im. 21). Die Seminare hätten wesentlich dazu beigetragen, dass sie 1926 noch einmal für einige Monate nach London ging, um sich danach zu einem endgültigen Umzug zu entschließen. Robinson schreibt den Vorlesungen eine historische Bedeutung zu, sie seien die Basis der »so-called English School« (2011, S. 208).

---

31 Siehe Korr, 1925, S. 497; Grosskurth, 1993, S. 172; Forrester & Cameron, 2017, S. 475.

Die Vorlesungen wurden nicht veröffentlicht. Im Klein-Archiv befinden sich mehrere Manuskripte, die als Seminarunterlagen infrage kommen (siehe Anhang C). Mit wenigen Ausnahmen sind sie nicht datiert, weisen häufig keine durchgehende Paginierung auf und sind oft in mehreren, auch unvollständigen Fassungen vorhanden. Es gibt handschriftliche Einschübe auf gesonderten Blättern, die den Manuskripten nicht eindeutig zugeordnet werden können. Manche Konvolute sind mit so vielen handschriftlichen Korrekturen versehen, dass sie kaum mehr lesbar sind. Trotzdem ist es Claudia Frank gelungen, zumindest die Titel der Sommerseminare von 1925 zu ermitteln und ihnen einzelne Texte und Textfragmente zuzuordnen (Frank, 2009, S. 107–109; siehe Anhang C).

Wie oben beschrieben, gingen die Vorlesungen, die Klein 1925 in London hielt, aus ihren Vorträgen von 1924 hervor. Klein überarbeitete sie und bot sie 1927 ein weiteres Mal als Vortragsreihe in London an. Diese Texte bildeten dann die Basis für den ersten Teil von *Die Psychoanalyse des Kindes* (1932). Claudia Frank hat das im Detail in Bezug auf den Vortrag über den Fall »Erna« dargestellt (Frank, 2009, S. 109–114).

Kleins Fokus: Aggressive, widerständige Regungen des Kindes

Trotz der eben beschriebenen Probleme bei der Handhabung der unveröffentlichten Texte und Textfragmente wird hier versucht, die Grundzüge der Theorie festzuhalten, die Klein 1925 vertrat, wie immer beschränkt auf die Frage nach der Stellung der Aggression. Als Erstes ist festzustellen, dass Klein, anders als Stärcke, Ophuijsen oder die Glovers, keine Beiträge zu einzelnen klinischen Bildern, zu einzelnen Entwicklungsstufen oder anderen Einzelfragen lieferte, sondern bereits eine umfassende Theorie der psychischen Entwicklung und der Ätiologie psychischer Störungen mit einer Fülle von neuen Thesen anbot. Sie legte weiterhin großen Wert auf die Beobachtung der Urszene, auf das Phänomen der Kastrationsangst und auf den Kastrations- und den Ödipuskomplex. Insofern schien sie Freud immer noch nahezustehen und empfand sich wohl deswegen als ein »loyal Freudian disciple« (Aguayo, 1997, S. 1177), auch wenn sie unter Freuds Begriffen wie beispielsweise dem Ödipuskomplex etwas anderes verstand als er.

Wie in früheren Arbeiten ging Klein ferner auch 1925 davon aus, dass *alle* Äußerungen des Kindes durch unbewusste sexuelle Regungen ko-determiniert sind: Spiel und Sport, Rechnen, Schreiben und Lesen, die Wahrnehmung des eigenen Körpers und das Erleben der Beziehungen zu anderen. Das Sexuelle verstand sie auf eine spezifische Weise, nämlich meistens als ein Geschehen mit dominant aggressiver Konnotation. Das bezieht sich sowohl auf die Wahrnehmung des sexuellen Aktes als auch auf die destruktiv-aggressiven, neidisch-eifersüchtigen und kastrierenden Fantasien, die durch Wahrnehmungen des Sexuellen ausgelöst werden. Auch das Ich und die Ichfunktionen verstand Klein weiterhin auf eine besondere Weise, nämlich als durchdrungen von sexuellen Wünschen und Empfindungen. Es scheint, dass ihrer Auffassung nach *alle* psychischen Prozesse des Kindes in hohem Maße sexuell oder aggressiv aufgeladen waren.

Freud und viele seiner Schüler hingegen gingen davon aus, dass es sowohl Primär- als auch Sekundärprozesse gibt, sowohl Triebprozesse als auch Ichvorgänge, sowohl eine sexuelle Entwicklung als auch eine Ichentwicklung. Klein neigte dazu, diese Unterscheidungen aufzugeben. Motorik, Wahrnehmung, Denken und Sprechen, kurz: alle psychischen Vorgänge, die man bisher als Ichfunktionen verstanden hatte, waren ihrer Auffassung nach Symbolisierungen sexueller Prozesse. Die Frage, wie Ichfunktionen aus Triebregungen entstehen, gehörte deshalb auch nicht zu Kleins Interessen, während Freud beispielsweise den Ödipuskomplex als »Entwicklungsleistung« verstand oder eben, im Sommer 1925, in »Die Verneinung« seine Überlegungen zur Entwicklung der sogenannten Urteilsfunktion, einer Ichfunktion, »aus dem Spiel der primären Triebregungen« vorstellte (1925h, S. 376).

Andererseits konnte Klein, anders als etwa Abraham oder die Glovers, anschaulich darstellen, was man sich unter der oralen oder analen Aggression des Kindes konkret vorzustellen hatte. Sie schilderte in Dutzenden von Fallvignetten, was ihr ins Auge sprang, nämlich die gegen die Eltern, hauptsächlich die Mutter und ihren Bauch, gerichteten Regungen, die gleichzeitig, wie sie meinte, einen »ödipalen« Charakter hatten: die Mutter beneiden um den Geschlechtsverkehr mit dem Vater, beneiden um die Kinder in ihrem Bauch, ihr das Baby wegnehmen wollen, ihren Bauch zerstören und sie töten wollen, gleichermaßen den Vater und die Geschwister sowie den Penis des Vaters (Bruders etc.) abbeißen wollen, den sexuellen Verkehr zwischen den Eltern stören oder an ihm teilnehmen wollen.

Eine wichtige, wenn nicht hauptsächliche Quelle von Aggressionen und Todeswünschen bildete ihrer damaligen Auffassung nach die Entwöhnung. Sie führte zur Abwendung von der Mutter und zur Hinwendung zum Vater (beim Mädchen), eine Veränderung, die Klein »ödipal« nannte. Solche

»ödipalen« Impulse waren, wie sie fand, ab dem Beginn des zweiten Lebensjahres zu beobachten ebenso wie die damit einhergehenden Kastrationsängste und Schuldgefühle. Freuds Veto gegen die Vorverlegung der Kastrationsangst (des Ödipuskomplexes und des Über-Ichs) auf die orale oder anale Stufe betraf somit damals auch Klein.

»Ödipal« wurde eben in Anführungszeichen gesetzt, weil bei der Lektüre der Manuskripte von 1925 der Eindruck entsteht, dass Klein darunter etwas anderes verstand als Freud, nämlich die bloße Abwendung von der Mutter und Hinwendung zum »anderen« Elternteil. Dieser Auslegung fehlte die Libidinisierung des Penis, die erst die Kastrationsangst auslöst. Desgleichen ist mit dem Ödipalen bei Freud stets das in mehrfacher Hinsicht Konflikthafte der libidinösen Strebungen gemeint. Warum es zur Abwendung kommt, wird von Klein zunächst nicht thematisiert. Im Herbst 1925 vertrat sie dann die Auffassung, Hauptursache der Abwendung sei (zumindest für das Mädchen) die orale Frustration.[32] Der Ödipuskomplex oder seine nicht gelungene Verarbeitung manifestiere sich in Hemmungen und Symptomen, darunter vor allem im pavor nocturnus, in generellen Angstanfällen oder in Ängstlichkeit, in Überempfindlichkeit und Wehleidigkeit; in der Weigerung, sich von Bezugspersonen zu trennen; der Unfähigkeit, Frustrationen zu ertragen und in motorischer Ungeschicklichkeit und Spiel- und Lernhemmungen. Es scheint wiederum, dass *alle* Symptome und Hemmungen, die ab dem zweiten Lebensjahr zu beobachten sind, von Klein als Ausdruck einer neurotischen Verarbeitung des Ödipuskomplexes verstanden werden, als Anzeichen von Kastrationsangst und Schuldgefühlen, die sich auf oral- und anal-aggressive, als ödipal verstandene Regungen (Wut, Neid, Todeswünsche usw.) beziehen.

Klein hatte 1925 einen kompletten Gegenentwurf zu Freuds Darstellung der frühen psychischen Prozesse anzubieten. Es handelte sich bei ihrer

---

32 Siehe Manuskript KA, C.64. Es enthält Notizen für ein Korreferat zu einem Vortrag, den Horney am 31. Oktober 1925 vor der Berliner Gruppe gehalten hatte (Korr, 1926, S. 121). Klein hat das Korreferat anscheinend nicht vorgetragen, da sich im Korrespondenzblatt kein entsprechender Eintrag findet. Die These von der oralen Frustration als Motiv der Abwendung von der Mutter gehört in Kleins Theorie der psychosexuellen Entwicklung des Mädchens. Es ist schwer zu klären und eher unwahrscheinlich, dass sie diese These schon in den Sommer-Seminaren 1925 vertreten hat. Publiziert wurde sie vermutlich erstmals in »Die psychologischen Grundlagen der Frühanalyse« (1926). Zu einer ausführlicheren Darstellung der weiblichen Entwicklung siehe KA, C.42, ab im. 42 (möglicherweise 1927 verfasst).

Theorie nicht nur um eine »Vorverlegung« des Ödipuskomplexes. Um einige Punkte herauszugreifen: Während Freud den ödipalen Konflikt und die Errichtung des Über-Ichs als »Entwicklungsleistungen« verstand, die erst spät möglich sind und die psychische Entwicklung des Kindes sozusagen abschließen, weil sie ein Funktionieren auf einem »höheren« als dem präödipalen Niveau ermöglichen, war die ödipale Situation nach Kleins Auffassung schon früh möglich und stellte keine »Leistung« dar, sondern war mehr oder weniger von Anfang an gegeben. Für Freud waren »echte« Schuldgefühle oder Reue späte Errungenschaften, die ein »schlechtes Gewissen« oder die Angst, die Zuneigung der Eltern zu verlieren, ablösten. Außerdem verstand Freud die Fähigkeit, Konflikte zu erleben, als psychischen Fortschritt gegenüber dem Erleben von Ambivalenz.

Ein kleiner Austausch zwischen Abraham und Freud aus dem Herbst 1925 veranschaulicht, was Freud mit dem Über-Ich als »Errungenschaft« oder »Entwicklungsleistung« meinte. Abraham hatte Freud das Manuskript von »Die Geschichte eines Hochstaplers« (1925b) geschickt, eine seiner letzten Arbeiten. Freud antwortete: »Ihre kleine Arbeit ist reizend«, und fuhr fort:

> »An einem Punkt hätte ich den Gedankengang etwas anders gefasst, nicht den Lustentgang betont, sondern die Tatsache, daß er kein Über-Ich bilden konnte, weil er keinen Ödipuskomplex zustande brachte. Daß sich unter diesen Umständen anstatt eines normalen Gewissens ein unbewusstes Strafbedürfnis herstellen konnte, kann der Ausgangspunkt weiterer Überlegungen werden« (F/A, S. 845).

Wie andere Male und anderen Schülern gegenüber äußerte sich Freud wieder zuerst entzückt, um dann auf einen »Fehler« aufmerksam zu machen. Abraham hatte in seiner Theoretisierung des Falles gemeint, ein wichtiger Faktor der Ätiologie der Asozialität sei, dass der Patient kein genügend großes »Quantum an Lust« von seinen Eltern erhalten habe (1925b, S. 79), während Freud das »Fehlen« des Über-Ichs für ausschlaggebend hielt. Das (präödipale) »unbewusste Strafbedürfnis« war für ihn etwas kategorial anderes als das (ödipale oder postödipale) Über-Ich.[33] In

---

[33] Abraham nahm Freuds Kritik auf und schob einige Sätze in sein Manuskript ein, vielleicht ab: »So unterblieb die regelrechte Entwicklung des Ödipuskomplexes« (Abraham, 1925b, S. 79).

diesem Sinne ist auch eine Bemerkung Anna Freuds aus dem Oktober 1924 zu verstehen. Sie hatte an Andreas-Salomé geschrieben, Berliner Kollegen hielten »unter dem Einfluß von Frau Klein« die Dissozialität »für eine Art Neurose« (AF/A-S, S. 366), also für eine Störung der Sexualentwicklung, während »wir hier« darin den »Erfolg einer Störung der Ichentwicklung« sähen (ebd., S. 369; vgl. Früh, 2010). Mit der Störung der Ichentwicklung war, wie Anna Freud ausführt, die mangelhafte Ausbildung des Über-Ichs gemeint (ebd., S. 370).

Kleins Technik: Sofortige und tiefe Deutung der negativen Übertragung

Klein hatte ihre eigene Technik in »Zur Frühanalyse« (1923) dargestellt und im Salzburger Vortrag vom April 1924 wohl näher beschrieben. In den Londoner Sommer-Seminaren von 1925, insbesondere im zweiten, gab sie eine ausführlichere Darstellung.[34] Ihrem Verständnis lag eine grundsätzlich andere Einstellung zur Übertragung und speziell zur negativen Übertragung zugrunde, als man sie aus den Schriften Freuds kannte.[35] Mit der negativen Übertragung meinte sie alles, was sich als Widerstand »gegen« den Analytiker richtet und die Durchführung der Analyse stört. Die besondere Sensibilität für den »Widerstand«, die ihre früheren Arbeiten kennzeichnete, fällt auch in den Texten von 1925 auf; desgleichen die Art und Weise, wie sie auf diesen Widerstand reagierte. Die negative Übertragung müsse, so Klein, so schnell wie möglich durch Deutungen abgebaut, behoben und beseitigt werden. Wie oben erwähnt, nahm nun die Aggression nicht nur in der Theorie der psychischen Entwicklung mehr Raum ein, sondern wurde zum wichtigsten Aspekt der Technik. Freud hatte sich zur Frage des Umgangs mit der negativen Übertragung nicht gesondert geäußert. Für ihn war sie, wie es scheint, lediglich eine Variante der Übertragung, die kein spezifisches Vorgehen erforderte. Allerdings räumte er bekanntlich später ein, die Bedeutung der negativen Übertragung zunächst unterschätzt zu haben (F/Fer III.2, S. 231).

---

34 Siehe Manuskript C.40, im. 38–60.
35 Siehe Frank, 1999, S. 132–143 zur Entwicklung von Kleins Einsichten in die negative Übertragung. Laut Frank publizierte Klein ihre Überlegungen zur negativen Übertragung 1927 (Frank, 1999, S. 132). Zu etwa der gleichen Zeit begann bekanntlich Wilhelm Reich in Wien, ein besonderes Interesse an der negativen Übertragung und ihrer Analyse zu entwickeln und in dem von ihm ab 1924 geleiteten Technischen Seminar zu vermitteln (siehe Kurz, 2022).

Heute würde man im Falle der von Klein beschriebenen »Widerstände« nach der Gegenübertragung des Analytikers fragen und erörtern, ob er sich über das Kind ärgert, das die Mitarbeit verweigert, während das Kind selbst möglicherweise keine »aggressiven« Motive hat. Man muss es Klein aber nicht ankreiden, dass sie die Selbst-Analyse des Analytikers nicht berücksichtigte. Die Gegenübertragung war zwar längst bekannt, aber sie wurde in Publikationen, Vorträgen oder Seminaren nicht offen erwähnt, weil sie noch mit der als peinlich empfundenen Vorstellung verbunden war, dass sie nur beim neurotischen oder neurotisch reagierenden Analytiker vorkomme. Außerdem hatte man die Produktivität einer im Falle einer Gegenübertragung notwendigen Selbstanalyse des Analytikers noch nicht entdeckt.

Die wichtigste technische Neuerung war Kleins Empfehlung, die negative Übertragung »sofort« zu deuten. Wenn man die Deutung versäume, wende sich der Widerstand gegen den Analytiker, »gegen uns, ohne dass wir ihm [dem Widerstand, UM] gewachsen sind« (KA, C.40, im. 55). Die Übertragung stelle sich, das war ein zweiter von Klein betonter Gesichtspunkt, beim Kind generell von Anfang an ein, bereits in den ersten Stunden (ebd., im. 42). Dazu erklärte sie: »Zeigt aber das Kind von vornherein Scheu, Angst oder auch nur mangelndes Zutrauen, so ist das als Anzeichen negativer Übertragung zu werten, die das möglichst schleunige Einsetzen des Deutens nötig macht« (ebd., im. 45). Wenn ein Kind die Mitarbeit aktiv oder passiv verweigere, nicht spielen wolle, ängstlich sei oder sich von der begleitenden Bezugsperson nicht trennen wolle, sei das als Manifestation der Wut des Kindes auf die/den Analytiker/in zu verstehen, die letztendlich der Mutter/dem Vater gelte. Die Anzeichen der negativen Übertragung müssten direkt, tief und auf die »denkbar unverblümteste Art« gedeutet werden (ebd., im. 57). Mit tiefen Wünschen waren sowohl auf den Vater und die Mutter gerichtete Todes- und Kastrationswünsche als auch Wünsche nach einem Geschlechtsverkehr mit ihnen gemeint.

Die Deutung der tiefen Wünsche führe zum Abbau der negativen Übertragung. Man solle »gleich zu Beginn der Analyse [...] tiefgehend« deuten und »vor dem tiefgehenden Deuten auch anfangs nicht zurückschrecken [...], da das einer tieferen Schicht angehörende Material doch später wiederkehrt und somit nur den Weg dazu und zum Ubw eröffnet und damit die analytische Arbeit« einleitet (ebd., im. 45). Klein kommt immer wieder darauf zurück, dass es notwendig ist, die negative Übertragung »schnell«, »schnell und beherzt«, »schnell und unerschrocken«

zu deuten (ebd., im. 45, 47, 55). An einer Stelle erläutert sie: »Man könnte es so nennen: ›den Stier bei den Hörnern packen‹« (ebd., im. 55).

Die neue Technik sei, so Klein, den Besonderheiten des kindlichen Seelenlebens angepasst und genüge darüber hinaus den Behandlungsprinzipien der Erwachsenenanalyse (ebd., im. 34). Denn diese Technik gehe von der Übertragung und vom Widerstand aus, berücksichtige infantile Triebregungen, Verdrängung und Amnesie und komme der Forderung nach Aufdeckung der Urszene nach, die Freud im »Wolfsmann« ausgesprochen habe (ebd., im. 35). Sie habe mit ihrer Technik gute Erfahrungen gemacht. Kinder, die zunächst ängstlich gewesen waren, sich ablehnend, destruktiv oder unkooperativ verhalten hatten, seien durch den deutenden Abbau der negativen Übertragung zur Mitarbeit angeregt worden.[36] Ferner betonte Klein, dass die Kinderanalyse »tiefer« gehen könne als die Analyse von Erwachsenen:

> »Wir finden [...], dass die Forderungen, die wir an Tiefe und Umfang der Analyse stellen dürfen, nicht hinter denen der Erwachsenenanalyse zurücksteht, im Gegenteil, wir können in ihr bis zu Erlebnissen und Fixierungen zurückgehen, die in der Erwachsenenanalyse häufig nur rekonstruierbar sind« (ebd., im. 28f.).

Ein letztes: Wie zuvor betonte Klein auch im Sommerseminar von 1925 die Notwendigkeit der Kinderanalyse, und zwar für Kinder, die neurotisch sind und Symptome aufweisen, darüber hinaus auch für Kinder, bei denen es »Erziehungsschwierigkeiten« gebe, denn: »*alle* Erziehungsschwierigkeiten beim Kind [müssen] *neurotisch* genannt werden« (KA, C.41, im. 2). Das würden, wie Klein anmerkt, sogar Analytiker bestreiten und manche Symptome und Probleme irrtümlicherweise für »vorübergehend« halten (ebd., im. 1).

Klein las in den Wochen, in denen sie die Londoner Seminare vorbereitete, zusammen mit Alix Strachey deren eben abgeschlossene Übersetzung des »Kleinen Hans« (M & K-d, S. 290). Freud hatte dort die Auffassung vertreten, dass Kinder, die unter Phobien litten, »entweder neurotisch [werden], oder sie bleiben gesund« (1909b, S. 119). Davon grenzte sich Klein ab und bezeichnete ihre Position in diesem Punkt als »radikal«.[37]

---

36 Siehe z. B. KA, C.40, im. 45.
37 Siehe KA, C.41, im. 15. Bei Klein scheint es weniger Raum für »Normalität« sowie für krankmachende Ursachen gegeben zu haben, die außerhalb des Kindes liegen; siehe dazu vor allem die sechste Vorlesung: KA, C.41, im. 1–24.

Alix Strachey berichtete ihrem Mann, dass Klein bei der Niederschrift des Vortrags Zweifel hatte, »auch hinsichtlich ihrer Empfehlung der Ψa für alle und jeden« (M & K-d, S. 418). Sie fährt fort:

> »aber ich habe sie ermutigt, es drinzulassen, denn ich finde, sie hat da gute Argumente, & es ist auf jeden Fall interessant. (Ich persönlich glaube jedes Wort, das sie sagt – einfach aufgrund der Folgerichtigkeit & aus Gründen allgemeiner Wahrscheinlichkeit, ganz unabhängig von tatsächlichen Erfahrungen)« (ebd.).

Überraschenderweise äußerte sich, worauf wir weiter unten zurückkommen, Freud zu exakt diesen Fragen im Sommer 1925, also zur gleichen Zeit, als Klein die Londoner Sommerseminare hielt.

Das Besondere an Kleins technischen Neuerungen war die *Dringlichkeit* der sofortigen Deutung der Übertragung, womöglich bereits beim ersten Kontakt. In seinem Beitrag über Ferenczis Technik hatte Edward Glover diese Empfehlung Abraham zugeschrieben und auf dessen Aufsatz von 1919 hingewiesen (E. Glover, 1924a, S. 290f.; Abraham, 1919). Glover bezeichnete den Ratschlag explizit als eine »Änderung« der Technik.[38] In der späteren umfangreichen Schrift über die Technik der Psychoanalyse wiederholte Glover die Empfehlung und stützte sich auf Abraham (E. Glover, 1927–1928, S. 193). In diesem Kontext sprach er vom nötigen »Mut« des Analytikers. Ohne Mut bei der Deutung der Übertragung könne es zu einer Stagnation der Analyse kommen (ebd.). Warum aber Mut? Weil es noch wenig Publikationen über die Handhabung der negativen Übertragung gab oder weil der Analytiker in diesem Fall nicht davor zurückscheute, Analysandinnen und Analysanden mit ihren aggressiven Regungen und Todeswünschen zu konfrontieren?

Klein war mit der Empfehlung der »raschen« Deutung nicht allein. Auch Rank sprach sich zur gleichen Zeit dafür aus. Sachs hingegen fand es in seiner Rezension von Ranks *Trauma der Geburt* »unverständlich [...], wie man das am tiefsten Verdrängte zu Beginn der Behandlung, wenn sich die Übertragung eben hergestellt hat, ›aufdecken‹ kann« (Sachs, 1925b, S. 112). Die Analysanden würden solche Deutungen »begierig aufnehmen und sich anzueignen scheinen, aber nur deswegen, weil diese Dinge eben für sie noch rein theoretische [...] Sätze sind« (ebd.). Das war gegen Rank

---

38 Siehe auch seinen Verweis auf Wilhelm Reich: E. Glover, 1924a, S. 291.

gerichtet, hätte aber auch auf Klein gemünzt sein können. Sachs Bemerkungen fielen ins Gewicht, denn er war in Berlin für die Technik zuständig.

Sachs war mit Kleins Ansichten wohlvertraut. Er hatte Vorträge von ihr gehört und kannte sicher viele ihrer »Kleinen Mitteilungen«. Wie im Kapitel über das Jahr 1924 dargestellt, hatte er bereits im April 1924 auf dem Salzburger Kongress die sogenannte »Blitzdeutung« kritisiert, die keine »Assoziationsbrücken« sucht, sondern vermutete unbewusste Regungen direkt anspricht (1925a, S. 152). Solche Deutungen seien wirkungslos und berührten die unbewussten Konflikte nicht. Der Analysand akzeptiere sie und wehre die kränkende Deutung durch eine Identifizierung mit dem Analytiker ab. Auf diese Weise befriedige er sein Ich-Ideal (ebd., S. 153). Ähnlich hatte Freud davor gewarnt, Deutungen zu geben, bevor durch einen »längeren Kontakt« eine Übertragung des Analysanden hergestellt worden sei (1910k, S. 140).

Diese Bemerkungen könnten, wie gesagt, auch auf Klein und die von ihr bevorzugten Symboldeutungen zutreffen. Diese zeichnen sich ja dadurch aus, dass sie nicht durch langwierige Arbeit herausgefunden werden, sondern »sofort« zur Verfügung stehen. Auch Ferenczis (1925) Bedenken gegen die damalige Deutungspraxis hätten gegen Klein gerichtet sein können. Seiner Auffassung nach handelte es sich bei präödipal determinierten Triebregungen meistens um »regressive Ersatzbildungen«, um ein Produkt von Abwehr und Regression und eine »Fluchttendenz vor dem Ödipuskomplex« (Ferenczi, 1925, S. 255; ähnlich Alexander, 1925b, S. 173). Deutungen, die orale oder anale Regungen ansprachen, waren also nach Auffassung dieser Autoren nicht »tief«, sondern verfehlten die tiefe Ebene.

In seiner Rezension nannte Sachs nur Rank beim Namen. Mit ihm setzten sich damals viele Autoren auseinander, nicht aber mit Klein. Sie wurde, wie es scheint, noch nicht als Diskussionspartnerin wahrgenommen, zumindest nicht im Komitee und vermutlich auch von Freud nicht. In London hingegen wurde ihr früh Interesse entgegengebracht und man nahm sie im wissenschaftlichen Austausch zur Kenntnis. Jones, der Vorsitzende der Gruppe, reagierte auf sie, wie man James Stracheys Briefen entnehmen kann, uneingeschränkt positiv. Alix Strachey war von ihr tief beeindruckt. Ihre lektorierende Arbeit an Kleins Vorträgen und ihre Übersetzungen trugen zu ihrer Einladung nach London und zum Gelingen der Sommerseminare bei. Während der Unterrichtsausschuss des Berliner Instituts Klein nach einem ersten fehlgeschlagenen Versuch um kein weiteres Seminar gebeten hatte, brachte die Londoner Gruppe durch die Einladung zum Ausdruck, dass man sie durchaus für würdig hielt, Seminare zu halten.

Klein zwischen Freud und Jones

Da Freud die Arbeiten in den von ihm als Haupt-Herausgeber verantworteten Zeitschriften stets las, kannte er höchstwahrscheinlich Kleins Publikationen (1920, 1921, 1923a, b) in der *Zeitschrift* und in *Imago*. Außerdem wird er von Analysanden und Kollegen, die ihre Vorträge in Salzburg, Würzburg oder Berlin gehört hatten, hin und wieder erfahren haben, welche Positionen sie vertrat. Es finden sich jedoch bis Ende 1925 weder in seinen Briefen noch in den Komitee-Rundbriefen Bemerkungen über Klein (außer den wenigen hier bereits erwähnten). Ab 1926 äußerte sich Freud über sie, und nun unüberhörbar, vor allem im Briefwechsel mit Jones.

Klein hatte Freud 1919 zum ersten Mal gesehen, als Ferenczi sie als Gast zu einer Sitzung der *Wiener psychoanalytischen Vereinigung* mitgenommen hatte (Fallend, 1995, S. 183; Eissler & Klein, 1953, im. 1). Ein zweites Mal sprach sie 1922 oder 1923 mit ihm. Wie sie im Interview mit Eissler erzählte, hatte Eitingon den Besuch vorgeschlagen und vermittelt (Eissler & Klein, 1953, im. 2). In diesem Gespräch ging es hauptsächlich um einen Verwandten von Klein, nach dessen Befinden sich Freud erkundigte. Über ihre Publikationen und Vorträge wurde nicht gesprochen, auch nicht beim dritten und letzten Treffen, das 1938 in London stattfand und eine dreiviertel Stunde dauerte. Freud habe, so Klein, die Kontroversen, die damals bestanden, nicht erwähnt. Er sei sehr freundlich zu ihr gewesen, und man habe über vieles gesprochen, aber nicht über Psychoanalyse (ebd., im. 4f.).

Klein hatte Freud nie in Wien besucht und auch keine Briefe mit ihm gewechselt. Im Interview mit Eissler berichtet sie, dass sie von Ferenczi, Eitingon und anderen erfahren hatte, dass Freud ihre Arbeiten schätzte (ebd., im. 4). Man habe ihr erzählt, dass er sagte, es habe auf dem Berliner Kongress eine Handvoll »vielversprechende« *(promising)* Vorträge gegeben, darunter ihren. Freud habe zu Anna Freud und Helene Deutsch, die den Raum verlassen hatten, als Klein ihren Vortrag hielt, geäußert, das sei schade (ebd., im. 6). Er selbst hatte also ihren Vortrag gehört.

Während also Freud und Klein nie miteinander über die psychoanalytische Theorie und Technik sprachen, ist Klein in Freuds Briefen an Jones häufig Thema. Ein erstes Beispiel sind Briefe vom Juli 1925. Am 17. Juli, unmittelbar nach Kleins Londoner Seminaren, schrieb Jones an Freud:

> »Melanie Klein has just given a course of six lectures in English before our Society on ›Frühanalyse‹. She made an extraordinarily deep impression on all of us and won the highest praise both by her personality and her work. I myself have from the beginning supported her views about early analysis and although I have no direct experience of play analysis I am inclined to account her development of it as exceedingly valuable« (F/Jo, S. 577f.).[39]

Jones berichtete, dass er sich nun in Urlaub begebe und danach zusammen mit den beiden Glovers und deren Frauen über Frankreich und Deutschland zum Kongress nach Bad Homburg reise. Freud antwortete ihm am 22. Juli: »I was pleased to hear of your nice summer plans. This year we are enjoying our stay on the Semmering very much. You will not see me in Homburg« (ebd., S. 578). Das war eine überraschende und bedeutungsvolle Mitteilung. Denn wieder sagte Freud seine Teilnahme am Kongress ab. Am Salzburger Kongress hatte er mit der Begründung nicht teilgenommen, dass er sich erholen müsse. Nun sagte er seine Teilnahme ohne jede Begründung ab. Wir wissen, dass er zu dieser Zeit wegen seiner Prothese Schwierigkeiten mit der Artikulation hatte. Das erwähnte er Jones gegenüber nicht, sodass sein »you will not see me in Homburg« kurz angebunden klingt.

Freud fährt im Brief fort, sich in zwei kurzen Sätzen dafür zu bedanken, dass Jones seinen Sohn Ernst zum Essen eingeladen hatte. Danach heißt es, wiederum etwas schroff: »Melanie Klein's works have been received with much skepticism and opposition here in Vienna. As you know I myself don't have much of an opinion on pedagogical matters« (ebd., S. 579). Freud bezeichnete hier Kleins »Frühanalyse« als Pädagogik (und nicht als Psychoanalyse), was als Spitze ausgelegt werden kann und damit einen zentralen Punkt der bald einsetzenden Diskussion zwischen Klein und Anna Freud vorwegnehmen würde.[40] In seiner Antwort brachte Jones seine Enttäuschung zum Ausdruck:

---

[39] Mit der Unterstützung »from the beginning« dürfte Jones gemeint haben, dass er sich im April 1924 in Salzburg wohlwollend über Klein geäußert hatte und zwei Arbeiten von ihr publiziert hatte (siehe das Kapitel über das Jahr 1924).

[40] Klein hatte sich in einem der Londoner Sommerseminare gegen eine Vermischung und Pädagogik und Kinderanalyse ausgesprochen (M & K-d, S. 418).

»I was exceedingly disappointed to hear of your change of plans as regards the Congress, for your letter was the first intimation I had and I had fully counted on meeting you there. It is fifteen months since I saw you last« (ebd.).

Er werde versuchen, Freud vor oder nach dem Kongress auf dem Semmering zu besuchen und wisse, dass Klein in Wien und Berlin auf Opposition gestoßen sei, aber: »I regard the fact as indicating nothing but resistance against accepting the reality of her [your] conclusions concerning infantile life« (ebd.). Die Herausgeber des Briefwechsels weisen darauf hin, dass Jones in diesem maschinengeschriebenen Brief »her« durchstrich und durch ein handschriftliches »your« ersetzte (ebd., S. 580). Er hatte also zuerst die Opposition gegen Klein als Widerstand gegen sie verstanden und sich dann korrigiert: Wer gegen Klein sei, sei gegen Freud.

Wie immer man den kleinen Austausch zwischen Jones und Freud verstehen mag, man kann festhalten, dass Klein nun, im Juli 1925, zum ersten Mal zu einem Thema wurde, und zwar zu einem, über das die Meinungen auf höchster Ebene auseinandergingen.[41] Nach den Sommerseminaren kehrte Klein nach Berlin zurück, nahm im September 1925 die Analyse bei Abraham wieder auf und musste sie bald darauf wegen der Verschlechterung seines Gesundheitszustands abbrechen. Nach dem Tod Abrahams im Dezember 1925 entschloss sich Klein, für einige Monate nach London zu gehen. Sie sollte Jones' Frau, seine beiden Kinder sowie die Kinder mehrerer Kollegen analysieren, was im Oktober 1926 dann auch geschah. In ihrer Autobiografie schreibt Klein, dass sich ihre Position in der Berliner Gruppe nach Abrahams Tod verschlechterte und sie mit keiner Unterstützung mehr rechnen konnte: »the Berlin Society had begun to deteriorate and support for my work had become very questionable« (KA, A.52, im. 21).

Der Wunsch nach »Fakten« und die Ablehnung der Wiener »Sentimentalität«

Bei der Untersuchung von Alix Stracheys Begeisterung für Klein war aufgefallen, dass sie großen Wert auf »Fakten« legte. Sie hatte in Berlin den Eindruck gewonnen, dass Klein, wie sie an ihren Mann schrieb, über »Berge

---

41 Eine ausführliche Darstellung der Rolle, die Klein im Briefwechsel zwischen Freud und Jones spielte, gibt Steiner (1985).

an Informationen« verfügte (M & K-d, S. 309). Klein sei die einzige Person, die »wirkliche Fakten« besitzt (ebd., S. 239), die einzige, »die jemals wirklich Kinder analysiert hat« (ebd., S. 279), die einzige, die über »Kenntnisse des Materials verfügt« (ebd., S. 280).

Die Betonung der Fakten verweist auf ein Ideal, das die Achse Berlin–London verband, nämlich das Ideal einer durch keine Spekulation und durch keine Vorannahmen beeinträchtigten »empirischen« Orientierung. Das war bereits bei Abraham aufgefallen, insbesondere in seinen Publikationen nach 1920. Im *Versuch einer Entwicklungsgeschichte der Libido* (1924) wies er mehrere Male darauf hin, dass es die Empirie, die Beobachtung, die tägliche Arbeit sei, die seiner Theorie zugrunde liege. Es gehörte zu seinen Standardargumenten, dass er die Fakten habe, die Freud noch nicht hatte. Fenichel (1925b) hebt das in seiner Rezension von Abrahams Schrift hervor. Abraham vertrete eine »rein empirische« Wissenschaft:

> »Daß diese [Abrahams] Funde rein empirischer Natur sind und sich von jeder Spekulation frei halten, hätte uns der Autor nicht erst nachdrücklich versichern müssen. Jeder Satz der in prägnantem und klarem Stil geschriebenen Abhandlung trägt die Zeichen langjähriger und mühsamer praktischer Arbeit an sich; die eingestreuten Bruchstücke aus Krankengeschichten, die leider manchmal allzu kurz gehalten sein mussten, überzeugen nicht nur völlig von der empirischklinischen Natur aller Behauptungen, sondern sind in ihrer Kürze und Prägnanz auch Meisterstücke psychoanalytischer Darstellungskunst« (ebd., S. 104).

Hier gibt es eine Gemeinsamkeit zwischen Abraham und den Stracheys. Auch Jones hob in der editorischen Einleitung zum ersten Band der *Collected Papers* (1924) hervor, dass Freuds Theorie auf »Beobachtungen« beruhe; oberstes Prinzip sei für Freud »to keep ever in the closest contact with the actual material daily brought before his observation, and not to be tempted along side-tracks by speculations, however enticing these might appear« (ebd., S. 4). Der strikt erfahrungsbezogene und sich »vorantastende« Charakter von Freuds Theorie mache ihre Wissenschaftlichkeit aus (ebd., S. 3). Ähnlich hatte Edward Glovers Vortrag vom Oktober 1924 mit der Bemerkung begonnen, die psychoanalytische Charakterologie sei »firmly based on the results of empirical observations, uninfluenced by any theoretical considerations« (1925a, S. 131). Im Interview mit Swerdloff sprach Edward Glover über das Ideal von »Objektivität und Stabilität«, das er mit Abraham geteilt habe (Swerdloff & Glover, 1973, im. 16).[42] Mit »Objektivität« meinte er sowohl die Überprüfbarkeit von Behauptungen als auch eine »postambivalente Haltung« gegenüber anderen; beides habe man damals an Abraham gerühmt (ebd.).[43]

Weder für Abraham noch für die Glovers scheint es damals Zweifel an der Objektivität ihrer Beobachtungen und Theoretisierungen gegeben zu haben. Man verstand unter Wissenschaftlichkeit den Gegenpol zu einer »spekulierenden« Theoriebildung, die man an Ferenczi und manchmal an Freud tadelte. Man ignorierte, dass Freud Spekulationen sehr schätzte und sich ihrer gezielt bediente. Unter wissenschaftlicher Produktivität verstand Freud, wie er einmal an Ferenczi schrieb, »die Aufeinanderfolge von kühn spielender Phantasie und rücksichtsloser Realkritik« (F/Fer II.1, S. 116). Den Horror vor der Spekulation kommentierte Ferenczi nach einem Besuch in London im April 1925 so: »›Mangel an Objektivität‹ ist dort anscheinend eine Beleidigung, der bei uns etwa ›Schweinehund‹ entspricht« (F/Fer III.2, S. 40). In diesen Kontext gehört auch die Empörung der Stracheys über »rein emotionale« (M & K-d, S. 231) oder »nur auf Affekten beruh[ende]« Diskussionsbeiträge (ebd., S. 272); in James Stracheys Worten: »The discussion was awful, – sheer emotionalism« (M & K-e, S. 141).

Außer dem Verlangen nach Fakten und Objektivität fiel im Briefwechsel der Stracheys auf, dass die Psychoanalyse als »altersgrau« (M & K-d, S. 230), als altmodisch oder sentimental bezeichnet wird. Beispielsweise werden Hug-Hellmuths Arbeiten als »Ansammlung von Sentimentalitäten« beschrieben, ein anderes Mal, wie schon erwähnt, Nina Searl der »Gefühlsduselei« bezichtigt oder Anna Freud eine »offene oder heimliche Sentimentalistin« genannt (ebd., S. 306, 217, 232). Im vorangegangenen Kapitel wurde vermutet, dass Alix Strachey und mit ihr andere, die sich von der »neuen« Psychoanalyse und insbesondere von den Glovers und von Klein angesprochen und verstanden fühlten, darauf reagierten,

---

42 Vgl. Robinson, 2008, S. 48.
43 Im Interview fügte Glover hinzu: »He [Abraham] was noted by everyone for his tremendous stability, but in fact he used to have from childhood on the most outrageous occasional flares of anger for no immediate cause, right up to the later part of his life – just occasionally. No one knew why he was doing it, and one can't help wondering whether this stability, this absence of ambivalence and so on had not some relation with overcoming some fairly tense familial problem, I think really« (Swerdloff & Glover, im. 12).

dass nun dem Baby und dem sehr kleinen Kind Schuldgefühle, Gier, Wut, Hass und Angst zugesprochen wurden, während man von Freud nur Lust und »Unlust«, sadistische Regungen, Rache und Gekränktheit kannte – Affekte und Wünsche, die zumindest ein wenig »harmloser« klangen. Entscheidend war natürlich, dass in Freuds Theorie die libidinös-sexuellen Regungen und Wünsche den am tiefsten verdrängten und am schwersten zugänglichen Kern des Unbewussten ausmachten, den letztendlichen Grund oder Motor des psychischen Geschehens.

Eine Bestätigung für diese Vermutung findet sich in einer Quelle von Anfang der dreißiger Jahre. In einem Aufsatz von Klein mit dem Titel »Die frühe Entwicklung des kindlichen Gewissens« (1933) wird deutlich, dass ihre Theoretisierungen mit einer Vision verbunden waren. Klein wirft die Frage auf, ob die Psychoanalyse nicht dazu

> »prädestiniert [sei], ihr Wirkungsfeld über das einzelne Individuum hinaus zu erweitern, um Einfluß auf das Leben der Menschheit insgesamt zu nehmen. Die wiederholten Versuche, die zu einer Verbesserung der menschlichen Natur unternommen worden sind – insbesondere die Bemühungen, die Menschheit zu größerer Friedfertigkeit zu erziehen – sind gescheitert, denn wie tief verwurzelt und mächtig die Aggressionstriebe sind, die jedes Individuum mit auf die Welt bringt, hat niemand wirklich verstanden« (ebd., S. 19).

Man habe bisher die »positiven, harmonisierenden Impulse« unterstützt, doch solche Versuche seien »zum Scheitern verurteilt« (ebd.). Die Psychoanalyse könne durch die Anerkennung der Aggressivität des Menschen dazu beitragen, dass

> »jene feindselige, der Angst und dem Mißtrauen entspringende Haltung, die mehr oder weniger intensiv in jedem Menschen ausgeprägt ist und seinen Zerstörungsimpuls um ein Vielfaches verstärkt, vielleicht freundlicheren und vertrauensvolleren Gefühlen gegenüber den Mitmenschen weichen, so daß die Menschheit in größerer Friedfertigkeit und Wohlgesonnenheit auf der Welt zusammenleben wird, als es heute der Fall ist« (ebd., S. 19f.).

Von der Vision einer sozial und politisch wirkmächtigen Psychoanalyse, die die Bedeutung der Aggression anerkennt, war Klein ebenso überzeugt und erfüllt wie Freud von der Vision des Primats des Sexuellen.

Altmodisch und sentimental fanden Kollegen wie Alix Strachey Freuds Grundüberzeugung vom Primat des Libidinösen, für modern und unsentimental hielten sie die Betonung der Aggression, einer starken, früh auftretenden, archaischen, primitiven Aggression.[44] Die »furchtbare Wahrheit«, mit der sich die Menschen nicht konfrontieren wollen, war ihrer Auffassung nach nicht die infantile Sexualität oder die mit der libidinösen Erregung potenziell verbundene Überwältigung des psychischen Apparats, sondern die aggressive Aufladung des kindlichen Trieblebens. In de Clercks Worten: »Vor allem erfaßte Alix scharfsichtig den fundamentalen Unterschied zwischen Melanie Kleins ›Frühanalyse‹ und den wohlwollenden, ›fortschrittlichen‹, heilpädagogisch orientierten Strömungen in der damaligen psychoanalytischen Pädagogik, die sich sowohl in England als auch in Österreich und Deutschland ausbreiteten« (de Clerck, 1995, S. 33). De Clerck nennt in der Fußnote die Namen von Isaacs, Neill, Hug-Hellmuth, A. Freud, Aichhorn, Bernfeld, Ada Schott, den Bornsteins und Wolffheim (ebd., S. 33f.). Ähnlich äußerte sich King (2000b): Klein sei in England willkommen gewesen, weil sie

> »keine Furcht davor hatte, negatives Material und aggressive Impulse erwachsener Patienten zu analysieren, sobald sie auftauchten, ohne, wie sonst üblich, die positiven Affekte des Patienten zu nähren (die Berliner Gesellschaft vertrat hingegen die Auffassung, daß die analytische Arbeit ohne eine solche Unterstützung positiver Affekte zum Stillstand käme)« (ebd., S. 54).[45]

So gesehen erhielten der Sadismus und die Aggression »endlich« einen zentralen Platz in der Theorie und in der Praxis – paradoxerweise in ebendem Moment, in dem Freud den primären Masochismus einführte (1924), ein Konzept, das offensichtlich nicht mehr dem damaligen »Zeitgeist«

---

44 Die Kategorie des Altmodischen in Bezug auf Freud wird auch von Edward Glover verwendet. Er beschreibt die Verhältnisse in der *British Psycho-Analytical Society* in den Jahren vor dem Zweiten Weltkrieg so: »Up till, then Mrs. Klein was quite prepared to say – or indeed Mrs. Riviere also – that Freud was just a little bit old-fashioned and out of date, of course he had many kinks in his own nature and so on, and we knew better now« (Swerdloff & Glover, 1973, im. 36). Die Charakterisierung von Freuds Theorie als »old-fashioned« findet sich auch in Eisslers Interview mit Glover (Eissler & Glover, im. 5).
45 King bezieht sich auf Berlin und wird jene Berliner Kollegen meinen, die Kleins Auffassung nicht teilten.

entsprach und nicht nur von den Stracheys, sondern gegen Ende der 1920er Jahre von der politischen Linken und danach von der Mehrheit der klassischen oder orthodoxen Analytiker abgelehnt wurde.

Freud im Sommer 1925: Vierter und fünfter Einspruch gegen Thesen der »neuen« Psychoanalyse

Anfang 1925 empfand sich Freud als besonders unproduktiv: »ich [habe] noch zu keiner Zeit meines reifen Lebens vier Monate ohne jeden Einfall, ohne irgendeine Regung von Produktivität gehabt« (F/Fer III.2, S. 27). Im Frühjahr bereitete er eine Neuausgabe der *Traumdeutung* für die *Gesammelten Schriften* vor (1925).[46] Im Sommerurlaub in der Villa Schüler auf dem Semmering entstanden dann drei Arbeiten. Sie waren, wie er gegenüber Abraham meinte, »nicht recht ernst gemeint« (F/A, S. 832). Zwei waren am 21. Juli abgeschlossen (ebd.): »Die Verneinung« (1925h), »Einige psychische Folgen des anatomischen Geschlechtsunterschieds« (1925j) und *Hemmung, Symptom und Angst* (1926d), das im August 1925 »fast vollendet« war (F/Fer III.2, S. 49).

»Die Verneinung«, ein fünf Druckseiten umfassender Text, der noch in das dritte Heft der *Imago* von 1925 aufgenommen wurde, gehört zu den Arbeiten über die Entstehung und Wirkungsweise des psychischen Apparats und ist für die vorliegende Fragestellung weniger von Interesse als die beiden anderen Texte, in denen sich Freud noch einmal von Positionen seiner Schüler abgrenzte.

Am internationalen psychoanalytischen Kongress in Bad Homburg im September 1925 verlas Freuds Tochter seinen Beitrag mit dem Titel »Einige psychische Folgen des anatomischen Geschlechtsunterschieds« (1925j). Schon im ersten Satz bezog sich Freud auf die Frage nach der präödipalen Entwicklung: »Meine und meiner Schüler Arbeiten vertreten mit stetig wachsender Entschiedenheit die Forderung, daß die Analyse der Neurotiker auch die erste Kindheitsperiode, die Zeit der Frühblüte des Sexuallebens, durchdringen müsse« (ebd., S. 257). Die Rekonstruktion der präödipalen Zeit bedürfe einer vorsichtigen Vorgehensweise, da die »Frühzeitanalysen« in »Dunkelheiten« führten, »durch welche uns

---

46 Siehe F/E, S. 394; RB 4, S. 270; F/E, S. 402.

noch immer die Wegweiser fehlen« (ebd.). Gleichwohl riskiere er es, neue Einsichten in diese frühe Zeit bekannt zu geben. Er sei nun zu alt, um abwarten zu können, ob sie sich als haltbar erweisen würden und bitte die Schüler, sie nachzuprüfen (ebd., S. 258).

Nun hörten die Schüler in Bad Homburg, unter ihnen Rank, Alexander, Ferenczi, die Glovers, Abraham und Klein, was Freud zur Vorgeschichte des Ödipuskomplexes zu sagen hatte. Sie selbst hatten ja eigene Theorien publiziert. Als Erstes wiederholte Freud seine bisherigen Erkenntnisse, die hauptsächlich auf die präödipale Entwicklung des Jungen bezogen waren. In diesem Teil des Vortrags nannte er keinen einzigen Schüler beim Namen. Danach gab er seine eigenen neuen Thesen über die präödipale Entwicklung des Mädchens bekannt und nannte in den buchstäblich letzten Zeilen die Publikationen von Abraham (1921a), Horney (1923) und Helene Deutsch (1925a) über die weibliche Sexualität, auf die er im Vortrag selbst nicht näher eingegangen war. Er beschränkte sich auf die Bemerkung, sie enthielten »vieles, was nahe an meine Darstellung rührt, nichts, was sich ganz mit ihr deckt« (1925j, S. 266).[47]

Der erste Teil von Freuds Beitrag ist für die Frage nach dem Primat des Sexuellen von größtem Interesse. Es war unüberhörbar, dass Freud anderer Auffassung war als manche seiner Schüler. Gleich in den ersten Zeilen bezeichnete er die Libido der »Säuglings- und Pflegeperiode« als noch nicht »genital« (ebd., S. 258). Zwar entdecke das Baby beim Saugen Lustempfindungen an der Genitalzone, es scheine aber »unberechtigt, den ersten Betätigungen an ihr einen psychischen Inhalt unterzulegen« (ebd., S. 260). Die »Verknüpfungen« zwischen den Empfindungen an der Genitalzone, auch solchen der frühkindlichen Onanie mit den »Objektbesetzungen des Ödipuskomplexes«, finde hier noch nicht statt (ebd.). Außerdem sei die präödipale Entwicklung des Jungen durch eine zärtliche Identifizierung mit dem Vater gekennzeichnet, die noch nicht mit Rivalität einhergehe (ebd.). Schließlich: Ödipale Regungen seien erst auf der phallischen Stufe zu beobachten, desgleichen Kastrationsangst (ebd., S. 258). Die psychische Entwicklung durchlaufe mehrere Stadien, bis sie sich im Ödipuskomplex zu einem Konflikt konstelliere, der im Normalfall durch die Errichtung des Über-Ichs gelöst werde. Freud nahm zu einer Reihe von weiteren Einzelfragen Stellung und betonte, was alles noch offen sei, beispielsweise die Rolle

---

47 Kleins Theorie der weiblichen Entwicklung konnte er nicht erwähnen, weil sie noch nicht publiziert worden war.

der Urfantasien oder die Regelmäßigkeit der Beobachtung oder Belauschung des elterlichen Sexualverkehrs (ebd., S. 259). Auf diese Weise gab er zu verstehen, dass er sich, anders als manche Schüler, noch im Zweifel war, wie es sich damit verhielt.

Mit diesen Mitteilungen war unmissverständlich klargestellt, dass Freud sich all jenen nicht anschloss, die ödipale Regungen und ödipale Konflikte, Kastrationsangst, Kastrationswünsche und Rivalität sowie die Errichtung des Über-Ichs frühen Entwicklungsstufen zuordneten. Zu den Autoren, von denen er sich abgrenzte, gehörten alle, die in der vorliegenden Arbeit vorgestellt und als Begründer der »neuen« Psychoanalyse bezeichnet wurden. In Freuds Sichtweise bildeten die libidinös-sexuellen Regungen weiterhin die zentrale Antriebskraft der psychischen Entwicklung, sowohl in Gestalt des narzisstischen Interesses an der eigenen autoerotischen Befriedigung als auch in Gestalt der auf die elterlichen Objekte gerichteten ödipalen Strebungen. Die Aggression behielt ihre Nebenrolle in der präödipalen Entwicklung (insbesondere beim Jungen), bis sie im ödipalen Konflikt als Rivalität und in Todeswünschen, die gegen den Vater gerichtet waren, in Erscheinung trat, und zwar untrennbar verbunden mit den libidinös-sexuellen auto- und alloerotischen Wünschen. Auch wenn Freud selbst die sadistisch-analerotische Stufe eingeführt hatte, blieb sie ein Vorspiel, eine Vorstufe zum zentralen Ereignis der psychosexuellen Entwicklung des Kindes, dem Ödipuskomplex und seiner Auflösung.

Unmittelbar nach dem Abschluss von »Einige psychische Folgen« entstand *Hemmung, Symptom und Angst* (1926d). Der lange Beitrag kam 1926 als selbstständige Broschüre heraus (F/Fer III.2, S. 81).[48] In einem Brief an Ferenczi hatte sich Freud recht selbstkritisch geäußert. Sein Aufsatz sei »wenig spekulativ« und entstanden »nach Art eines Zeitungsromans, wobei der Autor sich selbst von jeder Fortsetzung überraschen läßt« (ebd., S. 49). Das »Zeug« sei »so schlecht geschrieben, daß es wahrscheinlich umgeschrieben werden muß; lange Zeit fragte es sich, ob es nicht ungeschrieben bleiben sollte. Aber das Schicksal hat es anders gewollt« (ebd.). Es habe sich, so Freud, für ihn erst am Ende herausgestellt, dass es ihm um eine Auseinandersetzung mit Ranks Theorie gegangen sei (ebd.).

---

48 Die Übersetzung durch L. Pierce Clark, einem amerikanischen Analytiker, erschien 1927, jene von Alix Strachey, die später in die *Standard Edition* aufgenommen wurde, erst 1936.

Aus dem Blickwinkel unserer Fragestellung erweist sich *Hemmung, Symptom und Angst* als ein substanzieller Beitrag zur Theorie der präödipalen psychischen Entwicklung. Freud wandte sich nun den kindlichen Ängsten und ihrer Chronologie zu. Es könnte gut sein, dass er sich dazu von Klein angeregt fühlte. Dass er ihre These vom frühen Über-Ich im Blick hatte, kann als sicher gelten, denn er nahm ausdrücklich davon Abstand, die Angstanfälle des Kindes mit dem Über-Ich in Zusammenhang zu bringen: »Die ersten – sehr intensiven – Angstausbrüche erfolgen jedenfalls vor der Differenzierung des Über-Ichs« (1926d, S. 240). Klein hingegen hatte, wie in den vorangegangenen Kapiteln dargestellt, den früh auftretenden *pavor nocturnus* für einen eindeutigen Indikator der Wirksamkeit des Über-Ichs gehalten.

Auch die Unterscheidung zwischen Hemmung und Symptom, die Freud schon im Titel nennt, könnte sich auf Klein beziehen, ebenso gut jedoch auf Abraham oder Alexander, die ebenfalls öfters von »Hemmungen« sprachen. Speziell bei Klein fällt auf, dass sie keinen Unterschied zwischen einer Hemmung und einem Symptom machte. Bei ihr sind Spiel- und Lernhemmungen oder Hemmungen bei der Ausübung von sportlichen Aktivitäten bereits Symptome. Freud hingegen stellte klar, dass er mit Symptomen pathologische Erscheinungen meinte, während sich Hemmungen auf Einschränkungen der Ichfunktionen bezogen, die nicht notwendigerweise pathologisch sind.

Es geht hier um die Differenz zwischen Pathologie und Normalität, die für Freuds Theoriebildung konstitutiv ist, bei Klein hingegen eher aus dem Blick verschwindet. In einem der Sommerseminare machte sie, wie oben erwähnt, darauf aufmerksam, dass sogar Analytiker die Ansicht verträten, Symptome der Kinder könnten im Laufe der Zeit verschwinden und nicht zu einer Neurose führen (KA, C.41, im. 3). Sie sehe es anders: Auch unauffällig wirkende Symptome müssten ernst genommen werden, weil sie später schwerwiegende Folgen hätten. Deswegen müssten alle Kinder analysiert werden, allein schon aus prophylaktischen Gründen. Wie oben berichtet stimmte Jones Klein zu. Die prophylaktische Analyse von Kindern sei, wie er Freud schrieb, »the logical outcome of psycho-analysis« (F/Jo, S. 579). Freud hingegen vertrat weiter den Standpunkt, dass manche Ängste und Phobien der Kinder normal seien, manche sich später »auswachsen« würden (1926d, S. 287).

Freud kam in *Hemmung, Symptom und Angst* auf zwei lange zurückliegende, abgeschlossene Fälle zurück, auf den »Kleinen Hans« (1909b), den er noch vor der Einführung der oralen, analen und phallischen Phase geschrieben hatte und auf jenen des »Wolfsmanns« (1918b), den er vor der Einführung des Todestriebs und des sogenannten Strukturmodells verfasst hatte. Sowohl der Kleine Hans als auch der »Wolfsmann« hatten unter Tierphobien gelitten, zu deren Theoretisierung Freud nun noch einmal Stellung bezog.

Es gebe, so Freud, eine ernste »Unebenheit« der klinischen Theorie der Phobie, einen Widerspruch zwischen der klinischen Beobachtung und der Theorie. Die Analyse habe gezeigt, dass Hans die Aggression gegenüber dem Vater verdrängte. Der Theorie nach könnten aber nur libidinöse Regungen verdrängt werden. Mit Freuds Worten: »Wir haben immer geglaubt, bei der Neurose wehre sich das Ich gegen Ansprüche der Libido, nicht der anderen Triebe« (1926d, S. 267). Schon bei der ersten Niederschrift des »Kleinen Hans« hatte Freud dieses Problem angesprochen und eine Lösung vorgeschlagen, mit der er Adlers Einführung eines Aggressionstriebs widerlegen wollte (1909b, S. 117). Nun suchte er wieder nach einer Lösung. Wie um die Bedeutung des Problems herunterzuspielen, merkte er an, dass die Frage »praktisch [...] gleichgültig« sei; es handle sich nur um ein »theoretisches Interesse« (1926d, S. 267). Er verschwieg jedoch nicht, dass es sich um eine »fundamentale« Frage handle. Es sei, wie er schreibt, »fast beschämend, daß wir nach so langer Arbeit noch immer Schwierigkeiten in der Auffassung der fundamentalsten Verhältnisse finden«; er habe sich aber vorgenommen, »nichts zu vereinfachen und nichts zu verheimlichen« (ebd.).

So viele Worte für ein Problem, das für die Generation der »neuen« Psychoanalyse nicht existierte. Ihre Theoretiker empfanden keine »Unebenheit«, wenn sie von der Verdrängung der Aggression sprachen, eben weil sie Freuds Überzeugung vom Primat des Sexuellen nicht teilten. Freud beschrieb das Problem so: Er habe (nach dem »Kleinen Hans«) zuerst eine Theorie der Libidoorganisationen entwickelt und eine orale, eine sadistisch-anale und eine genitale Stufe beschrieben. In dieser Theorie seien alle Partialtriebe einander gleichgestellt gewesen (ebd.). In der Theorie von Eros und Todestrieb habe er dann erwogen, den sadistischen Partialtrieb als »Vertreter« des Todestriebs zu sehen. Dadurch sei ein Widerspruch entstanden, da der sadistische Partialtrieb nun nicht mehr zur Gruppe der libidinösen Partialtriebregungen gehörte. Diesen Widerspruch habe er in *Das Ich und das Es* dadurch gelöst, dass er die Annahme eingeführt habe, libidinöse Triebregungen seien immer mit aggressiven gemischt. »Also« könne die sadistische Regung »als eine libidinöse behandelt [...] werden« (ebd., S. 268). Sehe man es so, dann sei der Sadismus doch wieder ein libidinöser Partialtrieb, und dann brauchen »die Organisationen der Libido [...] nicht revidiert zu werden, die aggressive

Regung gegen den Vater kann [...] Objekt der Verdrängung werden« (ebd.). Das hieß: Die Theorie der libidinösen Entwicklung (orale, sadistisch-anale und phallische Stufe) kann aufrechterhalten werden. Aber: Möglicherweise könnten die sadistischen Regungen doch nicht von Anfang an verdrängt werden, sondern erst auf der genitalen Stufe (ebd.).

Man sieht hier, wie Freud darum rang, das Primat des Sexuellen aufrechtzuerhalten. Zuerst scheint es, als ob er mit der Mischungshypothese »nachgegeben« und die Libido sozusagen zu einer libidinös-aggressiven Libido umdefiniert hätte, und dann heißt es doch: Die Libidotheorie muss nicht geändert werden, denn die gemischte Regung des Sadismus ist doch auch eine libidinöse. Und kaum ist das ausgesprochen, nimmt Freud die Lösung teilweise wieder zurück und hält als Vermutung fest, dass die sadistischen Regungen möglicherweise trotz allem nicht verdrängt werden können, zumindest nicht von Anfang an, sondern erst auf der genitalen Stufe. Freud fügte hinzu: Hans hatte sicher die genitale Stufe erreicht, als er die Aggression gegen den Vater verdrängte.

Im Zuge dieser bisweilen sophistisch anmutenden Überlegungen hätte Freud es sich leicht machen und Abrahams neue Konzeptualisierungen der Libido, die oralsadistische und die analsadistische, verwenden, sie bejahend begrüßen oder Kritik an ihnen üben können.[49] Er ignorierte jedoch Abrahams großen alternativen Theorieentwurf, und zwar, wie hier vermutet wird, deshalb, weil er die Phobie klinisch anders verstand als Abraham und andere Schüler. Somit geht es nicht nur um theoretische Haarspaltereien, sondern, wie so oft und wie so oft unausgesprochen, um das klinische analytische Verständnis. Wie er die Phobie verstand, führte Freud nun bis ins Detail vor. Die Angst des »Kleinen Hans«, vom Pferd gebissen, und die Angst des »Wolfsmanns«, vom Vater gefressen zu werden, sind bei Freud keine Manifestationen oral-aggressiver Wünsche oder Ängste. Freud hielt vielmehr an seiner bisherigen dem Primat der Libido verpflichteten Erklärung fest. Demnach ist der Junge der phallischen Entwicklungsstufe wütend auf den Vater als den »Störer« der Sexualität und hat deswegen Angst vor ihm. Die Angst werde ins Gegenteil verkehrt (der Vater ist wütend auf ihn) und auf das Pferd oder den Wolf verschoben. Die oralen

---

49 An einer Stelle sprach Freud von einer »Übergangsphase von der oralen zur sadistischen Libidoorganisation« (1926d, S. 250) und vermied Abrahams Konzept des oralen Sadismus. Er blieb bei seiner eigenen Terminologie, der zufolge auf die orale Stufe die sadistisch-analerotische (alternativ »sadistisch« genannt) folgt (ebd., S. 250f., 267).

Inhalte der Angst aber sind Produkte einer Regression. Die Angst vor dem Vater werde »regressiv erniedrigt«, das heißt: in die Sprache, Bilder- und Fantasiewelt der Oralität übertragen. Sie erscheine dann als Angst, gebissen oder gefressen zu werden. In dieser Angst aber, und das war der entscheidende Punkt, komme der am tiefsten verdrängte Wunsch, vom Vater geliebt zu werden, sowie die auf ihn bezogenen zärtlichen Gefühle, die ebenfalls verdrängt seien, zum Ausdruck (ebd., S. 250).

Freud machte sich in *Hemmung, Symptom und Angst* die Mühe, die Auflösung der Phobie genau zu beschreiben, weil er deutlich machen wollte, dass man es in der Angst, gebissen oder gefressen zu werden, nicht mit der entstellten Äußerung oraler oder oralsadistischer Wünsche zu tun hat, sondern mit dem Wunsch, vom Vater geliebt zu werden. Die orale Aggression, die in der Phobie steckt, ist demnach ein Symptom oder eine Kompromissbildung, die dem Bewussten erträglich ist. Das habe sich, so Freud, faktisch in den Analysen gezeigt und erlaube »keinen Zweifel an der Richtigkeit dieser Deutung« (ebd.). Das größte Hindernis der Analyse war im Falle des »Kleinen Hans«, wie Freud 1909 geschrieben hatte, die Angst vor dem Vater gewesen, die aus den Todeswünschen resultierte. Diese Angst hätte durch eine »Aussprache in der Ordination«, also das eine Gespräch, zu dem Vater und Sohn zu Freud in die Praxis kamen, behoben werden können (1909b, S. 97). Die Angst habe sich gelegt, als Freud dem Buben sagte, der Vater habe ihn doch gern. Das heißt: als die libidinösen Wünsche bewusst gemacht wurden. Das war sozusagen der klinische Beleg für das Primat des Sexuellen.

Schließlich wiederholte Freud in *Hemmung, Symptom und Angst* ein weiteres Mal seine Ablehnung der Kastrationsangst auf der oralen oder analen Stufe. Die Kastrationsangst werde durch den Verlust der Brust und des Darminhalts nur »vorbereitet« und »vorstellbar gemacht« (1926d, S. 271f.). Die mit der Geburt verknüpfte Angst, von Alexander als frühester Ausdruck der Kastrationsangst eingeführt, von Jones und anderen übernommen und von Rank ins Zentrum gestellt, gebe es nicht. Der Säugling erlebe die Geburt nicht als Trennung, »da diese als Objekt dem durchaus narzißtischen Fötus völlig unbekannt ist« (ebd., S. 272). Desgleichen empfinde der Säugling die mit der Geburt verbundene objektive Lebensgefahr nicht (ebd., S. 275). Die Angstbereitschaft des Säuglings sei »nicht nach der Geburt am stärksten«, sondern »erst später« (ebd., S. 277).[50]

---

50 Zur Veranschaulichung der Position der »neuen« Psychoanalyse ein Verweis auf Edward Glovers Rezension von *Hemmung, Symptom und Angst,* dessen Übersetzung ins Engli-

Zuletzt sei aus einem Brief zitiert, den Freud im April 1926 an Marie Bonaparte schrieb. Sie hatte Freud nach der Bedeutung des Entwöhnungstraumas gefragt und Freud antwortete:

> »In dem, was Sie über [...] das Trauma der Entwöhnung sagen, habe ich wieder Ihre Klugheit bewundert. Natürlich steckt die Ableugnung des Kastrationskomplexes dahinter. Rank, von dem diese Richtung ausgeht, hat es in der gemeinsamen Arbeit mit Ferenczi unverhüllt eingestanden. Der Haupteinwand gegen die Lehre ist die klinische Erfahrung, die den Kastrationskomplex greifbar zeigt, das andere nicht« (zit. n. Jones III, S. 515).

Die »ewigen Säuglinge«, wie Freud in einem anderen Brief an Bonaparte die Autoren, die die Bedeutung der Entwöhnung betonten, etwas verächtlich bezeichnete, sähen richtig, dass die Oralerotik die »erste Manifestation der Erotik überhaupt« sei (ebd., S. 516). Aber: »Mag der Genitalverlust auch sein Normalvorbild in der Entwöhnung haben, die Gefahr des Verlustes wird doch erst mit der Kastration pathogen, denn nur der Penis bringt die kolossale narzißtische Besetzung mit, die der Bedeutung der Fortpflanzungsfunktion entspricht« (ebd.).

Abraham statt Freud: Zum Verschwinden der Freud'schen Terminologie

Wir haben uns an die Hauptbegriffe der »neuen« Psychoanalyse, den »oralen« und »analen Sadismus« und an »oralsadistische« und »analsadistische« Regungen, so gewöhnt, dass wir uns nicht mehr vorstellen können, dass sie nicht auf Freud zurückgehen, sondern auf Abraham, der

---

sche 1936 erschienen war. Glover bezeichnete den Text »without doubt the most disjointed presentation ever published by one who has so often proved himself a master of orderly exposition« (1938, S. 109). Freud verwende »old-fashioned« klinisches Material, ihm hätten keine relevanten klinischen Beobachtungen an Kindern zur Verfügung gestanden, er habe das frühe Über-Ich und die frühen unbewussten Phantasien nicht gekannt, Projektion und Introjektion nicht berücksichtigt usw. Vielleicht ist Glovers Rezension als Ausdruck einer spezifisch britischen Unabhängigkeit und Souveränität gegenüber Autoritäten zu werten. Die wiederholte Erwähnung der Formel »We in Britain« in seiner Rezension fällt auch in Kleins Seminaren von 1936 und 1958 als eine Art Leitthema auf (Klein, 2017).

sie 1924 im *Versuch einer Entwicklungsgeschichte* (1924) einführte. Im gleichen Jahr wurden sie, wie oben dargestellt, in neun Vorträgen von Berliner und Londoner Analytikern verbreitet.[51] In die Vereinszeitschriften gelangten die neuen Begriffe 1925 und wurden breit rezipiert, während Freud selbst sie nicht übernahm. Seine Begriffe gerieten zunehmend in den Hintergrund und wurden zunehmend durch die Abraham'schen ersetzt, ohne dass das in der *psychoanalytic community* reflektiert worden wäre.[52]

Erstes Erscheinen von Abrahams »oralsadistisch« (»oral-sadistic«) in den Vereinszeitschriften

Internationale Zeitschrift für Psychoanalyse. Die Bezeichnung »oralsadistisch« oder »oraler Sadismus« (einschließlich aller grammatikalischen Varianten) erscheint 1923 in der *Internationalen Zeitschrift* zum ersten Mal in der Meldung, dass Salomea Kempner am 16. Mai 1923 in Wien einen Vortrag mit dem Titel »Der orale Sadismus« gehalten hatte (Korr, 1923, S. 552). Der Vortrag selbst wurde erst 1925 publiziert, obwohl die Autorin das Manuskript schon im Sommer 1923 bei der *Internationalen Zeitschrift* eingereicht hatte (Kempner, 1925, S. 77). Jetzt trug ihr Beitrag eine andere Überschrift, nämlich: »Beitrag zur Oralerotik« (1925).[53] Außer von Kempner wird die Bezeichnung »oraler Sadismus« 1925 von Klein (1925), Fenichel (1925a, b) und Rank (1925b) verwendet.

In Kempners Text ist nur an *einer* Stelle von »oralsadistischen Gelüsten« die Rede (Kempner, 1925, S. 75). An zwei anderen benutzte die Autorin Freuds Bezeichnung »kannibalistisch« (ebd., S. 76f.).[54] Klein sprach in ebenjenem, oben erörterten Beitrag von »oralsadistischen« Objektbeziehungen, in dem sie sich

---

51 Korrekterweise müsste man wegen Ophuijsens Vortrag von 1925, von dem nur eine sehr knappe Zusammenfassung erhalten ist, »holländisch« hinzufügen.

52 Die Suche nach Stichwörtern wurde mithilfe der Suchfunktion von PEP (Psychoanalytic Electronic Publishing) und mit Guttmans Konkordanzen (1980, 1995) durchgeführt.

53 Kempner zog 1923 nach einer Analyse bei Freud von Wien nach Berlin, erhielt eine Anstellung an der Poliklinik und wurde 1925 als ordentliches Mitglied von Wien übernommen; zu Kempner siehe Hermanns, 2019.

54 »Oralkannibalisch« und »oralkannibalistisch« werden von Therese Benedek (1925, S. 94f.), einem Mitglied der Berliner Psychoanalytischen Vereinigung, verwendet sowie von Sachs (1925b, S. 111) in einer Rezension von Ranks *Trauma der Geburt*.

Abrahams Verständnis des Tics angeschlossen hatte (Klein, 1925, S. 186). Fenichel benutzte die Bezeichnung »oralsadistisch« erwartungsgemäß in der Rezension von Abrahams *Versuch einer Entwicklungsgeschichte* (1925b, S. 105), aber auch in einer Falldarstellung (Fenichel, 1925a). Dort sagt er über eine Patientin, sie habe dazu geneigt, »erotische Objektbestrebungen in eine oral-sadistische (Abraham) Beziehung auslaufen zu lassen« (ebd., S. 293) und erwähnt Abraham ausdrücklich als Urheber der Bezeichnung, worauf bereits hingewiesen wurde.[55]

Während Kleins und Fenichels Verwendung des Terminus »oralsadistisch« bei ihrer damaligen Nähe zu Abraham nicht überrascht, entspricht Ranks Anschluss an die neue Terminologie nicht den Erwartungen. »Oralsadistisch« erscheint in seiner Publikation des Vortrags auf dem Homburger Kongress im September 1925 (Rank, 1925, S. 416). Rank stellte dar, dass die oralsadistische Libido den aggressiven Beitrag zu den sexuellen Regungen der phallisch-ödipalen Stufe und zur Sexualität des Erwachsenen liefere (ebd.). Wie Abraham nahm nun auch Rank einen »Beißtrieb« und eine »sadistische Bemächtigungslust« an, die bereits beim Saugen erlebt würde (ebd., S. 419). Ferner vertrat er, ähnlich wie die Glovers, die Auffassung, dass durch die Entwöhnung ein »nie mehr versiegendes Element des Hasses gegen die Mutter« aufkomme, das von Angst und Schuldgefühlen begleitet werde; es entstamme ursprünglich der Geburt und werde durch die Entwöhnung und die Reinlichkeitserziehung verstärkt (ebd., S. 423). Frühe Schuldgefühle hätten, so Rank, auch Ferenczi und Klein beobachtet. Ferenczi habe kürzlich von einer »Sphinktermoral« gesprochen (Ferenczi, 1925) und Klein vertrete die Auffassung, dass Kinder »vor jeder Vateridentifizierung und der Aufrichtung des eigentlichen Über-Ich« Schuldgefühle zeigten (ebd., S. 424). Das frühe Über-Ich bilde sich, so Rank, auf »mütterlichem Boden« (ebd., S. 423). Rank schloss sich also während der letzten Monate, in denen er noch zum Kreis um Freud gehörte, Positionen der »neuen« Psychoanalyse und insbesondere Klein an und berief sich explizit auf sie.[56]

---

55 Vielleicht hatte sich Radó, eben zum Redakteur der *Internationalen Zeitschrift* ernannt, dafür eingesetzt, dass der junge und noch relativ unerfahrene Fenichel mit der Aufgabe einer Rezension von Abrahams Schrift betraut wurde. Radó erwähnte später, dass er Fenichel (gegen Eitingon) unterstützte (Swerdloff & Radó, 1965, im. 97f.).

56 Abrahams Namen nennt Rank in dieser Publikation nicht, was auf ihre angespannten Beziehungen zurückzuführen sein wird; jenen von Ferenczi mehrere Male: Rank, 1925, S. 412, 418, 423 und 426.

International Journal of Psychoanalysis. Auch in dieser Zeitschrift erschien »oral-sadistic« im Jahrgang von 1925 zum ersten Mal, und zwar in Abrahams Aufsatz über den oralen Charakter (1925a, S. 254, 256)[57] sowie in Fenichels (1925b, S. 497) und Kempners (1925, S. 426) eben erwähnten Beiträgen aus der *Internationalen Zeitschrift*, die ins Englische übersetzt worden waren; außerdem in Jones' Rezension von Abrahams *Psychoanalytischen Studien zur Charakterbildung* (Jones, 1925a, S. 346).

Da Alix Stracheys Übersetzung von Abrahams *Versuch einer Entwicklungsgeschichte* erst 1927 veröffentlicht wurde, war das Auftauchen von »oral-sadistic« in Abrahams Aufsatz in diesem zweiten Heft des *International Journal of Psychoanalysis* von 1925 eine Premiere für die britischen Leser. Bereits im vorhergehenden Heft war Edward Glovers Londoner Vortrag vom Oktober 1924 zu lesen gewesen (1925a), der von der neuen Sichtweise der Oralität handelte. Bezeichnenderweise benutzte Glover die Termini »oral-sadistic« und »oral sadism« noch nicht, sondern sprach in seiner ausführlichen Darstellung von Abrahams Unterteilung der oralen Stufe von einer präambivadelenten und einer »kannibalistischen« oder »destruktiven« Unterstufe (ebd., S. 133).[58] Die Annahme liegt nahe, dass Glover die neuen Termini absichtlich vermied, weil die eigentliche Einführung einer »oral-sadistic stage« in die britische psychoanalytische Literatur Abraham vorbehalten bleiben sollte.[59]

Abrahams »oraler Sadismus« als *joint venture* zwischen Berlin und Wien

Wie in den Kapiteln über die Jahre 1923 und 1924 dargestellt, verwies Abraham im *Versuch einer Entwicklungsgeschichte* in den Zeilen, in denen er die Einführung des oralen Sadismus begründete, auf James Glovers Vortrag von 1922 und bezog sich in seinem Beitrag von 1925 (»The influence of oral erotism«, 1925a) auf Edward Glover, der seinerseits schon in »The

---

57 Die Seitenangaben beziehen sich auf das *International Journal of Psychoanalysis*. In den *Selected Papers of Karl Abraham* (1927) befinden sich die Stellen in Abrahams Aufsatz auf S. 401, 403.

58 Das freudnahe »cannibalistic« erscheint in den Übersetzungen der oben erwähnten Arbeiten von Benedek (1925, S. 438f.) und Sachs (1925b, S. 506).

59 Vielleicht verhielt es sich ähnlich mit der eben erwähnten Revision des Titels von Kempners Aufsatz (1925).

significance of the mouth« (1924c) einen Anspruch auf Mit-Urheberschaft für die Beschreibung des oralen Charakters erhoben hatte. Glover wiederholte ihn nun: Abraham habe seine, das heißt: Glovers, Beobachtungen »bestätigt und erweitert« (1925a, S. 133).

Jones stellte den Hergang anders dar. Wie erwähnt, behauptete er, Abraham habe »almost simultaneously with Dr. Glover« über die Charakterologie der oralen Stufe gearbeitet (Jones, 1925a, S. 346).[60] Ein paar Zeilen weiter unten war Jones nahe daran, sogar die Priorität für die Einführung des »Beiß-Stadiums« Glover zuzuschreiben: »Like Dr. Edward Glover, Dr. Abraham insists on the tendency towards ambivalence in this later stage as contrasted with the single attitude of the earlier one« (ebd.). Jones unterstellte also, dass sich Abraham nicht nur bei der Beschreibung des oralen Charakters, sondern auch bei der Einführung des oralen Sadismus seinem Analysanden Edward Glover angeschlossen hätte. Dass auch andere Autoren, vornehmlich die holländischen Kollegen Stärcke und Ophuijsen an der Herausbildung des Konzepts des oralen Sadismus beteiligt waren, ignorierte Jones und versäumte nicht, auf zwei eigene Arbeiten hinzuweisen, obwohl sie kaum etwas mit dem Konzept der Oralität zu tun hatten (ebd.).[61]

Ähnlich wie in seinem Beitrag über den Stand der psychoanalytischen Theorie (Jones, 1920b) machte Jones die Geschichte der psychoanalytischen Theorie zu einer, in der außer Freud, Abraham, einigen Londoner Kollegen und ihm niemand anders vorkam. Erscheinen solche Darstellungen einmal an einem offiziellen Ort wie dem *International Journal* und stammen sie von einem aktiven, durch den anhaltenden Kontakt mit Freud ausgezeichneten Mitglied, noch dazu dem Redakteur der Vereinszeitschrift, sind sie kaum noch zu korrigieren.[62]

Im *International Journal* von 1925 war nun festgehalten, dass Abraham das Konzept der oralsadistischen Stufe in engem Kontakt mit den Glovers

---

60 Eine Übersetzung von Jones' Rezension erschien gleichzeitig in der *Internationalen Zeitschrift*.

61 Er verwies auf seine Arbeit im *Jahrbuch für psychoanalytische und psychopathische Forschungen* (Jones, 1912–13) und auf den zuerst im Englischen publizierten Aufsatz über den analen Charakter (Jones, 1919).

62 Wie Jones die Bedeutung der Glovers ungebührlich hervorhob, rücke Edward Glover seinerseits Jones ungebührlich ins Zentrum, als er bei der Vorstellung des zweiten Bands der *Collected Papers* empfahl, Freuds Schriften der besseren Verständlichkeit halber zusammen mit Arbeiten von Jones und Abraham zu lesen (1925b, S. 344).

erarbeitet hatte – der erste Fall einer »Berlin connection«, wie Riccardo Steiner (2019, S. 212) die Beziehungen zwischen Berliner und Londoner Autoren nannte.[63] In den 1930er Jahren geriet das Konzept des oralen Sadismus bekanntlich ins Zentrum der Auseinandersetzung zwischen, verkürzt ausgedrückt, Wien und London, wobei mit »London« jene Analytiker gemeint waren, die sich der Abraham-Klein'schen Terminologie bedienten und damit die Annahme verbanden, es gebe einen primären oralen Sadismus oder eine orale Aggressivität, die nicht als Triebschicksal oder als Symptom zu verstehen ist. Bei den »Wienern« handelte es sich um die Kollegen, die sich im Wesentlichen dem Standpunkt Freuds anschlossen, der zu diesem Zeitpunkt auch von einigen Berliner Analytikern geteilt wurde.

Nachdem die Termini »oral-sadistisch« und »oral-sadistic« 1925 in beiden Zeitschriften der *Internationalen Vereinigung* erstmals verwendet worden waren, wurden sie in der Folgezeit häufig benutzt, zwischen 1925 und 1930 beispielsweise in knapp 20, zwischen 1931 und 1935 in ca. 30 Publikationen der *Internationalen Zeitschrift*; in ähnlicher Häufigkeit im *International Journal* (ca. 20 zwischen 1925 und 1930; etwas über 20 zwischen 1931 und 1935). Die Autoren kamen vorwiegend aus Berlin und London.[64]

Kein (Abraham'scher) »oraler Sadismus« in Freuds Schriften

Wie bereits erwähnt verwendete Freud die Bezeichnung »oralsadistisch« einschließlich aller grammatikalischen Varianten und Substantivierungen *bis 1925 kein einziges Mal*. Er sprach von »oralen« oder »oral-kannibalistischen« Regungen, aber nicht von oral-sadistischen; er meinte damit auch etwas anderes als Abraham (May, 2010, 2011a). Die Bezeichnung »Sadismus« war in seinen Schriften definitiv für die sadistisch-analerotische Stufe reserviert.

Ähnliches gilt für die Jahre *nach 1925*. Freud hielt an seiner eigenen Terminologie fest, sodass man in seinen Schriften ungefähr 20-mal die

---

63 So in seiner Karl-Abraham-Vorlesung im Mai 2018 in Berlin (unveröff.); vgl. Steiner, 2019.
64 Folgende Autoren des *International Journal* verwenden zwischen 1925 und 1930 »oralsadistic« oder »oral sadism«: Abraham, Blum, Bryan, Bychowski, Fenichel, E. Glover, J. Glover, Isaacs, Jones, Klein, Kempner, Ophuijsen, Payne, W. Reich, Riviere, Schmideberg, Searl, Simmel, Strachey, Symons.

Bezeichnung »oral-kannibalistisch« findet, während Abrahams »oralsadistisch« nach 1925 nur an einer einzigen Stelle vorkommt, nämlich in seinem Referat von Abrahams zwei oralen Stufen, der präambivalenten und der »oralsadistischen« (1933a, S. 533).[65] Freud bezeichnete die Unterteilung der analen Stufe als »berechtigt«, übernahm Abrahams Terminus jedoch nicht. Wann immer er die Phasen der Libido aufzählte, bezeichnet er die erste als die orale Stufe, bis hin zum *Abriss* (1940a). Bemerkenswerterweise räumte er in dieser späten Arbeit ein mit der Zahnung verbundenes »isoliertes« Auftauchen sadistischer Impulse ein (ebd., S. 76) – um im darauffolgenden Satz mitzuteilen, dass die »aggressiven« Strebungen »unter die Libido subsumiert« werden müssten (ebd.). Wie an anderen Stellen auch bestätigte er einerseits die Bedeutung der Aggression, nach 1920 nachdrücklicher als vorher, um sie im gleichen Atemzug, in der gleichen Publikation, manchmal im gleichen Absatz, wieder zurückzunehmen (siehe »Ausblick«).[66]

In »Über die weibliche Sexualität« (1931b) hat Freud zwar nicht das Wort »oralsadistisch« verwendet, aber etwas angesprochen, was dem Oralsadistischen nahesteht. Freud gab in dieser Schrift seine Revision der Theorie von der psychischen Entwicklung des Mädchens bekannt. Er war zu dem Schluss gelangt, dass das Mädchen (anders als der Junge) in der präödipalen Zeit eine ausgesprochene Feindseligkeit gegenüber der Mutter entwickelt und sich von ihr abwendet. Bei der Erörterung der Gründe erwähnte er unter anderem die »Einschränkungen der Erziehung und Körperpflege« (ebd., S. 277), die Entwöhnung, die kindliche Gier, das Onanieverbot, die Eifersucht und eine primäre (konstitutionell gegebene) Ambivalenz. Das »stärkste« Moment schien ihm jedoch etwas anderes, nämlich die Reaktion des Mädchens auf die Beobachtung des anatomischen Geschlechtsunterschieds: Die präödipale Feindseligkeit des Mädchens rühre letzten Endes daher, dass es die Mutter für das Fehlen des

---

65 Siehe Guttman, 1995, S. 4042. Die Stelle lautet: »Ebenso berechtigt ist es, eine solche Unterteilung auch für die erste orale Phase anzunehmen. Auf der ersten Unterstufe handelt es sich nur um die orale Einverleibung, es fehlt auch jede Ambivalenz in der Beziehung zum Objekt der Mutterbrust. Die zweite Stufe, durch das Auftreten der Beißtätigkeit ausgezeichnet, kann als die *oralsadistische* bezeichnet werden; sie zeigt zum erstenmal die Erscheinungen der Ambivalenz, die dann in der nächsten, der sadistisch-analen Phase so viel deutlicher werden« (1933a, S. 532f.).

66 Das übersehen meines Erachtens Kritiker meiner Auffassung wie z. B. Hegener, 2011; siehe dazu Früh, 2011.

Penis verantwortlich mache (ebd., S. 283). Die anderen Motive der Abwendung von der Mutter, die wir unter anderem von Jones, den Glovers und insbesondere von Klein kennen, waren seiner Auffassung nach zweitrangig. Und: Wir wüssten einfach zu wenig über diese Vorgänge (ebd., S. 285).

All das genügte Freud jedoch nicht. Er wollte die Abstraktion seiner Eindrücke auf eine höhere Ebene der Theorie heben und teilte schließlich die Erklärung der feindseligen Abwendung von der Mutter mit, die er selbst für überzeugend hielt. Dazu zog er die Unterscheidung zwischen »aktiven« und »passiven« Triebzielen heran, die er in früheren Arbeiten mehrfach verwendet hatte (z. B. in 1913i), und stellte dar, welche aktiven und passiven Triebziele den einzelnen Stufen der Libido zuzuordnen seien.[67] In Bezug auf die orale Stufe argumentierte er ähnlich wie im »Wolfsmann«: »Aktive« orale Wünsche seien meistens nicht direkt zugänglich, sondern kämen nur in Ängsten zum Vorschein:

> »Die aggressiven oralen und sadistischen Wünsche findet man in der Form, in welche sie durch frühzeitige Verdrängung genötigt werden, als Angst, von der Mutter umgebracht zu werden, die ihrerseits den Todeswunsch gegen die Mutter, wenn er bewußt wird, rechtfertigt. [...] (Die Angst, gefressen zu werden, habe ich bisher nur bei Männern gefunden, sie wird auf den Vater bezogen, ist aber wahrscheinlich das Verwandlungsprodukt der auf die Mutter gerichteten oralen Aggression. Man will die Mutter auffressen, von der man sich genährt hat; beim Vater fehlt für diesen Wunsch der nächste Anlaß)« (Freud, 1931b, S. 286f.).

Freud verwendete hier Abrahams Terminus »oralsadistisch« nicht, meint mit »aggressiven oralen« Wünschen und mit »oraler Aggression« jedoch etwas Ähnliches, sodass der Eindruck entsteht, Freud habe sich in seinen späten Schriften doch Abraham angenähert. Sobald man aber die Lektüre des Texts fortsetzt, muss man davon wieder Abstand nehmen. Denn Freud stellt ein paar Seiten später dar, dass die Psychoanalyse uns »lehrt, mit einer einzigen Libido auszukommen, die allerdings aktive und passive Ziele, also Befriedigungsarten, kennt« (ebd., S. 289). Das heißt: die orale Aggression wird von Freud als »aktives« Triebziel der *Libido* auf der oralen Stufe

---

67 So hatten auch Federn (1913–14) und Abraham (1920b) argumentiert, als sie vorschlugen, die »aggressiven« Aspekte der Analerotik unter die »Aktivität« der Libido zu subsumieren.

definiert. Hatte es zuerst so ausgesehen, als nehme er »aggressive orale« Wünsche und einen »oralen Sadismus« an, so stellt sich nun heraus, dass er die orale Aggression als Aspekt der Libido verstanden haben wollte und nicht als Aspekt eines selbstständigen und der Libido gleichrangigen Aggressionstriebs. Mit anderen Worten: Freud erkannte in »Über weibliche Sexualität« die präödipale Feindseligkeit des Mädchens (und des Jungen) gegenüber der Mutter an, hielt sie aber für eine Manifestation der Libido. Das lässt sich nur so verstehen, dass er nicht gewillt war, Abstriche vom Primat der Libido zu machen.

In der Vorlesung mit dem Titel »Die Weiblichkeit« aus der *Neuen Folge der Vorlesungen zur Einführung in die Psychoanalyse* (1933a) wiederholte Freud seine Thesen. Die Frage, warum sich das Mädchen in der präödipalen Zeit feindselig von der Mutter abwendet, beantwortet er zunächst unter anderem wie Klein mit der Entwöhnung, entscheidet sich dann aber letzten Endes dafür, dass das »wirkliche« und »spezifische« Motiv der Feindseligkeit gegenüber der Mutter der Penisneid oder der Kastrationskomplex sei, die auf der phallischen Stufe erlebt würden (ebd., S. 555–559). Und wieder schlägt er die Feindseligkeit der Libido zu: sie sei ein »aktives« libidinöses Triebziel (ebd., S. 551). Es bleibt also dabei: Freud sieht in den Mitteilungen seiner Analysanden Feindseligkeit, Rachegelüste und ähnliche Regungen, sträubt sich aber dagegen, ihretwegen einen »echten«, primären Aggressionstrieb einzuführen. Und auch wenn er ausführlich von solchen Trieben spricht, erklärt er sie zu sekundären Erscheinungen (siehe »Ausblick«).

Keine (Abraham'schen) »analsadistischen« Triebregungen in Freuds Schriften

Freud hatte die Bezeichnung »sadistisch-analerotisch« 1913 eingeführt und verkürzte sie danach häufig auf »sadistisch-anal«. Die Bezeichnung »anal-sadistisch« benutzte Freud an keiner einzigen Stelle seiner Schriften.[68]

Die Schüler hielten sich nicht daran, sondern verwendeten beide Bezeichnungen zuerst als Synonyme, vielleicht auch aus Gründen der sprachlichen Eleganz: »analsadistisch« spricht und liest sich flüssiger als

---

68 Siehe dazu May, 2012.

»sadistisch-anal«.[69] Auch Abraham benutzte in seinen Schriften bis einschließlich 1923 und noch auf den ersten Seiten des *Versuchs einer Entwicklungsgeschichte der Libido* (1924) Freuds »sadistisch-anal«, um danach zu »analsadistisch« überzugehen, dem Terminus, der mit ihm als Schöpfer der »analsadistischen« Stufe verbunden blieb. Sein »analsadistisch« gab besser wieder, was er meinte, nämlich ein Ineinander von Analem und Sadistischem, während Freuds sperriges »sadistisch-anal« eher das Nebeneinander oder die Koexistenz von Analerotik und Sadismus zum Ausdruck brachte. Freud war ja 1913 der Auffassung gewesen, es handle sich um separate Gruppen von Triebregungen, die nicht miteinander vermischt waren, sich aber vermischen konnten.

Seit 1924 gab es also zwei Worte, Abrahams »analsadistisch« und Freuds »sadistisch-anal« (oder »sadistisch-analerotisch«). Während Freud bei seiner eigenen Bezeichnung blieb und nur sie verwendete, benutzte die nächste Generation beide Begriffe. Die Differenz wurde zunächst nicht beachtet. Aus diesem Grund schlägt sich der Wandel der Theorie in diesem Fall nicht in der Häufigkeit nieder, in der die Bezeichnungen in den Zeitschriften verwendet wurden. Man kann jedoch festhalten, dass Freud seine eigenen Termini (sadistisch-anal und sadistisch-analerotisch) in den *Gesammelten Werken* 37-mal verwendete und, wie erwähnt, kein einziges Mal Abrahams Terminus.[70] Ihm war der Unterschied sehr wohl bewusst, denn es kann kein Zufall ein, dass er Abrahams »analsadistisch« nie benutzte.

Zum Verschwinden von Freuds Terminus »sadistisch-anal«

Der Theoriewandel spiegelt sich unerwarteterweise in dem 1968 publizierten Gesamtregister von Freuds *Gesammelten Werken* wider, das von Lilly

---

69 Zu den Autoren, die »anal-sadistisch« schon vor 1924 verwendeten, gehörte beispielsweise Müller-Braunschweig (1921, S. 239, 245f.). Er schlug in einem Beitrag in *Imago* eine Theorie zur »Genese der Moral« vor, in der er die Auffassung vertrat, dass der Reinlichkeitserziehung eine größere Bedeutung für die Entstehung der Moral zukommen könnte als dem Ödipuskomplex (1921, S. 250).

70 Siehe Guttman, 1995, S. 4456, 157. In meinem Aufsatz über die Frühgeschichte der Analerotik hatte ich bei der Suche in PEP nur 23 Nennungen von »sadistisch-anal« gefunden (May, 2012, S. 191). Vermutlich geht der Unterschied darauf zurück, dass PEP Texterkennungsprogramme verwendet, die beispielsweise wegen Unschärfen im Druckbild weniger genau sind als sozusagen handverlesene Zählungen, wie Guttman sie durchführte.

Veszy-Wagner erstellt wurde. Unter dem Stichwort »sadistisch-anal« vermerkt sie: »s. Anal(sadistische) Phase« (GW 18, S. 532). Man wird also, wenn man den für Freud spezifischen Begriff sucht, auf einen Begriff verwiesen, den Freud *nie* verwendet hat! Freuds »sadistisch-analerotisch« hingegen kommt im Register gar nicht vor. Also: Alle Stellen, an denen Freud »sadistisch-anal« verwendete, wurden im Gesamtregister dem Stichwort »analsadistisch« zugeordnet.

Ihr Vorgehen begründete Veszy-Wagner in der Einleitung folgendermaßen: »Freud gebraucht häufig die Bezeichnung ›sadistisch-anale‹ Phase statt ›anal-sadistische‹ Phase« (Veszy-Wagner, 1968, S. XVII). Wie eben dargestellt, verhält es sich genau umgekehrt. Veszy-Wagner fährt fort: »Im ›Hauptregister‹ wird die zweite Fassung [anal-sadistische Phase] angegeben, weil Freud ›anale Phase‹ und ›anal-sadistische‹ (oder ›sadistisch-anale‹) Phase tatsächlich alternativ benutzt, und die Haupteintragung ›Anal(sadistische) Phase‹ sich überdies aus Gründen der alphabetischen Reihenfolge anbietet« (ebd.).

Dieser Verkennung der Terminologie liegen sicher keine Absichten zugrunde. Sie entspricht vielmehr einer Tendenz der Freud-Rezeption: Freuds Begriffe wurden aus dem Register – und aus dem Gedächtnis – entfernt und durch jene von Abraham ersetzt.[71] Dass sogar Anna Freud den Irrtum nicht bemerkte, macht noch einmal deutlich, wie stark die Attraktion von Abrahams Terminologie war. Das betrifft jedoch nur die Wortwahl, denn in der Sache gab es jahrelange Auseinandersetzungen darüber, wie der orale und der anale Sadismus analytisch zu verstehen seien: im Sinne Freuds oder im Sinne Abrahams und der »neuen« Psychoanalyse.

So schlicht und oberflächlich die pure Zählung von Wörtern scheinen mag, sie hat bestätigt, was wir bei der Untersuchung der Geschichte des Aggressionsbegriffs in Berlin und London gefunden haben: In den Jahren zwischen 1920 und 1925 geriet Freuds Begrifflichkeit, sosehr er sie verteidigte, in den Hintergrund, während Abrahams Termini und seine Sicht des Psychischen von der *psychoanalytic community* breit rezipiert wurden.

---

71 Auch Laplanche und Pontalis sind im *Vokabular der Psychoanalyse* (1972) diesem Irrtum erlegen (May, 2012, S. 192). Obwohl sich das *Vokabular* »im wesentlichen auf das grundlegende Werk von Sigmund Freud« beziehen sollte (1972, S. 11), gibt es kein Stichwort »sadistisch-anal«, wohl aber eins für Abrahams »analsadistisch«.

Konfusion bei der Übersetzung von »sadistisch-anal« und Abwesenheit des Terminus im Register der *Standard Edition*

Bei der Übersetzung von Freuds Schriften ins Englische schien es den Übersetzern zunächst, und zu Recht, nicht wichtig zu sein, ob sie »sadistisch-anal« mit »sadistic-anal« oder »anal-sadistic« übertrugen. Es war noch unproblematisch, solange man Abrahams *Versuch einer Entwicklungsgeschichte* nicht entnehmen konnte, dass der Autor eine andere Bezeichnung als Freud wählen würde.[72] Die ersten beiden Bände von Freuds *Collected Papers* wurden ja noch *vor* der Publikation des *Versuchs* vorbereitet, sodass beispielsweise Edward Glover und Ethel Colborn Mayne in »Zur Disposition der Zwangsneurose« (1913i) die »sadistisch-analerotische« Phase, die Freud in diesem Text zum ersten Mal erwähnt hatte, korrekt mit »sadistic anal-erotic« übersetzten (ebd., S. 115; CP 2, S. 129), um ein paar Zeilen weiter unten »anal-sadistic« zu wählen (ebd., S. 130). Auch in den »Triebumsetzungen« (1916–17e) übersetzte Edward Glover die »sadistisch-anale Phase« mit »anal-sadistic phase« (ebd., S. 129; CP 2, S. 169).

Im Gesamtregister der ersten vier Bände der *Collected Papers*, das von Bryan angefertigt wurde und 1925 erschien (RB 4, S. 274), findet man Freuds Bezeichnung »sadistic-anal« nicht mehr, sondern nur noch Abrahams »anal-sadistic« (Bryan, 1925, S. 482). Da die *Collected Papers* bis zum Erscheinen der *Standard Edition* in den 1950er Jahren die einzige autorisierte englischsprachige Ausgabe von Freuds Schriften blieben, wog der Verlust der Differenz schwer.

Überraschenderweise übernahm James Strachey, der verantwortliche Herausgeber der *Standard Edition*, Glovers eben erwähnte Übersetzungen in »Die Disposition« und in »Triebumsetzungen«.[73] An zwei weiteren Stellen der *Standard Edition* findet sich die unzutreffende Übersetzung: in der »Geschichte einer infantilen Neurose«, die Strachey zusammen mit seiner Frau vor 1924 übersetzt hatte (1918b, S. 146; engl.: SE 17, S. 27),

---

[72] Beispiele für die Übersetzung von sadistisch-anal mit »analsadistic« aus den Jahren *vor* 1924: Ferenczi, 1920b, S. 89, englisch: 1920, S. 296f.; A. Freud, 1922, S. 319, 328; englisch: S. 90, 99f.

[73] Siehe die englischen Fassungen von 1913i: SE 12, S. 324; von 1916–17e: SE 17, S. 131. Auch in der editorischen Vorbemerkung Stracheys zur »Disposition« findet man das unzutreffende »anal-sadistic«, siehe SE 12, S. 316.

und in der »Selbstdarstellung« (Freud, 1925b, S. 14; engl.: SE 20, S. 35). An allen anderen über dreißig Stellen wurde Freuds »sadistisch-anal« bzw. »sadistisch-analerotisch« jedoch korrekt übersetzt. Im *New German-English psychoanalytic vocabulary* (1943), das von Alix Strachey herausgegeben wurde, findet man dann wieder nur Abrahams »anal-sadistic«, nicht aber »sadistic-anal« (ebd., S. 5, 59).[74] Das spiegelt die Geschichte der psychoanalytischen Termini und Theorie wider: Abraham statt Freud, um es verkürzt und zugespitzt auszudrücken.

Das Gesamtregister der *Standard Edition*, das nach Stracheys Tod (1967) von Angela Richards abgeschlossen wurde und 1974 erschien, enthielt den gleichen Irrtum wie das Gesamtregister der deutschen Ausgabe. Der Leser wird unter dem Stichwort »sadistic-anal« auf »anal-sadistic« verwiesen (SE 24, S. 370) und findet unter dem Schlagwort »anal-sadistic« bizarrerweise alle die Stellen, an denen Freud »sadistisch-anal« benutzte (ebd., S. 233).

Etablierung der »neuen« Psychoanalyse in Berlin und London

»Berlin ist *en vogue*«

Das Jahr 1925 brachte dem Berliner Institut einen Zuwachs an Interessenten, was Ferenczi zu der Bemerkung veranlasste: »Berlin ist en vogue« (Fer/Gr, S. 121). Bei öffentlichen Vorträgen fanden sich bis zu zweihundert Zuhörer ein, großen Zuspruch erlebte auch die Ambulanz (Korr, 1925, S. 525). An manchen Vorlesungen nahmen bis zu 50 Personen teil, nicht aber an den Kursen, die der Ausbildung dienten. 1925 gab es im ersten Quartal neun, im zweiten zehn Ausbildungskandidaten.[75] Die Mitgliederzahl stieg 1925 ebenfalls nur geringfügig: drei Kollegen schlossen die Ausbildung ab, zwei wurden zu ordentlichen Mitgliedern

---

74 Alix Stracheys *New German-English psycho-analytical vocabulary* (1943) ist eine vielfach überarbeitete Version des *Glossary for the Use of Translators of Psycho-Analytic Works*, das 1924 als Ergänzungsband zum *International Journal* erschienen war. Das *Glossary* war von Jones herausgegeben und von ihm, den beiden Stracheys und Riviere erstellt worden; siehe Forrester & Cameron, 2017, S. 599. Es enthält weder »sadistisch-anal« oder »sadistisch-analerotisch« noch »analsadistisch«.

75 Siehe Korr, 1925, S. 132, 251, 503.

ernannt, zwei weitere als ordentliche Mitglieder von Wien übernommen.[76]

Von heute aus gesehen war das Institut mit 25 ordentlichen Mitgliedern und wenigen Lehranalytikern verhältnismäßig klein. Trotzdem hatte man schon die organisatorischen Grundlagen für eine Ausbildungsstätte erarbeitet: ein Ausbildungsprogramm und Richtlinien für die Ausbildung. Auf dem Homburger Kongress im September 1925 kam die Internationale Unterrichtskommission (IUK) hinzu, die unter der Leitung von Eitingon stand und von Berlin, nicht von Wien oder Budapest, initiiert worden war.[77] Die Richtlinien dienten der Vereinheitlichung der Ausbildung und schränkten den Spielraum für eigenständige Gestaltungen der Institute ein. Sie besagten unter anderem, dass die Ausbildung zum Psychoanalytiker nicht mehr, wie Eitingon es formulierte, »der Privatinitiative Einzelner überlassen« wurde, sondern nur noch unter der Kontrolle von Instituten möglich war (ebd., S. 515). Unter anderem wurde die Supervision als notwendiger Teil der Ausbildung bestätigt, auch wenn Freud selbst wenig von der Art und Weise hielt, wie sie durchgeführt wurde (May, 2019b), ein weiteres Indiz für die beginnende Unabhängigkeit der Institute von Freud.

Der Führungsanspruch der Berliner Gruppe manifestierte sich nach dem Würzburger Treffen ein weiteres Mal, als im April 1926 die Umbenennung der *Berliner Psychoanalytischen Vereinigung* in *Deutsche Psychoanalytische Gesellschaft* beschlossen wurde (Korr, 1926, S. 584). Es handelte sich nicht um die Gründung einer neuen, übergeordneten Institution, sondern um eine Neudefinition oder, wenn man so will, Machtergreifung der Berliner Gruppe. Sie war nun sowohl eine lokale Vereinigung als auch der Dachverband aller deutschen Vereinigungen (siehe Schröter, 2014).

Der bedeutendste Analytiker in Berlin und innerhalb der *Internationalen Vereinigung* war und blieb Abraham. Er war auch 1925 Vorsitzender der Berliner Gruppe und wurde in Bad Homburg als Präsident der *Inter-*

---

[76] Lampl und Schultz-Hencke schlossen die Ausbildung ab und wurden außerordentliche Mitglieder; Meng erscheint ohne Ausbildung als außerordentliches Mitglied; Benedek und Loewenstein wurden zu ordentlichen Mitgliedern ernannt, Kempner und Landauer von Wien als ordentliche Mitglieder übernommen. Siehe Korr, 1925, S. 250, 502; Korr, 1926, S. 120; Schröter, 2020.

[77] Siehe dazu Schröter, 2002a, b, 2008. Das 1924 in Wien gegründete Institut übernahm die Berliner Richtlinien mit kleinen Abänderungen, das Londoner Institut war 1925 noch in Vorbereitung und wurde 1926 eröffnet. Zu den Bestrebungen der Budapester Gruppe, ein Institut zu gründen (1925), siehe RB 4, S. 241, 248; F/Fer III.2, S. 35.

nationalen Psychoanalytischen Vereinigung bestätigt. Die »neue« Psychoanalyse, wie sie hier genannt wird, war folglich eine Psychoanalyse, die von einer vereinspolitisch zentralen Figur (Abraham) inauguriert, von seinen Analysanden rezipiert und von seinem Verbündeten und Freund (Jones), der zentralen Figur der *British Psychoanalytical Society*, unterstützt wurde. Mit der Rückkehr von Abrahams Analysanden nach London entstand dort wie von selbst eine Art Filiale einer Abraham-nahen Psychoanalyse. Es war dann auch Jones – und nicht etwa Ferenczi –, der nach Abrahams Tod eine ausführliche Würdigung seines Lebens und Werks für die Vereinszeitschriften verfasste (Jones, 1926b, c). Bald darauf gab Jones einen Sammelband mit Abrahams Schriften heraus, die *Selected Papers of Karl Abraham*, die von Alix Strachey (zusammen mit Bryan) übersetzt worden waren (Abraham, 1927). Während in Großbritannien viel für das Fortleben von Abrahams Theorie getan wurde, dauerte es fast fünfzig Jahre, bis das Gesamtwerk von Abraham in einer deutschsprachigen Ausgabe, den zweibändigen *Psychoanalytischen Studien* (1969, 1971), vorlag.[78]

Abraham war 1925 in Großbritannien angekommen, sein theoretischer Ansatz war von seinen Analysanden und Analysandinnen Edward Glover, James Glover, Alix Strachey und Melanie Klein nach London gebracht worden und wurde dort weiterentwickelt. Über die Couch blieben Abrahams Analysanden miteinander verbunden: Alix Strachey ging nach Abrahams Tod im April 1926 zu Edward Glover in Analyse, ihr Mann James Strachey begann im Herbst 1925 eine Analyse bei James Glover (Forrester & Cameron, 2017, S. 543). Wie erwähnt, begaben sich Ernest Jones' Frau und seine beiden Kinder im Herbst 1926 zu Klein in analytische Behandlung. Es ist anzunehmen, dass in diesen Analysen die »neue« Psychoanalyse angewandt, durchgearbeitet und weiterentwickelt wurde.

Allianz zwischen Berlin und London

Teile der Berliner und der Londoner Gruppe bildeten in den Jahren zwischen 1920 und 1925 eine Allianz, beginnend mit der kollegialen und freundschaftlichen Beziehung zwischen Abraham und Jones. Eine vergleichbare Beziehung zwischen Wien und London oder Wien und Berlin

---

[78] *Klinische Beiträge zur Psychoanalyse aus den Jahren 1907–1920* (Abraham, 1921b) versammelte nur die frühen Arbeiten.

ist aus diesen Jahren (noch) nicht bekannt.[79] Die Allianz bestand natürlich nicht zwischen allen Mitgliedern der Vereinigungen. In beiden Gruppen gab es mehrere Lager, die je nach Fragestellung unterschiedlich zusammengesetzt waren. Nicht alle Mitglieder der Berliner Gruppe waren Anhänger von Abrahams Theorie und Technik. Vor allem Sachs vertrat technische Auffassungen, die sich von denen Abrahams unterschieden. Das Gleiche gilt für die Londoner Gruppe. Robinson (2011) sieht in den Jahren nach 1920 eine Gruppe von Kollegen, die bei Abraham und Sachs (die Glovers, Herford; Sharpe, Payne, Low, Chadwick) in Analyse gewesen war, eine zweite von Analysanden Ferenczis (Eder, Cole, Inman, Herford, Franklin) und eine dritte, der die Kollegen angehörten, die bei Freud gewesen waren (Forsyth, Riggall, Riviere, die Stracheys, Rickman).

In Bezug auf die Frage nach der Stellung der Laienanalyse, die 1925 akut zu werden begann, waren sich zumindest die Vorstände in Berlin und London einig, dass die Ausübung der Psychoanalyse, wenn irgend möglich, auf Ärzte beschränkt werden sollte,[80] während Freud in Wien und Ferenczi in Budapest bekanntlich anderer Ansicht waren. An die Mitglieder des Komitees schrieb Freud, er wolle die Analyse »in liberaler Weise allen Personen zugänglich machen, die sie anstreben, auch wenn sie sich nicht den strengen Bedingungen des vollständigen Lehrkurses unterwerfen können« (RB 4, S. 280). Er könne aber »leider nur indirekten Einfluß auf die Vorgänge im Verein nehmen« und bemühe sich, »gewisse Einschränkungen im Lehrinstitut, die jetzt festgelegt werden sollen, zu mäßigen« (ebd.).

Hier vernehmen wir ein letztes Mal einen Freud, der sich von der Mehrheit im Komitee distanzierte, die Position der Berlin-Londoner Allianz nicht teilte und sich in manchen die Ausbildung betreffenden Fragen in der Wiener Gruppe nicht mehr durchsetzen konnte. Auch das markiert das Ende einer Ära. Die Schüler legten ihrerseits nicht mehr so viel Wert auf die Übereinstimmung mit Freud und bauten darauf, dass das Angebot einer Berufsausbildung auch ohne Freuds Unterstützung attraktiv genug war. Die Geschichte gab ihnen recht.

---

79 Eine periphere Manifestation der Allianz war die Ehrenmitgliedschaft in Berlin, die Jones 1925 zuerkannt wurde, nachdem 1924 Abraham Ehrenmitglied der *British Psychoanalytical Society* geworden war: Korr, 1925, S. 250; RB 4, S. 232; Bull, 1925, S. 358.

80 Zu den starken Spannungen innerhalb der *British Psychoanalytical Society*, der viele Nichtmediziner angehörten, siehe u. a. Robinson, 2011.

London: Steigende Produktivität im Gefolge der »neuen« Psychoanalyse

In London hatte Jones nach dem Ersten Weltkrieg die Neugründung der *British Psychoanalytical Society* (1919) durchgesetzt und 1920 das *International Journal* ins Leben gerufen. Wie sein Freund und Bündnispartner Abraham blieb er während des hier dargestellten Zeitraums und lange darüber hinaus (bis 1944) Vorsitzender der *British Psychoanalytical Society*. 1924 bildete er zusammen mit drei Kollegen, unter ihnen James Glover, auch den Vorstand des »Institute«, der Dozenten und Lehranalytiker der britischen Gruppe. Außerdem war er von 1920 bis 1924 Präsident der *Internationalen Psychoanalytischen Vereinigung*. James Glover war ab 1924 und bis zu seinem Tod (1926) Jones' Stellvertreter im Vorstand der Society, Mitglied des Vorstands des *Institute* und wurde zum Dozenten (neben Jones und Fluegel) ernannt, als 1926 in London Vorlesungen angeboten wurden (RB 4, S. 274, 284). Darüber hinaus war er als Leiter der Ambulanz vorgesehen, die im Oktober 1926 eröffnet wurde (ebd., S. 325). Nach seinem Tod (Oktober 1926) trat sein Bruder Edward an seine Stelle, übernahm die Ambulanz, wurde in den Ausbildungsausschuss aufgenommen und ebenfalls zum Dozenten ernannt. Er blieb viele Jahre der zweite Mann neben Jones. Im Oktober 1926 kam Klein nach London und wollte dort zehn Monate bleiben. In Zusammenhang mit ihrem bevorstehenden Aufenthalt in London wurde eine pädagogische, das heißt kinderanalytische Abteilung geplant, Klein sollte Kurse halten (ebd.). Ab Oktober 1927 erscheint sie als Mitglied der britischen Gruppe.[81] Man kann also sagen, dass die Autoren der »neuen« Psychoanalyse in der britischen Gruppe ab 1924 leitende Funktionen einnahmen und ihre Vorstellungen über die psychische Entwicklung und die Ätiologie der psychischen Störungen Hörern und Auszubildenden der nächsten Generation weitervermitteln konnten.

In Darstellungen der Geschichte der britischen Vereinigung wird häufig betont, dass die Gruppe in den Jahren nach dem Ersten Weltkrieg unter

---

81 Die Aufnahme Kleins in die britische Gruppe erfolgte vermutlich 1927, ist jedoch, wie King gefunden hat, nirgends dokumentiert. Sie schreibt: »In February 1927, still as a visitor, she gave another short communication on ›The importance of words in early analyses‹ (Klein, 1927) […]. After this paper Melanie Klein appears as a member of the British Society, although I can find no record of her actual election« (King, 1983, S. 252). 1929 wurde Klein zur Lehranalytikerin ernannt (ebd.).

einem Gefühl der Unterlegenheit gelitten habe. Verglichen mit den Vereinigungen in Wien, Berlin und Budapest habe man sich in London als wenig produktiv empfunden. Zur Gründungsgeschichte der britischen Gruppe gehört auch, dass ihr Selbstbewusstsein durch das Aufkommen der »neuen« Psychoanalyse und insbesondere durch Kleins Niederlassung in London gehoben wurde.[82] Bereits Kleins Sommerseminare trugen, wie Glover bemerkte, zu einer Stärkung des Selbstgefühls bei: »Here for the first time I think the Society felt that they could establish themselves, contributing importantly to psychoanalysis« (Swerdloff & Glover, 1973, im. 29). Mit Klein sei dann das Gefühl aufgekommen, dass in London etwas Neues entstehe, das von Jones unterstützt wurde (ebd., S. 28). Noch weiter geht Steiner mit seiner Vermutung, dass Klein ein spezifisch britisches Verständnis der Psychoanalyse bereitstellte, das jene »independence« gegenüber dem »Kontinent« bekräftigte, die das kulturelle und soziale Leben in Großbritannien seit Jahrhunderten charakterisiert habe (Steiner, 1985, S. 39).

Natürlich schloss sich nur ein Teil der britischen Gruppe Jones' Wertschätzung von Klein an, und es dürfte zunächst auch niemandem bewusst gewesen sein, dass man sich auf einem Weg befand, der zu einem Konflikt mit Freud führen würde (Robinson, 2011, S. 208). Die Differenzen scheinen zunächst in einem nicht-öffentlichen Raum, in Briefen und Gesprächen, wahrgenommen worden zu sein, bis sie ab 1927 in Vorträgen und Publikationen von Anna Freud und Melanie Klein bekannt wurden und danach vor allem mit der *Wiener Psychoanalytischen Vereinigung* und später innerhalb der britischen Gruppe in den *Controversial Discussions* ausgetragen wurde. Sie beschäftigten die *psychoanalytic community* noch lange darüber hinaus, ja bis in die Gegenwart. Berlin war an dieser Auseinandersetzung nur noch kurze Zeit beteiligt. Die deutsche Gruppe verschwand 1933 aus der internationalen Diskussion und konnte erst Jahrzehnte nach dem Ende des Zweiten Weltkriegs wieder daran teilnehmen, als sie sich zumindest teilweise von der Beschädigung und Zerstörung durch Nationalsozialismus und Krieg erholt hatte.

---

[82] Siehe Eissler & Glover, 1953; Glover, 1966; Aguayo, 2000; Robinson, 2011.

Ausblick

Zuletzt einige Bemerkungen zum weiteren Schicksal des Primats des Sexuellen. Wie verhielt sich Freud zur Stellung von Eros und Todestrieb *nach* 1925, wie seine Schüler?

Wir können Freuds Äußerungen nicht mehr im Kontext der Zeit und im Austausch mit den Schülern darstellen, sondern müssen uns auf seine Schriften beschränken, vor allem auf *Das Unbehagen in der Kultur* (1930a) und die *Neue Folge der Vorlesungen* (1933a), die am häufigsten als Beleg dafür herangezogen werden, dass er schließlich doch Aggressionstriebe angenommen hat, die von gleichem Rang waren wie die Sexualtriebe.[1]

Es sei noch einmal daran erinnert, dass die Antworten auf die Frage nach der Priorität des Sexuellen fundamental verschiedene Zugänge zur Theoretisierung implizieren und ebenso unterschiedliche analytische Praktiken zur Folge haben. Auf den kürzesten Nenner gebracht, sieht der Analytiker, der im Sinne Freuds arbeitet, den Analysanden in der Tiefe als Subjekt, das sexuelle Lust sucht, libidinöse Befriedigung will und vom Objekt, genauer: von seinem Erleben des Objekts, nicht affiziert wird. Das wird für legitim gehalten. Die libidinösen Wünsche sind die am tiefsten liegenden, am stärksten verdrängten. Auf die analytische Situation bezogen impliziert Freuds Standpunkt einen Analytiker, der vom Analysanden gut abgegrenzt ist und wenig von ihm berührt wird. Der im Geist von Abraham arbeitende Analytiker hingegen sieht den Analysanden in der Tiefe als Subjekt, das vom Objekt, genauer: von seinem Erleben des Objekts, affiziert wird, und sich vor allem als Opfer des Objekts und/oder als

---

1 Freuds Bemerkungen zu den aggressiven Aspekten der psychosexuellen Entwickung des Mädchens aus der Zeit nach 1925 (Freud, 1931b; 1933a) wurden bereits im Kapitel über das Jahr 1925 erörtert.

schuldiger Täter gegenüber dem Objekt erlebt. Am tiefsten liegen hier aggressive Regungen und Schuldgefühle. Aus Abrahams Sicht wird der Analytiker vom Analysanden berührt, der Abstand zwischen ihm und dem Analysanden ist geringer, die Grenzen zwischen beiden sind unscharf. Die Berührung ist in den untersuchten Publikationen bis 1925 hauptsächlich aggressiver Natur.

Hier liegt, soweit ich sehe, der Ursprung der sogenannten Objektbeziehungstheorien der Generation nach Freud. Beginnend mit Abraham rücken Analytiker und Analysand näher aneinander und sind enger aufeinander bezogen, wobei das Bezogensein einen normativen Charakter annimmt und die von Freud betonte, die Unberührtheit implizierende narzisstische Position zum Unerwünschten wird. Dieser Eindruck ergab sich beim Vergleich von Freuds Theoretisieren mit dem der »neuen« Psychoanalyse bis 1925.

Alles in allem verändert sich Freuds Vision vom Primat des Sexuellen nach 1925 nur wenig. Es bleibt dabei, dass aggressive Regungen keinen primären Charakter haben und den sexuellen nicht gleichgestellt werden. So sieht es auch Strachey, der in der editorischen Vorbemerkung zum *Unbehagen in der Kultur* schreibt, dass der Aggressionstrieb in dieser und allen späteren Schriften »immer etwas Sekundäres, vom primären, selbstzerstörerischen Todestrieb Abgeleitetes bleibt« (Strachey, 1982a, S. 195). Wann immer Freud nach 1925 die oberste Ebene seiner Theorie darstellt, besteht er auf der in *Jenseits des Lustprinzips* entworfenen Konstellation, der zufolge die Aggressionstriebe durch die Einwirkung von Eros auf den Todestrieb »entstehen«. Eros leitet den Todestrieb nach »außen« und bewahrt auf diesem Weg das Ich und/oder den Organismus vor der Selbstzerstörung. Allerdings ist die Art und Weise, wie Freud das Primat des Sexuellen und den sekundären Charakter der Aggression verteidigt, auch in den Schriften nach 1925 nicht leicht zu durchschauen.

Im *Unbehagen in der Kultur* (1930a) beispielsweise stellt Freud im fünften Kapitel unmissverständlich dar, dass der Mensch zur Aggression neigt: »*Homo homini lupus*; wer hat nach allen Erfahrungen des Lebens und der Geschichte den Mut, diesen Satz zu bestreiten?« (ebd., S. 240). Er führt historische Beispiele an, von der Völkerwanderung bis zum Ersten Weltkrieg (ebd., S. 241). Alles deute darauf hin, dass es eine »primäre [...] Feindseligkeit der Menschen gegeneinander« gibt (ebd.). Der Mensch verzichte nicht gern auf seine Aggressionsneigungen (ebd., S. 242), die Kultur müsse den »Aggressionstrieben« Schranken setzen (ebd., S. 241).

Solche und ähnliche Äußerungen erwecken beim Leser den Eindruck, dass Freud sich nun entschlossen hatte, Aggressionstriebe anzunehmen. Im anschließenden sechsten Kapitel sagt er selbst, dass er nun einen »selbstständigen Aggressionstrieb« anerkannt und den »Anschein« erweckt habe, dass das eine »Abänderung der psychoanalytischen Trieblehre bedeutet« (ebd., S. 245). Danach fährt er fort: »Es wird sich zeigen, daß dem nicht so ist« (ebd.). Also trotz der Rede von selbstständigen Aggressionstrieben doch keine Veränderung der Theorie? Genauso ist es. Allen Beteuerungen zum Trotz, dass niemand die Aggressivität des Menschen leugnen könne, behauptet Freud, keine Änderung der Theorie vorgenommen zu haben und keine vornehmen zu müssen.

Verständlicher wird der Widerspruch, wenn man im Auge behält, dass Freud sich auf die »Erfahrungen des Lebens und der Geschichte« als Zeugen für die Aggressivität des Menschen beruft. Denn in der *Neuen Folge der Vorlesungen* (1933a) kommt er auf ebendiese Formulierung zurück. Zuerst spricht er wieder vom Augenschein und den »Tatsachen, die offen zutage liegen und jedermann bekannt sind« (ebd., S. 536), um dann fortzufahren, er habe »nicht wegen der Lehren von Geschichte und Lebenserfahrung [...] die Annahme eine[s] besonderen Aggressions- und Destruktionstriebs beim Menschen befürwortet, sondern es geschah auf Grund allgemeiner Erwägungen« (ebd., S. 537).

Freud versteht sein Theoretisieren, wie man hier sieht, als ein Sich-Wehren gegen das, was auf der Hand liegt: Die Aggressivität des Menschen ist offensichtlich, also erklärt die Einführung eines Aggressionstriebes nichts. Was aber ist eine akzeptable Erklärung? Was ist mit »allgemeinen Überlegungen« gemeint? Sowohl im *Unbehagen* als auch in der *Neuen Folge der Vorlesungen* bleibt Freud nach langen Argumentationsbögen, die man erst einmal als solche erkennen muss, bei seiner Argumentation aus *Jenseits des Lustprinzips*. Dort habe er, ebenso wie in früheren Theorien, eine Art »biologischer Psychologie« betrieben und aus »im wesentlichen biologischen Erwägungen« Todestrieb und Eros zu den obersten Trieben erklärt (1933a, S. 529, 536). Freud wiederholt die bekannten und eben noch einmal angedeuteten spekulativen Grundgedanken, aus denen hervorgeht, dass Eros, der sich den Todestrieb »dienstbar« macht (ebd., S. 540), stärker ist als dieser, zumindest solange der Organismus am Leben ist. Eros sorgt, wie erwähnt, für die Selbsterhaltung, und die Aggressionstriebe, so wieder der paradoxe Höhepunkt, schützen den Organismus und das Ich letzten Endes vor der größeren Gefahr, der Selbstzerstörung. Und dann: Die Aggressionstriebe entsprechen den sadistischen Regungen, die seit jeher Bestandteil der Sexualtheorie waren, sodass sich keine Änderung der Theorie ergibt.[2] Soviel zu Freuds Verteidigung des Primats des Sexuellen und der von ihm behaupteten anhaltenden Gültigkeit seiner theoretischen Grundannahmen.

Biologische Überlegungen also, die von ihm entworfene Konstellation von Leben und Tod, werden von Freud für akzeptabel gehalten. Die Ablehnung von »Lebenserfahrung und Geschichte« bei einem Autor, dessen Lebensleistung in der Entwicklung einer Theorie des Psychischen bestand, ist verwirrend. Allerdings lässt Freud eine kleine Türe offen, und es hört sich an, als gebe er ein Geheimnis preis, wenn er nach der Wiederholung der biologischen Grundfesten seiner Theorie schreibt:

> »Wir haben uns ein wenig weit von unserer Basis entfernt. Ich will Ihnen nachträglich mitteilen, welches der Ausgangspunkt dieser Überlegungen zur Trieblehre war. Derselbe, der uns zur Revision der Beziehung zwischen dem Ich und dem Unbewußten geführt hat, der Eindruck aus der klinischen Arbeit, daß der Patient, der Widerstand leistet, so oft von diesem Widerstand nichts weiß. Aber nicht nur die Tatsache des Widerstands ist ihm unbewußt, auch die Motive desselben sind es. Wir mußten nach diesen Motiven oder diesem Motiv forschen und fanden es zu unserer Überraschung in einem starken Strafbedürfnis, das wir nur den masochistischen Wünschen anreihen konnten« (1933a, S. 541).

Der Eindruck aus der klinischen Arbeit also, der ihn ein masochistisches Strafbedürfnis und unbewusste Schuldgefühle annehmen ließ, wird dann doch als Begründung für die Aufwertung der Bedeutung der Aggressionstriebe zugelassen, aber nur, insofern sie sich ihrer Abkunft aus den Todestrieben gemäß als selbstzerstörerische Regungen gegen den Organismus/ das Ich richten.

---

2 Der einzige Unterschied zwischen der ersten Auflage der *Drei Abhandlungen* von 1905 und Freuds Standpunkt von 1930/1933 war, dass Freud den Sadismus und Masochismus nun, endgültig seit dem »Ökonomischen Problem« (1924c) als Mischung von libidinösen und destruktiven Regungen bezeichnete. Allerdings hatte er auch das schon in den *Drei Abhandlungen zur Sexualtheorie* in der Rede von den »Beimengungen« der Aggressionstriebe und einem selbstständigen Aggressionstrieb angedeutet.

Auch wenn diese Theoretisierung in neue theoretische Turbulenzen führte, auf die hier nicht mehr eingegangen werden kann, setzt sich Freud als Psychoanalytiker an Stellen wie dieser gegen den Freud durch, der sich auf biologische Tatsachen stützen will. Dass er die klinisch-psychoanalytische Begründung der Schuldgefühle, des Masochismus und des Über-Ichs in »Jenseits des Lustprinzips«, in *Das Ich und das Es* und im »Ökonomischen Problem des Masochismus« nicht ganz offengelegt hatte und erst gut zehn Jahre später in der *Neuen Folge der Vorlesungen* klar benennt, zeigt noch einmal, dass er dazu neigte, seine eigenen Forschungen auf dem Feld des Psychischen für nachrangig zu halten. Die eigentlichen und akzeptablen Wissenschaften, die er im Zitat oben als »Basis« bezeichnet, bleiben die Naturwissenschaften, Biologie und Physiologie.[3] Nur sie konnten ihn, wie er wohl meinte, vor einem moralisierenden, dem Augenschein verfallenden Theoretisieren bewahren.[4]

Andererseits gibt es auch nach 1925 einen Freud, der seine klinisch-psychoanalytischen Einsichten in die Waagschale wirft, wenn es um die Frage nach dem Primat von Triebgruppen geht. So machte er in einer seiner letzten Schriften, dem postum veröffentlichten *Abriß* (1940a), auf eine »interessante Dissonanz zwischen Theorie und Erfahrung« aufmerksam (ebd., S. 112): Theoretisch könne man annehmen, dass »jeder beliebige Triebanspruch« verdrängt werden und zur Neurose führen kann (ebd.). Die Beobachtung – und nun ist eindeutig die klinisch-psychoanalytische Beobachtung gemeint – zeige jedoch regelmäßig, dass die zu psychischen Störungen führenden Regungen doch »von Partialtrieben des Sexuallebens herrühren« (ebd.). Zwar seien die Sexualregungen mit Anteilen des Destruktionstriebs vermischt:

> »Es kann aber keinem Zweifel unterliegen, dass die Triebe, welche sich physiologisch als Sexualität kundgeben, eine hervorragende, unerwartet grosse

---

[3] Er hatte dort die Tendenz des Todestriebs zur Rückkehr in frühere Zustände, letzten Endes zur Rückkehr in einen anorganischen Zustand, immerhin als Wiederholungszwang bestimmt, den er in den Träumen traumatisch Geschädigter und generell in jenen Wiederholungen sah, die niemals ein Bedürfnis befriedigt hatten.

[4] Siehe auch sein Diktum, die Triebe seien »an sich weder gut noch böse« (1915b, S. 41), oder den Verweis auf Goethes *Faust* mit Mephisto als Repräsentanten der Destruktionstriebe oder des »bösen Prinzips«, der, wie Freud schreibt, nicht »das Heilige, das Gute« zum Gegner hat, sondern die »Kraft der Natur zum Zeugen, zur Mehrung des Lebens, also den Eros« (1930a, Fn. 2, S. 248).

Rolle in der Verursachung der Neurosen spielen; ob eine ausschliessliche, bleibe dahingestellt« (ebd.).

Nach 1925 war es folglich nicht anders als vorher. Freud lag viel daran, das Primat der Sexualtriebe aufrechtzuerhalten, zumindest für die Theorie der Ätiologie psychischer Störungen. Immer wieder fühlte er sich dazu genötigt, seinen Standpunkt zu verteidigen und die Distanz zum Konzept der Aggressionstriebe aufrechtzuerhalten. Sie blieben für ihn etwas definitiv Anderes als die Todestriebe, sie waren nicht mit dem »Bösen« gleichzusetzen und ihre primäre Funktion war der Schutz des Individuums und des Organismus vor den Wirkungen des Todestriebs. Viele Widersprüche, Paradoxien und Konflikte die Theorie betreffend, aber sicher keine Einführung von Aggressionstrieben, die den Sexualtrieben als gleichwertige Determinanten der psychischen Entwicklung und der Entstehung psychischer Störungen an die Seite gestellt würden. Auch alles andere als eine empirisch fundierte Theorie, wie viele Analytiker der Schüler-Generation glaubten. Freud war sich offensichtlich mehr als seine Schüler bewusst, dass es sich beim Fundament seiner Theorien um eine Mischung von biologischen und hochgradig spekulativen Überlegungen handelte, um biologisch begründete Visionen, die sich, wie er hoffte, klinisch-psychoanalytisch bestätigen lassen würden.

Im *Unbehagen* kommt noch etwas Unerwartetes zum Vorschein. Denn Freud gesteht ein, dass seine Haltung gegenüber den Konzepten von Todes- und Aggressionstrieben auf eine »Abwehr« zurückzuführen sei: »Ich erinnere mich meiner eigenen Abwehr, als die Idee des Destruktionstriebs zuerst in der psychoanalytischen Literatur auftauchte, und wie lange es dauerte, bis ich für sie empfänglich wurde« (1930a, S. 247). Er spielt hier darauf an, dass Stekel, Stärcke und Spielrein schon früh destruktive Triebe und Todestriebe ins Gespräch gebracht hatten (May, 2013, S. 128). Damals räumte er einige Jahre später ein, es sei ihm »unfaßbar« erschienen, dass der Hass in der menschlichen Entwicklung der »Vorläufer der Liebe« ist, wie beispielsweise Stekel behauptet hatte (1913i, S. 117). Er konnte Stekels Position damals nur unter dem Vorbehalt akzeptieren, dass ein Trieb sein Objekt per definitionem nicht hassen könne, sodass der Hass lediglich die Beziehung zwischen dem Ich und dem Objekt kennzeichne. Im *Unbehagen* wiederholt es sich: Wieder wirft er sich vor, etwas abgewehrt zu haben, glaubt nun aber, in der zentralen Spekulation aus dem *Jenseits* eine Lösung gefunden zu haben, die dem Eros und den Sexualtrieben, die ihm zugeordnet werden, die Vorherrschaft sicherte. Möglicherweise war Freud in seinem Theoretisieren wirklich dadurch beeinträchtigt, dass das Thema von »Tod und Sexualität«, wie er früh (1898b) bekannt hatte, mit eigenen unbewussten Konflikten verbunden war.[5]

Auch wenn der Kontext des Spätwerks von Freud hier nicht mehr berücksichtigt werden kann, ist doch aus der Theoriegeschichte bekannt, dass seine Bemerkungen zum Primat des Sexuellen und der Stellung der Aggressionstriebe auch nach 1925 auf Schüler und Schülergruppen reagierten, die sich wegen ebendieser Theoretisierungen von ihm abgesetzt hatten. Die Begründungen waren verschieden. Die politische Linke, Wilhelm Reich, Otto Fenichel und andere, begannen Ende der 1920er Jahre, den Todestrieb und den primären Masochismus prinzipiell abzulehnen. Das Leiden des Menschen war ihrer Auffassung nach allein durch äußere Faktoren bedingt. Die britischen Analytiker um Klein teilten die Vision vom Primat des Sexuellen nicht und sahen kein Problem darin, eine primäre Aggression anzunehmen. Darüber hinaus hatte vor allem Klein die Aufmerksamkeit für die Aggressivität in der Beziehung zwischen Analytiker und Analysand geschärft, was exakt zu den Veränderungen der Theorie der psychischen Entwicklung und der Ätiologie psychischer Störungen passte, die von der »neuen« Psychoanalyse durchgeführt worden waren. Auch die Gruppe, die Freud am nächsten stand, folgte ihm nicht, weder die amerikanische Ichpsychologie noch die britische Gruppe um Anna Freud. Es gab zwar Auseinandersetzungen mit Freuds Triebbegriff, aber kaum jemand teilte Freuds Position. Die Abkehr von Freud betraf punktuell sogar seine Terminologie, wie sich für seine Bezeichnungen für die orale und anale Phase gezeigt hat: Abrahams Termini traten an die Stelle der Freud'schen. Das Primat des Sexuellen ging mit Freud unter, das Sexuelle wurde durch das Aggressive, wenn nicht ersetzt, so doch ihm gleichgestellt. Soweit ich sehe, hat nur die Schule um Laplanche das Sexuelle wieder ins Zentrum gestellt, scheint aber nur Freuds frühe Sexualtheorie zu berücksichtigen und alles zu ignorieren, was Freud ab 1920 zur Revision seiner Theorie bewegt hat.

---

5 Siehe das Kapitel über das Jahr 1920. Vielleicht gehörten die unbewussten Schuldgefühle, deren pathogene Wirkkraft er im Strukturmodell von 1923 berücksichtigte, in die Lücke, die die Selbstoffenbarung von 1898 offengelassen hatte. Dann könnte es sich um Schuldgefühle gehandelt haben, die sich auf den Suizid eines Patienten bezogen und denen tieferliegende Schuldgefühle in Bezug auf eigene sexuelle und/oder sadistische Wünsche zugrunde lagen.

Ausblick

Vergessen wir zuletzt nicht, dass sich die vorstehenden Untersuchungen auf die Jahre zwischen 1920 und 1925 sowie auf die Entwicklungen in Berlin und London beschränkten. Wie sich die Psychoanalyse in Wien und Budapest in dieser Zeit entwickelt hat und wie in den folgenden Jahren, ist offen. Vielleicht kommen auch hier Überraschungen zum Vorschein, die den eben versuchten Ausblick korrigieren werden.

Anhänge

Anhang A:
Zu den »Collective Reviews« (1920–1921) im *International Journal of Psychoanalysis*

Im ersten Band des *International Journal of Psychoanalysis* erschienen 1920 eine Reihe von Kurzbeiträgen unter dem Titel »Collective Reviews« (S. 275–323); im zweiten Band wurde die Serie fortgesetzt (S. 73–122, 207–230, 435–450). Jones gibt in der »Editorial Note« an, es handle sich um Übersetzungen von Zusammenfassungen der deutschsprachigen Beiträge zum *Bericht über die Fortschritte der Psychoanalyse in den Jahren 1914–1919* (Jones, 1920a, S. 275). Dieser 390 Seiten umfassende Band war jedoch 1920 noch gar nicht erschienen; außerdem unterscheiden sich die später publizierten deutschen Beiträge definitiv von den zuvor in den »Collective Reviews« erschienenen. Wie ist das zu verstehen?

Zuerst zu den *Berichten über die Fortschritte der Psychoanalyse*. Die »Berichte« sind hervorragende und bisher wenig beachtete Quellen über die Geschichte der psychoanalytischen Theorie (Berichte, 1914, 1921). Der Bericht von 1921 erschien als selbstständiger Band mit einem Umfang von knapp 400 Seiten, jener von 1914 wurde im *Jahrbuch für psychoanalytische und psychopathologische Forschung* publiziert und umfasste an die 160 Seiten. Er setzte die Berichte über die deutschsprachige (Abraham, 1909) und die fremdsprachige Literatur fort, die ab 1909 erschienen waren. Die Zusammenstellungen von 1914 und 1921 enthalten eine große Zahl von Sammelreferaten, die von Experten wie Abraham, Ferenczi usw. verfasst wurden. Der Band von 1921 enthält beispielsweise Sammelreferate zum Stand der »reinen« und der angewandten Psychoanalyse auf 21 Feldern. Zur reinen Psychoanalyse wurden unter anderem die Felder der Triebtheorie oder der Theorie des Unbewussten gezählt, zur angewandten unter anderem die Ethnologie, Soziologie und Entwicklungspsychologie. Man kann den Sammelreferaten entnehmen, wo die damaligen Akteure »Fortschritte« der psychoanalytischen Theorie sahen. Alle teilten damals die Überzeugung, es gebe solche Fortschritte.

Schon ein oberflächlicher Vergleich der deutschen Sammelreferate von 1921 mit ihren englischen Äquivalenten von 1920 zeigt, dass es sich bei den Letzteren nicht um Zusammenfassungen handeln kann. Jones hatte mit dieser Beschreibung definitiv einen falschen Eindruck erweckt. Zwar sind die deutschsprachigen Texte doppelt so lang wie die englischen, sie berücksichtigen aber auch doppelt oder dreimal so viel Publikationen. In den englischen Versionen wurde außerdem sehr nachlässig gearbeitet. Manche Autoren hatten sich nicht einmal die Mühe gemacht, einen zusammenhängenden Text zu formulieren und reihten nur Stichworte aneinander. Es kam sogar vor, dass Autoren vergessen hatten, Freuds Arbeiten zu erwähnen. Das galt beispielsweise für Abraham, der in seinem englischen Sammelreferat zum Gebiet »Special pathology and therapy of the neuroses and psychoses« (Abraham, 1920a) Freuds Publikation über den »Wolfsmann« (1918b) übersehen hatte.

Mithilfe der *Rundbriefe* des Komitees lässt sich rekonstruieren, was geschehen war. Um den Hergang zu verstehen, muss man wissen, dass die Bezeichnungen »Bericht« und »Jahresbericht« für verschiedene Arten von Texten verwendet wurden: (1) für Berichte der lokalen Gruppen über ihre Aktivitäten; (2) für Jahresberichte über spezielle Aktivitätsfelder wie beispielsweise jene der Poliklinik; (3) für Beiträge zum Band *Bericht über die Fortschritte der Psychoanalyse*.[1]

Rank war als Redakteur des *Berichts über die Fortschritte* für das Einholen der Beiträge verantwortlich. Zwischen ihm und Abraham kam es wiederholt zu Streitigkeiten. Als Rank beispielsweise die Kollegen Anfang Oktober 1920 aufforderte, ihre Referate fertigzustellen (RB 1, S. 57f.), konterte Abraham, dass er keine Literatur zur Verfügung habe: »Solange mir aber nichts Referierbares zu Gesicht kommt, kann ich auch nichts liefern. Den andern geht es auch so! Uns wird keine Literatur zugeschickt« (ebd., S. 82). Darauf antwortete Rank, dass die Autoren sich die Literatur selbst beschaffen sollten (ebd., S. 106). Außerdem seien einige Manu-

---

[1] In den Annotationen der Komitee-Rundbriefe (1999–2008) kommt es nicht selten zu Verwechslungen.

skripte, die er bereits erhalten habe, nicht »akzeptabel«, weil sie mit einer ganz unangebrachten »Nonchalance« verfasst wären (ebd.). Ungefähr die Hälfte aller Publikationen, die zwischen 1914 und 1919 in der *Internationalen Zeitschrift* erschienen waren, seien von den Referenten übersehen worden, »sogar auch eine Anzahl von Arbeiten vom Professor, von Sadger etz., etz.« (ebd.). Freud sei empört: »Angesichts dieser Tatsache lehnt es der Professor entschieden ab, einen Jahresbericht in dieser Form zu publizieren« (ebd.). Freud biete an, mit ihm (Rank) zusammen eine Liste jener Aufsätze zu erstellen, die die Autoren nicht berücksichtigt hätten (ebd.). Die »aufrichtige Schimpferei«, so Rank, sei notwendig, auch wenn der Briefverkehr gleich zu Beginn der Zusammenarbeit durch einen »Mißton« gestört werde (ebd., S. 109). Abraham verteidigte sich: »Ich selbst (Abr.) habe übrigens die sämtlichen einschlägigen Aufsätze der Zeitschrift referiert und auch aus den [sic] gelegentlich erscheinenden Literaturverzeichnis entnommen, was darin war. Ich glaube nichts Wesentliches übersehen zu haben« (ebd., S. 125). Es sei Ranks Fehler, dass er den Referenten keine Liste der gesamten relevanten Literatur zur Verfügung gestellt habe (ebd.).

Ende November 1920 verschickte Rank dann eine mithilfe von Reik erstellte Liste von Publikationen, die von den Referenten zu berücksichtigen waren. Er bat um Abgabe der Manuskripte zum Jahresende (ebd., S. 186), wieder ohne Erfolg. Abraham kündigte an, seinen Kollegen Hárnik, der eben nach Berlin gezogen war, zu bitten, die Arbeit zu übernehmen (ebd., S. 214). Im Januar und Februar 1921 mahnte Rank die Manuskripte erneut an, unter anderem jenes von Abraham (RB 2, S. 34, 72). Dieser stellte die Ablieferung in Aussicht: Hárnik arbeite »fleißig an den Referaten, sodaß wir die gemeinsame Arbeit werden liefern können« (ebd., S. 37).

So kam es, dass die englische Fassung von Abrahams Beitrag zum Thema »Special pathology and therapy of the neuroses and psychoses« von ihm allein verantwortet wurde (Abraham, 1920a). Die längere und verbesserte deutsche Fassung (»Spezielle Pathologie und Therapie der Neurosen und Psychosen«) ist eine Gemeinschaftsarbeit von ihm und Hárnik (Abraham & Hárnik, 1921). Abraham gab also die erste, kurze und mangelhafte Version dem *International Journal*, das sie ins Englische übersetzte. Die zweite und verbesserte Version erschien im deutschsprachigen *Bericht*. Die verbesserte Fassung umfasste 22 statt 6 Seiten, und nannte 55 statt 27 Publikationen zum Thema. Die englischen Texte sind also nicht, wie Jones in seinem Editorial schreibt, eine Zusammenfassung der deutschen, sondern ihre Vorfassung. Das dürfte auch für die Sammelreferate anderer Autoren (Ferenczi, Boehm usw.) gelten.

Nach weiteren Mahnungen Ranks (RB 2, S. 90) ging der deutschsprachige *Bericht über die Fortschritte der Psychoanalyse in den Jahren 1914–1919* Anfang April 1921 in Druck und wurde Ende Mai 1921 ausgeliefert (ebd., S. 128, 163, 177, 198). Zur gleichen Zeit, im April und Juni 1921, kamen die Hefte von Band 1 (Heft 3) und Band 2 (Heft 1, 2, 3/4) des *International Journal* heraus, die die »Collective Reviews« enthielten (ebd., S. 128, 198). Jones teilte den Kollegen im Rundbrief mit, dass er für die im *International Journal* publizierten »Collective Reviews« »a number of compliments« erhalten habe (ebd., S. 183), während Freud, wie eben dargestellt, über die Qualität der reviews empört war.

Anhang B: »Das Medusenhaupt«

In »Die infantile Genitalorganisation« wies Freud auf einen Beitrag von Ferenczi hin, der soeben im ersten Heft der *Internationalen Zeitschrift* erschienen war (Freud, 1923e, S. 170). Es handelte sich um eine neun Zeilen umfassende Mitteilung in der Rubrik »Erfahrungen und Beispiele aus der analytischen Praxis« mit der Überschrift »Zur Symbolik des Medusenhauptes« (Ferenczi, 1923, S. 69). Ferenczi teilte dort mit, dass er durch die Analyse von Träumen und Einfällen dazu gekommen sei, das Medusenhaupt als Symbol der penislosen Genitalgegend der Frau zu verstehen, die beim Kind Grauen und Angst auslöse. Freud ergänzte, dass es sich um das Genitale der Mutter handle. Die von Ferenczi mitgeteilte Symbolisierung sei charakteristisch für die phallische Stufe.

Freud selbst hatte ein Jahr vorher dem Komitee-Rundbrief vom 15. Mai 1922 einen kurzen Text über die Symbolik des Medusenhauptes beigelegt, das mit dem Datum 14. Mai 1922 versehen war (RB 3, S. 137f.; 1940c).[2] Er hatte in den Tagen vor der Niederschrift dieses Texts Alexanders Aufsatz über den Kastrationskomplex erhalten (ebd., S. 129). Vielleicht war er

---

[2] Bei dieser Beilage, die in Ranks Rundbrief vom 15. Mai 1922 erwähnt wird (RB 3, S. 136), kann es sich nicht, wie in den Anmerkungen zu den Rundbriefen angegeben wird, um Freuds Nachschrift zum »Kleinen Hans« (1922c) handeln, denn diese wurde erst im Juli 1922 geschrieben; siehe RB 3, S. 185, L & K, S. 146.

dadurch zu der kurzen Bemerkung über das Haupt der Medusa als Symbolisierung des kastrierten weiblichen Genitales angeregt worden. Wie auch immer: Nachdem die Komitee-Mitglieder die Beilage erhalten hatten, teilte Ferenczi den Kollegen im nächsten Komitee-Rundbrief (vom 2. Juni 1922) mit, dass er zu einer ähnlichen Deutung des Medusenhauptes gelangt sei wie Freud und vor eineinhalb Jahren einen Vortrag darüber in Budapest gehalten habe (ebd., S. 156). Einen Auszug aus dem Vortrag und »12–15 Beobachtungen und Deutungen aus der Praxis« habe er an Rank gesandt.

Ferenczi beanspruchte also die Priorität in Bezug auf die Deutung des Medusenhaupts. Im folgenden Komitee-Rundbrief ist dann zu lesen: »Prof. hat übrigens nicht die Absicht, die Deutung weiter zu verfolgen« (ebd., S. 166). Freud ließ also Ferenczi den Vortritt und so kam es, dass Ferenczis (elf) »Beobachtungen und Deutungen«, darunter jene des Medusenhaupts, im ersten Heft der *Zeitschrift* von 1923 veröffentlicht wurden (1923, S. 67–71), während Freud seinen eigenen Text nicht publizierte; er erschien erst postum (1940c).

Anhang C: Zum Klein-Archiv

Das Klein-Archiv im Wellcome Institute (London) ist im Internet zugänglich unter https://wellcomecollection.org/works/t8hek62d. Unter dieser Adresse kann man den Archivbestand einsehen. Er ist in Konvoluten geordnet, die das Sigel PP/KLE tragen; darauf folgt das Sigel des Ordners, in dem die Dokumente, Manuskripte, Zeichnungen etc. abgelegt sind, also beispielsweise: PP/KLE/C.1.

Im laufenden Text wurde das Sigel der Lesbarkeit halber mit »KA« (Klein-Archiv) wiedergegeben, gefolgt von der Ziffer des »images« (»im.«), d.h. der Seite des Manuskript-Fotos; also beispielsweise: KA, C.1, im. 25. Das Zugriffsdatum wurde nicht jedes Mal gesondert angegeben. Die Zugriffe erfolgten am 15. Mai 2020 sowie am 29. und 30. Dezember 2021.

Der Umgang mit dem Archivbestand ist im Falle des Klein-Archivs schwierig, weil viele Manuskripte noch nicht identifiziert wurden. Es ist also häufig offen, wann ein Manuskript geschrieben oder überarbeitet oder publiziert wurde. Im Folgenden werden einige Hinweise zur Identifizierung gegeben.

Zur Identifizierung der Manuskripte von Kleins Vorträgen von 1924

Das Manuskript von Kleins Vortrag in Salzburg (22. April 1924) mit dem Titel »Zur Technik der Frühanalyse« scheint nicht erhalten zu sein. Es gibt zwar Manuskripte und Manuskriptteile, die diesen Titel tragen, sie stammen jedoch mit Sicherheit aus einer späteren Zeit. Vermutlich handelt es sich um Manuskripte, die den Sommerseminaren von 1925 und 1927 zuzuordnen sind.

Der Vortrag, den Klein in Würzburg (11. Oktober 1924) unter dem Titel »Aus der Analyse der Zwangsneurose eines sechsjährigen Kindes« hielt, scheint im Archiv erhalten zu sein. Frank (2009, S. 111) gibt als Sigel an: PP/KLE/B.25; hinzuzufügen ist: im. 206–234. Möglicherweise bildet der dort abgelegte getippte Text, also der Text *ohne* die handschriftlichen Einträge, das Manuskript des Würzburger Vortrags. Andere Texte im Archiv, die denselben oder einen ähnlichen Titel tragen, sind definitiv erst später entstanden.

Die Titel von Kleins Vorträgen in Berlin (13. Dezember 1924) und Wien (17. Dezember 1924) lauten sehr ähnlich. Der Berliner Vortrag hat den Titel »Über die psychologischen Grundlagen der Frühanalyse« (Korr, 1925, S. 132), der Wiener »Über die psychologischen Grundlagen der Kinderpsychoanalyse« (ebd., S. 137). Bei den im Archiv vorhandenen Manuskripten mit diesen Titeln handelt es sich jedoch *nicht* um die Vorträge in Berlin und Wien, sondern vermutlich um Vorträge im Rahmen der Londoner Sommer-Seminare von 1925 oder 1927.

Der Titel des Berliner Vortrags ist außerdem mit dem Titel einer in der *Imago* erschienenen Arbeit identisch (Klein, 1926). Der gleiche Titel erscheint auch als Überschrift des ersten Kapitels von *Die Psychoanalyse des Kindes* (Klein, 1932). In diesem Fall gab Klein selbst an, dass es sich bei diesem ersten Kapitel um das Manuskript der Publikation in der *Imago* handelt, der für die Buchfassung revidiert wurde (ebd., S. 17).

Zur Identifizierung der Manuskripte der Londoner Sommer-Seminare von 1925

Die Titel der sechs Londoner Seminare von 1925 wurden von Frank identifiziert (2009, S. 107f.). Sie lauten:

I. Die psychologischen Grundlagen der Frühanalyse
II. Zur Technik der Frühanalyse
III. Die Zwangsneurose eines sechsjährigen Mädchens
IV. Die Technik der Analyse des Kindes im Latenz-und Pubertätsalter

V. – Manuskript ohne Titel –
VI. Indications for treatment und termination of treatment

Im Klein-Archiv sind Manuskripte mit diesen und ähnlichen Titeln vorhanden. Es ist jedoch offen, ob es sich dabei um Vorfassungen, um Endfassungen oder um nachträglich überarbeitete Fassungen der Seminare von 1925 handelt.

Folgende Manuskripte kommen in Zusammenhang mit den Seminaren von 1925 infrage:

Für Seminar I die Manuskripte PP/KLE/C.40, im. 1–37, C.48, im. 199–220 und PP/KLE/C.78, im. 1–24

Für Seminar II das Manuskript PP/KLE/C.40, im. 38–60

Für Seminar III die Manuskripte PP/KLE/B.25, im. 206–234 und PP/KLE/C.40, im. 61–95

Für Seminar IV die Manuskripte PP/KLE/C.38, C.46, im. 54–74 und PP/KLE/C.48, im. 25–65

Für Seminar V das Manuskript PP/KLE/C.41, im. 26–46

Für Seminar VI die Manuskripte PP/KLE/C.41, im. 1–25 und PP/KLE/C.46, im. 1–23

Anhang D:
Kleins unveröffentlichte Mitteilungen (1920–1926)

Das Werkverzeichnis der *Gesammelten Schriften* Kleins enthält nur veröffentlichte Arbeiten. Im Zuge der hier vorgestellten Arbeit wurde eine Liste von Kleins unveröffentlichten Mitteilungen aus den Jahren 1920 bis 1926 erstellt. Es handelt sich dabei sowohl um sogenannte »Kleine Mitteilungen« als auch um Korreferate und regelrechte Vorträge. Die Liste erhebt keinen Anspruch auf Vollständigkeit, vermittelt aber bereits einen ersten Eindruck von Kleins hochgradiger Aktivität in der Berliner Gruppe.

»**Kleine Mitteilungen**« sind Kurz-Referate, meistens Vignetten aus der Praxis. Von ihnen sind stets, und auch im Falle Kleins, nur die Titel und das Datum bekannt, an denen sie vorgetragen wurden. Titel und Datum wurden im Korrespondenzblatt veröffentlicht, nicht aber der Wortlaut.

Vor der ungarischen Gruppe trug Klein am 5. Dezember 1920 eine »Kleine Mitteilung« mit dem Titel »Beitrag zur frühinfantilen Analyse« vor (Korr, 1921, S. 133).

Vor der Berliner Gruppe trug sie folgende »Kleine Mitteilungen« vor:
»Kinderanalysen« am 03.02.1921 (Korr, 1921, S. 392)
»Orientierungsstörungen bei Kindern« am 19.05.1921 (Korr, 1921, S. 392)
»Eine Anekdote aus dem Leben Walter Scotts« am 24.01.1922 (Korr, 1922, S. 107)
»Eine Sonntagsneurose bei einem Kind« am 14.02.1922 (Korr, 1922, S. 239)
»Analyse eines Schulaufsatzes« am 11.04.1922 (Korr, 1922, S. 239)
»Verkleidungszwang und Pseudologie« am 02.05.1922 (Korr, 1922, S. 393) »Aus einer Kinderanalyse« am 13.02.1923 (Korr, 1923, S. 241)
»Das ›Doktorspiel‹ der Kinder« am 10.04.1923 (Korr, 1923, S. 547)
»Die Wirkung von Unterbrechungen im Verlaufe von Kinderanalysen« am 06.05.1924 (Korr, 1924, S. 350)
»Wirksamkeit des Über-Ich im 4. Lebensjahre eines Kindes« am 06.05.1924 (Korr, 1924, S. 350)
»Erläuterungen von Kinderzeichnungen«, zusammen mit Ada Schott und Müller-Braunschweig, am 14.06.1924 (Korr, 1924, S. 350)
»Äußerungen des infantilen Schuldgefühls« am 11.11.1924 (Korr, 1925, S. 132)
»Eine Analogie zwischen Kinderphantasien und verbrecherischen Handlungen« am 26.02.1925 (Korr, 1925, S. 250)
»a) Zwei korrespondierende Fehler in einer Schularbeit; b) Welche Vorstellungen ein fünfjähriger Knabe mit Erziehungsmaßnahmen verband« am 02.03.1926 (Korr, 1926, S. 222).

Korreferate enthalten Ergänzungen und Bemerkungen zu Vorträgen von Kollegen. Auch sie werden im Allgemeinen nicht publiziert, außer nachdem sie zu regelrechten Aufsätzen umgearbeitet wurden. Wie bei den »Kleinen Mitteilungen« war es Usus, dass nur die Titel und die Daten des Referats veröffentlicht wurden, und wiederum im Korrespondenzblatt.

Von Klein sind zwei Korreferate bekannt. Am 21. Februar 2022 hielt sie vor der Berliner Gruppe unter dem Titel »Über latente Angst« ein Korreferat zu Alexanders Vortrag »Kastrationskomplex und Charakter« vom 14. Februar. Klein hat selbst angegeben, dass das Korreferat ihrem Manuskript »Die infantile Angst« (PP/KLE/C. 81, im. 1–143) entnommen wurde (siehe dazu auch Anhang E).

Ein zweites Korreferat bezog sich auf den Vortrag »Gedanken zum Männlichkeitskomplex der Frau«, den Horney am 31. Oktober 1925 hielt (Korr, 1926, S. 121). Im Archiv liegt ein Manuskript (PP/KLE/C.64), bei dem es sich um ebendieses Korreferat handeln dürfte. Möglicherweise wurde es von Klein nicht vorgetragen, weil sich kein entsprechender Eintrag im Korrespondenzblatt findet.

Details über die Manuskriptlage von Kleins unveröffentlichten regelrechten Vorträge auf internationalen Kongressen (Berlin 1922 und Salzburg 1924) sowie vor den Vereinigungen in Berlin (1924) und Wien (1924) und auf dem deutschen Treffen in Würzburg (1924) wurden bereits im laufenden Text erörtert.

Anhang E:
Zur Unterdrückung von Kleins Publikationen (1920–1925)

Der Vorwurf, Kleins Arbeiten seien von den Redakteuren der *Internationalen Zeitschrift* unterdrückt worden, wurde zuerst von Jones erhoben. Er schrieb im September 1927 an Freud, Radó habe einen Beitrag Kleins zu einem Vortrag, den Anna Freud im März 1927 in Berlin gehalten hatte, nicht publiziert:

> »When Anna read her paper at Berlin Mrs. Klein, who was still at that time a member of the Berlin group, sent a written contribution to the discussion, but this was suppressed. Radó had previously barred the ›*Zeitschrift*‹ to her, and so she came to me to ask what opportunity there was for her to defend herself against this attack on her life's work« (F/Jo, S. 629).

In einem Fall konnte klar nachgewiesen werden, dass Jones' Vorwürfe begründet waren (siehe das Kapitel über das Jahr 1925). Wie im Text dargestellt, fehlte im *Korrespondenzblatt* der *Zeitschrift* der Passus über das Verlesen von Alix Stracheys Zusammenfassung von Kleins Berliner Vortrag in London (Korr, 1925, S. 251). Verantwortlich für die Kürzung waren Radó und/oder Eitingon.

Ein zweiter Fall betrifft den dritten Teil von »Eine Kinderentwicklung« (Klein, 1921). Die beiden ersten Teile dieses knapp 50 Seiten umfassenden Aufsatzes waren 1921 in der *Imago* erschienen und mit »I.« und »II.« gekennzeichnet. Mehreren Mitteilungen ist zu entnehmen, dass Klein nach Abschluss dieser beiden ersten Teile einen dritten Teil schrieb. Im Klein-Archiv befindet sich ein Manuskript, bei dem es sich um den besagten dritten Teil handeln könnte. Es trägt den Titel »Eine Kinderentwicklung. III. Die infantile Angst und ihre Bedeutung für die Entwicklung der Persönlichkeit« (PP/KLE/C.81). Das Manuskript ist in einer getippten und in einer handschriftlichen Fassung vorhanden und mit folgender Titel-Fußnote versehen: »Im Auszug in der *Berliner Psychoanalytischen Vereinigung* gehalten im Februar 1922 als Coreferat zu Dr. Alexanders Arbeit ›Kastrationskomplex und Charakter‹« (ebd., im. 1, 39). Kleins Korreferat zu Alexanders Vortrag vom 21. Februar 1922 (siehe oben und das Kapitel über das Jahr 1922) stellte also eine gekürzte Fassung des dritten Teils von »Eine Kinderentwicklung« dar. Was aber war das Schicksal der Langfassung dieses dritten Teils?

Aus Ranks Briefwechsel mit Freud geht hervor, dass Klein den dritten Teil von »Eine Kinderentwicklung« im Juli 1922 an die Redaktion der *Internationalen Zeitschrift* geschickt hatte. Damals war Rank verantwortlicher Redakteur. Im Brief vom 18. Juli 1922 schreibt Rank an Freud, er habe von Klein eine »Fortsetzung der Kinderstudie, besonders über Angst« erhalten; Klein würde wünschen, »dass Sie diese theoretisch kühle Arbeit lesen: ich habe sie auf Herbst vertröstet« (L & K, S. 152). Den gleichen Vorgang erwähnt Rank im Komitee-Rundbrief vom 1. August 1922. Er zählte die Arbeiten auf, die bei ihm eingegangen waren, darunter: »von Frau Klein eine Fortsetzung ihrer Kinderanalyse, bes. über Angst (noch nicht gelesen)« (RB 3, S. 185). Danach verlieren sich die Spuren. Die Sommerferien waren vorbei und damit auch der Briefwechsel zwischen Rank und Freud; auch in den Komitee-Rundbriefen wird Kleins Text nicht mehr erwähnt.

Rank bezeichnete Kleins Aufsatz im Brief an Freud als »theoretisch kühl«. Das lässt aufhorchen, denn die Beschreibung wirkt ganz unpassend. Könnte es sich um einen Lesefehler handeln, der den Transkribenten des Rank-Briefs unterlaufen war?[3] »Theoretisch kühn« statt »kühl« würde auf Kleins Arbeiten besser zutreffen. Wenn es sich so verhalten würde, dann könnte die Kühnheit ein Grund dafür gewesen sein, dass der Aufsatz von Rank nicht angenommen wurde. In diesem Fall wäre die Ablehnung

---

[3] Der Brief konnte bisher nicht eingesehen werden. Er befindet sich weder im Rank-Archiv der *Columbia University* (New York) noch in der *Library of Congress*, und auch James Lieberman konnte nicht weiterhelfen.

sicher erst nach Rücksprache mit Freud erfolgt. Aber: für all dies gibt es vorderhand keine Belege.

Eine andere Möglichkeit wäre, dass Klein selbst den dritten Teil zurückzog und sich entschloss, ihn in einer neuen Publikation unterzubringen. Zu einem solchen Vorgehen hätte ihr Rank auch geraten haben können. Auch dafür gibt es keine Belege. Wir können nur feststellen, dass die beiden nächsten Beiträge, die Klein publizierte, nämlich »Die Rolle der Schule« (1923a) und »Zur Frühanalyse« (1923b), Hinweise auf das Schicksal des dritten Teils enthalten.

In »Zur Frühanalyse« schreibt Klein in der Titelfußnote, dass sich der Aufsatz auf drei Vorträge stütze: auf ihren Vortrag auf dem internationalen psychoanalytischen Kongress im September 1922, auf eine »Kleine Mitteilung« vom Mai 1921 und auf das in der Berliner Gruppe gehaltene »Referat« mit dem Titel »Die infantile Angst und ihre Bedeutung für die Entwicklung der Persönlichkeit«, das sie im März 1922 gehalten habe (1923b, S. 103). Bei diesem Referat muss es sich um das erwähnte Korreferat zu Alexanders Vortrag, also die Kurzfassung des dritten Teils von »Eine Kinderentwicklung«, handeln. Klein erlag hier vermutlich einer Erinnerungstäuschung, wie man sie in Bezug auf Daten in ihren Mitteilungen häufig findet. Sie hatte das Korreferat in Berlin nicht im März, sondern am 21. Februar gehalten. Die minimale Abweichung in der Formulierung des Titels müsste ebenfalls einer Erinnerungstäuschung geschuldet sein. Die Kennzeichnung »Referat« hingegen ist korrekt und lässt keine andere Möglichkeit zu, als dass es sich um das erwähnte Korreferat handelt. Klein hat also den dritten Teil von »Eine Kinderentwicklung« in den Aufsatz »Zur Frühanalyse« eingearbeitet, der im zweiten Heft der *Imago* von 1923 erschien. Ob dies nach einer Ablehnung vonseiten der *Internationalen Zeitschrift* geschah, ist offen; es ist jedoch nicht sehr wahrscheinlich. Denn das Heft, in dem Kleins Aufsatz erschien, war Ende 1922 von Rank als »pädagogische Sondernummer« geplant worden. In ihm sollten, wie er damals im Komitee-Rundbrief bekannt gab, Aufsätze von Aichhorn, Bernfeld, Jones und Klein, »eventuell« auch von Hug-Hellmuth enthalten sein (RB 3, S. 225). Rank war also durchaus an der Publikation von Kleins Arbeiten interessiert. Die pädagogische Sondernummer erschien dann auch wie geplant, allerdings nicht als Heft 1, sondern erst als Heft 2 der *Imago* von 1923.

Der andere Ort, an dem Klein selbst den »dritten Teil« beziehungsweise das Korreferat zu Alexander noch einmal erwähnt, ist der Aufsatz mit dem Titel »Die Rolle der Schule in der libidinösen Entwicklung des

Kindes« (1923a), der sich im dritten Heft der *Internationalen Zeitschrift* von 1923 befindet. Klein fügte in den laufenden Text folgende Fußnote ein:

> »Ich habe in einer Arbeit, ›Die infantile Angst und ihre Bedeutung für die Entwicklung der Persönlichkeit‹, die ich als Korreferat zu Dr. Alexanders vorerwähntem Referat brachte, diesen Nachweis an Material aus der Kinderanalyse versucht, wobei ich auf die weitgehende Bedeutung der Kastrationsangst für Sport-, Spiel- und Lernhemmung und auf die Gehemmtheit der Persönlichkeit im allgemeinen hinwies (Diese Zeitschrift VIII, Heft 3)« (ebd., S. 159).

Irritierend ist Kleins Hinweis auf das dritte Heft des achten Bandes der *Internationalen Zeitschrift*. Bezieht sich die Bemerkung auf ihren eigenen Beitrag oder jenen von Alexander? Der erste Fall ist unwahrscheinlich. Denn dann hätte sie die Fußnote zum Aufsatz über die Rolle der Schule noch vor September 1922 geschrieben. Im September 1922 wurde das dritte Heft der *Zeitschrift* ja bereits ausgeliefert, sodass sie sehen konnte, dass dieses Heft keinen Aufsatz von ihr enthielt. Wahrscheinlicher ist es, dass sich »Band 8, Heft 3« auf die Publikation von Alexanders Vortrag bezieht. Er erschien in Band 8, allerdings nicht in Heft 3, sondern in Heft 2. Alles in allem muss offenbleiben, ob der dritte Teil der Kinderstudie von Rank/Freud unterdrückt wurde; eindeutige Indizien fehlen.

Die Frage, warum Kleins Vorträge in Salzburg, Würzburg und Berlin/Wien nicht publiziert wurden, wurde im Kapitel über das Jahr 1924 erörtert. Bislang fehlen Belege für oder gegen einen Boykott. Die Vorgänge um das Symposium 1927, die für einen Boykott einer Publikation von Klein sprechen, hat Frank (2009) dargestellt. Sie erörtert auch die Verzögerungen der Publikation von Kleins *Die Psychoanalyse des Kindes* (1932), die sicher auch auf Freuds und Eitingons Reserven gegenüber Klein zurückzuführen waren.

Bibliografie

Bei Publikationen von Abraham, Ferenczi und Klein wird wegen der eventuellen schweren Erreichbarkeit der Orte der Erstpublikation auf die jeweilige Gesamtausgabe der Autoren verwiesen: für Abraham auf die *Psychoanalytischen Studien*, für Ferenczi auf die *Bausteine der Psychoanalyse* und für Klein auf die *Gesammelten Schriften*. Übersetzungen wurden in die Bibliografie aufgenommen, wenn sie im laufenden Text erwähnt wurden. Die Angaben für Freuds Schriften folgen der Freud-Bibliografie von Meyer-Palmedo & Fichtner (1999, 2. Aufl.).

In die Bibliografie nicht aufgenommen wurden die Berichte der Vorstände und der Zweigvereinigungen der Internationalen Psychoanalytischen Vereinigung, die in den »Korrespondenzblättern« der *Internationalen Zeitschrift für Psychoanalyse* und in den »Reports« und »Bulletins« des *International Journal of Psychoanalysis* erschienen sind. Im laufenden Text werden sie mit »Korr« oder »Bull«, gefolgt von Jahres- und Seitenzahl der jeweiligen Zeitschriften, bibliografiert.

Abraham, H. (1976). *Karl Abraham. Sein Leben für die Psychoanalyse.* Kindler, 1974.
Abraham, K. (1908). Die psychosexuellen Differenzen der Hysterie und der Dementia praecox. In ders. (1971), *Psychoanalytische Studien, 2* (S. 132–145).
Abraham, K. (1909). Bericht über die österreichische und deutsche psychoanalytische Literatur bis zum Jahre 1909. *Jahrbuch für psychoanalytische und psychopathologische Forschungen, 1*(2), 575–594.
Abraham, K. (1911). Giovanni Segantini. Ein psychoanalytischer Versuch. Mit einem Nachtrag zur 2. Aufl. von 1925. In ders. (1971), *Psychoanalytische Studien, 2* (S. 269–328).
Abraham, K. (1912a). Amenhotep IV. (Echnaton). Psychoanalytische Beiträge zum Verständnis seiner Persönlichkeit und des monotheistischen Atonkultes. In ders. (1971), *Psychoanalytische Studien, 2* (S. 329–359).
Abraham, K. (1912b). Ansätze zur psychoanalytischen Erforschung und Behandlung des manisch–depressiven Irreseins und verwandter Zustände. In ders. (1971), *Psychoanalytische Studien, 2* (S. 146–162).

Abraham, K. (1916–17). Untersuchungen über die früheste prägenitale Entwicklungsstufe der Libido. In ders. (1969), *Psychoanalytische Studien, 1* (S. 84–112).
Abraham, K. (1919). Über eine besondere Form des neurotischen Widerstands gegen die psychoanalytische Methodik. In ders. (1971), *Psychoanalytische Studien, 2* (S. 254–261).
Abraham, K. (1920a). Special pathology and therapy of the neuroses and psychoses. *International Journal of Psychoanalysis, 1*, 280–285.
Abraham, K. (1920b). Zur narzißtischen Bewertung der Exkretionsvorgänge in Traum und Neurose. In ders. (1969), *Psychoanalytische Studien, 1* (S. 241–244).
Abraham, K. (1921a). Äußerungsformen des weiblichen Kastrationskomplexes. In ders. (1971), *Psychoanalytische Studien, 2* (S. 69–99).
Abraham, K. (1921b). *Klinische Beiträge zur Psychoanalyse aus den Jahren 1907–1920*. Internat. Psychoanalyt. Verlag.
Abraham, K. (1922). Vaterrettung und Vatermord in den neurotischen Phantasiegebilden. In ders. (1971), *Psychoanalytische Studien, 2* (S. 100–108).
Abraham, K. (1923a). Ergänzungen zur Lehre vom Analcharakter. In ders. (1969), *Psychoanalytische Studien, 1* (S. 184–205). – Engl.: (1923). Contributions to the theory of the anal character. *International Journal of Psychoanalysis, 4*, 400–418.
Abraham, K. (1923b). Psycho-analytic views of some characters of early infantile thinking. *British Journal of Medical Psychology, 3*, 283–287. – Dt.: (1924). Psychoanalytische Gesichtspunkte zu einigen Merkmalen des frühkindlichen Denkens. In ders. (1971), *Psychoanalytische Studien, 2* (S. 189–193).
Abraham, K. (1923c). Zwei Beiträge zur Symbolforschung: Zur symbolischen Bedeutung der Dreizahl; Der ›Dreiweg‹ in der Ödipussage. In ders. (1969), *Psychoanalytische Studien, 1* (S. 252–257).
Abraham, K. (1924). Versuch einer Entwicklungsgeschichte der Libido auf Grund der Psychoanalyse seelischer Störungen. In ders. (1969), *Psychoanalytische Studien, 1* (S. 113–183). – Engl.: (1927). A short study of the development of the libido, viewed in the light of mental disorders. In ders. (1927) *Selected Papers*, transl. by D. Bryan and A. Strachey (S. 418–501). Grant A. Allen.
Abraham, K. (1925a). Beiträge der Oralerotik zur Charakterbildung. In ders. (1969), *Psychoanalytische Studien, 1* (S. 205–217). – Engl.: (1925). The influence of oral erotism on character-formation. *International Journal of Psychoanalysis, 6*, 247–258.
Abraham, K. (1925b). Die Geschichte eines Hochstaplers im Lichte psychoanalytischer Erkenntnis. In ders. (1969), *Psychoanalytische Studien, 1* (S. 69–83).
Abraham, K. (1926). Psychoanalytische Bemerkungen zu Coués Verfahren der Selbstbemeisterung. In ders. (1971), *Psychoanalytische Studien, 2* (S. 411–436).
Abraham, K. (1927). *Selected papers of Karl Abraham with an Introductory Memoir by Ernest Jones*, transl. by D. Bryan & A. Strachey. Hogarth Press.
Abraham, K. (1969, 1971). *Psychoanalytische Studien, 2 Bde*, hrsg. u. eingel. v. J. Cremerius. S. Fischer.
Abraham, K. & Fließ, W. (2010). Briefwechsel 1911–1925, hrsg. v. L. M. Hermanns & M. Schröter. *Luzifer-Amor, Zeitschrift für die Geschichte der Psychoanalyse, 23*(46), 104–133.
Abraham, K. & Hárnik, J. (1921). Spezielle Pathologie und Therapie der Neurosen und Psychosen. In *Bericht über die Fortschritte der Psychoanalyse in den Jahren 1914–1919*, hrsg. v. O. Rank, 1921 (S. 141–163). Internat. Psychoanalyt. Verlag.

Abraham, K. & Jones, E. (2018). Briefwechsel 1911–1925, hrsg. v. L. M. Hermanns. *Luzifer-Amor, Zeitschrift für die Geschichte der Psychoanalyse, 31*(61), 40–91.

Adler, A. (1908). Der Aggressionstrieb im Leben und in der Neurose. *Fortschritte der Medizin, 19*, 577–584.

Adler, A. (1912). *Über den nervösen Charakter. Grundzüge einer vergleichenden Individualpsychologie und Psychotherapie*. Fischer, 1972.

Aguayo, J. (1997). Historicizing the origins of Kleinian psychoanalysis. Klein's analytic and patronal relationships with Ferenczi, Abraham and Jones, 1914–1927. *International Journal of Psychoanalysis, 78*, 1165–1182.

Aguayo, J. (2000). Patronage in the dispute over child analysis between Melanie Klein and Anna Freud, 1927–1932. *International Journal of Psychoanalysis, 81*, 734–752.

Alexander, F. (1921). Metapsychologische Betrachtungen. *Internationale Zeitschrift für Psychoanalyse, 7*, 270–285.

Alexander, F. (1922). Kastrationskomplex und Charakter. Eine Untersuchung über passagere Symptome. *Internationale Zeitschrift für Psychoanalyse, 8*, 121–152.

Alexander, F. (1925a). Einige unkritische Gedanken zu Ferenczis Genitaltheorie. *Internationale Zeitschrift für Psychoanalyse, 9*, 444–456.

Alexander, F. (1925b). Metapsychologische Darstellung des Heilungsvorganges. *Internationale Zeitschrift für Psychoanalyse, 11*, 157–178.

Alexander, F. (1925c). Rezension von Ferenczi und Rank: ›Entwicklungsziele der Psychoanalyse‹. *Internationale Zeitschrift für Psychoanalyse, 11*, 113–122. – Engl.: (1925). *International Journal of Psychoanalysis, 6*, 484–496.

Alexander, F., Eisenstein, S. & Grotjahn, M. (Hrsg.). (1966). *Psychoanalytic Pioneers*. Basic Books.

Andreas-Salomé, L. (1916). »Anal« und »Sexual«. *Imago, 4*(5), 249–273.

Andreas-Salomé, L. & Freud, A. (2001). *»… als käm ich heim zu Vater und Schwester«. Briefwechsel 1919–1937*, hrsg. v. D. A. Rothe & I. Weber, transk. v. D. Pfeiffer. Wallstein.

Appignanesi, L. & Forrester, J. (1994). *Die Frauen Sigmund Freuds*, übers. v. B. Rapp & U. Szyszkowitz. List, 1992.

Balint, M. (1935). Zur Kritik der Lehre von den prägenitalen Libidoorganisationen. *Internationale Zeitschrift für Psychoanalyse, 21*, 525–543.

Bakman, N. (2006). Wem dient die Frau? Joan Riviere als Übersetzerin zwischen Freud und Jones. *Luzifer-Amor, Zeitschrift für die Geschichte der Psychoanalyse, 19*(37), 98–114.

Bakman, N. (2009). Dreißig Jahre danach. K. R. Eisslers Interview mit Joan Riviere (1953). *Luzifer-Amor, Zeitschrift für die Geschichte der Psychoanalyse, 22*(43), 64–78.

Bar-Haim, S. (2017). The liberal playground: Susan Isaacs, psychoanalysis and progressive education in the interwar era. *History of the Human Sciences, 30*, 94–117.

Benedek, T. (1925). Ein Fall von Erythrophobie. *Internationale Zeitschrift für Psychoanalyse, 21*, 88–95. – Engl.: (1925). *International Journal of Psychoanalysis, 6*, 430–443.

Bentinck van Schoonheten, A. (2013). *Karl Abraham. Life and work, a biography*. Karnac, 2016. – Dt.: (2020). *Karl Abraham: Leben und Werk*. Psychosozial-Verlag.

Bericht über die Fortschritte der Psychoanalyse in den Jahren 1909–1913 (1914). Hrsg. v. O. Rank. *Jahrbuch für psychoanalytische und psychopathologische Forschung, 6*, 263–424.

Bericht über die Fortschritte der Psychoanalyse in den Jahren 1914–1919 (1921). Hrsg. v. O. Rank. Internat. Psychoanalyt. Verlag.

Bibring, E. (1929). Klinische Beiträge zur Paranoiafrage. II: Ein Fall von Organprojektion. *Internationale Zeitschrift für Psychoanalyse, 15*, 44–66.
Boegels, G. (2016). Freud en de gebroeders Stärcke. *Tijdschrift voor Psychoanalyse, 22*(4), 298–299.
Boehm, F. (1923). Rezension von Sadger, I: Die Lehre von den Geschlechtsverirrungen (Psychopathia sexualis) auf psychoanalytischer Grundlage. *Internationale Zeitschrift für Psychoanalyse, 9*, 535–539.
Boll, T. E. M. (1962). May Sinclair and the Medico-Psychological Clinic in London. *Proceedings of the American Philosophical Society, 106*, 310–326.
Brinkgreve, C. (1984). *Psychoanalyse in Nederland*. Synopsis.
Bruns, G. (2020). Psychoanalytische Wissenschaftspolitik mit Zeitschriften: Zur Entstehungsgeschichte des ›International Journal of Psychoanalysis‹. *Psyche – Zeitschrift für Psychoanalyse und ihre Anwendungen, 74*(8), 549–576.
Bryan, D. (1925). Index of the Collected Papers of Sigmund Freud. *Collected Papers, 4*, 481–508.
Bulhof, I. N. (1983). *Freud en Nederland. De interpretatie en invloed van zijn ideeen*. Ambo.
Busch, F. (1995). Neglected classics: M. N. Nina Searl's ›Some queries on principles of technique‹. *Psychoanalytic Quarterly, 64*, 329–344.
Cameron, L. (2006). Science, nature, and hatred: ›finding out‹ at the Malting House Garden School, 1924–29. *Environment and Planning D. Society and Space, 24*, 851–872.
Collective Reviews (1920–1921). Hrsg. v. E. Jones. *International Journal of Psychoanalysis, 1*, 275–323; *2*, 73–122, 207–230, 435–450.
Dahl, G. (2001). Primärer Narzissmus und inneres Objekt. Zum Schicksal einer Kontroverse. *Psyche – Zeitschrift für Psychoanalyse und ihre Anwendungen, 55*, 577–611.
De Bianchedi, E. T., Etchegoyen, R. H., De Moreno, V. U., De Urman, C. N. & Zysman, S. (2003). Erna and Melanie Klein. *International Journal of Psychoanalysis, 84*, 1587–1603.
De Clerck, R. (1995). Vorwort. In dies. *Kultur und Psychoanalyse in Bloomsbury und Berlin. Die Briefe von James und Alix Strachey. 1924–1925* (S. 9–40). Verlag Internat. Psychoanal.
Deutsch, H. (1925a). *Psychoanalyse der weiblichen Sexualfunktionen. Neue Arbeiten zur ärztlichen Psychoanalyse, Nr. 5*. Internat. Psychoanalyt. Verlag.
Deutsch, H. (1925b). Zur Psychogenese eines Ticfalles. *Internationale Zeitschrift für Psychoanalyse, 11*, 325–332.
Deutsch, H. (1975). *Selbstkonfrontation*. Kindler, 1973.
Deutsche Psychoanalytische Gesellschaft (Hrsg.). (1930). *Zehn Jahre Berliner Psychoanalytisches Institut (Poliklinik und Lehranstalt). 1920–1930*, mit einem Vorw. v. S. Freud. Internat. Psychoanalyt. Verlag. Nachdruck Anton Hain KG, 1970.
Dupont, J. (2003). Ein frühes Trauma der psychoanalytischen Bewegung. In *Freud & Ferenczi, Briefwechsel, Bd. III.1* (S. 9–41).
Eisler, M. (1922). Kleine Nachträge zur Studie ›Äußerungsformen des weiblichen Kastrationskomplexes‹ von Abraham. *Internationale Zeitschrift für Psychoanalyse, 8*, 330–332.
Eitingon, M. (1922). Bericht über die Berliner Psychoanalytische Poliklinik (März 1920 bis Juni 1922). *Internationale Zeitschrift für Psychoanalyse, 8*, 506–520.
Eitingon, M. (1924). Bericht über die Berliner Psychoanalytische Poliklinik in der Zeit von Juni 1922 bis März 1924. *Internationale Zeitschrift für Psychoanalyse, 10*, 229–240.

Eitingon, M. (1933). Abschiedsworte an Sándor Ferenczi. *Imago, 19*, 289–295.
Fallend, K. (1995). *Sonderlinge, Träumer, Sensitive. Psychoanalyse auf dem Weg zur Institution und Profession. Protokolle der Wiener Psychoanalytischen Vereinigung und biographische Studien.* Jugend & Volk.
Falzeder, E. (2011). Karl Abraham und Sándor Ferenczi – ihre persönlichen und wissenschaftlichen Beziehungen. In A. Berger et al. (Hrsg.), *Der psychoanalytische Aufbruch. Budapest–Berlin 1918–1920* (S. 115–127). Brandes & Apsel.
Federn, P. (1913–14). Beiträge zur Analyse des Sadismus und Masochismus. *Internationale Zeitschrift für Psychoanalyse, 1*, 28–49; *2*, 105–130.
Fenichel, O. (1925a). Introjektion und Kastrationskomplex. *Internationale Zeitschrift für Psychoanalyse, 11*, 261–296.
Fenichel, O. (1925b). Rezension von Abraham, K.: Versuch einer Entwicklungsgeschichte der Libido. *Internationale Zeitschrift für Psychoanalyse, 11*, 104–106. – Engl.: (1925). *International Journal of Psychoanalysis, 6*, 496–499.
Fenichel, O. (1931a). *Hysterien und Zwangsneurosen. Psychoanalytische spezielle Neurosenlehre.* Internat. Psychoanalyt. Verlag.
Fenichel, O. (1931b). *Perversionen, Psychosen, Charakterstörungen. Psychoanalytische spezielle Neurosenlehre.* Internat. Psychoanalyt. Verlag.
Fenichel, O. (1945). *The psychoanalytic theory of neurosis.* W. W. Norton.
Ferenczi, S. (1909). Introjektion und Übertragung. In ders. (1984), *Bausteine zur Psychoanalyse, Bd. 1* (S. 9–57).
Ferenczi, S. (1911–12). Reizung der analen erogenen Zone als auslösende Ursache der Paranoia. In ders. (1984), *Bausteine zur Psychoanalyse, Bd. 2* (S. 281–286).
Ferenczi, S. (1913a). Entwicklungsstufen des Wirklichkeitssinns. In ders. (1984), *Bausteine zur Psychoanalyse, Bd. 1* (S. 62–83).
Ferenczi, S. (1913b). Glaube, Unglaube und Überzeugung. In ders. (1970), *Schriften zur Psychoanalyse 1* (S. 135–147). Internat. Psychoanalyt. Verlag.
Ferenczi, S. (1914). Zur Ontogenie des Geldinteresses. In ders. (1984), *Bausteine zur Psychoanalyse, Bd. 1* (S. 109–119).
Ferenczi, S. (1919a). *Hysterie und Pathoneurosen.* Internat. Psychoanalyt. Verlag.
Ferenczi, S. (1919b). Technische Schwierigkeiten einer Hysterieanalyse. In ders. (1984), *Bausteine zur Psychoanalyse, Bd. 3* (S. 119–128).
Ferenczi, S. (1919c). Zur psychoanalytischen Technik. In ders. (1984), *Bausteine zur Psychoanalyse, Bd. 2* (S. 38–54).
Ferenczi, S. (1920a). Vorwort. *International Journal of Psychoanalysis, 1*, 1–2.
Ferenczi, S. (1920b). General Theory of the Neuroses. *International Journal of Psychoanalysis, 1*, 294–314. – Dt.: (1921). Allgemeine Neurosenlehre. In *Bericht über die Fortschritte der Psychoanalyse* (S. 81–123).
Ferenczi, S. (1921a). Psychoanalytische Betrachtungen über den Tic. In ders. (1984), *Bausteine zur Psychoanalyse, Bd. 1* (S. 193–234).
Ferenczi, S. (1921b). Weiterer Ausbau der ›aktiven Technik‹ in der Psychoanalyse. In ders. (1984), *Bausteine der Psychoanalyse, Bd. 2*, (S. 62–86).
Ferenczi, S. (1922a). Die Psyche ein Hemmungsorgan. In ders. (1984), *Bausteine zur Psychoanalyse, Bd. 3* (S. 213–217).
Ferenczi, S. (1922b). Freuds ›Massenpsychologie und Ich-Analyse‹. Der individualpsychologische Fortschritt. *Internationale Zeitschrift für Psychoanalyse, 8*, 206–209. In ders. (1984), *Bausteine zur Psychoanalyse, Bd. 4* (S. 161–167).

Ferenczi, S. (1922c). Soziale Gesichtspunkte bei Psychoanalysen. In ders. (1984), *Bausteine zur Psychoanalyse, Bd. 2* (S. 292–297).
Ferenczi, S. (1923). Erfahrungen und Beispiele aus der analytischen Praxis. Dort: Zur Symbolik des Medusenhauptes. *Internationale Zeitschrift für Psychoanalyse, 9*, 69. In ders. (1984), *Bausteine zur Psychoanalyse, Bd. 2* (S. 54f.).
Ferenczi, S. (1924). Versuch einer Genitaltheorie. In ders. (1970–1972), *Schriften zur Psychoanalyse, Bd. 2* (S. 317–400).
Ferenczi, S. (1925). Zur Psychoanalyse von Sexualgewohnheiten. In ders. (1984), *Bausteine zur Psychoanalyse, Bd. 3* (S. 245–293).
Ferenczi, S. (1927). Zur Kritik der Rankschen »Technik der Psychoanalyse«. In ders. (1984), *Bausteine zur Psychoanalyse, Bd. 2* (S. 116–128).
Ferenczi, S. (1970–72). *Schriften zur Psychoanalyse, 2 Bde,* hrsg. v. M. Balint. Fischer.
Ferenczi, S. (1984–85). *Bausteine zur Psychoanalyse, 4 Bde,* mit einem Vorw. v. M. Balint. Ullstein.
Ferenczi, S. & Groddeck, G. (2006). *Briefwechsel,* hrsg. v. M. Giefer. Stroemfeld.
Ferenczi, S. & Hóllos, S. (1922). *Zur Psychoanalyse der paralytischen Geistesstörung.* Internat. Psychoanalyt. Verlag.
Ferenczi, S. & Jones, E. (2018). *Letters, 1911–1933,* ed. by B. Kahr & P. L. Rudnytsky. Karnac.
Ferenczi, S. & Rank, O. (1924). *Entwicklungsziele der Psychoanalyse. Zur Wechselbeziehung von Theorie und Praxis. Neue Arbeiten zur ärztlichen Psychoanalyse,* Heft I. Internationaler Psychoanalytischer Verlag. – Engl.: (1926). *The Development of Psychoanalysis.* Nervous and Mental Disease Publ. Company.
Forrester, J. (2008). 1919: Psychology and psychoanalysis. Myers, Jones and MacCurdy. *Psychoanalysis and History, 10*(1), 37–49.
Forrester, J. & Cameron, L. (2017). *Freud in Cambridge.* Cambridge UP.
Frank, C. (1998). Some aspects of Erna's analysis in Klein's notes of 1924–1926. *Journal of Melanie Klein object relations, 16*, 619–646.
Frank, C. (1999). *Melanie Kleins erste Kinderanalysen. Die Entdeckung des Kindes als Objekt sui generis von Heilen und Forschen.* frommann-holzboog.
Frank, C. (2009). Das ›Melanie-Klein-Problem‹. *Luzifer-Amor, Zeitschrift für die Geschichte der Psychoanalyse, 22*(44), 99–139.
Frank, C. (2011). ›… feeling very strongly that what Ferenczi would not do might be done‹. Überlegungen zu Melanie Kleins Suche nach einem ihr förderlichen psychoanalytischen Arbeitsumfeld. In A. Berger et al. (Hrsg.), *Der psychoanalytische Aufbruch. Budapest–Berlin, 1918–1920* (S. 129–155). Brandes & Apsel.
Frank, C. & Weiß, H. (1996a). Der Beginn einer Kinderanalyse im Spiegel der handschriftlichen Notizen Melanie Kleins. *Luzifer-Amor, Zeitschrift für die Geschichte der Psychoanalyse, 9*(17), 7–31.
Frank, C. & Weiß, H. (1996b). The origins of disquieting discoveries by Melanie Klein: The possible significance of the case of Erna. *International Journal of Psychoanalysis, 77*, 1101–1126.
Freud, A. (1922). Schlagephantasie und Tagtraum. *Imago, 8*, 317–332. – Engl. (1923). The relation of beating-phantasies to a day-dream. *International Journal of Psychoanalysis, 4*, 89–102.
Freud, A. (1927). *Einführung in die Technik der Kinderanalyse. Vier Vorträge am Lehrinstitut der Wiener Psychoanalytischen Vereinigung.* Internationaler Psychoanalytischer Verlag.

Freud, A. (1954). Psychoanalyse und Erziehung. In dies. (1980), *Die Schriften der Anna Freud, Bd. 5* (S. 1311–1320). Kindler.
Freud, A. (1958). Kinderbeobachtung und klinische Prognose. Vortrag zum Gedächtnis von Ernst Kris. In dies. (1980), *Die Schriften der Anna Freud, Bd. 6.* (S. 1707–1738). Kindler.
Freud, S. (1896b). Weitere Bemerkungen über die Abwehr-Neuropsychosen. *GW 1,* 379–403.
Freud, S. (1898b). Zum psychischen Mechanismus der Vergesslichkeit. *GW 1,* 519–527.
Freud, S. (1900a). *Die Traumdeutung. SA 2.* – Engl.: (1913). *The Interpretation of Dreams,* transl. by A. A. Brill. Macmillan.
Freud, S. (1901b). *Zur Psychopathologie des Alltagslebens. GW 4.* – Engl.: (1914). *The Psychopathology of Everyday Life,* transl. by A. A. Brill. Macmillan.
Freud, S. (1905c). *Der Witz und seine Beziehung zum Unbewußten. SA 4,* 9, 13–219. – Engl.: (1916). *Wit and its Relation to the Unconscious,* transl. by A. A. Brill. Muffat, Yard.
Freud, S. (1905d). *Drei Abhandlungen zur Sexualtheorie. SA 5,* 37, 47–145. 3. Aufl.: 1915, 4. Aufl.: 1920. – Engl.: (1910). *Three Contributions to the Sexual Theory,* transl. by A. A. Brill. Nervous and Mental Disease Publ. Company.
Freud, S. (1905e). Bruchstück einer Hysterie-Analyse. *SA 6,* 83, 87–186.
Freud, S. (1907b). Zwangshandlungen und Religionsübungen. *SA 7,* 11, 13–21.
Freud, S. (1908b). Charakter und Analerotik. *SA 7,* 23, 25–30.
Freud, S. (1908c). Über infantile Sexualtheorien. *SA 5,* 169, 171–184.
Freud, S. (1909b). Analyse der Phobie eines fünfjährigen Knaben. *SA 8,* 9, 13–122.
Freud, S. (1909d). Bemerkungen über einen Fall von Zwangsneurose. *SA 7,* 31, 35–103.
Freud, S. (1910h). Über einen besonderen Typus der Objektwahl beim Manne. *SA 5,* 185, 187–195.
Freud, S. (1910k). Über »wilde« Psychoanalyse. *SA Erg.,* 133–141.
Freud, S. (1911c). Psychoanalytische Bemerkungen über einen autobiographisch beschriebenen Fall von Paranoia (Dementia paranoides). *SA 7,* 133, 139–200.
Freud, S. (1912d). Über die allgemeinste Erniedrigung des Liebeslebens (Beiträge zur Psychologie des Liebeslebens II). *SA 5,* 197, 199–209.
Freud, S. (1913f). Das Motiv der Kästchenwahl. *SA 10,* 181, 183–193.
Freud, S. (1913i). Die Disposition zur Zwangsneurose. *SA 7,* 105, 109–117. – Engl.: *CP 2,* 122–132; *SE 12,* 311, 317–326.
Freud, S. (1914c). Zur Einführung des Narzißmus. *SA 3,* 37, 41–68.
Freud, S. (1914d). Zur Geschichte der psychoanalytischen Bewegung. *GW 10,* 43–113.
Freud, S. (1915b). Zeitgemäßes über Krieg und Tod. *SA 9,* 33, 35–60.
Freud, S. (1915c). Triebe und Triebschicksale. *SA 3,* 75, 81–102.
Freud, S. (1916–17a). *Vorlesungen zur Einführung in die Psychoanalyse. SA 1,* 33, 37–445.
Freud, S. (1916–17e). Über Triebumsetzungen, insbesondere der Analerotik. *SA 7,* 123, 125–131. – Engl.: *CP 2,* 164–171; *SE 17,* 125, 127–326.
Freud, S. (1916–17g). Trauer und Melancholie. *SA 3,* 193, 197–212.
Freud, S. (1917a). Eine Schwierigkeit der Psychoanalyse. *GW 12,* 3–12.
Freud, S. (1918a). Das Tabu der Virginität. *SA 5,* 211, 213–228.
Freud, S. (1918b). Aus der Geschichte einer infantilen Neurose. *SA 8,* 125, 129–231. – Engl.: From the history of an infantile neurosis. *SE 17,* 3, 7–123.
Freud, S. (1919a). Wege der psychoanalytischen Therapie. *SA Erg.,* 239, 241–249.

Freud, S. (1919c). Internationaler Psychoanalytischer Verlag und Preiszuteilungen für psychoanalytische Arbeiten. *GW 12*, 333–336.
Freud, S. (1919e). »Ein Kind wird geschlagen«. Beitrag zur Kenntnis der Entstehung sexueller Perversionen. *SA 7*, 229, 231–254.
Freud, S. (1920a). Über die Psychogenese eines Falles von weiblicher Homosexualität. *SA 7*, 255, 257–281.
Freud, S. (1920f). Ergänzungen zur Traumlehre. *GW Nachtr.*, 622–623.
Freud, S. (1920g). *Jenseits des Lustprinzips. SA 3*, 213, 217–272.
Freud, S. (1921c). *Massenpsychologie und Ich-Analyse. SA 9*, 61, 65–134.
Freud, S. (1921d). Preiszuteilungen. *GW Nachtr.*, 711.
Freud, S. (1922b). Über einige neurotische Mechanismen bei Eifersucht, Paranoia und Homosexualität. *SA 7*, 217, 219–228.
Freud, S. (1922c). Nachschrift zum Kleinen Hans. *SA 8*, 123.
Freud, S. (1922d) Preisausschreibung. *GW Nachtr.*, 712.
Freud, S. (1922f). Etwas vom Unbewußten. *GW Nachtr.*, 730.
Freud, S. (1923b). *Das Ich und das Es. SA 3*, 273, 282–325.– (1927) *The Ego and the Id*, transl. by J. Riviere. Hogarth Press and Institute of Psychoanalysis.
Freud, S. (1923c). Bemerkungen zur Theorie und Praxis der Traumdeutung. *SA Erg.*, 257, 259–270.
Freud, S. (1923d). Eine Teufelsneurose im siebzehnten Jahrhundert. *SA 7*, 283, 287–319.
Freud, S. (1923e). Die infantile Genitalorganisation (eine Einschaltung in die Sexualtheorie). *SA 5*, 235, 237–241. – *Internationale Zeitschrift für Psychoanalyse, 9*, 168–171. *GW 13*, 293–298.
Freud, S. (1924b). Neurose und Psychose. *SA 3*, 331, 333–337.
Freud, S. (1924c). Das ökonomische Problem des Masochismus. *SA 3*, 339, 343–354.
Freud, S. (1924d). Der Untergang des Ödipuskomplexes. *SA 5*, 243, 245–251. – Engl.: *International Journal of Psychoanalysis, 5*, 419–424. *SE 19*, 171, 173–179.
Freud, S. (1924e). Der Realitätsverlust in Neurose und Psychose. *SA 3*, 355, 357–361.
Freud, S. (1924f). Kurzer Abriß der Psychoanalyse. *GW 13*, 405–427.
Freud, S. (1925a). Notiz über den »Wunderblock«. *SA 3*, 363, 365–369.
Freud, S. (1925d). *Selbstdarstellung. GW 14*, 31–96. – Engl.: *SE 20*, 3, 7–74.
Freud, S. (1925e). Die Widerstände gegen die Psychoanalyse. *GW 14*, 99–110.
Freud, S. (1925h). Die Verneinung. *SA 3*, 371, 373–377.
Freud, S. (1925i). Einige Nachträge zum Ganzen der Traumdeutung. *GW I*, 561–573.
Freud, S. (1925j). Einige psychischen Folgen des anatomischen Geschlechtsunterschieds. *SA 5*, 253, 257–266.
Freud, S. (1926d). *Hemmung, Symptom und Angst. SA 6*, 227, 233–308.
Freud, S. (1930a). *Das Unbehagen in der Kultur. SA 9*, 191, 197–270.
Freud, S. (1931b). Über die weibliche Sexualität. *SA 5*, 275–292.
Freud, S. (1933a). *Neue Folge der Vorlesungen zur Einführung in die Psychoanalyse. SA 1*, 449–608.
Freud, S. (1933c). Sándor Ferenczi †. *GW 16*, 267–269.
Freud, S. (1940a). Abriß der Psychoanalyse. *GW 17*, 63–138.
Freud, S. (1940c). Das Medusenhaupt. *Internationale Zeitschrift für Psychoanalyse und Imago, 25*, 105f. *GW 17*, 45, 47f.
Freud, S. (1941d). Psychoanalyse und Telepathie. *GW 17*, 25–44.

Freud, S. (1955a). Originalnotizen zu einem Fall von Zwangsneurose (»Rattenmann«). *GW Nachtr.*, 509–569.
Freud, S. (1960a). *Briefe 1873–1939*, hrsg. v. E. & L. Freud, 3. Aufl. Fischer, 1980.
Freud, S. (1968). Gesamtregister, hrsg. v. A. Freud & W. Hoffer. *GW 18*.
Freud, S. (1974). Indexes and Bibliographies, compiled by A. Richards. *SE 24*.
Freud, S. (1985a). Übersicht der Übertragungsneurosen. *GW Nachtr.*, 634–651.
Freud, S. (1986). *Briefe an Wilhelm Fließ 1887–1904. Ungekürzte Ausgabe*, hrsg. v. J. M. Masson, Bearb. der dt. Fassung v. M. Schröter, Transk. v. G. Fichtner. Fischer.
Freud, S. (2018). Das Ich und das Es. Entwurfsfassung vom Juli/August 1922, hrsg. v. U. May & M. Schröter. *Luzifer-Amor, Zeitschrift für die Geschichte der Psychoanalyse, 31*(62), 8–37.
Freud, S. & Abraham, K. (2009). *Briefwechsel 1907–1925, 2 Bde.*, vollst. Ausg. hrsg. v. E. Falzeder & L. M. Hermanns. turia + kant.
Freud, S. & Andreas-Salomé, L. (1980). *Briefwechsel*, hrsg. v. E. Pfeiffer. S. Fischer.
Freud, S. & Eitingon, M. (2004). *Briefwechsel 1906–1939, 2 Bde.*, hrsg. v. M. Schröter. Ed. diskord.
Freud, S. & Ferenczi, S. (1993–2005). *Briefwechsel, 6 Bde.*, hrsg. v. E. Falzeder & E. Brabant unter Mitarb. v. P. Giampieri-Deutsch, Transk. v. I. Meyer-Palmedo. Böhlau.
Freud, S. & Freud, A. (2006). *Briefwechsel 1904–1938*, hrsg. v. I. Meyer-Palmedo. S. Fischer.
Freud, S. & Groddeck, G. (2008). *Briefwechsel*, hrsg. v. M. Giefer. Stroemfeld.
Freud, S. & Jones, E. (1993). *The complete correspondence 1908–1939*, hrsg. v. R. A. Paskauskas, Einf. v. R. Steiner. Belknap Press of Harvard UP.
Freud, S. & Pfister, O. (2014). *Briefe 1909–1939*, hrsg. v. I. Noth. Theolog. Verlag Zürich.
Früh, F. (2003). Die sexuelle Brust. Ein Beitrag zu einem psychoanalytischen Verständnis der weiblichen Sexualität. *Psyche – Zeitschrift für Psychoanalyse und ihre Anwendungen, 57*(5), 385–402.
Früh, F. (2010). ›… sonst bekommen wir ja Lumpen und nicht Neurotiker‹. Zu Karl Abrahams Rezeption der Freud'schen Sexualtheorie. *Luzifer-Amor, Zeitschrift für die Geschichte der Psychoanalyse, 23*(46), 44–57.
Früh, F. (2011). Wer hat Angst vor Ulrike May? Zu Wolfgang Hegeners Artikel »Vom Wonnesaugen zum oral-aggressiven Vernichtungswunsch: wirklich eine Revolution?«. *Luzifer-Amor, Zeitschrift für die Geschichte der Psychoanalyse, 24*(48), 174–181.
Gardner, D. (1969). *Susan Isaacs. The first biography*. Methuen Educational Ltd.
Gast, L. (1996). Einführung: Joan Riviere und die englische Psychoanalyse. In dies. (Hrsg.), *Joan Riviere, Ausgewählte Schriften* (S. 9–79). Ed. Diskord.
Giefer, M. (2006). Zur Einführung. In ders. (Hrsg.), *Briefwechsel Sándor Ferenczi – Georg Groddeck* (S. 9–41). Stroemfeld/Roter Stern.
Giefer, M. (2009). Zur Geschichte des Korrespondenzblatts der IPV und des Bulletins der IPA. *Luzifer-Amor, Zeitschrift für die Geschichte der Psychoanalyse, 22*(44), 85–98.
Gifford, S. (2005). Hanns Sachs, der ›Analytiker der Analytiker‹. In J. Hardt (Hrsg.), *Wie Wesen von einem fremden Stern. Der philosophische Hintergrund der Psychoanalyse* (S. 213–222). Psychosozial-Verlag.
Glossary for the Use of Translators of Psycho-Analytic Works (1924). Hrsg. v. E. Jones et al. *International Journal of Psychoanalysis, Supplement*. Baillière, Tindall and Cox.
Glover, E. (1924a) ›Active therapy‹ and psycho-analysis. A critical review. *International Journal of Psychoanalysis, 5*, 269–311.

Glover, E. (1924b). Review of Ferenczi, S. & Rank, O: Entwicklungsziele der Psychoanalyse‹. *British Journal of medical psychology, 4,* 319–325.
Glover, E. (1924c). The significance of the mouth in psycho-analysis. *British Journal of Medical Psychology, 4*(2), 134–155.
Glover, E. (1925a). Notes on oral character formation. *International Journal of Psychoanalysis, 6,* 131–154.
Glover, E. (1925b). Review of Freud, S.: Collected Papers, Vol. 2. *International Journal of Psychoanalysis, 6,* 343–345.
Glover, E. (1926). Descriptive notice of Freud's ›Hemmung, Symptom und Angst‹ (1926). *British Journal of Medical Psychology, 6*(2), 121–136.
Glover, E. (1927). Review of S. Ferenczi, ›Further contributions to the theory and technique of‹. *International Journal of Psychoanalysis, 8,* 417–421.
Glover, E. (1927–1928). Lectures on technique in psycho-analysis. *International Journal of Psychoanalysis, 8*(1927), 311–338, 486–520; *9*(1928), 7–46, 181–218.
Glover, E. (1938). Review of Freud, S.: Inhibitions, Symptoms and Anxiety. *International Journal of Psychoanalysis, 19,* 109–114.
Glover, E. (1950). *Freud and Jung.* Allen & Unwin.
Glover, E. (1956). *On the early development of mind.* Internat. UP.
Glover, E. (1966). Psychoanalysis in England. In F. Alexander, S. Eisenstein & M. Grotjahn (Hrsg.), *Psychoanalytic Pioneers* (S. 534–545). Basic Books.
Glover, J. (1922). [Autoreferat von] Über die Psychopathologie des Selbstmordes. *Internationale Zeitschrift für Psychoanalyse, 8,* 530. – Engl.: (1922). *International Journal of Psychoanalysis, 3,* 507f.
Glover, J. (1924). Review of Abraham, K.: Versuch einer Entwicklungsgeschichte der Libido. *British Journal of medical psychology, 4,* 326–330.
Glover, J. (1927). Notes on an unusual form of perversion. *International Journal of Psychoanalysis, 8,* 10–24.
Graham, P. J. (2009). *Susan Isaacs. A life freeing the minds of children.* Karnac.
Groddeck, G. (1923). *Das Buch vom Es.* Internat. Psychoanalyt. Verlag.
Grosskurth, P. (1991). *The secret ring. Freud's inner circle and the politics of psychoanalysis.* Addison-Wesley.
Grosskurth, P. (1993). *Melanie Klein. Ihre Welt und ihr Werk.* Verlag Internat. Psychoanal., 1986.
Grubrich-Simitis, I. (1985). Metapsychologie und Metabiologie. In dies. (Hrsg.), *S. Freud: Übersicht der Übertragungsneurosen. Ein bisher unbekanntes Manuskript* (S. 85–119). Fischer.
Guttman, S. A. (1980). *The Concordance to ›The Standard Edition of the complete psychological works of Sigmund Freud‹.* Internat. UP.
Guttman, S. A. (1995). *Konkordanz zu den Gesammelten Werken von Sigmund Freud: Concordance to the collected works of Sigmund Freud. 6 Bde.* North Waterloo Acad. Press.
Handlbauer, B. (1990). *Die Adler-Freud-Kontroverse.* Fischer.
Hárnik, J. (1925). Die triebhaft-affektiven Momente im Zeitgefühl. *Imago, 11*(1–2), 32–57.
Haute, P. van & Westerink, H. (2021). *Reading Freud's ›Three Essays on the Theory of Sexuality‹. From pleasure to the object.* Routledge.
Haynal, A. (1989). *Die Technik-Debatte in der Psychoanalyse. Freud, Ferenczi, Balint.* S. Fischer, 1987.

Haynal, A. (2014). The environment of Ferenczi's Clinical Diary. *American Journal of psychoanalysis, 74*(4), 322–331.

Hegener, W. (2011). Vom Wonnesaugen zum oral-aggressiven Vernichtungswunsch: wirklich eine Revolution? Eine Entgegnung auf Ulrike May. *Luzifer-Amor, Zeitschrift für die Geschichte der Psychoanalyse, 24*(47), 169–184.

Hermanns, L. M., May, U. & Müller, K. (2007). Zum Berliner Institut und seiner Geschichte. *Semester-Journal des Karl-Abraham-Instituts. Sonderheft zum IPV-Kongreß in Berlin im Juli 2007.*

Hermanns, L. M. (2019). ›Unsere letzte psychoanalytische Mohikanerin in Berlin‹. Die Berliner Jahre (1923–1939) der polnischen Psychoanalytikerin Salomea Kempner (1880–1943) und ihr ›Verschwinden‹ in Warschau. In E. Kobylinska-Dehe, P. Dybel & L. M. Hermanns (Hrsg.), *Im Schatten von Krieg und Holocaust. Psychoanalyse in Polen im polnisch-deutsch-jüdischen Kontext* (S. 87–100). Psychosozial-Verlag.

Hinshelwood, R. D. (1995). Psychoanalysis in Britain: points of cultural access. *International Journal of Psychoanalysis, 76*, 135–151.

Hinshelwood, R. D. (1998). The organizing of psychoanalysis in Britain. *Psychoanalysis and history, 1*, 87–102.

Hitschmann, E. (1913). Paranoia, Homosexualität und Analerotik. *Internationale Zeitschrift für Psychoanalyse, 1*, 251–254.

Horney, K. (1923). Zur Genese des weiblichen Kastrationskomplexes. *Internationale Zeitschrift für Psychoanalyse, 9*, 12–26.

Hug-Hellmuth, H. (1921). Zur Technik der Kinderanalyse. *Internationale Zeitschrift für Psychoanalyse, 7*, 179–197.

Hughes, A. (Hrsg.). (1991). *The Inner World and Joan Riviere. Collected Papers 1920–1958.* Routledge.

Hughes, A. (1992). Letters from Sigmund Freud to Joan Riviere (1921–1939). *International Review of Psychoanalysis, 19*, 265–284.

Huppke, A. (2014). Ein Blick in die Frühzeit der Londoner Middle Group. *Luzifer-Amor, Zeitschrift für die Geschichte der Psychoanalyse, 27*(53), 52–70.

Isaacs, S. (1926). Review of B. Russell: ›On education, especially in early childhood‹. *International Journal of Psychoanalysis, 7*, 514–518.

Jones, E. (1912–13). Teil 1: Einige Fälle von Zwangsneurose. *Jahrbuch für psychoanalytische und psychopathologische Forschung, 4*, 563–606 (1912). Teil 2: *Jahrbuch für psychoanalytische und psychopathologische Forschung, 5*, 55–116 (1913).

Jones, E. (1913a). Haß und Analerotik in der Zwangsneurose. *Internationale Zeitschrift für Psychoanalyse, 1*, 425–430.

Jones, E. (1913b). *Papers on Psychoanalysis.* 1. Aufl. William Wood & Co.; 2. Aufl. (1918). Baillière, Tindall and Cox; 3. Aufl. (1923); 4. Aufl. (1938); 5. Aufl. (1948). Beacon Press.

Jones, E. (1915). Krieg und Sublimation. *Internationale Rundschau, 1*, 497–506.

Jones, E. (1919). Über analerotische Charakterzüge. *Internationale Zeitschrift für Psychoanalyse, 5*, 69–92. – Engl.: (1918). Anal-erotic character traits. *Journal of abnormal psychology, 13*, 261–284.

Jones, E. (1919–1922). Die Theorie der Symbolik (Teil 1). *Internationale Zeitschrift für Psychoanalyse, 5*, 244–273, 1919 und *Internationale Zeitschrift für Psychoanalyse, 8*, 259–289 (Teil 2), 1922. – Engl.: (1916). The theory of symbolism. *British Journal of psychology, 9*, 181–229.

Jones, E. (1920a). Editorial note. *International Journal of Psychoanalysis, 1*, 275.
Jones, E. (1920b). Recent advances in psycho-analysis. *International Journal of Psychoanalysis, 1*, 161–185.
Jones, E. (1920c). *Treatment of the Neuroses.* William Wood & Co. – Dt.: (1921). *Therapie der Neurosen.* Internat. Psychoanalyt. Verlag.
Jones, E. (1922). Bemerkungen zu Dr. Abrahams ›Äußerungsformen des weiblichen Kastrationskomplexes‹. *Internationale Zeitschrift für Psychoanalyse, 8*, 329f. – Engl.: (1922). *International Journal of Psychoanalysis, 3*, 327f.
Jones, E. (1923a). Kälte, Krankheit, Geburt. *Internationale Zeitschrift für Psychoanalyse, 9*, 260–265. – Engl.: In ders. (1923). *Papers on psycho-analysis*, 3rd ed. (S. 595–600). Baillière, Tindall and Cox.
Jones, E. (1923b). The nature of auto-suggestion. *The International Journal of psychoanalysis, 4*, 293–313.
Jones, E. (1924a). Editorial Preface. In *Collected Papers by Sigmund Freud, Vol. I.* (S. 3f.). Hogarth Press.
Jones, E. (1924b). Editorial Preface. In *Collected Papers by Sigmund Freud, Vol. II* (S. 7f.). Hogarth Press.
E.J. [= Ernest Jones] (1925a). Review of Abraham, K. ›Psychoanalytische Studien zur Charakterbildung‹. *International Journal of Psychoanalysis, 6*, 345–347. – Dt.: (1925). *Internationale Zeitschrift für Psychoanalyse, 11*, 377f.
Jones, E. (1925b). Theorie und Praxis in der Psychoanalyse. Einleitung zu einer Vortragsreihe auf dem 8. Internationalen Psychoanalytischen Kongreß, Salzburg, April 1924. *Internationale Zeitschrift für Psychoanalyse, 9*, 145–149. – Engl: (1925). Introduction. *International Journal of Psychoanalysis, 6*, 1–4.
Jones, E. (1926a). Der Ursprung und Aufbau des Über-Ichs. *Internationale Zeitschrift für Psychoanalyse, 12*, 253–262. – Engl.: (1926). The origin and structure of the super-ego. *International Journal of Psychoanalysis, 7*, 303–311.
Jones, E. (1926b). Karl Abraham. 1877–1925. *Internationale Zeitschrift für Psychoanalyse, 12*, 155–183. – Engl.: (1927). Introductory memoir. In ders. (Hrsg.), *Karl Abraham, Selected Papers* (S. 9–41). Hogarth Press.
Jones, E. (1926c). Verzeichnis der wissenschaftlichen Veröffentlichungen von Dr. Karl Abraham. *Internationale Zeitschrift für Psychoanalyse, 12*, 184–191.
Jones, E. (1927a). James Glover. 1882–1926. *The International Journal of Psychoanalysis, 8*, 1–9.
Jones, E. (1927b). The early development of female sexuality. *The International Journal of Psychoanalysis, 8*, 459–472.
Jones, E. (1929). Fear, guilt, and hate. *The International Journal of Psychoanalysis, 10*, 383–397.
Jones, E. (1933). The phallic phase. *International Journal of Psychoanalysis, 14*, 1–33.
Jones, E. (1935). Early female sexuality. *International Journal of Psychoanalysis, 16*, 263–273.
Jones, E. (1936). Psychoanalysis and the instincts. *British Journal of Psychology, 26*, 272–288.
Jones, E. (1959). *Free associations. Memories of a psychoanalyst.* Basic Books.
Jones, E. (1960–62 [1953–57]). *Das Leben und Werk von Sigmund Freud. 3 Bde.* Huber.
Jung, C. G. (1911–12). Wandlungen und Symbole der Libido. Beiträge zur Entwicklungsgeschichte des Denkens. *Jahrbuch für psychoanalytische und psychopathologische Forschungen, 3*, 120–227; *4*, 162–464.

Kempner, S. (1925). Beitrag zur Oralerotik. *Internationale Zeitschrift für Psychoanalyse, 11*, 69–77. – Engl.: (1925). *International Journal of Psychoanalysis, 6*, 419–429.

King, P. (1983). The life and work of Melanie Klein in the British Psycho-Analytical Society. *International Journal of Psychoanalysis, 64*, 251–260.

King, P. (2000a). Biografische Notizen. In P. King & R. Steiner (Hrsg.), *Die Freud/Klein-Kontroversen 1941–45. Bd. 1*, übers. v. H. Brühmann (S. 9–29). Klett-Cotta, 1991.

King, P. (2000b). Vorgeschichte und Entwicklung der Freud/Klein-Kontroversen in der Britischen Psychoanalytischen Gesellschaft. In P. King & R. Steiner (Hrsg.), *Die Freud/Klein-Kontroversen 1941–45, Bd. 1*, übers. v. H. Brühmann (S. 41–77). Klett-Cotta, 1991.

King, P. (2003). *No ordinary psychoanalyst: the exceptional contributions of John Rickman*. Karnac.

King, P. & Steiner, R. (Hrsg.). (2000). *Die Freud/Klein-Kontroversen. 1941–1945. 2 Bde*. Klett-Cotta, 1991.

Kitlitschko, S. (2018). Auf dem Weg zum ›Eitingon-Modell‹ der Analytikerausbildung. Die Sitzungsprotokolle des Unterrichtsausschusses der Berliner Psychoanalytischen Vereinigung (März/April 1923). *Luzifer-Amor, Zeitschrift für die Geschichte der Psychoanalyse, 31*(61), 92–112.

Klein, M. (1920). Der Familienroman in statu nascendi. In dies. (1995), *Gesammelte Schriften, I.1* (S. 1–9).

Klein, M. (1921). Eine Kinderentwicklung. I. Sexualaufklärung und Autoritätsmilderung in ihrem Einfluß auf die intellektuelle Entwicklung des Kindes. II. Zur Frühanalyse. Der Widerstand der Kinder gegen die Aufklärung. In dies. (1995), *Gesammelte Schriften, I.1* (S. 11–88).

Klein, M. (1922). Hemmungen und Schwierigkeiten im Pubertätsalter. *Die Neue Erziehung, 4*, 69–74. In dies. (1995), *Gesammelte Schriften, I.1* (S. 89–98).

Klein, M. (1923a). Die Rolle der Schule in der libidinösen Entwicklung des Kindes. *Internationale Zeitschrift für Psychoanalyse, 9*, 323–344. In dies. (1995), *Gesammelte Schriften, I.1* (S. 139–162).

Klein, M. (1923b). Zur Frühanalyse. In dies. (1995), *Gesammelte Schriften, I.1* (S. 99–137). *Imago, 9*, 222–259. – Engl.: (1926). Infant Analysis. *International Journal of Psychoanalysis, 7*, 31–63.

Klein, M. (1925). Zur Genese des Tics. *Internationale Zeitschrift für Psychoanalyse, 11*, 332–349. In dies. (1995), *Gesammelte Schriften, I.1* (S. 163–193).

Klein, M. (1926). Die psychologischen Grundlagen der Frühanalyse. In dies. (1995), *Gesammelte Schriften, I.1* (S. 195–209).

Klein, M. (1927). Symposium on child analysis. In dies. (1995), *Gesammelte Schriften, I.1* (S. 211–256).

Klein, M. (1929). Die Rollenbildung im Kinderspiel. *Internationale Zeitschrift für Psychoanalyse, 15*, 171–182. In dies. (1995), *Gesammelte Schriften, I.1* (S. 313–328).

Klein, M. (1931). Beitrag zur Theorie der intellektuellen Hemmungen. In dies. (1995), *Gesammelte Schriften, I.1* (S. 375–394).

Klein, M. (1932). Die Psychoanalyse des Kindes. In dies. (1996), *Gesammelte Schriften, II*.

Klein, M. (1933). Die frühe Entwicklung des kindlichen Gewissens. In dies. (1996), *Gesammelte Schriften, I.2* (S. 7–20).

Klein, M. (1948). *Contributions to Psychoanalysis 1921–1945*, with an introd. by E. Jones. Hogarth Press.

Klein, M. (1995–2002). *Gesammelte Schriften, 4 Bde.*, hrsg. v. R. Cycon, unter Mitarb. v. H. Erb, mit Übers. aus dem Engl. v. E. Vorspohl, H. Brühmann, G. Vorkamp & W. Wagmuth. frommann-holzboog.
Klein, M. (2017). *Lectures on Technique*, hrsg. v. J. Steiner. Routledge.
Kovács, V. (1925). Analyse eines Falles von ›Tic convulsif‹. *Internationale Zeitschrift für Psychoanalyse, 11,* 318–325.
Kris, A. (1994). Freud's treatment of a narcissistic patient. *International Journal of Psychoanalysis, 75,* 649–664.
Kubie, L. (1973). Edward Glover: a biographical sketch. *International Journal Psychoanalysis, 54,* 85–94.
Kurz, T. (2022). Nach dem Urknall. Zur Geschichte der Theorie der Übertragung. Unveröff. Ms.
Laplanche, J. & Pontalis, J.-B. (1972). *Das Vokabular der Psychoanalyse.* Suhrkamp, 1967.
Leitner, M. (1998). *Freud, Rank und die Folgen. Ein Schlüsselkonflikt für die Psychoanalyse.* turia + kant.
Leitner, M. (2001). *Ein gut gehütetes Geheimnis. Zur Geschichte der psychoanalytischen Behandungs-Technik von den Anfängen in Wien bis zu Gründung der Berliner Poliklinik im Jahr 1920.* Psychosozial-Verlag, 2001.
Lieberman, E. J. (1997). *Otto Rank. Leben und Werk.* Psychosozial, 1985.
Lieberman, E. J. & R. Kramer (Hrsg.). (2014). *Sigmund Freud und Otto Rank. Ihre Beziehung im Spiegel des Briefwechsels, 1906–1925.* Psychosozial-Verlag, 2012.
Martindale, P. (2004). Against all hushing up and stamping down: The Medico-Psychological clinic of London and the novelist May Sinclair. *Psychoanalysis and History, 6*(2), 177–200.
May[-Tolzmann], U. (1990). Ich- und Narzißmustheorie zwischen 1914 und 1922 im Spiegel der Internationalen Zeitschrift für Psychoanalyse. *Psyche – Zeitschrift für Psychoanalyse und ihre Anwendungen, 44*(8), 689–723.
May[-Tolzmann], U. (1991). Zu den Anfängen des Narzißmus: Ellis – Näcke – Sadger – Freud. *Luzifer-Amor, Zeitschrift für die Geschichte der Psychoanalyse, 4*(8), 50–88.
May[-Tolzmann], U. (1996). *Freuds frühe klinische Theorie (1894–1896). Wiederentdeckung und Rekonstruktion.* Ed. Diskord.
May[-Tolzmann], U. (1997). Die Entdeckung der ›bösen Mutter‹. Ein Beitrag Abrahams zur Theorie der Depression. In dies. (2015), *Freud bei der Arbeit* (S. 63–100). Psychosozial-Verlag.
May, U. (2006). Erbitterung und Nachdenklichkeit. Über Freuds Kommentar zu einem frühen Aufsatz von Karl Abraham (1907). In dies. (2015), *Freud bei der Arbeit* (S. 101–125). Psychosozial-Verlag.
May, U. (2007). Eine neue Quelle: Freuds Patientenkalender (1910–1920). In dies. (2015), *Freud bei der Arbeit* (S. 247–348). Psychosozial-Verlag.
May, U. (2008). Psychoanalyse in Berlin. 1920–1936. *Jahrbuch der Psychoanalyse, 57,* 13–39.
May, U. (2010). Karl Abrahams Revolution: Vom Wonnesaugen zum oral-aggressiven Vernichtungswunsch. In dies. (2015), *Freud bei der Arbeit* (S. 127–154). Psychosozial-Verlag.
May, U. (2011a). Auf dem Weg zu Karl Abrahams »Versuch einer Entwicklungsgeschichte der Libido« (1924). Der Beitrag August Stärckes zur Theorie der Oralität. In dies. (2015), *Freud bei der Arbeit* (S. 155–176). Psychosozial-Verlag.

May, U. (2011b). Freuds Autoreferat von ›Ein Beitrag zum Problem der Neurosenwahl‹ (1913). Erstpublikation des Textes und Kommentar. *Luzifer-Amor, Zeitschrift für die Geschichte der Psychoanalyse, 24*(47), 46–54.

May, U. (2012). Zur Frühgeschichte der Analerotik. In dies. (2015), *Freud bei der Arbeit* (S. 177–209). Psychosozial-Verlag.

May, U. (2013). Der dritte Schritt in der Trieblehre. Zur Entstehungsgeschichte von Jenseits des Lustprinzips. *Luzifer-Amor, Zeitschrift für die Geschichte der Psychoanalyse, 26*(51), 92–169.

May, U. (2014). Strafträume und unbewusste Schuldgefühle. Zur klinischen Basis von Freuds ›Strukturmodell‹. *Psyche – Zeitschrift für Psychoanalyse und ihre Anwendungen, 68*(7), 604–632.

May, U. (2015). *Freud bei der Arbeit. Zur Entstehungsgeschichte der psychoanalytischen Theorie und Praxis, mit einer Auswertung von Freuds Patientenkalender.* Psychosozial-Verlag.

May, U. (2016). Das Objekt verdunkelt das Ich. Victor Tausks und Karl Landauers Beiträge zum Begriff der ›narzisstischen Identifizierung‹ im Entwurf von Freuds ›Trauer und Melancholie‹. *Jahrbuch der Psychoanalyse, 72,* 173–208.

May, U. (2017a). Freud, Abraham und Ferenczi im Gespräch über ›Trauer und Melancholie‹ (1915–1918). *Psyche – Zeitschrift für Psychoanalyse und ihre Anwendungen, 71*(1), 1–27.

May, U. (2017b). ›Lieben heißt Sterbenwollen. Das steht felsenfest in mir‹. Der Todestrieb im Briefwechsel zwischen Freud und August Stärcke. *Luzifer-Amor, Zeitschrift für die Geschichte der Psychoanalyse, 30*(59), 112–142.

May, U. (2019a). Willy Haas: Ein junger Münchner Philosoph in Analyse bei Freud. *Luzifer-Amor, Zeitschrift für die Geschichte der Psychoanalyse, 32*(63), 35–57.

May, U. (2019b). Müssen wir unser Bild von Freud verändern? Überlegungen zu Kurt R. Eisslers Interviews im Freud-Archiv der Library of Congress. *Luzifer-Amor, Zeitschrift für die Geschichte der Psychoanalyse, 32*(63), 90–100.

Mayer, A. (2016). *Sigmund Freud zur Einführung.* Junius.

Meisel, P. & Kendrick, W. (Hrsg.). (1985). *Bloomsbury/Freud. The Letters of James and Alix Strachey. 1924–1925.* Basic Books. – Dt.: (1995). *Kultur und Psychoanalyse in Bloomsbury und Berlin. Die Briefe von James und Alix Strachey. 1924–1925,* aus dem Engl. übers. u. mit einem Vorw. versehen v. R. de Clerck. Verlag Internat. Psychoanal.

Moellenhoff, F. (1966). Hanns Sachs. The creative unconscious. In F. Alexander, S. Eisenstein & M. Grotjahn (Hrsg.), *Psychoanalytic Pioneers* (S. 180–199). Basic Books.

Mühlleitner, E. (2008). *Ich – Fenichel. Das Leben eines Psychoanalytikers im 20. Jahrhundert.* Zsolnay.

Müller-Braunschweig, C. (1921). Psychoanalytische Gesichtspunkte zur Psychogenese der Moral, insbesondere des moralischen Aktes. *Imago, 7,* 237–250.

Nölleke, B. (2007–2021). Psychoanalytikerinnen. Biographisches Lexikon. www.psychoanalytikerinnen.de.

Nunberg, H. & Federn, E. (Hrsg.). (1976–81). *Protokolle der Wiener Psychoanalytischen Vereinigung.* 4 Bde. Bd. 1: 1906–1908, Bd. 2: 1908–1910, Bd. 3: 1910–1911, Bd. 4: 1912–1918. Fischer, 1962–75.

Ophuijsen, J. H. van (1916–17). Beiträge zum Männlichkeitskomplex der Frau. *Internationale Zeitschrift für Psychoanalyse, 4,* 241–251.

Ophuijsen, J. H. van (1920). Über die Quelle der Empfindung des Verfolgtwerdens. *Internationale Zeitschrift für Psychoanalyse, 6*, 68–72. – Engl.: (1920). On the origin of the feeling of persecution. *International Journal of Psychoanalysis, 1*, 235–239.

Ophuijsen, J. H. van (1925a). Autoreferat von ›Über Sadismus‹. *Internationale Zeitschrift für Psychoanalyse, 11*, 135.

Ophuijsen, J. H. van (1925b). Autoreferat von ›Some observations on the origin of sadism‹. *Internationale Zeitschrift für Psychoanalyse, 11*, 509.

Ophuijsen, J. H. van (1929). Das Sexualziel des gewalttätigen Sadismus. *Internationale Zeitschrift für Psychoanalyse, 15*, 154–159.

Pagel, G. (1996). Die Teilnehmer der Tagung von 1924 und was aus ihnen geworden ist. In H. Weiß & H. Lang (Hrsg.), *Psychoanalyse heute und vor 70 Jahren* (S. 51–93). Ed. diskord.

Payne, S. M. (1943). Memorandum zur Technik. Beitrag zur Diskussion über die Grundlagen der Technik. In P. King & R. Steiner (Hrsg.). (2000), *Die Freud/Klein-Kontroversen. 1941–1945, Bd. 2* (S. 78–83). Klett-Cotta.

Payne, S. M. (1947). Ella Freeman Sharpe an appreciation. *International Journal of Psychoanalysis, 28*, 54–56.

Payne, S. M. (1957). Dr Ethilda Budgett-Meakin Herford. *International Journal of Psychoanalysis, 38*, 276f.

Petot, J.-M. (1990–1991). *Melanie Klein, 2 Bde.* Internat. UP, 1979, 1982.

Plenker, T. (2000). Zur Konzeption der negativen therapeutischen Reaktion bei Sigmund Freud und Joan Riviere. *Psyche – Zeitschrift für Psychoanalyse und ihre Anwendungen, 54*(7), 619–641.

Radó, S. (1923). Eine Traumanalyse. *Internationale Zeitschrift für Psychoanalyse, 9*, 368–383.

Radó, S. (1926). Das ökonomische Prinzip der Technik. *Internationale Zeitschrift für Psychoanalyse, 12*, 15–24.

Radó, S. (1927). Das Problem der Melancholie. *Internationale Zeitschrift für Psychoanalyse, 13*, 439–455.

Raitt, S. (2004). Early British psychoanalysis and the medico-psychological clinic. *History Workshop Journal, 58*(1), 63–85.

Rank, O. (1909). *Der Mythos von der Geburt des Helden. Versuch einer psychologischen Mythendeutung.* Deuticke.

Rank, O. (1912). *Das Inzest-Motiv in Dichtung und Sage: Grundzüge einer Psychologie des dichterischen Schaffens.* Deuticke.

Rank, O. (1921). Vorwort der Redaktion. In ders. *Bericht über die Fortschritte der Psychoanalyse in den Jahren 1914–1919 (1921)* (S. III–VI). Internat. Psychoanalyt. Verlag.

Rank, O. (1924). *Das Trauma der Geburt und seine Bedeutung für die Psychoanalyse.* Internat. Psychoanalyt. Verlag.

Rank, O. (1925). Zur Genese der Genitalität. *Internationale Zeitschrift für Psychoanalyse, 9*, 411–428.

Rank, O. (1926). *Die Technik der Psychoanalyse, Bd. 1. Die analytische Situation illustriert an der Traumdeutungstechnik.* Deuticke.

Rank, O. (1927). *Grundzüge einer genetischen Psychologie auf Grund der Psychoanalyse der Ichstruktur. Teil I.* Deuticke.

Rank, O. (1928). *Grundzüge einer genetischen Psychologie auf Grund der Psychoanalyse der Ichstruktur. Teil II.* Deuticke.

Rank, O. (1929). *Technik der Psychoanalyse, Bd. 2. Die analytische Reaktion in ihren konstruktiven Elementen*. Deuticke.
Reich, A. (1936). Klinischer Beitrag zum Verständnis der paranoiden Persönlichkeit. *Internationale Zeitschrift für Psychoanalyse, 22*, 315–337.
Reicheneder, J.G. (2019). Breuer – Signorelli – Freud. Zur Initial-Fehlleistung der Psychoanalyse. *Jahrbuch der Psychoanalyse, 79*, 157–189.
Rickman, J. (1950). Susan Sutherland Isaacs. C. B. E., M. A., D. Sc. (Vict), Hon. D. Sc. (Adelaide). *International Journal of Psychoanalysis, 42*, 279–285.
Rieder, I. & Voigt, D. (2000). *Heimliches Begehren. Die Geschichte der Sidonie C*. Deuticke.
Roazen, P. (1989). *Freuds Liebling Helene Deutsch. Das Leben einer Psychoanalytikerin*. Verlag Internat. Psychoanal., 1985.
Roazen, P. (2000). *Oedipus in Britain: Edward Glover and the struggle over Klein*. Other Press.
Roazen, P. & Swerdloff, B. (1995). *Heresy. Sandor Radó and the psychoanalytic movement*. Jason Aronson.
Robinson, K. (2008). Der Einfluß der Psychoanalyse in Berlin während der Zwischenkriegszeit auf die Entwicklung der Theorie und klinischen Praxis in Großbritannien. *Jahrbuch der Psychoanalyse, 57*, 41–56.
Robinson, K. (2011). A brief history of the British Psychoanalytic Society. In P. Loewenberg & N. Thompson (Hrsg.). *100 Years of the IPA. The centenary history of the International Psychoanalytic Association. Evolution and Change* (S. 196–227). Karnac.
Róheim, G. (1923). Nach dem Tode des Urvaters. *Imago, 9*, 83–121.
Sachs, H. (1925a). Metapsychologische Gesichtspunkte zur Wechselbeziehung zwischen Theorie und Technik in der Psychoanalyse. *Internationale Zeitschrift für Psychoanalyse, 11*, 150–156.
Sachs, H. (1925b). Rezension von Rank, O. ›Das Trauma der Geburt und seine Bedeutung für die Psychoanalyse‹. *Internationale Zeitschrift für Psychoanalyse, 11*, 106–113. – Engl.: (1925). *International Journal of Psychoanalysis, 6*, 499–508.
Sachs, H. (1926). [Gedenkreden über Karl Abraham]. *Internationale Zeitschrift für Psychoanalyse, 12*, 198–202.
Sachs, H. (1941). Psychotherapy and the Pursuit of Happiness. *American Imago, 2*, 356–364.
Sadger, I. (1921). *Die Lehre von den Geschlechtsverirrungen (Psychopathia sexualis) auf psychoanalytischer Grundlage*. Deuticke.
Sadger, I. (2006). *Sigmund Freud. Persönliche Erinnerungen*. Hrsg. v. A. Huppke & M. Schröter. Ed. diskord.
Schmideberg, M. (1930). The role of psychotic mechanisms in cultural development. *International Journal of Psychoanalysis, 11*, 387–418.
Schröter, M. (1995). Freuds Komitee 1912–1914. Ein Beitrag zum Verständnis psychoanalytischer Gruppenbildung. *Psyche – Zeitschrift für Psychoanalyse und ihre Anwendungen, 49*(6), 513–563.
Schröter, M. (1996). Zur Frühgeschichte der Laienanalyse. Strukturen eines Kernkonflikts der Freud-Schule. *Psyche – Zeitschrift für Psychoanalyse und ihre Anwendungen, 50*(12), 1127–1175.
Schröter, M. (2002a). Die »Eitingon-Kommission« (1927–1929) und ihr Entwurf einheitlicher Ausbildungsrichtlinien für die IPV. *Jahrbuch der Psychoanalyse, 45*, 173–231.

Schröter, M. (2002b). Max Eitingon and the struggle to establish an international standard for psychoanalytic training (1925–1929). *International Journal of Psychoanalysis, 83*, 875–893.
Schröter, M. (2004). Der Steuermann. Max Eitingon und seine Rolle in der Geschichte der Psychoanalyse. In ders. (Hrsg.), *Freud, S. u. Eitingon, M.: Briefwechsel 1906–1939* (Bd. 1, S. 1–33). Ed. diskord.
Schröter, M. (2007). Volle Kraft voraus: der 7. Internationale Psychoanalytische Kongreß in Berlin (25.–27. September 1922). *Psyche – Zeitschrift für Psychoanalyse und ihre Anwendungen, 61*(4), 412–437.
Schröter, M. (2008). Die Ausbreitung des Berliner Modells der Analytikerausbildung. Eine Skizze der Internationalen Unterrichtskommission 1925–1938. *Jahrbuch der Psychoanalyse, 57*, 133–158.
Schröter, M. (2011). ›Berliner Schnüffeleien‹ und ein konkurrierendes Zeitschriftenprojekt. *Luzifer-Amor, Zeitschrift für die Geschichte der Psychoanalyse, 24*(47), 66–74.
Schröter, M. (2014). Von der »Ortsgruppe Berlin« zur »Deutschen Psychoanalytischen Gesellschaft«: Die nationale Zentralisierung der Psychoanalyse in Deutschland bis 1933. In J. Nolte et al. (Hrsg.), *Die Verfassung als Aufgabe von Wissenschaft, Praxis und Öffentlichkeit. Freundesgabe für Bernhard Schlink zum 70. Geburtstag* (S. 83–95). C. F. Müller.
Schröter, M. (2015). Organisation und Finanzierung der Berliner psychoanalytischen Poliklinik. Die Rolle Max Eitingons. *Luzifer-Amor, Zeitschrift für die Geschichte der Psychoanalyse, 28*(55), 65–93.
Schröter, M. (2017). Hanns Sachs bei den Schweizern. Aus seinen Briefen an Sigmund Freud 1918/19. *Luzifer-Amor, Zeitschrift für die Geschichte der Psychoanalyse, 30*(59), 7–30.
Schröter, M. (2018). Abrahams Krankheit und die Diadochenkämpfe nach seinem Tod. *Luzifer-Amor, Zeitschrift für die Geschichte der Psychoanalyse, 31*(61), 113–125.
Schröter, M. (2020). 129 dokumentierte Ausbildungskandidaten am Berliner Psychoanalytischen Institut. 1924 –1932: Tabelle. *Luzifer-Amor, Zeitschrift für die Geschichte der Psychoanalyse, 33*(66), 167–171.
Schröter, M. (2021). Das alte Berliner Psychoanalytische Institut. Geschichte – Profil – Bedeutung. In L. M. Hermanns, V. Bouville & C. Wagner (Hrsg.), *Ein Jahrhundert psychoanalytische Ausbildung. Einblicke in internationale Entwicklungen* (S. 27–40). Psychosozial-Verlag.
Schur, M. (1973). *Sigmund Freud. Leben und Sterben*. Suhrkamp.
Searl, N. (1927). Symposium on child analysis. *International Journal of Psychoanalysis, 8*, 377–379.
Skues, R. (2019). Freuds Entzauberung der Telepathie. Analyse der Gedankenübertragung und die Geschichte eines unveröffentlichten Aufsatzes. *Luzifer-Amor, Zeitschrift für die Geschichte der Psychoanalyse, 32*(63), 7–34.
Spanjaard, J. (1955). August Stärcke (1880–1954). *International Journal of Psychoanalysis, 36*, 396–398.
Spanjaard, J. (1966). August Stärcke (1880–1954). The sources of castration anxiety. In F. Alexander, S. Eisenstein & M. Grotjahn (Hrsg.), *Psychoanalytic Pioneers* (S. 321–332). Basic Books.
Stärcke, A. (1914). *Inleiding bij de vertaling van S. Freud, De sexueele beschavings-moraal als oorzaak der moderne zenuwzwakte*. Hollandia.

Stärcke, A. (1919). Die Umkehrung des Libidovorzeichens beim Verfolgungswahn. *Internationale Zeitschrift für Psychoanalyse, 5*, 285–287. – Engl.: (1920). The reversal of the libido-sign in delusions of persecution. *International Journal of Psychoanalysis, 1*, 231–234.

Stärcke, A. (1921a). Der Kastrationskomplex. *Internationale Zeitschrift für Psychoanalyse, 7*, 9–32. – Engl.: (1921). The castration complex. *International Journal of Psychoanalysis, 2*, 179–201.

Stärcke, A. (1921b). Psychoanalyse und Psychiatrie. *Beiheft Nr. 4 der Internationalen Psychoanalytischen Zeitschrift.*

Stärcke, A. (1935). Die Rolle der analen und oralen Quantitäten im Verfolgungswahn und in analogen Systemgedanken. *Internationale Zeitschrift Psychoanalyse, 21*, 5–22.

Steiner, R. (1985). Some thoughts about tradition and change arising from an examination of the British Psychoanalytic Society's Controversial Discussions (1943–1944). *International Review of Psychoanalysis, 13*(1), 27–71.

Steiner, R. (1993). Introduction. In R. A. Paskauskas & R. Steiner (Hrsg.), *The complete correspondence of Sigmund Freud and Ernest Jones. 1908–1939* (S. XXI–L). Belknap Press.

Steiner, R. (2019). Erste Versuche britischer Psychoanalytiker, die gesellschaftspolitischen Probleme ihrer Zeit zu analysieren. *Jahrbuch der Psychoanalyse, 78*, 211–256.

Strachey, A. (1924). Report. In P. Meisel & W. Kendrick (Hrsg.). (1986), *Bloomsbury–Freud* (S. 325–329). – Dt.: dies. (S. 465–470).

Strachey, A. (Hrsg.). (1943). *A new German-English psycho-analytical vocabulary. Research supplement to the International Journal of Psychoanalysis, no. 1.* The Institute of Psychoanal.

Strachey, J. (1982a) [1964]). Editorische Vorbemerkung zu »Das Unbehagen in der Kultur«. *SA 9*, 193–196.

Strachey, J. (1982b) [1961]. Editorische Vorbemerkung zu »Die infantile Genitalorganisation. Eine Einschaltung in die Sexualtheorie«. *SA 5*, 236.

Strachey, J. (1982c) [1974]. Editorische Vorbemerkung zu »Massenpsychologie und Ich-analyse«. *SA 9*, 63–64.

Stroeken, H. (1997). *Freud en Nederland. Een eeuw psychoanalyse.* Boom.

Stroeken, H. (2009). Johan van Ophuijsen, Padang/Indonesien 1882 – New York 1950. *Luzifer-Amor, Zeitschrift für die Geschichte der Psychoanalyse, 22*(44), 7–44.

Swales, P. (2003). Freud, death and sexual pleasures. On the psychical mechanism of Dr. Sigm. Freud. *Arc de Cercle, 1*, 5–74.

Tansley, A. G. (1924). Critical notice of ›Versuch einer Genitaltheorie‹ by Dr. S. Ferenczi. *British journal of medical psychology, 4*, 156–161.

Taylor, D. (1996). Some aspects of Melanie Klein's influence upon the British Psychoanalytic Society. In H. Weiß & H. Lang (Hrsg.), *Psychoanalyse heute und vor 70 Jahren* (S. 144–152). Ed. diskord.

Tic-Diskussion (1921). *Korr. 1921*, 393–396. – Engl.: Tic-discussion. *International Journal of Psychoanalysis, 2*, 477–482.

Valentine, E. (2009). ›A brilliant and many-sided personality‹: Jessie Margaret Murray, founder of the Medico-Psychological Clinic. *Journal of the history of behavioral science, 45*, 145–161.

Veszy-Wagner, L. (1968). Einleitung. In S. Freud, *GW 18*, VIII–XXXVI.

Wahl, C.W. (1966a). Edward Glover. In F. Alexander, S. Eisenstein & M. Grotjahn (Hrsg.), *Psychoanalytic Pioneers* (S. 501–507). Basic Books.
Wahl, C.W. (1966b). Ella Freeman Sharpe. 1875–1947. The search for empathy. In F. Alexander, S. Eisenstein & M. Grotjahn (Hrsg.), *Psychoanalytic Pioneers* (S. 265–271). Basic Books.
Weiß, E. (1926). Der Vergiftungswahn im Lichte der Introjektions- und Projektionsvorgänge. *Internationale Zeitschrift für Psychoanalyse, 12,* 466–477.
Weiß, H. & Lang, H. (Hrsg.). (1996). *Psychoanalyse heute und vor 70 Jahren. Zur Erinnerung an die ›1. Deutsche Zusammenkunft für Psychoanalyse‹ am 11. und 12. Oktober 1924 in Würzburg.* Ed. diskord.
Weiß, H. & Frank, C. (1996). Rekonstruktion des Würzburger Falles ›Erna‹ von Melanie Klein. Seine Bedeutung für die Entwicklung von Kleins theoretischen Konzepten am Übergang zwischen ihren Berliner und Londoner Jahren. In H. Weiß & H. Lang (Hrsg.), *Psychoanalyse heute und vor 70 Jahren* (S. 126–143). Ed. diskord.
Wittenberger, G. (1995). *Das ›Geheime Komitee‹ Sigmund Freuds. Institutionalisierungsprozesse in der psychoanalytischen Bewegung zwischen 1912 und 1927.* Ed. diskord.
Wittenberger, G. & Tögel, C. (Hrsg.). (1999–2006). *Die Rundbriefe des »Geheimen Komitees«, 4 Bde.* Bd. 1: 1913–1920, Bd. 2: 1921, Bd. 3: 1922, Bd. 4: 1923–1927. Ed. diskord.
Wolffheim, N. (1974). Erinnerungen an Melanie Klein. *Jahrbuch der Psychohygiene, 2,* 294–304.
Zienert-Eilts, K. (2010). Karl Abrahams Rolle im Rank-Konflikt 1924. Eine neue Perspektive. *Luzifer-Amor, Zeitschrift für die Geschichte der Psychoanalyse, 23*(46), 24–43.
Zienert-Eilts, K. (2013). *Karl Abraham. Eine Biografie im Kontext der psychoanalytischen Bewegung.* Psychosozial-Verlag.

Unveröffentlichte, im Internet zugängliche Texte in Archiven

Eissler, K.R. & Alexander, F. (1953, 1954). Interview K.R. Eissler mit Franz Alexander. Freud Papers, Library of Congress, Washington. https://www.loc.gov/item/mss3999001418
Eissler, K.R. & Benedek, Th. (1953). Interview K.R. Eissler with Therese Benedek. Freud Papers, Library of Congress, Washington. https://www.loc.gov/item/mss3999001429
Eissler, K.R. & Glover, E. (1953) Interview K.R. Eissler mit Edward Glover. Freud Papers, Library of Congress, Washington. https://www.loc.gov/resource/mss39990.11510
Eissler, K.R. & Klein, M. (1953). Interview K.R. Eissler mit Melanie Klein. Freud Papers, Library of Congress, Washington. https://www.loc.gov/item/mss3999001501
Klein, M. (1922). Hemmungen und Schwierigkeiten im Pubertätsalter. Die neue Erziehung (1922). Klein-Archiv, Sigel: PP/KLE/C.1. https://wellcomecollection.org/works/u7kyet2t
Klein, M. (1955). Autobiography. Klein-Archiv, Sigel: PP/KLE/A.52. https://wellcomelibrary.org/item/b18398431
Klein, M. (n.d.). Zur Frühanalyse. Klein-Archiv, Sigel: PP/KLE/C.87. https://wellcomecollection.org/works/u63jdaue
Klein, M. (n.d.). Korreferat zu Franz Alexanders Vortrag ›Kastrationskomplex und Charakter‹ vom 14. Februar 1922. Klein-Archiv, Sigel: PP/KLE/C.81. https://wellcomecollection.org/works/d93g8ayb

Klein, M. (n.d.). Erna (cf Psycho-Analysis of Children) (6 years old) 1925. Klein-Archiv, Sigel: PP/KLE/B.25–26. https://wellcomecollection.org/works/y5vk25pr

Klein, M. (n.d.). Über die psychologischen Grundlagen der Frühanalyse. Klein-Archiv. Mehrere Texte mit diesem Titel, siehe Anhang C.

Klein, M. (n.d.). Psychologische Grundlagen der Kinderpsychoanalyse. Klein-Archiv. Mehrere Texte mit diesem Titel, siehe Anhang C.

Klein, M. (n.d.). Korreferat zu Karen Horneys Vortrag am 31.10.1925. Klein-Archiv, Sigel: PP/KLE/C.64. https://wellcomecollection.org/works/ggvapmh9

Klein, M. (n.d.). Diaries. Klein-Archiv, Sigel: PP/KLE/A.22. https://wellcomecollection.org/works/j9mfkcu8

Klein, M. (n.d.). Lectures on child Analysis. Klein-Archiv, Sigel: PP/KLE/C.41. https://wellcomecollection.org/works/br4my9px

Sachs, H. (1924). Briefe an S. Freud vom 22.1.24 und 20.2.1924. Library of Congress. https://www.loc.gov/item/mss3999001128, im. 9f., im. 11f.

Unveröffentlichte Texte in Archiven, nicht im Internet zugänglich

Strachey, A. & J. Correspondence between James and Alix Strachey. British Library, London. Strachey Papers (20th Century Series). Vols. LVII–L. Sigel: ADD MS 60701–60704.

Swerdloff, B. & Glover, E. (1973). Interview Swerdloff mit Edward Glover. Oral History Research Office der Columbia University, New York. https://oralhistoryportal.library.columbia.edu/document.php?id=ldpd_4076624

Swerdloff, B. & Radó, S. (1965). Interview Swerdloff mit Sandor Radó. Oral History Research Office der Columbia University. New York. https://oralhistoryportal.library.columbia.edu/document.php?id=ldpd_11918048

Benutzte Archive

Library of Congress, Washington, Manuscript Division, Freud Papers (Interviews von K. R. Eissler mit Franz Alexander, Therese Benedek, Edward Glover und Melanie Klein)

Wellcome Institute, London, Archives and Manuscripts, Melanie Klein Papers (Autobiografie, Tagebücher und Manuskripte von Melanie Klein)

British Library, London, Western Manuscripts, Strachey Papers (Briefwechsel zwischen Alix und James Strachey)

Columbia University, New York, Rare Book and Manuscript Library, Oral History Research Office (Interviews von Bluma Swerdloff mit Michael Balint, Edward Glover und Sandor Radó)

Abkürzungen

A/Jo	Briefwechsel Abraham/Jones
AF/A-S	Briefwechsel Anna Freud/Andreas-Salomé
Bull	Bulletin der British Psychoanalytic Society
CP	Collected Papers by Sigmund Freud
F/A	Briefwechsel Freud/Abraham
F/AF	Briefwechsel Sigmund Freud/Anna Freud
F/A-S	Briefwechsel Sigmund Freud/Andreas-Salomé
F/E	Briefwechsel Freud/Eitingon
F/Fer	Briefwechsel Freud/Ferenczi
F/Fl	Briefe an Fließ
F/Gr	Briefwechsel Freud/Groddeck
F/Jo	Briefwechsel Freud/Jones
F/Ju	Briefwechsel Freud/Jung
F/Pf	Briefwechsel Freud/Pfister
Fer/Gr	Briefwechsel Ferenczi/Groddeck
IPV	Internationale Psychoanalytische Vereinigung
Im.	Image (Nummer von Scans in Archivbeständen)
J I–III	Band I–III der Freud-Biografie von Jones
Journal	International Journal of Psychoanalysis
K & M-d	Kendrick & Meisel, deutsche Ausgabe
K & M-e	Kendrick & Meisel, englische Ausgabe
KA	Klein-Archiv, Wellcome Institute London
Korr	Korrespondenzblatt der Internationalen Psychoanalytischen Vereinigung
LoC	Library of Congress, Washington
L & K	Lieberman & Kramer
Prot.	Protokolle der Wiener psychoanalytischen Vereinigung, Bd. 1–4
RB	Rundbriefe des ›Geheimen Komitees‹, Bd. 1–4
SA	Freud-Studienausgabe
SE	The Standard Edition of the Complete Psychological Works of Sigmund Freud
Zeitschrift	Internationale Zeitschrift für Psychoanalyse

Personenregister

Die Namen Freud und Abraham wurden nicht berücksichtigt, weil sie so häufig vorkommen, dass eine Aufzählung keinen praktischen Nutzen hätte.

Gerade Zahlen verweisen auf Nennungen im Text, kursive auf Nennungen in den Fußnoten. Bei der Angabe von Seitenbereichen wird nicht gesondert auf Fußnoten verwiesen.

Das Register wurde von Henning Lampe, M. A., erstellt.

A
Abraham, H. 53, 351, 360
Adler, A. 9, *18*, 18–19, 21, *34*, 137, *137*, 141, *141*, 148, 201, 215, 219, *266*, 310, 353
Aguayo, J. *98*, 100, 245, 280, 282, 290, *330*, 353
Aichhorn, A. 224, 281, 305, 349
Alexander, F. 31, *31*, 45, 65–66, *65–66*, 97, 108–114, 121, 127, 144, 145–146, 147, 148–149, *149*, 155, 173, *179*, *185*, *187*, 189, 204, 206, 209, 211, 212, *214*, 245, 254, *254*, 257, 259, 263, *271*, 288, 298, 307, 309, 312, 342, 346, 348, 349–350, 353, 360, 365, 368, 370, 371
Andreas-Salomé, L. 51, 126, 133, *133*, *134*, 148–149, *150*, *189*, 202, 224, 236, 281, 286, *286*, 294, 353, 359
Appignanesi, L. *138*, *252*, 353

B
Baines, C. M. *266*
Bakman, N. *138*, 353
Balint, A. 67, 126, 193

Balint, M. 67, *67*, 126, 158, *158*, *162*, 209, 353, 356, 360, 371
Bar-Haim, S. 284, 289, 353
Benedek, T. *109*, 155, 159, 193, 263, *314*, *316*, *326*, 353, 370, 371
Bentinck, A. van Schoonheten *43*, *48*, *66*, *104*, *151*, *207*, *353*
Bernays, J. *266*
Bernfeld, S. 224–225, 255, 275, 281, 305, 349
Bianchedi, E. T. de *237*, 354
Bibring, E. *50*, 354
Blum, E. 155, 318
Boegels, G. 42, 354
Boehm, F. *35*, 142, 254, 342, 354
Boll, T. E. M. 30, *66*, 69, *69*, 70, 71, *71*, *72*, 354
Bonaparte, M. 112, 276, 313
Bornstein, B. 244, 305
Bornstein, S. 305
Brierley, M. (geb. Ellis, verh. Brierley) *71*, *72*
Brierley, S. (geb. Brierley, verh. Isaacs) siehe Isaacs, S.
Brierley, W. *72*
Brill, A. A. *40*, 357

375

Brinkgreve, C *42*, 354
Bruns, G. *34*, *40*, 67, 354
Brunswick, R. M. 276
Bryan, D. *40*, 272, 278, *318*, 324, 327, 352, 354
Buber, M. 286
Bulhof, I. N. *42*, 43, *43*, 354
Busch, F. *252*, 354
Bychowksi, G. *318*, 263

C
Cameron, L. *72*, 265, *265*, *272*, 284–285, 287, *287*, 289, *289*, *325*, 327, 354, 356
Chadwick, M. *31*, *66*–*67*, 68, 74, 252, 256, 280, *280*, 328
Clark, L. P. *308*
Clerck, R. de *247*, 305, 354, 365
Cole, E. M. 328
Cycon, R. 364

D
Delgado, H. 126
Deutsch, F. *153*, 162, 196
Deutsch, H. 78, *111*, 126, *153*, 164, 192, *192*, 193, 213, *214*, *245*, 263, *263*, 264, 281–282, 299, 307, 354, 367
Dupont, J. *207*, 354

E
E. J. (siehe Jones, E.) 316–317, 362
Eder, D. 328
Eisenstein, S. 353, 360, 365, 368, 370
Eisler, M. 82, 121, 354
Eissler, K. R. *74*, *109*, 159, *226*, 299, *305*, *330*, 353, 365, 370, 371
Eitingon, M. 13, 27–28, 29, *29*, 35, *35*, 63, 65, 76, 89, *90*, 91, 93, 97, 103, 109, *109*, 125, 126, 134, *134*, *151*, 154, *183*, 193, 206, *206*, 207, 210, 212, 232, 233, 236, 244, 263, 264, *270*, 271, 274, *274*, 275, 278, 288, 299, *315*, 325, 326, 347, 350, 354, 355, 359, 363, 367, 368
Ensor, B. 285
Erb, H. 364
Etchegoyen, R. H. 237, 354

F
Fallend, K. 299, 355
Falzeder, E. *52*, *76*, *183*, 355, 359
Federn, E. *21*, 365
Federn, P. 46, 187, *320*, 355
Fenichel, O. *50*, *74*, 97, 109, 127, *127*, 155, 164, 205, *214*, *226*, *231*, 244–245, 258, 259, 260, 263, *264*, 302, 314–315, 316, *318*, 337, 355, 365
Ferenczi, S. 11, 13, 14, 29, 30, 32–33, 34, 35, 40, 42, 44, 49, 49, 51–52, 55–56, *67*, 72, 75–80, 86, 89, 93, *93*, 94, 95, 96, 97–98, 99, 100, *100*, 103, 104, 105, 106–108, 109, 116, 117–122, 137, 141, 142, 143, 144, *144*, 145, 146–147, 150, *150*, 151–152, 155, 156, 158, 159, *160*, 161, 163, 170, 178, 179, *180*, 182–183, *187*, 190, 191, *191*, 192, *192*, 193, 196, 199, 202, 204, 205–208, 209–210, 211–214, 225, *225*, 227, 232, 233–235, 236, *236*, 243, 246, 256, 258, 259, 260, 261, 263–264, *266*, 270–271, 272–273, 274, 275, 281–282, 283–284, 297, 298, 299, 303, 307, 308, 313, 315, *315*, 324, 325, 327, 328, 339, 342–343, 351, 353, 354, 355, 356, 358, 359, 360, 361, 365, 369
Fließ, W. 15, 75, *75*, 275, *275*, 276, 352, 359
Flügel, J. C. *30*, *40*, 71, *72*, 251, 284, 329
Forrester, J. *34*, *37*, *72*, *138*, *252*, 265, *265*, *272*, 284–285, 289, *289*, *325*, 327, 353, 356
Forsyth, D. 69, 328
Frank, C. *11*, *29*, 97, *98*, *100*, 171, *216*, 220, 221, *221*, 222, 223, *225*, 237, *237*, *282*, 283, 290, *294*, 344, 350, 356, 370
Frank, M. 14
Franklin, M. 328
Freud, A. 10, 45, 89, 103, 108, 126, *133*, *134*, 150, *150*, 162, *178*, 224, 234, 236, 246, *246*, 255, *266*, 270, *270*, 273, *273*, 275, 276, 279, 281, 284, 286, *286*, 288, 294, 299, 300, 303, 305, 323, 324, 330, 337, 347, 353, 357, 359
Freud, O. 109, *109*
Freund, A. von 34, *100*, 275
Frink, H. W. *40*
Früh, F. 112, 294, *319*, 359

G

Gardner, D. *72*, 289, 359
Gast, L. *138*, 359
Gesell, A. 284
Giefer, M. *34*, *106*, *277*, 356, 359
Gifford, S. *256*, 359
Glover, E. 10, 11, 30, *30*, 37, 66, *66*, 67, 68, *68*, 70, *72*, 73, *73*, 74, *74*, 114, 117, 120, *158*, *191*, 193, 202, *202*, *205*, 206, *206*, 207, 216, *216*, 219, 223–224, 226–228, 240, 241–243, 244, 247, 250, 254, 256, *256*, 258, 260, 261, *265*, 266, *279*, 285, *287*, 289, 290, 291, 297, *297*, 300, 302–303, *305*, 307, *312*, 315, 316, 317, *317*, *318*, 320, 327, 328, 329, 330, *330*, 359–360, 364, 367, 370, 371
Glover, J. 11, 30, *30*, 31, 37, 66, *66*, 68–74, 114–117, 120, *158*, 167, 170, *191*, 195, *205*, 206, *206*, 207, 213, 217–220, 221, 225, 227, 228, 233, 240, 241, *243*, 244, 247, 249, 250–251, 253, *253*, 254, 258, 260, *261*, 265, *265*, 266, 272, 276–277, 278, 285, 289, 290, 291, 300, 303, 307, 315, 316–317, *318*, 320, 327, 328, 329, 360, 362
Graham, P.J. *72*, *252*, *284*, 285, 360
Grant-Duff, I. 68, *68*, 252
Groddeck, G. 76, 90, 96, 106–108, 117, *118*, *133*, 138, 212, 274, 356, 359, 360
Grosskurth, P. *32*, *172*, 220, *248*, *280*, *283*, 284, *289*, 360
Grotjahn, M. 353, 360, 365, 368, 370
Grubrich-Simitis, I. *106*, 360
Guttman, S.A. *314*, *319*, *322*, 360

H

Haas, P. *41*, 53
Haas, W. 365
Handlbauer, B. 18, 360
Happel, C. *65*, 66, 126, 263
Hárnik, J. 29, *38*, *50*, 77, 127, 193, 341, 352, 360
Haute, P. van *90*, 360
Haynal, A. *106*, 159, 360, 361
Hegener, W. *319*, 359, 361
Harborn, korrekt: Herborn 68

Herford, E.B.-H. 30, *30*, 66, *66*, 68, 328, 366
Hermanns, L.M. *65*, *314*, 352, 353, 359, 361, 368
Hinshelwood, R.D. *34*, *36*, *66*, 69, *69*, *70*, 71, *74*, 361
Hirschfeld, E. 22, *57*
Hitschmann, E. *49*, 361
Hoesch-Ernst, L. *33*
Hoffer, W. *224*, 359
Hóllos, S. 93, 356
Horney, K. 28, *35*, *82*, *111*, *121*, 193, *245*, 254, *292*, 307, 347, 361, 371
Hug-Hellmuth, H. 96–97, 101, 184, 221, 253, 303, 305, 349, 361
Hughes, A. *138*, 361
Huppke, A. *71*, *72*, 361, 367

I

Inman, W. 328
Isaacs, S. (geb. Brierley) *68*, 71, *71*, 72, *72*, *74*, *252*, 284–285, *287*–289, *305*, *318*, *353*, *359*, *360*, *361*, *367*
Isaacs, N. *72*

J

Jacobson, E. 155
Jones, E. 9, 13–14, 21–22, 32–35, 35–40, 40–41, 45–46, 50–51, 54–55, *59*, 67–75, 82, 83, 89, 93–94, 103–105, 112, 113, 114, 115, 117, *117*, 119, 120–122, 123–124, 130, 133, 137, 138–139, 143, 146–147, 149, *150*, 154, *154*, 155, 160, *160*, 161, *161*, 162, 171, *172*, 189–192, 195, 199, 202, 204, 206–207, 208, 209–211, 212, *214*, *215*, 217, *217*, *219*, 225, *225*, 226, 232–235, 243–244, 252, 253, 254, 256, 258, 260, 263, 265, *266*, 267, 269, *269*, 270, *270*, 271–273, 274–275, 276–277, 281, 284, 289, 298, 299–301, 302, 309, 312, 316, 317, *317*, *318*, 320, *325*, 327, *328*, 329–330, 339, 340, 341, 342, 347, 349, 352, 353, 354, 356, 359, 361, 362, 363, 369
Jung, C.G. *32*, 34, *34*, 69, *73*, 106, 137–138, 141, *141*, 190, 210, 211, 253, *254*, 276, 286, 360, 362

K

Kann, L. 32, *32*
Kempner, S. 263, 314, *314*, *316*, *318*, *326*, 361, 363
Kendrick, W. *205*, 289, 365
King, P. *31*, *68*, *72*, 272, *272*, *280*, 305, *305*, *329*, 363
Kitlitschko, S. 193, *252*, *264*, 363
Klein, M. 9, 10, 11, 29, *29*, 39, 45, 50, 78, *86*, 96–101, *108*, 109, *111*, 125, *138*, 162, 170–171, *172*, *181*, 184–189, 193, 195, 204, 212, 213, *216*, 220– 226, 231, *231*, 237–241, 243, *243*, 244, 245–246, 246–250, *252*, 253, 254–255, 256–257, 258, 260, 261, 263, 264, *264*, 266, 272, 273, *273*, 276–286, 287, 289–292, 293, 294–301, 301–302, 303–305, 307, 309, *313*, 314–315, *318*, 320, 321, 327, 329–330, 337, 343–45, 345–347, 347–350, 353, 354, 356, 360, 363, 364, 366, 367, 369, 370, 371
Kovács, V. 78, 263, 281, *281*, 282, 364
Kramer R. *84*, 364
Kris, A. 138, *138*, 364
Kubie, L. *226*, 364
Kurz, T. *294*, 364

L

Lampe, H. 14, 375
Lampl-de Groot, J. 276
Lampl, H. 127, *127*, *254*, 257, 263, *326*
Landauer, K. 263, *326*, 365
Lang, H. *235*, 366, 369, 370
Laplanche, J. *323*, 337, 364
Leitner, M. *69*, *104*, *207*, 364
Lewis, G. 252, 256, 280, *280*
Lieberman, E. J. *84*, *95*, *104*, 364
Liebermann, H. 28, 65, 213
Loewenstein, R. 155, 264, *326*
Low, B. *31*, 68, *68*, 278, 328

M

Mahler, M. *86*
Marcuse, M. 131
Martindale, P. *69*, 364
May (= May[-Tolzmann], U. 10, 15, *26*, *32*, *33*, 38, *41*, 42, *42*, 44, 45, 46, *47*, 53, *57*,
58, 59, *60*, 62, *62*, *65*, *78*, 90, 91, *94*, 96, *106*, *112*, 115, 123, 125, 127, 129, 131, *132*, 134, *137*, 138, 142, 155, 156, 163, *166*, 169, *171*, *188*, 193, 200, *217*, 229, *229*, *231*, 284, 318, *321*, *322*, *323*, 326, 336, 359, 361, 364, 365
Mayer, A. *26*, 365
Mayne, E. C. 266, *266*, 324
Meisel, P. *205*, 289, 365
Meng, H. *326*
Mitchell, T. W. 37
Moellenhoff, F. *256*, 365
Moreno, V. U. de 354
Mühlleitner, E. *127*, *184*, 244, *244*, 365
Müller, J. 126, *126*, 254, 263
Müller, K. 361
Müller-Braunschweig, C. *35*, 97, 126, *126*, 193, 195, 213, 244, *322*, 346, 365
Murray, J. M. 31, 69, 71, 252, 369

N

Nacht, T. 57
Neill, A. S. 285–286, 305
Nölleke, B. *30*, *252*, 365
Nunberg, H. *21*, *155*, *205*, 365

O

Oberndorf, C. P. *40*
Ophuijsen, J. H. van 9, 41, *41*, 48–51, 53, *59*, 77, 79, 80–81, 82, 94, 121, 127, 144, 164, 167–170, 172, 173, 241, *245*, 246, *246*, 258, 274, 290, *314*, 317, *318*, 365, 366, 369

P

Pagel, G. 236, 366
Palos, E. *57*
Payne, S. M. *30*, *31*, 68, *68*, 73, 74, 252, 253, *253*, 254, *256*, 276, 278, 289, *318*, 328, 366
Petot, J.-M. *237*, 366
Pfister, O. 18, *134*, 138, *215*, 359
Piaget, J. *284*
Plenker, T. *53*, *138*, 366
Pontalis, J.-B. *323*, 364
Pyke, G. 284–285, 286–288, 289

R

Radó, S. 13, *35*, 97, 127, *127*, *151*, 155, 159–160, 161, 164, 171, 192, *192*, 193, *206*, 209, 211–212, 213, 214, *214*, 230–231, *233*, 244, 254, *254*, 257, 258, 259, 261, 262–263, 264, *264*, 278, *281*, *315*, 347, 366, 367, 371

Raitt, S. 68, 69, 366

Rank, O. 12, 13, 14, 21, 34, 35, 36, 40–41, *50*, *68*, 72, *72*, 75, 83–84, 89, 93, 103–104, 105, 113, 117–122, 129, 131, 137, 141, 142, 144, 145, 147, *147–148*, 151–152, 154–155, 156, 158, 159, 161, 162, 163, 170, *171*, 178, 179–181, 182–183, *189*, 190, *191*, 192, 196, 199, 202–203, 204, 205–208, 209–212, 214, *214*, 227, 232–235, 236, 256, 258, 259, 260, 261, 262–263, 269–270, 271, 273, 275, 284, 297–298, 307, 308, 312–313, 314, *314*, 315, *315*, 340–342, 343, 348–350, 352, 353, 356, 360, 364, 366, 367, 370

Reich, A. *50*, 367

Reich, W. *214*, *263*, *294*, *297*, *318*, 337

Reicheneder, J. G. *60*, 367

Reik, T. 213, 341

Richards, A. 325, 359

Rickman, J. *72*, *105*, 195, 265, 272, *272*, 289, 328, 363, 367

Rieder, I. *57*, 367

Riggall, R. M. 328

Riviere, J. 37, *55*, 83, 104–105, 138–139, *155*, 255, 266–267, 276–277, 289, *305*, *318*, *325*, 328, 353, 358, 359, 361, 366

Roazen, P. *31*, *66*, 126, *127*, *153*, *226*, 231, *263*, *264*, 367

Robinson, K. 10, *31*, *34*, 66, *68*, *69*, *224*, 252, 256, *256*, *265*, 289, *303*, 328, *328*, 330, *330*, 367

Róheim, G. 128–129, 170, 172, 367

Rohr, A. 193

Russell, B. 287, 361

S

Sachs, H. 235, 244, 245, 246, 252, *252*, *253*, 254, *254*, 255–257, 259, *262*, 263, *270*, 275, 280, 297–298, *314*, *316*, 328, 359, 365, 367, 368, 371

Sadger, I. 132, 142, 186, *186*, *188*, 341, 354, 364, 367

Schmideberg, M. *50*, *318*, 367

Schmideberg, W. 193

Schnitzler, A. 60

Schott, A. 127, 193, 305, 346

Schröter, M. 14, 28, *32*, *65*, *69*, *109*, *125*, 126, 180, *194*, *212*, 233, *233*, *237*, *256*, *262*, 264, *264*, *271*, 326, *326*, 352, 359, 367, 368

Schultz-Hencke, H. 244, *326*

Schur, M. *150*, 368

Searl, N. 68, *68*, 252–254, 256, 276, 277–278, 280, *280*, 303, *318*, 354, 368

Sharpe, E. F. 31, *31*, 66, *66*, 68, 73, 252, 256, *256*, 280, *280*, 289, 328, 366, 370

Simmel, E. 27–29, *35*, 65, *66*, 97, 126, 193, 213, *213*, *215*, 263, 271, *318*

Sinclair, M. 69, 252, 354, 364

Skues, R. *94*, *248*, *283*, 368

Smeliansky, A. 127

Spanjaard, J. *42*, 368

Stärcke, A. 9, 41, *41*, 42–44, 48–51, *59*, 94, 100–101, 111, 112, 113, 121, *134*, 137, 144–146, 148–149, 167, 169–170, 172, 173, 181, 189, 204, 227, 241, 245, 258, 261, 290, 317, 336, 354, 364, 365, 368, 369

Stärcke, J. 42

Steinach, E. 58–59, 142

Steiner, R. *32*, *189*, *226*, *227*, *228*, *252*, 273, *301*, *318*, *318*, 330, 359, 363, 366, 369

Stekel, W. 137, 186, 188, 336

Storfer, A. 193, 275

Strachey, A. *105*, 126, 205, *205*, 221, 235, 237, 240–241, 247, 248–255, 263, 257, 263, 264, 266–269, *272*, 276–281, 282, 284, 286, *286*, 288, 289, 296–297, 298, 301, 302, 303, 305, 306, *308*, 316, 324–325, 327–328, 347, 352, 354, 365, 369, 371

Strachey, J. 89, *105*, 126, 143, *148*, *150*, *205*, 242, 248–255, 257, 265, 266–267, 276–281, 284, *284*, 288, 289, 302, 303, 306, *318*, 324, *324*, 325, *325*, 327–328, 332, 354, 365, 369, 371

Stroeken, H. *42*, *48*, 369

Swales, P. *60*, 369
Swan *68*
Swerdloff, B. *66*, 67, *127*, *206*, *226*, 231, 242, *279*, 302–303, *305*, *315*, 330, 367, 371
Symons, N.J. *318*

T
Tansley, A.G. *105*, 206, 369
Taylor, D. *284*, 369
Tögel, C. *28*, *150*, 370
Trautenegg (geb. Csonka), M. von *57*
Turner, J. *31*, *66*, 69, 70, 71, 252

U
Urman, C.N. de 354

V
Valentine, E. *30*, *69*, *252*, 369
Veneziani, B. *57*
Veszy-Wagner, L.323, 369
Voigt, D. *57*, 367

W
Wahl, C.W. *31*, *226*, 370
Weiß, E. *50*, 370
Weiß, H. *235*, *237*, 356, 366, 369, 370
Westerink, H. *90*, 360
Wittenberger, G. *28*, *32*, *104*, *150*, 370
Wolffheim, N. *184*, *237*, 305, 370
Wulff, M. 263

Z
Zienert-Eilts, K. *104*, *162*, *207*, *269*, 370
Zysman, S. 354

Psychosozial-Verlag

Anna Bentinck van Schoonheten
Karl Abraham: Leben und Werk

2020 · 617 Seiten · Broschur
ISBN 978-3-8379-2849-5

»Es ist Zeit für eine neue Sicht auf Abraham.«
Brita Rang, Luzifer-Amor

Karl Abraham war der erste Psychoanalytiker Deutschlands und Gründer der Berliner Psychoanalytischen Vereinigung, die bis zur Übernahme der Nazis 1933 international führend war. Anna Bentinck van Schoonheten gelingt es mit beeindruckender Recherche und unter Einbezug auch bisher unbekannter Dokumente, den Menschen Karl Abraham zum Leben zu erwecken.

Die Biografin beschreibt Abrahams persönliche Rolle als Leiter der Berliner Vereinigung und im »Geheimen Komitee« Freuds. Sie zeigt seinen Einfluss auf die theoretischen Leistungen seiner heute namhaften Analysanden, unter denen sich Karen Horney, Helene Deutsch, Edward Glover und Melanie Klein finden. Bis zu seinem vorzeitigen Tod entwickelte Abraham anhand klinischer Befunde und seiner eigenen Lebensgeschichte herausragende Beiträge zur Psychoanalyse – so erkannte er den Ursprung von Depressionen in der oralen Phase und wies den Weg zur Objektbeziehungstheorie.

Walltorstr. 10 · 35390 Gießen · Tel. 0641-969978-18 · Fax 0641-969978-19
bestellung@psychosozial-verlag.de · www.psychosozial-verlag.de

Psychosozial-Verlag

Ulrike May
Freud bei der Arbeit
Zur Entstehungsgeschichte der psychoanalytischen Theorie und Praxis, mit einer Auswertung von Freuds Patientenkalender

2015 · 380 Seiten · Broschur
ISBN 978-3-8379-2445-9

Die Beschäftigung mit der Geschichte öffnet uns die Augen für das Gewordene und befähigt uns, darüber nachzudenken, ob wir die Gegenwart so haben wollen, wie sie ist.

Sigmund Freud entwickelte seine Theorien im engen und kontroversen Austausch mit Schülern wie Isidor Sadger, Karl Abraham und Ernest Jones. Er griff ihre Ansätze auf, formulierte sie um oder grenzte sich von ihnen ab, und sie beriefen sich ihrerseits auf Freuds Theorien und entwickelten sie weiter. Ulrike May zeigt anhand der Geschichte der Narzissmus- und der Depressionstheorie sowie der Konzeptualisierung der Oral- und der Analerotik auf, dass es sich bei Freuds Schriften nicht um ein abgeschlossenes Theoriegebäude handelt, sondern um das Produkt eines laufenden Forschungsprozesses.

Darüber hinaus wertet May Freuds Patientenkalender von 1910 bis 1920 aus und stellt den Verlauf von 36 Analysen dar, unter anderem jene von René Spitz, Sándor Ferenczi, Helene Deutsch und Viktor von Dirsztay. Dabei macht sie einen historischen Wandel der psychoanalytischen Praxis sichtbar: Die Mehrheit von Freuds Analysen dauerte weniger als ein Jahr und wurde mit einer Frequenz von sechs oder mehr Stunden pro Woche geführt. Wenn Freud so anders arbeitete als wir Psychoanalytiker heute, sind wir dann noch Freudianer?

Walltorstr. 10 · 35390 Gießen · Tel. 0641-969978-18 · Fax 0641-969978-19
bestellung@psychosozial-verlag.de · www.psychosozial-verlag.de